Marylène Patou-Mathis

O homem pré-histórico também é mulher
Uma história da invisibilidade das mulheres

Tradução

Julia da Rosa Simões

Rio de Janeiro
2022

Copyright © Allary Editions, 2020
Publicado mediante acordo com a Allary Editions em conjunto com o agente legalmente indicado, 2 Seas Literary Agency, e o coagente Villas-Boas & Moss Agência e Consultoria Literária.
Copyright da tradução © Rosa dos Tempos, 2022

Título original: *L'Homme préhistorique est aussi une femme: Une histoire de l'invisibilité des femmes*

CIP-BRASIL. CATALOGAÇÃO NA PUBLICAÇÃO
SINDICATO NACIONAL DOS EDITORES DE LIVROS, RJ

P338h

Patou-Mathis, Marylène,
    O homem pré-histórico também é mulher: uma história da invisibilidade das mulheres / Marylène Patou-Mathis : tradução Julia da Rosa Simões. – 1. ed. – Rio de Janeiro : Rosa dos Tempos, 2022.

294 p.
Tradução de: L'homme préhistorique est aussi une femme
Inclui bibliografia

ISBN 978-65-89828-11-2

1. Mulheres pré-história. 2. Feminismo. I. Simões, Julia Rosa. II. Título

CDD: 930.1082
CDU: 903-055.2

22-77051

Gabriela Faray Ferreira Lopes – Bibliotecária – CRB-7/6643

Todos os direitos reservados. É proibido reproduzir, armazenar
ou transmitir partes deste livro, através de quaisquer meios,
sem prévia autorização por escrito.

Texto revisado segundo o novo Acordo Ortográfico da Língua Portuguesa.

Direitos desta edição adquiridos pela
EDITORA ROSA DOS TEMPOS
Um selo da
EDITORA RECORD LTDA.
Rua Argentina, 171 – Rio de Janeiro, RJ – 20921-380 – Tel.: (21) 2585-2000.

Seja um leitor preferencial Record.
Cadastre-se no site www.record.com.br
e receba informações sobre nossos
lançamentos e nossas promoções.

Atendimento e venda direta ao leitor:
sac@record.com.br

Impresso no Brasil
2022

Não critico os homens. Critico dois mil anos de civilização que fazem pesar sobre o homem uma obrigação de falsa virilidade e bravata galinácea.

Romain Gary, entrevista a Jacques Chancel no programa *Radioscopie* (junho de 1975)*

---

* Jacques Chancel, *Radioscopie*. Paris: Éditions du sous-sol, 2018.

SUMÁRIO

Prefácio – *Fazer bater o coração das mulheres negras na
pré-história, por Giovana Xavier*   9

Introdução   13

1. Visão romântica sobre as mulheres pré-históricas   19
   O homem pré-histórico: de macaco a herói   19
   Ancestrais violentos por natureza?   22
   O rapto das mulheres   29

2. Contexto histórico e intelectual do surgimento da pré-história
   enquanto disciplina científica   33
   Seres inferiores   34
   Por "ordem divina"   34
   Por "natureza"   47
   Subordinadas   82
   Devemos educar as mulheres?   93
   Nascimento da ideologia sexista   100

3. As mulheres pré-históricas à luz das novas descobertas
   e da arqueologia de gênero   107
   As mulheres no Paleolítico   110
   O corpo feminino desnudado   112
   O papel socioeconômico das mulheres   142
   A condição social das mulheres   164

As mulheres no Neolítico e nas Idades dos Metais	184
Guerreiras	190
Divindades femininas	201
4. Eternas rebeldes	219
Da Antiguidade à Idade Média	219
Do Renascimento ao Século das Luzes	229
Durante a tormenta revolucionária	238
As "mulheres de 1848"	247
No século XX	257
Epílogo – Mulheres e feminismo de ontem e hoje	273
Agradecimentos	281
Anexos	283
Bibliografia geral	283
As grandes etapas da evolução humana	286
Na Europa	288
Posfácio – Mulheres originárias: reflexos da Mãe Terra e seus saberes proibidos, por Renata Tupinambá	289

PREFÁCIO
Fazer bater o coração das mulheres negras na pré-história

Giovana Xavier*

A leitura de *O homem pré-histórico também é mulher*, de Marylène Patou-Mathis, trouxe a boa energia de me sentir movedora e testemunha de muitas histórias da presença feminina, desde que o mundo é mundo. A autora, renomada arqueóloga e pré-historiadora francesa, mostra com propriedade em documentação primária e referências bibliográficas fartas que as importantes histórias das mulheres pré-históricas permanecem soterradas pelo poder patriarcal.

Ao partir dessa premissa, Patou-Mathis contribui, com coragem, para desmantelar o discurso da neutralidade científica, escancarando a ideologia patriarcal como projeto político de escrita de uma pré-história alicerçada nos pressupostos de inferioridade e sexualização como características biológicas das mulheres. Aos tais "seres inferiores", como sentenciou o escritor Balzac, caberia exclusivamente "fazer bater o coração dos homens". Uma sentença partilhada por uma gama de homens da ciência, com pensamento minuciosamente esmiuçado pela autora na primeira parte do livro – "Visão romântica das mulheres pré-históricas" e "Contexto histórico e intelectual do surgimento da pré-história enquanto disciplina científica".

---

* Mãe, professora da Universidade Federal do Rio de Janeiro e ativista científica.

O HOMEM PRÉ-HISTÓRICO TAMBÉM É MULHER

O forte compromisso de Marylène, de desnudar as relações entre ciência e patriarcado, me levou ao início de minha formação como historiadora. Uma espécie de "pré-história" na primeira pessoa, no final dos anos 1990. Transcorrida no governo Fernando Henrique Cardoso, o sociólogo com "pé na cozinha", essa "idade da pedra" que vivenciei foi talhada por cientistas que normatizaram o masculino branco heteronormativo como referência única de intelectualidade nos programas de curso, nas listas bibliográficas e nas aulas de história. Disciplina, não por acaso, ainda hoje organizada e ensinada pelo modelo quadripartite europeu: História Antiga, Média, Moderna e Contemporânea. Diga-se de passagem, um problemão para quem busca realizar pesquisas sobre a história africana e indígena e a partir das visões de mundo, tempo e espaço dos povos originários.

Se, por um lado, *O homem pré-histórico também é mulher* levou-me para tantos lugares da memória, representando uma poderosa arqueologia de gênero (campo que se consolida nos anos 1980 graças ao trabalho de feministas acadêmicas), por outro, me fez refletir sobre os limites de um pensamento eurocêntrico que não aprofunda seus estudos na chamada "Améfrica" (América e África). Acredito que, ao expandir a escala analítica para a "Améfrica", a crítica à ideia de que "as mulheres só aparecem em relação aos homens" seria fortalecida e acompanhada por mais abordagens alternativas à visão patriarcal. Seguindo nessa direção, mostra-se instigante o trabalho com fontes como as histórias dos orixás e das divindades indígenas. Textos sagrados que, diferentemente da tradição cristã e da filosofia antiga, são repletos de exemplos femininos que ensinam sobre ancestralidade, amor, cuidado, família, trabalho e diplomacia. Como no ítan (história iorubá de tempos imemoriais), em que Iemanjá, sem derramar uma gota de sangue, vence a guerra ao refletir com espelhos as imagens distorcidas dos soldados, que assustados com o que veem, fogem do confronto.

Para desviar da história única, há, como se pode ver, fartura de rotas. Como historiadora, leitora e testemunha das ideias de Marylène, despeço-me rememorando mais algumas outras vozes: *E eu não sou uma mulher?* (discurso de Sojourner Truth, 1851, publicado no Brasil pela Ímã Editorial);

PREFÁCIO

"a mulher negra é o outro do outro" (conceito apresentado pelo grupo ativista feminista negro estadunidense Coletivo Combahee River); "Améfrica Ladina" (conceito apresentado pela intelectual Lélia Gonzalez em 1988); as escavações psíquico-arqueológicas realizadas em *Mulheres que correm com os lobos* (Clarissa Pinkola Estés, 1994, publicado no Brasil pela Rocco). Rotas nas quais acompanhamos e sentimos o mover de mulheres de cor nos rios da história. Aqueles com águas que sempre se renovam transformando o "cansaço de estar às margens da vida" (Carolina Maria de Jesus, 1960) em energia intelectual para a escrita de novas histórias.

INTRODUÇÃO

Não! As mulheres pré-históricas não passavam o tempo varrendo a caverna! E se elas também tiverem pintado as paredes de Lascaux, caçado bisões, talhado ferramentas e protagonizado na origem das inovações e dos avanços sociais? As novas técnicas de análise de vestígios arqueológicos, as recentes descobertas de fósseis humanos e o desenvolvimento da arqueologia de gênero colocaram em questão vários lugares-comuns e clichês.

Nem todos os homens são misóginos, mas é forçoso constatar que, até o início do século XX, o reconhecimento da alteridade feminina se chocou com suas recusas quase generalizadas e ainda hoje as resistências seguem atuantes. A exemplo de certas "raças", será que as mulheres não teriam uma história própria, como postulavam os antropólogos evolucionistas do século XIX, que classificavam os seres humanos em categorias inferiores e superiores? Na "escala dos seres humanos", a mulher sempre aparece no grau mais baixo. Associada ao primitivo e ao selvagem, ela é vista como uma ameaça. Em 1912, o psicanalista Sigmund Freud afirma sem rodeios: a mulher é "diferente do homem [...] incompreensível, cheia de mistérios, estrangeira e, por isso, inimiga".[1] Até meados do século XX, tanto as publicações científicas quanto as obras literárias, artísticas e filosóficas veiculavam estereótipos extremamente negativos sobre as mulheres. É desse fértil substrato que nasce a pré-história

---

1. Sigmund Freud, "Le Tabou de la virginité". In: *La Vie sexuelle*. Paris: PUF, 1969, 1. ed. 1912, p. 71 [Ed. bras.: *O tabu da virgindade* (Contribuições à psicologia do amor III) (1918 [1917]). In: Edição Standard. Vol. XI. Rio de Janeiro: Imago, 2006].

O HOMEM PRÉ-HISTÓRICO TAMBÉM É MULHER

enquanto disciplina – na realidade, no imaginário e, cruzamento entre os dois, na ideologia. Excluída metade da humanidade, a visão dos comportamentos humanos nas sociedades pré-históricas é distorcida por mais de um século e meio. Para explicar a invisibilidade das mulheres pré-históricas, afirma-se que os vestígios arqueológicos não fornecem elementos que permitam atribuir-lhes um papel social e econômico. Ora, pode se dizer o mesmo dos homens! Com as mesmas provas, no entanto, eles são descritos como caçadores de grandes animais, inventores (que criam ferramentas e armas, que dominam o fogo etc.), artistas ou ainda guerreiros e conquistadores de novos territórios. Afirmações em parte baseadas nos comportamentos dos povos caçadores-coletores modernos, descritos pelos etnólogos desde o início do século XIX. Mas esses povos modernos também têm uma longa história. Ao longo de mais de 10 mil anos, suas tradições se transformaram: eles não são seres humanos pré-históricos!

A pré-história é uma ciência jovem, que nasce em meados do século XIX. É provável que os papéis dos dois sexos nos primeiros textos dessa nova disciplina tenham tido mais relação com a realidade da época em que foram escritos do que com a do tempo das cavernas. As teorias médicas, naquele momento, eram justamente combinadas com os textos religiosos. Assim, à inferioridade de "ordem divina" que atingia as mulheres, somava-se uma inferioridade de "natureza", pois, para aqueles médicos, as mulheres tinham uma identidade anatômica e fisiológica que lhes conferia funções e temperamentos específicos. Para tais cientistas, elas seriam fisicamente fracas, psicologicamente instáveis e intelectualmente inferiores aos homens; menos dotadas para a invenção porque menos criativas. Esses são alguns dos clichês que atravessam os séculos, não apenas nos textos sagrados e na literatura, como também nas obras científicas. Dominantes nas consciências e nas culturas coletivas, eles levaram à discriminação e à subordinação das mulheres. Elas teriam um papel meramente biológico, passivo e marginal na sociedade, ainda que, a partir da segunda metade do século XVIII, seus direitos, sobretudo o direito à educação, tenham sido debatidos. Essa posição científica servirá de álibi às ideologias antifeministas que pregam a exclusão das mulheres das atividades sociais e políticas, e sua manutenção no lar, restritas aos cuidados maternos e às tarefas

INTRODUÇÃO

domésticas. Transmitidos de geração em geração, os preconceitos em relação às mulheres parecem se disseminar por muitas culturas, impregnando-as em profundidade. Paralelamente, arquétipos femininos[2] que também se baseiam em pressupostos por vezes inconscientes,[3] transparecem em muitos mitos fundadores das sociedades.[4] O paradigma naturalista da diferença entre os sexos provocou não apenas o acesso diferenciado ao saber e à produção, como também marginalizou e demonizou as mulheres que detinham conhecimentos (às vezes chamadas de "bruxas"). É nesse contexto que se estrutura a abordagem dos primeiros desbravadores da disciplina.

"Toda a história das mulheres foi escrita pelos homens",[5] escreveu Simone de Beauvoir. Não surpreende que o olhar voltado para os seres humanos pré--históricos seja masculino. Os primeiros pré-historiadores firmam seu objeto de estudo no modelo patriarcal da divisão de papéis entre os sexos. Essa visão genderista se mantém até o início da segunda metade do século XX, período em que o estudo da evolução humana permanece uma esfera intelectual frequentada essencialmente por homens. As pesquisas em antropologia, pré-história e arqueologia podem ser chamadas de androcentradas – as relações sociais que envolvem as mulheres são raramente levadas em conta.[6] Como no modelo

---

2. Segundo o psiquiatra suíço Carl Gustav Jung (*Tipos psicológicos*, 1921. Tradução de Lúcia Mathilde Endlich Orth. Petrópolis: Vozes, 2015), um dos dois arquétipos mais representados nas culturas e nas religiões de todas as épocas é a *anima*, a representação feminina no imaginário do homem, sendo a outra o *animus* (a representação masculina no imaginário da mulher).

3. Carl Gustav Jung, *Dialectique du moi et de l'inconscient*. Paris: Gallimard, 1971, coleção Idées, p. 181 [Ed. bras.: *O eu e o inconsciente*. In: *Obras completas*. Tradução de Dora Ferreira da Silva. Petrópolis: Vozes, 2014].

4. Sob formas antropomórficas ou simbólicas, como a deusa-mãe, no caso dos períodos antigos, e mais tarde, com o surgimento da tradição judaico-cristã, na Eva bíblica.

5. Simone de Beauvoir, *Le Deuxième Sexe*, vol. 1. Paris: Gallimard, 1949, p. 222 [Ed. bras.: *O segundo sexo*. Tradução de Sérgio Milliet. Rio de Janeiro: Nova Fronteira, 2016].

6. Nicole-Claude Mathieu, "Études féministes et anthropologie" [Estudos feministas e antropologia] e "Différenciation des sexes" [Diferenciação dos sexos]. In: Pierre Bonte e Michel Izard (orgs.), *Dictionnaire de l'ethnologie et de l'anthropologie* [Dicionário de etnologia e antropologia]. Paris: PUF, 1991.

O HOMEM PRÉ-HISTÓRICO TAMBÉM É MULHER

proposto nos anos 1950 a respeito do "homem caçador", principal provedor de alimento para a comunidade e inventor de ferramentas e armas. Segundo esse modelo, o homem teria sido o principal catalisador da hominização, e mesmo da "humanização".[7]

Nos anos 1960, as mulheres se reapropriam, nesses campos de estudo, de seu lugar por tanto tempo usurpado. O modelo do "caçador" é contestado, sobretudo por antropólogas feministas estadunidenses, que preferem o modelo da mulher "coletora", também provedora de alimentos essenciais à sobrevivência do clã. A década seguinte vê o surgimento da tese da existência de sociedades matrilineares e de cultos a divindades femininas ou à deusa-mãe.[8] Nos anos 1980, várias pesquisadoras apontam para o persistente androcentrismo do pensamento antropológico e o criticam.[9] Elas contestam a legitimidade da dominação masculina baseada na concepção naturalista e se dedicam a definir as condições para o surgimento das desigualdades entre os sexos segundo os contextos sócio-históricos. Acusar essas pesquisadoras feministas de preconceitos a favor das mulheres – seus trabalhos tenderiam à ginocracia e careceriam de objetividade – é esquecer a que ponto os primeiros estudos da evolução humana estavam impregnados de preconceitos a favor dos homens.

---

7. A hominização é o processo evolutivo que resultou na espécie humana atual (*Homo sapiens*) a partir de um ancestral primata. Ela parece ter sido iniciada há cerca de 7,2 milhões de anos, provavelmente na África, no momento da separação de nossa linhagem da linhagem dos grandes símios. O termo humanização é compreendido como sendo a evolução cultural, e não apenas biológica, que teria levado aos comportamentos humanos modernos.

8. Pesquisas da arqueóloga estadunidense de origem lituana Marija Gimbutas.

9. Joan Wallach Scott, *Gender and the Politics of History* [Gênero e a política da história]. Nova York: Columbia University Press, 1988; Danielle Léveillé, *L'Androcentrisme en anthropologie. Un exemple: les femmes inuit* [O androcentrismo na antropologia. Um exemplo: as mulheres inuítes], trabalho de pesquisa do grupo de pesquisa multidisciplinar feminista (Gremf). Québec: Université Laval, 1989; Kate Millett, *La Politique du mâle* [A política sexual]. Paris: Seuil, 1983, 1. reed., 1969; Christine Delphy, *L'Ennemi principal, tome I: Économie politique du patriarcat* [O principal inimigo, tomo I: Economia política do patriarcado]. Paris: Éditions Syllepse, 1998, coleção Nouvelles questions féministes.

INTRODUÇÃO

Para a antropóloga Françoise Héritier (1933-2017), por exemplo, a quase ausência de mulheres na história da evolução humana se deve à "valência diferencial dos sexos", ativa desde os primórdios da humanidade. Ela estima que "em toda parte, em todas as épocas e em todos os lugares, o masculino é considerado superior ao feminino [...], o positivo está sempre do lado masculino e o negativo do lado feminino".[10] No entanto, não é porque os mitos, os textos sagrados, profanos e científicos por séculos veicularam a imagem da mulher inferior ao homem e submetida a ele que as coisas sempre e em toda parte foram assim. É grande o risco, de fato, de impormos os pressupostos contemporâneos de gênero às sociedades estudadas. Eles precisam ser identificados para que possam ser desconstruídos. Os novos métodos de análise dos sítios e vestígios arqueológicos, das sepulturas e dos restos humanos nelas contidos, bem como o estudo das numerosas representações deixadas pelos caçadores-coletores pré-históricos nos fornecem informações que permitem reconsiderar o papel das mulheres no processo evolutivo.

Em uma época em que nenhuma prova tangível permitia diferenciar as tarefas e a hierarquia entre os sexos, os pré-historiadores apresentaram uma visão binária das sociedades pré-históricas: homens fortes e criadores, mulheres fracas, dependentes e passivas. Os homens foram apresentados como responsáveis pela sobrevivência de suas comunidades e atores do "progresso" – a "transformação gradual rumo ao melhor" de que fala Montaigne em seus *Ensaios*, de 1588. No entanto, as pesquisas mostraram que os objetos pré-históricos são polissêmicos e não necessariamente representativos do sexo de um indivíduo.[11] Sondando as profundezas do passado, este livro se dedica a responder às dúvidas em torno da história das mulheres nas sociedades pré-históricas. Quais foram seus papéis econômico, social, cultural e religioso? Que posição elas ocuparam? Existiram sociedades matriarcais? Quando e por

---

10. Françoise Héritier, Michelle Perrot, Sylviane Agacinski e Nicole Bacharan, *La Plus Belle Histoire des femmes* [A mais bela história das mulheres]. Paris: Seuil, 2011, p. 21-27.

11. Nos túmulos, a associação quase sistemática das armas com o masculino e das joias com o feminino é rejeitada nos dias de hoje.

que a divisão sexual do trabalho e a hierarquização dos sexos, em detrimento das mulheres, se impuseram?

Esquecidas pelas pesquisas científicas por mais de um século e meio, as mulheres pré-históricas se tornam objetos de estudo de pleno direito[12] e finalmente começam a sair da invisibilidade à qual foram relegadas. Restituir-lhes o devido lugar na evolução humana é o nosso objetivo.

---

12. A mulher enquanto objeto de estudo só começa a aparecer nos livros dedicados à pré-história no início do século XXI.

1
VISÃO ROMÂNTICA SOBRE AS MULHERES PRÉ-HISTÓRICAS

O homem ocupa a frente do palco e a mulher é relegada ao segundo plano. O homem carrega armas, abate feras assustadoras, é forte, corajoso, protetor, ereto; a mulher é fraca e dependente, às vezes ociosa, está cercada de crianças e velhos, sentada à frente na caverna. Até meados do século XX, quadros, esculturas, livros, ilustrações em revistas e em manuais escolares criam um imaginário coletivo e nos passam uma única mensagem: pré-história é coisa de homem! Desconstruir os paradigmas na origem desse ostracismo nos permite abrir novas perspectivas para a prática científica e mudar a maneira como olhamos para os seres humanos pré-históricos.

O HOMEM PRÉ-HISTÓRICO: DE MACACO A HERÓI

As primeiras reconstituições dos seres humanos pré-históricos e de seus modos de vida não têm nenhuma base científica real. Podemos constatar, como nas esculturas *Gorila raptando uma negra* (1859) e *Gorila raptando uma mulher* (1887),[1]

---

1. Que causam escândalo durante a primeira apresentação ao público na seção de antropologia e etnografia da "Retrospectiva do trabalho e das ciências antropológicas" da Exposição Universal de 1889.

O HOMEM PRÉ-HISTÓRICO TAMBÉM É MULHER

de Emmanuel Frémiet, que os artistas se inspiram na visão culta dominante no século XIX: a do macaco antropomorfo, uma espécie de gorila particularmente selvagem e lúbrico.[2] Os comportamentos dos seres humanos pré-históricos, parecidos com os de um predador oportunista, só podiam ser instintivos. Sua vida é considerada miserável e precária diante de uma natureza hostil, povoada por grandes predadores. Encontramos essa concepção nas esculturas de Emmanuel Frémiet e do belga Louis Mascré e nas pinturas de Fernand Cormon, Maxime Faivre e Paul Jamin.[3]

As mulheres, em geral representadas seminuas e cercadas de filhos, esperam na caverna – inquietas ou temerosas – o retorno dos caçadores.[4] Às vezes, elas são as próprias presas dos homens, como na tela *O rapto na Idade da Pedra* (1888), de Paul Jamin. Nessas obras, as mulheres são relegadas às funções reprodutivas, maternas e domésticas, como subalternas, e os homens são valorizados em funções "nobres": caça, pesca, talha de ferramentas e de armas. Também é inconcebível imaginar uma artista do sexo feminino.[5] Da mesma forma, a ideia de que o artista ou seu modelo possam ser negros não é cogitada até a descoberta, em 1911, da *Vênus de Laussel*, ou *Mulher com corno*, pelo dr. Jean-Gaston Lalanne (em Laussel, na Dordonha) – que apresenta, para os homens da época, todas as características físicas de uma negra, especificamente hotentote! Louis Mascré

---

2. O desenho do pintor tcheco František Kupka intitulado *Os primórdios da humanidade. O habitante da caverna de La Chapelle-aux-Saints na época musteriense*, publicado no *L'Illustration* de 20 de fevereiro de 1909, mostra como a imprensa contribuiu para forjar o mito do homem (no caso, um neandertal) simiesco e primitivo.

3. Escultura de Emmanuel Frémiet, *Homem da Idade da Pedra com seu urso* (anos 1850), telas de Maxime Faivre, *Duas mães* (1888), em que uma mulher com um cassetete defende os dois filhos, e de Paul Jamin, *A fuga diante do mamute* (1885) ou *Encontro perigoso* (1899), que representa um "casal" diante de leões.

4. Pinturas de Fernand Cormon (*Idade da Pedra*, 1884), Angèle Delasalle (*O regresso da caça*, 1898), a escultura de Frederick Blaschke (*Mulher neandertal e bebê*, 1929), a gravura *O homem fóssil*, de Pierre Boitard, frontispício de *Paris avant les hommes* [Paris antes dos homens], Paris, Passard, 1861.

5. Escultura de Louis Mascré, *O artista magdaleniano da raça cro-magnon*; estátua de vulto de Paul Richer, *Primeiro artista* (1890); pintura de Paul Jamin, *Um pintor decorador na Idade da Pedra: o retrato do auroque* (1903).

VISÃO ROMÂNTICA SOBRE AS MULHERES PRÉ-HISTÓRICAS

a esculpe com um corno na mão (*A mulher negroide de Laussel*) e lhe dá um companheiro (*O negroide de Menton*) com traços boxímanes (*bushman*) e com o mesmo ornamento na cabeça de um dos dois esqueletos fósseis de *Homo sapiens* descobertos em 1901 na caverna das Crianças (uma das cavernas italianas de Balzi Rossi, na fronteira franco-italiana, perto de Menton).

Presas, companheiras, mães... as mulheres estão submetidas aos homens. As representações da família pré-histórica imitam o modelo ideal de família do século XIX ocidental: nuclear, monogâmica e patriarcal.[6]

A dicotomia sexual das tarefas cotidianas aparece nos textos dedicados à pré-história e, a partir de 1880, também nos romances pré-históricos em que o herói, obviamente, é do sexo masculino. Nessas obras, as mulheres são sexualmente cobiçadas[7] – colocadas no centro da história,[8] permitindo a descrição de cenas eróticas, como em *Nomaï: Amours lacustres*,[9] de J.-H. Rosny[10] – ou relegadas a funções "femininas": reprodução, educação dos filhos, colheita, cozinha... Quando velhas, elas às vezes se tornam sábias e são procuradas para conselhos, mas ai daquela que se afastar do caminho traçado pelos homens! Uma condenação à morte sancionará seus desvios.

Uma mudança acontece nos anos 1960-1970. Sob pressão dos movimentos feministas, sobretudo estadunidenses, que se insurgem contra essas visões caricaturais, surgem novas representações: as mulheres deixam o lar e se tornam heroínas, como Ayla na saga em seis volumes da estadunidense Jean M.

---

6. Frontispício de *A família pré-histórica*, de Louis Figuier, em *O homem primitivo*, 1870. Tradução de Manuel José Felgueiras, Lisboa: Empresa Literária Luso-Brasileira, 1883.

7. Como em *Eva, presa dos homens*, de Henri-Jacques Proumen, 1934.

8. Léon Lambry, "Rama, a fada das cavernas", publicada em *La Semaine de Suzette*, 1928.

9. Publicado em 1897 e ilustrado com gravuras um tanto ousadas de Antoine Calbet.

10. Pseudônimo de Joseph Henri Honoré Boex (1856-1940) e de Séraphin Justin François Boex (1859-1948), escritores de origem belga. Em 1908, eles encerram sua colaboração e publicam separadamente sob os respectivos pseudônimos de J.-H. Rosny Aîné e J.-H. Rosny Jeune.

O HOMEM PRÉ-HISTÓRICO TAMBÉM É MULHER

Auel.[11] Mas os preconceitos machistas perduram. As mulheres precisam ser sexy, como Raquel Welch e seu biquíni de pele de animal em *Mil séculos antes de Cristo* (1966), de Don Chaffey, ou *2001: uma odisseia no espaço* (1968), de Stanley Kubrick, para que os homens lutem por elas.[12]

Na maioria das vezes, elas permanecem comportadamente em casa, tratando dos assuntos domésticos ou cuidando das crianças, à espera do retorno dos caçadores. Inúmeros documentários e docudramas, supostamente fiéis à realidade porque baseados em dados arqueológicos, seguem essa visão. A maioria dessas obras aceita a preponderância dos homens no plano econômico e social nas sociedades caçadoras-coletoras pré-históricas. Elas consolidam a ideia de que as mulheres não desempenharam papel algum na evolução técnica e cultural da humanidade.

ANCESTRAIS VIOLENTOS POR NATUREZA?

Um homem arrasta uma mulher pelos cabelos. Para onde ele a carrega à força? Rumo a um passado imemorial no qual as relações entre os sexos se baseiam em relações de dominação, em que o estupro, o rapto e a brutalidade são a norma. Essa visão,[13] que modelou nosso imaginário até os dias de hoje, coloca a selvageria no centro das sociedades pré-históricas.

---

11. Jean M. Auel, *Les Enfants de la Terre*. Paris: Presses de la Cité, seis volumes publicados entre 1980 e 2011 [Ed. bras.: Saga *Os filhos da Terra*. Tradução de Maria Thereza de Rezende Costa. Rio de Janeiro: BestBolso, 2008-2014].

12. Pascal Semonsut, *Le Passé du fantasme. La représentation de la préhistoire en France dans la seconde moitié du XXᵉ siècle (1940-2012)* [O passado da fantasia. A representação da pré-história na França na segunda metade do século XX (1940-2012)]. Paris: Éditions Errance, 2013, p. 165-171.

13. Segundo nossas pesquisas, essa "imagem" poderia ter sido inspirada em uma ilustração do inglês Edmund Evans no conto "Barba azul", de Charles Perrault (1628-1703), "Ele a arrasta para as escadas da masmorra" (c. 1888).

VISÃO ROMÂNTICA SOBRE AS MULHERES PRÉ-HISTÓRICAS

Até o fim do século XIX, a produção artística e literária, com raras exceções, constrói a imagem dos homens pré-históricos violentos. Sem comportamentos sociais civilizados ou religiosos, eles se deixam levar ao assassinato[14] e ao canibalismo.

Na maioria dos romances, portanto, os conflitos são onipresentes, sobretudo entre "raças" diferentes, cujo modelo costuma ser buscado em relatos de exploradores. Eles inscrevem no imaginário popular o arquétipo do homem pré-histórico: herói viril, armado de uma clava e vestido com pele de animais, que vive em uma caverna onde ele talha ferramentas de pedra.[15] Quando se depara com animais enormes (mamutes) e ferozes (tigres-dentes-de-sabre), ele sai vitorioso. Revoltado, age com violência para conquistar o fogo,[16] um território, uma mulher, ou para vingar um ente querido.[17] Essas representações se baseiam, em grande parte, nos escritos dos antropólogos evolucionistas e dos pré-historiadores do século XIX e do início do século XX.[18]

A abordagem dos primeiros pré-historiadores e, consequentemente, as imagens que eles nos legaram dos seres humanos dos tempos remotos se articularam em torno de dois grandes eixos: o da grande violência primordial e o da evolução progressiva e linear da história da humanidade. Tais postulados, repetidos por décadas a fio, condicionaram o trabalho dos pesquisadores e o imaginário do grande público. Como esses paradigmas se formaram?

---

14. Como no quadro de Maxime Faivre, *O invasor* (1884).

15. J.-H. Rosny, "Scènes préhistoriques"[Cenas pré-históricas]. In: *La Revue indépendante*, n. 21, jul. 1988, e *Les Origines, essai sur les temps préhistoriques* [As origens, ensaio sobre os tempos pré-históricos], 1895.

16. Como em *A guerra do fogo*, de J.-H. Rosny Ainé, 1909. Tradução de Heloisa Prieto. São Paulo: Bamboo Editorial, 2014.

17. Marylène Patou-Mathis, *Préhistoire de la violence et de la guerre* [Pré-história da violência e da guerra]. Paris: Odile Jacob, 2013.

18. Especialmente do etnólogo escocês John Ferguson McLennan, do antropólogo britânico Edward Tylor, do pré-historiador inglês John Lubbock e do sociólogo inglês Herbert Spencer.

O HOMEM PRÉ-HISTÓRICO TAMBÉM É MULHER

Desde que a existência de seres humanos pré-históricos foi reconhecida, em meados do século XIX, seus comportamentos foram aproximados aos dos grandes símios, gorilas e chimpanzés, depois aos das "raças inferiores", consideradas primitivas. Sem fazer análises precisas dos objetos talhados na pré-história, os primeiros pré-historiadores deram-lhes nomes de conotação guerreira: clava, cassetete, "machado" biface, punhal... As grandes Exposições Universais e os primeiros museus retransmitem essa imagem. O Museu de Artilharia, instalado no Hospital dos Inválidos, em Paris, 1871, expunha coleções de armas pré-históricas e proto-históricas, antigas, históricas, etnográficas e, para cada período, manequins de tamanho real, armados e em trajes de guerra. Essa apresentação museográfica instilava nos visitantes a ideia de uma continuidade cultural da guerra desde as épocas mais remotas da humanidade. No entanto, estudos recentes[19] das atividades pré-históricas atestam que essas supostas armas de guerra serviam sobretudo para matar e decepar animais. Nos anos 1880, a teoria das migrações afirma que a sucessão das culturas pré-históricas resulta de substituições populacionais e consolida a ideia de que a guerra de conquistas sempre existiu. No início do século seguinte, baseados nos comportamentos dos grandes símios, alguns sociobiólogos, aos quais se unem antropólogos e pré-historiadores, afirmam que descenderíamos de "primatas assassinos".[20] Essa teoria, popularizada em 1961,[21] decorre diretamente de uma concepção do homem regido por sua animalidade, que também é agressiva e predadora. Ela consolida a tese da violência filogenética e ontológica do ser humano. Os homens pré-históricos teriam sido agressivos por natureza e os primeiros predadores de sua própria espécie. Quando a violência é

---

19. Sobretudo de traceologia, que, a partir do estudo das marcas produzidas pela utilização das peças líticas, permite determinar sua função.

20. O *Homo sapiens*, animal brutal, porque predador, teria se disseminado para fora da África através da Eurásia eliminando os outros grandes primatas bípedes! Essa hipótese foi sugerida em 1925 pelo antropólogo australiano Raymond Dart.

21. Pelo escritor estadunidense Robert Ardrey em *African Genesis: A Personal Investigation into the Animal Origins and Nature of Man* [Gênese africana: uma investigação pessoal sobre as origens animais e a natureza do homem], 1961. Ardrey promove a ideia de que o homem é um predador instintivo.

VISÃO ROMÂNTICA SOBRE AS MULHERES PRÉ-HISTÓRICAS

vista como um determinismo, porque consubstancial ao gênero humano, o que se impõe é uma forma de "cultura da guerra".

A ideia de que a violência faz parte da "natureza humana" está presente em grande número de filósofos e pensadores. É o que Sigmund Freud afirma quando escreve que "o ser humano não é uma criatura branda, ávida de amor, que no máximo pode se defender, quando atacado, mas sim que ele deve incluir, entre seus dotes instintuais, também um forte quinhão de agressividade. Em consequência disso, para ele o próximo não constitui apenas um possível colaborador e objeto sexual, mas também uma tentação [...]. *Homo homini lupus*: quem, depois de tudo o que aprendeu com a vida e a história, tem coragem de discutir essa frase?"[22]

Quer consideremos o teórico inglês Thomas Hobbes (1588-1679), para quem existe uma "guerra de todos contra todos" (*Leviatã*, 1651), que consideremos Jean-Jacques Rousseau (1712-1778), que defende a ideia de que o "homem selvagem" estava sujeito a poucas paixões e foi arrastado para "o mais horrível estado de guerra pela sociedade nascente",[23] a questão da origem da violência atravessa a história da filosofia: a violência é original, "primordial" e inata, ou, como afirma Rousseau, nasceu junto com a civilização e a propriedade?

Segundo os estudos de fósseis humanos, as marcas de violência aparecem em poucos indivíduos,[24] portanto é razoável pensar que, ao longo do Paleolítico,[25] não houve guerras *stricto sensu*. É preciso destacar, no entanto, que os esque-

---

22. Sigmund Freud, *O mal-estar na civilização* (1930). Tradução de Paulo César de Souza. In: *Obras completas*, vol. 18. São Paulo: Companhia das Letras, 2010, p. 76-77.

23. Jean-Jacques Rousseau, *Discurso sobre a origem e os fundamentos da desigualdade entre os homens*, 1755. Tradução de Paulo Neves. São Paulo: L&PM Pocket, 2008.

24. Marylène Patou-Mathis, *ibid.*

25. Período mais longo da pré-história (de *c.* 3,3 milhões de anos até *c.* 10 mil anos antes de nossa era), durante o qual viveram diferentes espécies humanas, primeiro na África e, depois, em todos os continentes. Ele se caracteriza pela presença de ferramentas talhadas e uma economia de subsistência baseada em coleta, colheita, pesca e caça. O Paleolítico está subdividido em três períodos: Inferior, Médio e Superior.

letos descobertos são relativamente pouco numerosos e ferimentos letais não necessariamente deixam vestígios nos ossos – que são os únicos elementos preservados. Na maioria dos casos de violência confirmada, os ferimentos estão cicatrizados, portanto os indivíduos não foram mortos, mas tratados. Por meio da observação das anomalias ou dos traumas presentes nas ossadas de vários fósseis humanos do Paleolítico, deduziu-se que eles cuidavam de seus doentes e feridos, e que um deficiente físico ou mental, mesmo de nascença, não era eliminado e tinha lugar na comunidade. O exame dos dados arqueológicos mostra que as comunidades mantinham relações baseadas na troca de objetos, de saberes, de habilidades, e mesmo de indivíduos. A cooperação e a ajuda mútua, tanto quanto – e talvez mais que – a agressividade e a competição, foram vitais para a sobrevivência dos humanos que se reuniam em pequenos grupos. Em *A origem da família, da propriedade privada e do Estado*, o filósofo alemão Friedrich Engels (1820-1895) afirma que "a tolerância recíproca dos machos adultos, ausência de ciúme, foi a primeira condição para a formação desses grupos maiores e mais duradouros, sendo esse o único meio em que se poderia efetivar a humanização do animal".[26]

Os primeiros vestígios de violências coletivas parecem surgir com a sedentarização das comunidades, que começa há cerca de 14 mil anos, e aumentar ao longo do Neolítico, período marcado por várias mudanças ambientais (aquecimento climático), econômicas (domesticação das plantas e dos animais, o que permite um excesso de recursos alimentares – atestado por seus locais de armazenamento), sociais (surgimento das elites e das castas[27] e de seu corolário, a hierarquização e as desigualdades) e de crenças (surgimento de divindades e de locais de culto). Essa violência podia ser causada por múltiplos fatores:

---

26. Friedrich Engels, *A origem da família, da propriedade privada e do Estado*, 1884. Tradução de Leandro Konder. Rio de Janeiro: BestBolso, 2014.

27. Como a dos guerreiros e a dos escravos, cuja presença é atestada em algumas sepulturas. Entre 4.500 e 3.500 anos antes de nossa era, por exemplo, escravos foram sacrificados durante ritos funerários no sítio arqueológico de Gournier, no departamento de Drôme (Alain Testar, Christine Jeunesse, Luc Baray, Bruno Boulestin, "Les esclaves des tombes néolithiques"[Os escravos das tumbas neolíticas]. *Pour la science*, out. 2010, p. 74-80.

VISÃO ROMÂNTICA SOBRE AS MULHERES PRÉ-HISTÓRICAS

situações paroxísmicas ligadas a momentos de crise (demográfica, política, epidemiológica), ritos sacrificiais (de fundação, propiciatórios ou expiatórios), motivos psicológicos (vingança em resposta a humilhação ou ofensa, vontade de dominação).

Constatamos que as mulheres e as crianças seriam suas principais vítimas. No entanto, a violência não está presente em todas as sociedades neolíticas. No sítio arqueológico de Çatal Hüyük[28] (Anatólia Central, Turquia), a homogeneidade das moradias e das práticas funerárias leva a pensar que a organização social era igualitária e pouco guerreira (ausência de vestígios de conflitos).[29] É sobretudo a partir do ano 5.500 antes de nossa era, quando da chegada de novas migrações à Europa, que os conflitos dentro das comunidades e entre elas parecem se intensificar. Segundo vários arqueólogos, essa mudança sociocultural nas sociedades posteriores ao Paleolítico também seria visível na progressiva substituição, no fim do Neolítico, dos cultos prestados a divindades femininas (deusa-mãe, da fecundidade, da fertilidade...) pela veneração de divindades masculinas, geralmente representadas com um punhal da Idade do Bronze.[30] A guerra se institucionaliza ao longo desse período, que vê o surgimento do Estado e de uma civilização urbana, bem como o desenvolvimento da metalurgia e do comércio de bens de prestígio

---

28. Descoberto em 1951 por David French, Alan Hall e James Mellaart, esse sítio tem dois *tels* separados por um rio; o *tel* leste, ocupado sobretudo entre 7.560 e 6.400 anos antes de nossa era, e o *tel* oeste, ocupado essencialmente entre 6.000 e 4.340 anos antes de nossa era (James Mellaart, *Çatal Hüyük: A Neolithic Town in Anatolia* [Çataç Hüyük: uma cidade neolítica na Anatólia]. Nova York: McGraw-Hill, 1967).

29. Para o arqueólogo inglês Ian Hodder, que em 1993 retomou o estudo desse sítio ("Çatalhöyük: the leopard changes its spots. A summary of recent work" [Çatalhöyük: o leopardo muda suas manchas. Um resumo dos trabalhos recentes], *Anatolian Studies*, n. 64, 2014, p. 1-22). No entanto, para o etnólogo Alain Testart, a posição, sentada majestosamente, da "mulher sentada com leopardos", descoberta nesse sítio, seria o sinal do surgimento de uma hierarquização da sociedade (*La Déesse et le grain: Trois essais sur les religions néolithiques* [A deusa e o grão: três ensaios sobre religiões neolíticas]. Paris: Éditions Errance, 2010).

30. A Idade do Bronze (liga de cobre e estanho) começa por volta de 2.200 anos antes de nossa era e vai até cerca de 800 anos antes de nossa era.

O HOMEM PRÉ-HISTÓRICO TAMBÉM É MULHER

(armas). O guerreiro e o armamento se tornam objeto de um verdadeiro culto. Mais uma vez, no entanto, não em toda parte. Algumas civilizações se mantêm pouco guerreiras, como a de Caral, cidade pré-colombiana da região de Lima, no Peru,[31] e a do vale do Indo.[32]

Visto que a violência das sociedades pré-históricas do Paleolítico não foi arqueologicamente comprovada, as relações entre homens e mulheres nesse período não eram tão antagônicas quanto algumas teses sugeriram. A dominação das mulheres seria mais recente e consecutiva à instauração do sistema patriarcal, às vezes estabelecido pela violência, sobretudo com tomada de poder pelos homens sobre o corpo das mulheres. Essa vontade de tomar posse do corpo do outro sem seu consentimento é encontrada em vários mitos nos quais as mulheres são estupradas depois de raptadas à força.[33] Assim como a cultura da guerra, a cultura do estupro logo aparece nas representações. Será por isso que há séculos existe uma tolerância para com a violência sexual perpetradas contra as mulheres?[34] Devemos nos perguntar, como o psicanalista inglês Donald Winnicott: "Não se poderia dizer que, no extremo patriarcal da sociedade, a relação sexual é o estupro?"[35]

---

31. Explorada pela antropóloga e arqueóloga peruana Ruth Solis, a civilização de Caral foi datada entre 2.600 e 2.000 anos antes de nossa era (Ruth Solis, *La ciudad sagrada de Caral-Supe en los albores de la civilización en el Perú* [A cidade sagrada de Caral-Supe no alvorecer da civilização no Peru]. Universidad Nacional Mayor de San Marcos: Fondo Editorial, 1997).

32. Também chamada de civilização harapeana, ela foi descoberta em vários sítios arqueológicos em torno do Paquistão, datados entre 2.600 e 1.900 anos antes de nossa era.

33. Na mitologia celta, o druida Gwydion "viola" a deusa Arianrhod com sua varinha mágica; na mitologia suméria, Enki estupra Uttu apesar do interdito. Na mitologia greco-romana, os deuses fazem uso de ardis para seduzir as mortais, vestindo diferentes envoltórios corporais: Cefiso estupra Liríope, Zeus estupra Leto...

34. Georges Vigarello, *Histoire du viol, XVIe-XXe siècle*. Paris: Seuil, 1998, coleção L'Univers historique [Ed. bras.: *História do estupro: violência sexual nos séculos XVI-XX*. Tradução de Lucy Magalhães. Rio de Janeiro: Jorge Zahar, 1998].

35. Donald Winnicott, *O brincar e a realidade*. Tradução de José Octávio de Aguiar Abreu e Vanede Nobre. Rio de Janeiro: Imago, 1975 (1. ed. inglesa, *Playing and Reality*, 1971).

VISÃO ROMÂNTICA SOBRE AS MULHERES PRÉ-HISTÓRICAS

O RAPTO DAS MULHERES

Na base dessa construção que coloca a mulher como objeto a ser conquistado, encontramos o rapto, que a mitologia greco-romana já menciona. A história humana teria começado com o rapto de uma mulher, segundo o poeta latino Ovídio no livro V das *Metamorfoses*: Perséfone, raptada pelo deus Hades, é desesperadamente procurada por sua mãe, Deméter. As obras literárias e ar tísticas ocidentais serão profundamente influenciadas por esses textos antigos em que as mulheres são objeto de cobiça e submetidas à vontade masculina. A antropóloga Françoise Héritier sugere que, desde os primórdios, as mulheres teriam sido vistas como presas: "A humanidade era formada por grupos fechados, hostis entre si, que recorriam à força para conseguir parceiros, se esses viessem a faltar."[36] A competição para a obtenção de mulheres teria sido um estímulo potente para o desenvolvimento do intelecto![37] Considerar o rapto das mulheres um costume que existe desde tempos imemoriais seria basear-se no mito ou na realidade?

O rapto das mulheres aparece pela primeira vez em 1865, em *Primitive Marriage*:[38] os homens pré-históricos teriam praticado o infanticídio feminino, o incesto, o estupro e o rapto! Depois de serem presas, as mulheres teriam se tornado "mercadorias", trocadas ou compradas. Segundo Friedrich Engels, seu "valor de mercado" teria surgido junto com a agricultura, a criação de animais e a união conjugal (um homem-uma mulher).[39] Constatamos que, há no mínimo 300 mil anos, os seres humanos pré-históricos têm comportamentos

---

36. Françoise Héritier-Augé, "Famille" [Família]. In: Pierre Bonte e Michel Izard (orgs.), *Dictionnaire de l'ethnologie et de l'anthropologie*. Paris: PUF, 1991, p. 273-275.

37. Robin Fox, *Anthropologie de la parenté. Une analyse de la consanguinité et de l'alliance* [Antropologia do parentesco: uma análise da endogamia e da aliança]. Paris, Gallimard, 1972.

38. John Ferguson McLennan, *Primitive Marriage. An Inquiry into the Origin of the Form of Capture in Marriage Ceremonies* [Casamento primitivo: uma investigação sobre a origem da forma de captura em cerimônias de casamento], 1865.

39. Friedrich Engels, *A origem da família, da propriedade privada e do Estado*, 1884.

O HOMEM PRÉ-HISTÓRICO TAMBÉM É MULHER

complexos, portanto é muito pouco provável que a perpetuação dos clãs tenha se baseado apenas no rapto das mulheres. Hoje, essa hipótese é rejeitada por muitos arqueólogos e etnólogos, que preferem a hipótese da troca.[40] Ideia já presente no mito de Pandora, relatado no século VIII a.C. pelo poeta grego Hesíodo, na *Teogonia*: a fim de manter os laços sociais, a função primordial da mulher é ser dada ou trocada. Segundo Marcel Mauss (1872-1950),[41] o "pai da etnologia francesa", nas sociedades ditas "primitivas", o sistema de dádiva e contradádiva permitiria a recriação permanente do laço social e evitaria conflitos.[42] Esses pesquisadores sugerem a hipótese de que a troca de mulheres no Paleolítico teria permitido selar alianças entre grupos, necessárias à sobrevivência das pequenas comunidades dispersas em vastos territórios. Enquanto o antropólogo e etnólogo Claude Lévi-Strauss (1908-2009) menciona a troca das mulheres como "obrigações positivas", Françoise Héritier vê nelas a dominação masculina e o pouco valor atribuído às mulheres: "Em todas as latitudes, em grupos muito diferentes uns dos outros, vemos homens que trocam mulheres, e não o contrário. É isso que me faz dizer que a valência diferencial dos sexos já existia desde o Paleolítico, desde os primórdios da humanidade."[43]

---

40. Tese defendida em 1948 por Claude Lévi-Strauss na obra *As estruturas elementares do parentesco*. Tradução de Mariano Ferreira. Petrópolis: Vozes, 2012.

41. Marcel Mauss, *Essai sur le don. Forme et raison de l'échange dans les sociétés archaïques*. Paris: PUF, 1973, coleção "Quadrige", p. 149-279 [Ed. bras.: *Ensaio sobre a dádiva*. Tradução de Paulo Neves. São Paulo: Cosac & Naify, 2013].

42. Ainda hoje, aliás, em certas sociedades, a mulher é cedida pelo grupo de seus parentes masculinos em troca de um ou vários bens, o "preço da esposa ou da noiva" (compensação), ao qual às vezes se soma uma indenização aos parentes do noivo: o dote (forma antecipada de herança). Em suas pesquisas, o antropólogo belga Robert Deliège constatou que o "preço da noiva" costumava caracterizar sociedades igualitárias (ou casamentos isogâmicos que uniam cônjuges de mesma condição social), como em certas sociedades da África Central, enquanto o "dote" era mais frequente nas sociedades hierarquizadas e, mais especialmente, em casamentos hipergâmicos (aqueles em que a mulher se casa com um homem de condição superior), como na sociedade indiana (Robert Deliège, *Anthropologie de la famille et de la parenté* [Antropologia da família e do parentesco]. Paris: Armand Colin, 2011, coleção Cursus).

43. Françoise Héritier, Michelle Perrot, Sylviane Agacinski e Nicole Bacharan, *La Plus Belle Histoire des femmes*. Paris: Seuil, 2011, p. 24.

VISÃO ROMÂNTICA SOBRE AS MULHERES PRÉ-HISTÓRICAS

No entanto, nenhuma descoberta arqueológica sustenta a tese da troca. Se essa prática existia desde o Paleolítico – o que precisa ser demonstrado –, ela era imposta às mulheres pelos homens ou acontecia de comum acordo? Atualmente, essa pergunta permanece sem resposta. Visto que os "bens de prestígio" é que costumam ser trocados, alguns pesquisadores veriam nessa troca a prova de que, nas sociedades pré-históricas, as mulheres teriam um grande valor, sobretudo porque, dando à luz, elas garantiriam a descendência e, portanto, a sobrevivência do clã. Como já havia sugerido o naturalista inglês Charles Darwin[44] (1809-1882) em 1871, não poderíamos imaginar que, nos tempos antigos, as mulheres também escolhessem seu(s) parceiro(s)? Diante da abundância de hipóteses, é preciso identificar os elementos da herança cultural construída ao longo dos séculos que alimentou e condicionou a abordagem científica da pré-história.

---

44. Charles Darwin, *The Descent of Man, and Selection in Relation to Sex*, 1871 [Ed. bras.: *A origem do homem e a seleção sexual*. Tradução de Eugênio Amado. Belo Horizonte: Garnier, 2019].

2

CONTEXTO HISTÓRICO E INTELECTUAL DO SURGIMENTO DA PRÉ-HISTÓRIA ENQUANTO DISCIPLINA CIENTÍFICA

A história da evolução da humanidade é considerada quase que exclusivamente do ponto de vista dos homens. As relações sociais que envolvem as mulheres raramente são levadas em conta.[1] Os primeiros antropólogos e arqueólogos não hesitam em fazer uma descrição convencional de seus comportamentos, sem para isso se basearem em provas arqueológicas diretas. Sua abordagem é moldada pelo meio em que vivem, uma sociedade ocidental herdeira da tradição judaico-cristã e greco-romana, na qual as mulheres são vistas como seres inferiores. Não surpreende, portanto, que desde a Antiguidade a grande maioria dos textos que falam dos "homens" ao tratar dos seres humanos na verdade só se refiram ao sexo masculino. As mulheres só aparecem em suas relações com os homens.

Nesse contexto de dominação social e econômica, uma hegemonia cultural se consolida e se impõe, passo a passo. O poder político se apoia nos textos sagrados e nos discursos científicos – médicos, antropológicos, sociológicos –, que estabelecem a diferenciação sexuada e fazem do homem o único referencial de tudo que é universal. Essa construção torna a mulher diferente no gênero humano, uma inferior. Essa suposta inferioridade das mulheres se difunde e se torna amplamente aceita.

---

1. Nicole-Claude Mathieu, "Études féministes et anthropologie" e "Différenciation des sexes". In. Pierre Bonte e Michel Izard (orgs.), *Dictionnaire de l'ethnologie e de l'anthropologie*. Paris: PUF, 1991.

SERES INFERIORES

Se for para morrer, melhor cair sob a mão de um homem
do que ser chamado de inferior a uma mulher.
Sófocles[2]

Baseando-se nos textos sagrados de várias religiões, tanto monoteístas quanto politeístas, teólogos, cientistas e filósofos decretaram, por muitos séculos, que as mulheres eram inferiores por "ordem divina" e por "natureza". Era assim que justificavam a subordinação feminina, pois a diferenciação dos dois sexos seria necessária à harmonia "natural" da família e da sociedade. No século IV, embora santo Agostinho[3] afirme a igualdade dos dois sexos "na ordem da graça", isto é, no céu, ele defende a inferioridade das mulheres na "ordem da natureza", ou seja, na história.[4] Argumento que será várias vezes utilizado para excluí-las das esferas social e política. Voltemos à fonte desses textos que levaram os campos da pesquisa a serem pensados através do prisma do sexo e do gênero.

POR "ORDEM DIVINA"

Produzida pela natura particularis, *a mulher é um ser deficiente.*
Tomás de Aquino[5]

Nos textos sagrados e religiosos, as palavras que qualificam a mulher são fortes, o desprezo é absoluto; às vezes, o ódio aflora. O que ela é aos olhos dos homens? Uma extensão de si mesmos, que eles rejeitam

---

2. *Antígona*, 442 a.C.

3. Ele se inscreve na visão de seu tempo, que via a natureza humana como estática e hierarquizada, composta de camadas superiores e camadas inferiores de seres humanos.

4. Jean Verdon, *Les Femmes en l'An Mille* [As mulheres no ano 1000]. Paris: Perrin, 1999, p. 19. Disponível em: <www.gallica.bnf.fr>.

5. *Suma Teológica* 1, questão 92, artigo 1.

CONTEXTO HISTÓRICO E INTELECTUAL DO SURGIMENTO.

e cobiçam; ela é, para o homem, mais ou menos o que o neandertal foi para cro-magnon: uma tentativa fracassada. De essência incerta, certamente animal, perturbadora, possuidora de poderes e possuída por seus sentidos, sempre imperfeita e fundamentalmente culpada. Ela precisa ser vigiada e punida.

No livro *When God Was a Woman*, publicado em 1976, a professora estadunidense de arte e história Merlin Stone (1931-2011) mostra como a invenção do mito de Adão e Eva determinou, no Ocidente, na sociedade e no inconsciente coletivo, a submissão das mulheres aos homens. Embora em vários mitos fundadores de inúmeros povos a mulher seja criada antes ou junto com o homem, e não depois,[6] no Gênesis, é a partir de uma costela de Adão que Deus cria Eva: "O Senhor Deus disse: 'Não é bom que o homem esteja só. Vou fazer uma auxiliar que lhe corresponda.' [...] O homem deu nomes a todos os animais, às aves do céu e a todas as feras. Mas não encontrou a auxiliar que lhe correspondesse. Então o Senhor Deus fez cair sobre ele um torpor misterioso, e o homem dormiu. O Senhor Deus pegou uma de suas costelas e fez crescer carne em seu lugar. Com a costela que tirara do homem, modelou uma mulher e a trouxe ao homem. Então o homem disse: 'Esta, sim, é osso de meus ossos e carne de minha carne! Ela será chamada mulher – Ishsha – porque foi tirada do homem – Ish.'"[7]

---

6. O surgimento da mulher às vezes tem uma origem misteriosa, sobrenatural. Na mitologia egípcia, Neite, fecundada pelo Verbo, cria o mundo, fixando seus limites com o auxílio de sete tecidos, sete palavras justas. Sua primeira palavra criou um lugar onde descansar, a Terra (com seus quatro santuários sobre um monte: Esna, Sais, Pr-Netjer e Buto); a segunda, uma cidade (Dep) e uma terra do bem-estar (Sais); a terceira, trinta deuses imanentes; a quarta, plantas e animais (seus alimentos); a quinta, seu filho, Rá (o deus do Sol); a sexta, os humanos e os deuses (das lágrimas e da saliva de seu filho, respectivamente). Sua sétima palavra protegeu seu filho (Nadine Guilhou e Janice Peyré, *Mythologie égyptienne* [Mitologia egípcia]. Paris, Marabout, 2005).

7. Livro do Gênesis, capítulo 2, versículos 18 e 20 a 23. Tradução francesa da Associação Episcopal Litúrgica para Países Francófonos (Aelf). Tradução livre para o português.

O HOMEM PRÉ-HISTÓRICO TAMBÉM É MULHER

Nos textos fundadores das grandes religiões, as mulheres, quando mencionadas, são inferiorizadas e nunca consideradas enquanto sujeitos. Os versículos bíblicos do Antigo[8] e do Novo Testamento[9] se dirigem exclusivamente aos homens, como se tivessem sido redigidos por homens, para homens. Entre esses escritos, os de Paulo de Tarso (são Paulo) são explícitos. Embora devam ser inseridos no contexto da época,[10] não deixa de ser verdade que foram muito utilizados, nos séculos seguintes, para justificar a subordinação das mulheres. A condição inferior conferida às mulheres é perceptível na expressão da crença segundo a qual somente o homem foi criado à imagem de Deus: "Como alguém pode sustentar que a mulher foi criada à imagem de Deus quando está claro que ela está sob a autoridade do homem e não exerce nenhuma forma de autoridade? Pois ela não pode nem ensinar, nem testemunhar perante um tribunal, nem usufruir a cidadania, nem ser juíza; assim, com certeza não pode exercer nenhuma autoridade."[11] O homem pode se apresentar perante Deus com a cabeça nua, mas a mulher precisa cobrir os cabelos: "Todo homem que ora ou profetiza com a cabeça coberta desonra sua cabeça. Toda mulher que ora ou profetiza com a

---

8. Conjunto de textos considerados sagrados para judeus e cristãos. O Antigo Testamento, a Bíblia hebraica ou Tanakh, que tem seus mais antigos livros datados entre o século III e o século I a.C., será traduzido, primeiro para o grego antigo, por volta de 270 a.C., em Alexandria (a Septuaginta), depois para o latim, no século II, a partir da Septuaginta (a Vetus Latina), e entre 390 e 405 por Jerônimo de Estridão (são Jerônimo, 347-420), um dos quatro Pais da Igreja latina, a partir dos textos hebraicos (a Vulgata). A Bíblia hebraica será chamada de "Antigo Testamento" a partir de meados do século II. O Pentateuco correspondeu aos cinco primeiros livros, chamados "Torá" pelo judaísmo.

9. Conjunto de textos sobre a vida de Jesus e o ensino de seus primeiros discípulos, reconhecidos pela Igreja em 363, durante o Concílio de Laodiceia. Compreende, entre outros, os quatro Evangelhos canônicos (segundo Mateus, Marcos, Lucas e João) e catorze Epístolas, majoritariamente atribuídas a Paulo de Tarso (são Paulo, século I, - c. 67-68). Jerônimo de Estridão fez uma primeira tradução para o latim a partir de textos gregos.

10. Segundo o suíço Daniel Marguerat, professor emérito de teologia protestante, o contexto da época permitia às mulheres ter uma participação ativa dentro das primeiras comunidades cristãs, e, para isso, elas precisavam aceitar a autoridade estatal (Daniel Marguerat, "Saint Paul contre les femmes?" [São Paulo contra as mulheres?]. In: *Le Dieu des premiers chrétiens* [O Deus dos primeiros cristãos]. Genebra: Labor et Fides, 1990).

11. Ambrosiastro, *Sobre Coríntios* 1: 14, 34. Autor latino desconhecido que teria escrito *Comentários* sobre treze Epístolas de são Paulo na época do papa Dâmaso, entre 366 e 384.

36

CONTEXTO HISTÓRICO E INTELECTUAL DO SURGIMENTO...

cabeça descoberta desonra sua cabeça [...]. O homem não deve cobrir a cabeça, pois é a imagem e a glória de Deus, e a mulher é a glória do homem. Pois o homem, de fato, não foi tirado da mulher, mas a mulher foi tirada do homem."[12]

Não sendo totalmente uma imagem de Deus (são Paulo, I Co, XI, 8f), a mulher é um *mas occasionatus*, um homem imperfeito, segundo o teólogo italiano Tomás de Aquino (1225-1274).[13] Em muitos textos sagrados ou teológicos, ela é de fato considerada incompleta, inacabada. No Talmude,[14] a mulher é "um vaso imperfeito que, sem o socorro de seu marido, não passaria de um embrião".[15] A mesma ideia é encontrada no Atharva Veda, texto sagrado do hinduísmo escrito por volta do ano 900 antes de nossa era: a mulher é um simples recipiente, sua forma corporal e o princípio da vida lhe foram dados pelo homem.

Os teólogos cristãos da Idade Média também se referem aos textos dos autores antigos, principalmente aos de Platão e Aristóteles. Embora em sua República ideal Platão defenda que as mulheres tenham um destino melhor,[16] no *Timeu* ele escreve que somente os homens são "seres humanos completos". Criados diretamente pelos deuses, eles são dotados de uma alma. A mulher, sendo "o resultado de uma dege-

---

12. Primeira Epístola de são Paulo aos Coríntios 11: 4-8. Tradução francesa da Associação Episcopal Litúrgica para Países Francófonos (Aelf). Tradução livre para o português.

13. "Em relação ao que uma imagem deve principalmente representar – isto é, em relação à natureza espiritual –, a imagem de Deus está no homem e também na mulher. De maneira secundária, é verdade que a imagem de Deus está no homem de um modo que não encontramos na mulher. Pois o homem é a origem e o fim da mulher, assim como Deus é a origem e o fim de toda a Criação. É por isso que o Apóstolo acrescentou 'o homem é a imagem e a glória de Deus, mas a mulher é a glória do homem', pelo seguinte motivo: 'o homem não vem da mulher, mas a mulher vem do homem e o homem não foi criado para a mulher, mas a mulher para o homem' (1 Co. 11.7)" (Tomás de Aquino, *Suma Teológica*, 1, questão 93, artigo 4. Tradução de Alexandre Correa e Dom Odilão Moura. Campinas: Ecclesiae, 2018).

14. Um dos textos fundamentais do judaísmo rabínico.

15. *L'Encyclopédie*, verbete "Femme" [Mulher], 1751, tomo VI, p. 470.

16. Ele preconiza a supressão do "bem móvel" (isto é, que ela não seja mais considerada uma posse do marido) e uma educação equivalente à dos homens.

O HOMEM PRÉ-HISTÓRICO TAMBÉM É MULHER

neração física do ser humano [...], pode no máximo esperar tornar-se homem".[17] Aristóteles, que abordou todos os campos do conhecimento de seu tempo, afirma que "um macho é macho em virtude de uma capacidade particular, uma fêmea é fêmea em virtude de uma incapacidade particular"[18] e que "a fêmea é como um macho mutilado,"[19] "um macho infértil".[20] Para ele, no ato da procriação, a mãe fornece a matéria (traz o alimento) e o pai transmite o movimento (a substância do ser humano): "É evidente que o esperma deve estar numa dessas duas condições: ou o ser produzido deve vir dele como matéria; ou como princípio do movimento inicial."[21] O esperma não basta por si mesmo, portanto; ele precisa encontrar uma matéria preexistente à qual dar vida.[22] Essa ideia será retomada pelos Pais da Igreja ocidental. No século IV, nós a encontramos na correspondência de Jerônimo de Estridão (são Jerônimo): "Assim o solo, isto é, a matriz da mulher, acolhe a raça humana, e ela alimenta o que é dela depois de recebê-lo, e enquanto ela alimenta esse corpo, e enquanto lhe dá um corpo, ela o diferencia em membros variados."[23] E em outra carta: "O pai todo-poderoso toma a terra como mulher; derramando sobre ela sua própria chuva fecundante para que de seu seio ele possa amadurecer uma nova colheita."[24]

---

17. "Entre os homens que receberam a vida, todos os que se mostraram covardes e passaram a vida fazendo o mal foram, com toda a probabilidade, transformados em mulheres em sua segunda encarnação" (Platão, *Timée*. Paris: Flammarion, 1969 [Ed. bras.: *Timeu--Crítias*. Tradução de Rodolfo Lopes. São Paulo: Annablume, 2013]).

18. Aristóteles, *De la génération des animaux*, Livro I, 82f. Tradução francesa de Pierre Louis. Paris: Les Belles Lettres, 1961 [Ed. port.: *A história dos animais*. Tradução de Mária de Fátima Sousa e Silva. Lisboa: Imprensa Nacional, 2021].

19. "Pois da mesma forma que de pais mutilados nascem produtos que ora são mutilados, ora não o são, também o que sai de uma fêmea ora é uma fêmea, ora é um macho. De fato, a fêmea é como um macho mutilado" (*Ibid*, Livro II, capítulo IV).

20. *Ibid*, Livro I, 728a.

21. *Ibid*, Livro I, capítulo XII, 4.

22. "Podemos portanto definir o esperma, ou a semente, dizendo que ele é o que sai do ser que gera, em todas as espécies de animais em que a natureza realiza copula. É o princípio do movimento de geração" (*Ibid*, Livro I, capítulo XII, 6).

23. Jerônimo de Estridão, Carta a Pamáquio (numerada canonicamente "LVII").

24. *Idem*, Carta a Ctesifonte (numerada canonicamente "133"), capítulo 3.

Oito séculos depois, Tomás de Aquino afirma que a concepção da mulher, cuja razão é mais fraca que a do homem, se deve a uma fraqueza do esperma, pois, segundo Aristóteles, o esperma ativo visa a produzir um ser humano completo, isto é, um homem: "O nascimento [da mulher] foi provocado sem querer. Pois a potência ativa do esperma sempre procura produzir algo totalmente semelhante a si mesmo, que seja macho. Assim, portanto, se o resultado é uma mulher, isso se deve a uma fraqueza do esperma ou porque a matéria não convém, ou devido à ação de um fator externo, como o vento sul, que torna a atmosfera úmida. Mas, tida como causada pela *natura universalis*, a mulher não é criada por acidente, mas por uma intenção da Natureza para a obra de procriação. No entanto, as intenções da Natureza vêm de Deus, que é seu autor. Por isso, quando ele criou a Natureza, ele a fez tanto masculina quanto feminina."[25]

Por muitos séculos, a mulher também foi considerada um homem imperfeito pelos cientistas, que acreditavam que ela tivesse as mesmas partes genitais que o homem, porém dentro do corpo. Ao fim do século XIX, os italianos Cesare Lombroso (1835-1909)[26] e Guglielmo Ferrero (1871-1942) vão ainda mais longe, decretando que a mulher é "um homem interrompido em seu desenvolvimento",[27] mais próxima do ancestral "pitecomorfo", e que, ao contrário dos homens, ao crescer ela não pode chegar ao estágio "superior", pois a ontogenia repete a filogenia.

---

25. Tomás de Aquino, *Suma Teológica* 1, questão 92, artigo 1, r.
26. Ele foi o inventor da medicina legal e um dos fundadores da Escola Italiana de Criminologia. Baseando-se na frenologia, teoriza o "criminoso nato", reconhecível por características físicas. Além disso, para ele a criminalidade seria hereditária.
27. Cesare Lombroso e Guglielmo Ferrero, *La Donna delinquente, la prostituta e la donna normale*, 1893. Traduzido para o francês em 1896 como *La Femme criminelle et la Prostituée*. Paris: Félix Alcan, 1896, coleção Bibliothèque de philosophie contemporaine, reeditado em 1991, pela editora Jérôme Million, p. 157 [Ed. bras. *A mulher delinquente: a prostituta e a mulher normal*. Tradução de Antonio Fontoura Jr. Publicação independente, 2019].

O HOMEM PRÉ-HISTÓRICO TAMBÉM É MULHER

As mulheres fazem parte do gênero humano? No século XVI, alguns se fazem essa pergunta, retomada pela *Encyclopédie*,[28] que se refere ao célebre texto anônimo de 1595, *Disputatio nova contra mulieres, qua probatur eas homines non esse*.[29] Essa pergunta teria sido feita por um bispo ou cardeal durante o segundo Concílio de Mâcon, por volta de 585. A crer em algumas fontes, a resposta, por pequena maioria e após um longo exame, teria sido sim. A tradução desse texto[30], publicada em 1766 sob o título *Paradoxo sobre as mulheres, onde se trata de provar que elas não são da espécie humana*, despertou inúmeras reações. A obra é considerada por alguns historiadores fruto do imaginário ou de uma interpretação errônea.[31] O texto original, visto como um panfleto contra as mulheres, seria na verdade uma paródia humorística a respeito de uma corrente cristã da época, o socinianismo,[32] cujos adeptos rejeitavam a Trindade, o pecado original, a divindade de Cristo, e interpretavam de maneira errônea as Escrituras. O texto original teria sido instrumentalizado no século XVIII para inflamar a "guerra dos sexos". A ironia, de todo modo, revela um sexismo

---

28. No artigo de Paul-Joseph Barthez, que começa da seguinte forma: "Todo mundo ouviu falar de uma dissertação anônima, no qual se afirma que as mulheres não fazem parte do gênero humano, *mulieres homines non esse*". In: *L'Encyclopédie*, "Femme (anthropologie)", 1751, tomo VI, p. 471.

29. *Nova argumentação contra as mulheres, provando que elas não são seres humanos.* Texto que os historiadores atribuem ao médico e escritor alemão Valens Acidalius.

30. Pelo médico Charles Clapiès.

31. A lenda teria origem provável em uma questão linguística: o bispo teria se perguntado se *homo* designava o ser humano em geral e não exclusivamente o sexo masculino. Em latim clássico, a palavra designa todo ser humano (sem distinção de sexo); a palavra *vir* designa um indivíduo do sexo masculino e *femina* (fêmea) ou *mulier* o indivíduo do sexo feminino. No século VI, no vocabulário teológico, a palavra *vir* é cada vez mais utilizada em sentido espiritual, para nomear o homem ou a mulher com força e graça, isto é, virtude (*virtus*). Inversamente, a palavra *homo* é cada vez mais utilizada para designar um indivíduo do sexo masculino, e mais raramente feminino.

32. Roxane Darlot-Harel, *Un épisode de la "guerre des sexes"? Valens Acidalius/Charles Clapiès, Paradoxe sur les femmes, où l'on tâche de prouver qu'elles ne sont pas de l'espèce humaine*, 1766 [Um episódio da "guerra dos sexos"? Valens Acidalius/Charles Clapiès, paradoxos sobre as mulheres em que tentamos provar que elas não são da espécie humana 1766], dissertação de Master 2, 2016.

CONTEXTO HISTÓRICO E INTELECTUAL DO SURGIMENTO...

consubstancial à época, um antifeminismo elaborado pelos textos religiosos.[33] Os textos sagrados condenam as mulheres, tornando-as responsáveis pela "queda" e por todos os males da humanidade. Deus, seja ele humano, seja ele uma força suprema, adverte os homens contra elas, se eles não quiserem se perder.

Culpadas desde as origens

Na mitologia grega, embora a primeira entidade a sair do caos depois da criação do mundo seja Gaia, a mãe primordial, foram os deuses que criaram a primeira mulher humana, Pandora,[34] para punir os homens pelo roubo do fogo por intermédio titã Prometeu. Ela é associada ao mito da caixa de Pandora, de Hesíodo.[35] Segundo a lenda, Zeus ofereceu a mão da linda e virgem Pandora ao irmão de Prometeu, Epimeteu, que aceitou o presente apesar da advertência de seu irmão. Pandora levou junto consigo uma caixa misteriosa, que Zeus lhe proibiu de abrir. A caixa continha todos os males da humanidade, além da Esperança. Pandora não resistiu e abriu o recipiente, liberando os males nele contidos. Ela tentou fechá-lo de novo, mas era tarde demais e somente a Esperança permaneceu lá dentro. Em uma passagem de sua *Teogonia*, Hesío-

---

33. Roxane Darlot-Harel, *ibid.*

34. Por ordem de Zeus, Pandora é moldada a partir de argila e água por Hefesto, o deus do fogo, dos ferreiros, da metalurgia e dos vulcões, e animada por Atena, deusa da sabedoria, que lhe conferiu sua habilidade manual e a vestiu suntuosamente. Pandora recebeu a beleza de Afrodite e o talento musical de Apolo, mas também a curiosidade, a arte da mentira e da persuasão de Hermes, e de Hera, sua mãe, o ciúme. Sua criação a partir da argila, como a do primeiro homem, tem origem mesopotâmica, do V e IV milênios antes de nossa era (Jean Haudry, *Le Feu dans la tradition indo-européenne* [O fogo na tradição indo-europeia]. Paris: Archè Milano, 2016, p. 345).

35. "Esse arauto dos deuses lhe deu um nome e a chamou de Pandora, porque cada um dos habitantes do Olimpo lhe deu um presente para torná-la funesta aos homens industriosos" (Hesíodo, *Os trabalhos e os dias*). A ideia, retomada por Hesíodo, de que a mulher está na origem de todos os males humanos teria sido tomada de velhas lendas geórgicas (Georges Charachidzé, *Prométhée ou le Caucase. Essai de mythologie contrastive* [Prometeu e o Cáucaso. Ensaio de mitologia comparada]. Paris: Flammarion, 1986).

O HOMEM PRÉ-HISTÓRICO TAMBÉM É MULHER

do comenta: "Dessa virgem veio a raça das mulheres de seio fecundo, dessas mulheres perigosas, flagelo cruel que vive entre os homens, e associadas não à triste pobreza, mas ao luxo deslumbrante. [...] Assim Zeus, o senhor do trovão, deu aos homens um fatal presente ao agraciá-los com essas mulheres cúmplices de todas as más ações."[36] Pandora é considerada responsável pelo fim da "idade de ouro" dos homens – um rápido esquecimento de que fora criada para punir o roubo do fogo (o conhecimento) perpetrado por Prometeu em prol dos humanos, criados por ele.

Ainda que vários mitos falem de mulheres que protegem o mundo (na mitologia egípcia, um homem, Seth, comete o pecado original e uma mulher, Ísis,[37] salva a humanidade; entre os celtas, o mundo terrestre é regido por um princípio feminino onipresente, Danu, a deusa-mãe, de quem as mulheres são mensageiras junto aos homens; deuses e deusas tutelares povoam o panteão romano – as vestais, sacerdotisas cujo sacerdócio garantia a sobrevivência de Roma, gozam de importantes privilégios e honras), inúmeros são os textos que responsabilizam as mulheres pelos sofrimentos da humanidade. Eva é a "primeira" a cometer o primeiro pecado da humanidade, o "pecado original":[38] "A mulher percebeu que o fruto da árvore devia ser saboroso, que era agradável à vista, e que a árvore era desejável porque conferia inteligência. Ela pegou seu fruto e o comeu. Deu-o também ao marido, e ele comeu. [...] O Senhor retomou: 'Quem te disse que estavas nu? Terás comido da árvore que te proibi de comer?'

---

36. *La Théogonie*. Texto estabelecido por Ernest Falconnet, Louis-Aimé Martin. Paris: Desrez, 1838. In: *Les Petits poèmes grecs*, p. 134. Tradução francesa de Anne Bignan [Ed. bras.: *Teogonia: a origem dos deuses*. Tradução de J. A. A. Torrano. São Paulo: Iluminuras, 2000].

37. Os romanos a adotam como uma divindade chamada "Nossa Senhora".

38. A expressão "pecado original" é explícita no livro do Gênesis: "O Senhor Deus deu ao homem a seguinte ordem: 'Podes comer os frutos de todas as árvores do jardim, mas a árvore do conhecimento do bem e do mal não comerás, porque no dia em que dela comeres, morrerás'" (Gênesis, capítulo 2, versículos 16 e 17, tradução francesa da Aelf, tradução livre para o português). Encontramos o pecado na Epístola de Paulo aos Romanos (5: 12): "Sabemos que por meio de um só homem o pecado entrou no mundo, e que pelo pecado veio a morte; e assim a morte passou a todos os homens, visto que todos pecaram" (Tradução francesa da Aelf, tradução livre para o português).

CONTEXTO HISTÓRICO E INTELECTUAL DO SURGIMENTO.

O homem respondeu: 'A mulher que me deste me deu o fruto da árvore, e eu o comi'. O Senhor Deus disse à mulher: 'Que fizeste?' A mulher respondeu: 'A serpente me enganou, e eu comi'. [...] 'Porei hostilidade entre ti e a mulher, entre tua descendência e a descendência dela: ela te esmagará a cabeça e tu lhe ferirás o calcanhar.' Ele disse por fim ao homem: 'Porque escutaste a voz de tua mulher e comeste o fruto da árvore que eu te proibira de comer, maldito é o solo por causa de ti! Com sofrimento dele tirarás teu alimento, todos os dias de tua vida.' [...] O homem chamou sua mulher de Eva, porque ela foi a mãe de todos os viventes. [...] Então o Senhor Deus o expulsou do jardim do Éden, para que ele cultivasse a terra de onde havia sido tirado."[39]

As mulheres, "seres maus", são responsáveis pela existência do trabalho e da finitude dos homens: é da mulher que vem todo o mal. "Foi pela mulher que começou o pecado. É por sua culpa que todos morremos" (Eclesiástico, XXV, 24). Em todos os sistemas gnósticos, é sempre a mulher que precipita o mundo na "queda", como Sofia – último éon[40] fêmea e deusa da sabedoria para os valentinianos[41] –, que, querendo conhecer o Pai, provoca com sua inconsequência uma crise que leva ao surgimento do mal e das paixões.[42] As mulheres são claramente identificadas como perigosas para os homens: "Eis o que descobri: há algo mais amargo que a morte, a mulher quando ela é uma armadilha, quando seu coração é uma rede e seus braços, correntes. Aquele que agrada a Deus dela escapa, mas ela tem influência sobre o pecador" (Eclesiastes, VII, 26). Deus ordena que eles não se misturem a elas: "Não te sentes entre as mulheres. Porque das roupas sai a traça, da mulher sai a malícia feminina."[43]

---

39. Gênesis, capítulo 3, versículos 6, 11-13, 15, 17, 20 e 23. Tradução francesa da Aelf, tradução livre para o português.

40. Potência eterna que emana do Ser Supremo e por meio da qual sua ação é exercida no mundo.

41. Adeptos do pensamento de Valentim, cristão gnóstico do século II, considerado herético pela Igreja.

42. Roland Hureaux, *Gnose et gnostiques. Des origines à nos jours* [Gnose e gnósticos: das origens aos dias de hoje]. Paris: Desclée de Brouwer, 2015.

43. Eclesiástico, XLII, 12-13.

O HOMEM PRÉ-HISTÓRICO TAMBÉM É MULHER

Isso explicaria a frase da oração matinal dos homens de confissão judaica "Bendito és, Senhor nosso Deus, Rei do Universo, que não me fez mulher"?

Ao longo da história, a leitura da Bíblia teve consequências desastrosas para as mulheres, mas os textos fundadores das outras religiões politeístas (hinduísmo, budismo) ou monoteístas (islamismo) também estão impregnados de preconceitos negativos. A feminilidade sempre encerra perigos misteriosos: "Ó vós, que credes! Vossas esposas e vossos filhos são vossos inimigos! Acautelai-vos!" (Alcorão, LXIV, 14). No texto hinduísta Código de Manu, lemos: "É da natureza das mulheres fazer os homens pecarem neste mundo; por isso os sábios não se entregam a elas; pois as mulheres podem tirar do caminho não apenas o ignorante, como também o homem instruído, (tornando-o) escravo do amor e da raiva."[44] Além disso, o nascimento de uma filha é um azar, diz o Atharva Veda, texto sagrado do hinduísmo escrito por volta do ano 900 antes de nossa era: "Que a filha nasça em outro lugar. E que o filho nasça aqui." Encontramos vestígios dessa rejeição no budismo, no sentido de que somente o filho podia realizar os ritos necessários à morte do pai.[45] Embora essa filosofia religiosa não tenha particularmente oprimido as mulheres, ela permanece marcada por certo conservadorismo.[46] No Tripitaka ou Cânone Páli, conjunto de textos fundadores do budismo teravada escritos no século I antes de nossa era, Buda se dirige aos homens e lhes diz para se afastarem das mulheres se eles quiserem atingir um alto nível de sabedoria e pureza divina: "As mulheres podem destruir os preceitos puros [...] impedindo os outros de renascer no paraíso. Elas são a fonte do inferno." Ele adverte seus discípulos: "É preciso desconfiar

---

44. Livro II, 213 e 214. Código de Manu (Manusmrti ou Mānava-Dharmaśāstra) é um tratado de leis da tradição hindu sobre o Dharma, provavelmente datado do século II.

45. Segundo o historiador Henri Arvon, na Índia, durante a era védica (II milênio a.C.-século VI a.C.), o *status* das mulheres era tão baixo quanto o dos escravos. Elas eram um simples objeto de troca entre as famílias, que eram patrilineares (Henri Arvon, *Le Bouddhisme*. Paris: PUF, 1972, coleção Que sais-je? [Ed. bras.: *O budismo*. Tradução de Maria da Luz de Matos Martelo. Lisboa: Publicações Europa-América, 1980]).

46. Henri Arvon, *ibid.*

CONTEXTO HISTÓRICO E INTELECTUAL DO SURGIMENTO...

das mulheres. Para uma que é sábia, há mais de mil que são loucas e más. A mulher é mais secreta que o caminho por onde, na água, passa o veneno. Ela é feroz como um bandido e astuciosa como ele. É raro que ela diga a verdade: para ela, a verdade é igual à mentira, a mentira igual à verdade. Muitas vezes aconselhei os discípulos a evitar as mulheres."[47]

A inviolabilidade desses textos proíbe qualquer tipo de questionamento. No Ocidente cristão medieval, as mulheres carregam o erro original: "Se nossa fé correspondesse, neste mundo, à imensidão do castigo que a espera no próximo, não haveria nenhuma de vocês, minhas irmãs bem-amadas, que, depois de terem conhecido Deus e sua própria condição, quero dizer a condição da mulher, corresse atrás de divertimentos, e menos ainda do orgulho do ornamento. Longe disso, ela exibiria o luto e a indigência de vestimentas, oferecendo aos olhares públicos apenas uma Eva penitente, afogada em lágrimas, redimindo-se por meio de um exterior aflito com a ignomínia de uma falta hereditária e com o erro de ter causado a perdição do gênero humano. Foi dito: 'Parirás com dor; ficarás sob o poder de teu marido; ele te dominará.' Eva és tu, e tu te esqueces! A sentença de Deus pesa neste mundo sobre todo o sexo; é preciso, portanto, que o castigo pese sobre ele. És a porta do demônio; tu que rompeste os lacres da árvore proibida; tu que violaste primeiro a lei divina; tu que convenceste aquele que Satã não ousava atacar de frente; o homem, esta augusta imagem da divindade, foi esmagado por ti de uma só vez."[48] Desse castigo divino nascerão vários interditos para as mulheres. E ao longo de toda a história, os discursos teológicos servirão de suporte à ideologia política. A misoginia dos tratados de teologia moral cristã dos séculos XIV e XV levará à perseguição das "bruxas", que fará dezenas de milhares de vítimas na Europa.

A partir do século XVII, o tema do pecado dá lugar ao da "natureza feminina", que seria insensata (desprovida de razão), e mesmo "imoral". Esse adje-

---

47. Tomo XI, p. 543, citado em Henri Arvon, *ibid*.

48. Tertuliano, *De l'ornement – de la toilette – des femmes* [O ornamento – da arrumação – das mulheres], Livro I, capítulo 1. In *Œuvres des Tertullien* [Trabalhos de Tertuliano]. Tradução para o francês de Antoine-Eugène Genoud, 2. ed., 1852. As palavras do teólogo cartaginês a respeito das mulheres surpreendem, pois elas tinham papel de destaque no montanismo, movimento cristão considerado herético ao qual ele aderiu no fim da vida.

O HOMEM PRÉ-HISTÓRICO TAMBÉM É MULHER

tivo é utilizado dois séculos depois pelo teórico político francês Pierre-Joseph Proudhon (1809-1865), para quem as mulheres, tendo o "espírito falso" e sendo "impudicas",[49] não teriam saído do "estado bestial" sem os homens. No fim do século XVIII e início do século XIX, através da proposição de que as categorias "masculino" e "feminino" são categorias naturais, os tratados médicos – em especial *L'Influence du sexe sur le caractère des idées et des affections morales* (1798), do importante Pierre Cabanis (1757-1808),[50] médico, fisiologista, filósofo e deputado francês – apresentam a tese, defendida desde a Antiguidade, da inferioridade das mulheres "por natureza". Os verbetes "Mulher" e "Homem" do *Dictionnaire des sciences médicales*, vulgo *Panckoucke*, redigidos pelo antropólogo Julien-Joseph Virey (1775-1846)[51] entre 1812 e 1822, são eloquentes. No capítulo "Uma história do homem em geral", ele escreve: "Os sexos não diferem apenas entre si pelos órgãos destinados à geração, mas também por todas as partes de cada indivíduo."[52] E acrescenta: "Toda a constituição moral do sexo feminino deriva da fraqueza inata de seus órgãos; tudo está subordinado ao princípio segundo o qual a natureza quis tornar a mulher inferior ao homem." Os políticos disseminaram esses preconceitos em seus discursos. Para André Amar, deputado da Convenção Nacional da Revolução Francesa, ao contrário da mulher, o homem é "forte, robusto, nascido com grande energia, audácia e coragem [...]. Ele enfrenta os perigos e a intempérie das estações graças à sua

---

49. Pierre-Joseph Proudhon, *De la justice dans la Révolution et dans l'Église* [Sobre a justiça na revolução e na Igreja], tomo I, 1858, "La femme est un joli animal" [A mulher é um animal belo].

50. Deputado, depois senador, foi um dos reformadores do ensino de medicina na França (lei de 1803).

51. Em *L'Histoire naturelle du genre humain* [A história natural do gênero humano], publicado em dois volumes por Dufart, no em 1800-1801, depois reeditado em 1824, Julien-Joseph Virey categoriza a humanidade em raças hierarquizadas. Ele também se interessa pela origem e pela idade do homem.

52. Ideia que Julien-Joseph Virey reitera em 1823 em *De la femme sous ses rapports physiologique, moral et littéraire* [Das mulheres em suas relações fisiológicas, moral e literárias], Éditions Crochard.

46

CONTEXTO HISTÓRICO E INTELECTUAL DO SURGIMENTO...

constituição".[53] Inversamente, o caráter frágil atribuído às mulheres justifica que elas sejam superprotegidas, sobretudo quando grávidas, e que sejam excluídas de certas atividades que as exporiam ao perigo e colocariam em risco a sobrevivência da comunidade.

POR "NATUREZA"

> *As mulheres constituem uma raça fraca, em que não podemos*
> *confiar, e de inteligência medíocre.*
> Epifânio[54]

Alguns gramas de cérebro a menos e uma caixa craniana menor; carnes moles e uma inteligência submetida aos caprichos das menstruações; eternas choronas e histéricas em potencial. Em vez desses estereótipos sobre as mulheres, transmitidos desde Hipócrates, colocarem em causa a medicina, campo essencialmente masculino, eles são usados metodicamente para justificar a dominação de um sexo sobre outro, a fim de perpetuá-la e consolidá-la.

Corpo frágil e cérebro pequeno

Os trabalhos do célebre médico grego Hipócrates de Cós[55] e de seus discípulos estabelecem por muitos séculos a supremacia do corpo masculino, considerado

---

53. Frase dita na Convenção em 9 brumário, 1793 (*Archives numériques de la Révolution française – Archives parlementaires* [Arquivos numéricos da Revolução Francesa: Arquivos parlamentares], sessão de 30 de outubro de 1793, tomo 78, p. 50).

54. *Panarion* 79, 1, 6. Variação nas traduções, pois às vezes encontramos: "De fato, a raça das mulheres é fraca, versátil e de inteligência medíocre." Epifânio de Salamina (ou Chipre) foi um bispo e teólogo cristão do século IV.

55. Jacques Jouanna, *Hippocrate*. Paris: Fayard, 1992, p. 239-245.

O HOMEM PRÉ-HISTÓRICO TAMBÉM É MULHER

"seco, musculoso e firme", sobre o da mulher, "úmido, mole e poroso". Os escritores e filósofos seguem seus passos e os artistas esculpem e pintam o corpo nu dos homens, considerado a beleza encarnada, e cobrem o das mulheres, que só será desnudado a partir da Renascença. Encontramos o pensamento de Hipócrates em Pierre Cabanis: "As fibras da mulher são mais moles, seus músculos são menos vigorosos." "Devido aos ossos da bacia, à forma de suas coxas e de seus joelhos", continua ele, "a mulher muda seu centro de gravidade ao caminhar e, por isso, tem mais dificuldade para se locomover"![56] O anatomista Jacques-Louis Moreau de la Sarthe (1771-1826), por sua vez, recusa às mulheres amplitude e acuidade de visão e audição, sentidos que seriam, segundo ele, "as portas da inteligência".[57]

Os cientistas do fim do século XVIII e do século XIX fazem de tudo para provar, de maneira empírica, que o tamanho do cérebro está ligado à inteligência.[58] A partir disso, a diferença entre os sexos se basearia essencialmente em estudos comparativos do tamanho do cérebro. Devido aos "140 gramas que faltam a seu cérebro",[59] as mulheres seriam inferiores. O estudo desse

---

56. Pierre Cabanis, "L'influence du sexe sur le caractère des idées et des affections morales" [A influência do sexo sobre o caráter das ideias e dos afetos morais], Quinto Relatório de *Rapports du physique et du moral de l'homme* [Relações entre o físico e o moral no homem], 1798, p. 321. Disponível em Wikisource. *Les Mémoires des Rapports du physique et du moral de l'homme* são em número de doze. Seis relatórios foram lidos perante os membros do Instituto, em 1796-1797, e publicados em 1798, e seis foram acrescentados para a edição definitiva de 1802, publicada em dois volumes; editadas separadamente pelo dr. Laurent Cerise, 1843, e por Louis Peisse, 1844. Trecho retirado da edição Louis Peisse, 1844, p. 221. Disponível em: <www.gallica.bnf.fr>.

57. Jacques-Louis Moreau de la Sarthe, *Histoire naturelle de la femme, suivie d'un traité d'hygiène appliquée à son régime physique et moral aux différentes époques de sa vie* [História natural da mulher, seguida de um tratado sobre higiene aplicada ao seu regime físico e moral em diferentes períodos de sua vida]. Paris: Duprat, 1903, em três volumes.

58. Leigh van Valen, "Brain Size and Intelligence in Man" [Tamanho do cérebro e a inteligência no homem], *American Journal of Physical Anthropology*, n. 40, 1974, p. 417-423.

59. George J. Romanes, "Mental Differences Between Men and Women" [A diferença mental entre homens e mulheres], *Popular Science Monthly*, n. 31, 1887. Citado por B. Kevles, *Females of the Species: Sex and Survival in the Animal Kingdom* [Mulheres na espécie: sexo e sobrevivência no mundo animal]. Cambridge: Harvard University Press, 1986, p. 8-9.

CONTEXTO HISTÓRICO E INTELECTUAL DO SURGIMENTO...

órgão desempenhou papel fundamental na inferiorização física e sobretudo intelectual das mulheres. O artigo dedicado ao cérebro[60] no *Panckoucke* afirma, por exemplo, que "a organização cerebral dos dois sexos explica perfeitamente por que certas qualidades são mais enérgicas no homem e outras na mulher. As partes do cérebro situadas na parte anterior superior da fronte são em geral menores nas mulheres e sua fronte é menor e mais curta. [...] O cerebelo costuma ser menor do que o dos homens. Essas diferenças explicam perfeitamente o que encontramos de dissemelhante entre as qualidades intelectuais e morais do homem e da mulher, a saber, sua fragilidade, sensibilidade etc.".

A craniologia, ou estudo comparativo da forma e do tamanho do crânio, que se desenvolve durante a segunda metade do século XIX, é utilizada pelos antropólogos para diferenciar não apenas os dois sexos, como também as "raças" humanas. O anatomista e antropólogo Paul Broca (1824-1880),[61] um dos mais eminentes cientistas da época, realizou meticulosas comparações de tamanho entre cérebros de diferentes grupos humanos. Inscrevendo-se na corrente de pensamento dominante à época, ele deduzirá de suas pesquisas que "a desigualdade intelectual das raças é coisa bem conhecida [...] todos os autores concordam em reconhecer que a região do crânio, considerada em seu conjunto, é mais volumosa nas raças caucasianas (brancas) do que nas raças inferiores. [...] Vemos que o negro da África ocupa, segundo sua capacidade craniana, uma situação mais ou menos mediana entre o europeu e o australiano [que ele coloca no mais baixo grau da escala humana]. Concluímos, portanto,

---

60 Escrito pelo fisiologista alemão Johann Spurzheim e pelo médico neurologista franco--alemão Franz Joseph Gall. Johann Spurzheim popularizará a "fisiologia intelectual" de Franz Joseph Gall com o nome "frenologia" e participará de sua obra: *Anatomia e fisiologia do sistema nervoso em geral e do cérebro em particular. Com observações sobre a possibilidade de reconhecer várias disposições intelectuais e morais do homem e dos animais pela configuração de suas cabeças* (vol. 1, Frederic Schoell, 1810). Spurzheim publicou vários tratados, entre os quais *Princípios da educação* (1821) e *Natureza moral e intelectual do homem* (1832).

61. Fundador da Sociedade de Antropologia de Paris, em 1859.

O HOMEM PRÉ-HISTÓRICO TAMBÉM É MULHER

tanto para as raças quanto para os indivíduos, que as desigualdades intelectuais são uma das causas que mais influenciam no volume encefálico, ou, em outras palavras, com igualdade em todas as outras coisas, há uma notável relação entre o desenvolvimento da inteligência e o volume do cérebro".[62]

No entanto, Paul Broca afirma que "ser inferior a outro homem, em inteligência, vigor ou beleza, não é uma condição humilhante".[63] Ele também dedica uma grande parte de suas pesquisas ao estudo comparativo dos cérebros masculino e feminino. Ele se pergunta, depois de constatar o menor tamanho do cérebro da mulher em relação ao do homem, se essa diferença não estaria relacionada a seu menor tamanho corporal: "Vemos que em todas as idades o peso médio do cérebro do homem é superior ao do cérebro da mulher, numa quantidade que varia entre 7,4% e 11,7%, com uma média de cerca de 10%. A mulher, sendo menor que o homem, e o peso do cérebro variando com o tamanho, perguntamo-nos se o menor tamanho do cérebro da mulher não dependeria exclusivamente do menor tamanho de seu corpo".[64] No entanto, voltando a seu postulado inicial, segundo o qual "a mulher é em média um pouco menos inteligente do que o homem", o médico conclui: "É-nos permitido supor, portanto, que a pequenez relativa do cérebro da mulher depende de sua inferioridade física e de sua inferioridade intelectual".[65] E acrescenta, magistralmente: "Acabamos de ver que a desigualdade intelectual dos dois sexos parece ter relação com o desigual desenvolvimento de ambas as massas cerebrais. Isso não é evidente, no entanto, pois, de um lado, o grau de inferioridade intelectual da mulher está longe de ter sido determinado e, de outro, a organização física dos dois sexos é diferente o suficiente para que possamos recusar o valor de uma comparação estabelecida entre o cérebro de ambos. Mas essa objeção

---

62. Paul Broca, "Sur le volume et la forme du cerveau suivant les individus et suivant les races" [Sobre o volume e a forma do cérebro de acordo com os indivíduos e sua raça], *Bulletins de la Société d'anthropologie*, n. 2, 1861, p. 48-50.

63. Paul Broca, *ibid.*, p. 15.

64. *Ibid.*, p. 46.

65. *Ibid.*

CONTEXTO HISTÓRICO E INTELECTUAL DO SURGIMENTO...

não se aplica às pesquisas feitas sobre o volume do cérebro considerado em idades variadas em pessoas do mesmo sexo. Ninguém ignora, de fato, que a inteligência se desenvolve até a idade madura, que ela quase sempre decai na velhice; e se fosse demonstrado que o peso do encéfalo aumenta ou diminui da mesma maneira, seria difícil não admitir a existência de uma relação bem determinada entre a massa do cérebro e a potência da inteligência."[66]

O médico e antropólogo Paul Topinard (1830-1911),[67] por sua vez, retoma a ideia de Charles Darwin segundo a qual os homens eram mentalmente superiores porque lutavam para proteger a si mesmos e suas mulheres,[68] e afirma que a diferenciação do peso do cérebro entre os dois sexos se produziu ou acentuou com a divisão sexual do trabalho surgida com a instituição do casamento, etapa *avançada*, segundo ele, da evolução social: "A diferença de peso do cérebro de um sexo ao outro se deve incontestavelmente à natureza das diferentes ocupações que cabem a cada um na associação do homem e da mulher conforme entendida pelas nações civilizadas. Na época pré-histórica, e entre os selvagens modernos, em que a mulher divide o trabalho duro com o homem, essa diferença não existe ou é menor. [...] O homem que luta por dois ou mais na batalha pela vida, que tem todas as responsabilidades e as preocupações com o amanhã, que está constantemente ativo em relação aos meios, circunstâncias e individualidades rivais e antropocêntricas, precisa de mais cérebro do que a mulher, que ele precisa proteger e alimentar, do que a mulher sedentária que cuida das tarefas domésticas e cujo papel é criar os

---

66. *Ibid.*

67. Esse discípulo de Paul Broca foi diretor adjunto de laboratório de antropologia da École Pratique des Hautes Études (Ephe) e secretário-geral da Sociedade de Antropologia de Paris (SAP). Refratário aos prolongamentos ideológicos e políticos da antropologia física, ele refutou o conceito de desigualdade racial em voga à época.

68. Charles Darwin, *La Descendance de l'homme et la sélection sexuelle*, segunda parte, tradução francesa de Edmond Barbier, 1891, capítulo XIX, "Caractères sexuels secondaires chez l'homme"[Características sexuais secundárias dos homens]. Disponível em Wikisource.

filhos, amar e ser passiva."[69] Ele destaca, no entanto, que "entre os elementos anatômicos do cérebro, uns são destinados ao sentimento, outros à ação, os primeiros menores, os segundos maiores. Não seria esta a única razão das diferenças reveladas pela balança? Em um dia próximo não afirmaremos, com a ajuda do microscópio, que a supremacia, ao contrário, é da mulher?". E que "a desigualdade cerebral entre os sexos, como entre os indivíduos, é uma fatalidade necessária, da qual não podemos nos subtrair".[70]

O médico e zoólogo germano-russo Alexander von Brandt (1839-1891) afirma, em 1867, que a massa corporal deve ser levada em conta nos estudos comparativos do peso do cérebro: "Sabemos que a mulher [...] está dotada de uma quantidade inferior de cérebro em relação ao homem, mas [...] o tamanho médio de seu corpo também é menor. Se a lei morfológica sobre a quantidade relativa de cérebro nos animais de pequeno e grande portes for aplicada aos indivíduos dos dois sexos, [...] então o encéfalo da mulher deve ser, em relação à massa do corpo, maior que o do homem."[71] Encontramos esse argumento quatro anos depois na célebre obra *A origem do homem e a seleção sexual*, de Charles Darwin: "O cérebro do homem, em termos gerais, é maior que o da mulher; mas será maior relativamente às dimensões mais consideráveis de seu corpo? Esse é um ponto sobre o qual não temos, acredito, dados muito seguros."[72] Baseando-se em vários estudos, como os de Paul Broca, o fisiologista Léonce Manouvrier (1850-1927) demonstra esse ponto. Ele afirma que a diferença de peso do cérebro está ligada à diferença de tamanho dos

---

69. Paul Topinard, "Le poids du cerveau d'après les registres de Paul Broca" [O peso do cérebro de acordo com os registro de Paul Broca], *Revue d'anthropologie*, série 2, 5, 1882, p. 1-30.

70. *Ibid.*

71. Alexander von Brandt, "Rapport sur le poids du cerveau" [Relatório do peso cerebral], 1867. In: Léonce Manouvrier, "Sur l'interprétation de la quantité dans l'encéphale et dans le cerveau en particulier" [Sobre a interpretação da quantidade no encéfalo e no cérebro em particular], *Bulletins et mémoires de la Société d'anthropologie de Paris*, 2ª série, 1885.

72. Charles Darwin, capítulo XIX, "Caractères sexuels secondaires chez l'homme". In: *La Descendance de l'homme et la sélection sexuelle*. Paris: C. Reinwald, 3ª ed., 1881, p. 608-609. Disponível em Wikisource.

CONTEXTO HISTÓRICO E INTELECTUAL DO SURGIMENTO..

indivíduos, opondo-se aos defensores da superioridade intelectual do homem sobre a mulher, e defende que a inteligência não tem sexo, refutando a pretensa inferioridade de certas "raças". Seu posicionamento o expõe ao opróbrio dos membros da Academia de Medicina.

Em 1885, no artigo intitulado "Sobre a interpretação da quantidade de encéfalo e de cérebro em particular", Léonce Manouvrier defende um ponto de vista que hoje chamaríamos de feminista: "Os autores que relacionaram a inferioridade do peso cerebral feminino a uma inferioridade intelectual sem dúvida não prestaram atenção no imenso número de imbecis do sexo masculino, bárbaros ou civilizados, que pelo peso de seus encéfalos estariam acima de nossas inúmeras mulheres inteligentes, mulheres cujo espírito natural, cujas faculdades psíquicas [...] se manifestam a todo instante aos homens não cegados pelo orgulho do macho, um orgulho galináceo, ou por nosso pedantismo inveterado."[73]

As críticas à existência de diferenças entre o cérebro masculino e feminino continuam no início do século XX. O fisiologista Louis Lapicque (1866-1952), um dos raros defensores dos direitos das mulheres, desenvolve um novo argumento: "Fui levado, matematicamente, a tratar o homem e a mulher como duas espécies distintas. A forma inadmissível dessa proposição desaparece se a enunciarmos da seguinte forma: no caso do dimorfismo sexual que nos ocupa, a relação de um sexo para o outro, do ponto de vista do caráter diferencial, deve ser tratada como a relação de uma espécie para outra do ponto de vista da diferença específica. [...] Os pesos corporais e encefálicos dos homens de um lado, das mulheres do outro, têm entre si exatamente a mesma relação que haveria entre duas espécies animais distintas e iguais em organização nervosa".[74]

---

73. Léonce Manouvrier, "Sur l'interprétation de la quantité dans l'encéphale et dans le cerveau en particulier", *Bulletins et mémoires de la Société d'anthropologie de Paris*, 1885.

74. Louis Lapicque, "Comparaison du poids encéphalique entre les deux sexes de l'espèce humaine" [Comparação do peso encefálico entre os dois sexos da espécie humana], *Comptes rendus des séances de la Société de Biologie*, sessão de 9 de novembro, n. 63, 1907, p. 434.

O HOMEM PRÉ-HISTÓRICO TAMBÉM É MULHER

Hoje, pesquisas em neurociências chegam a resultados divergentes. No início dos anos 2010, a neurobióloga Catherine Vidal[75] mostra que 90% das conexões entre neurônios se constroem "progressivamente, ao sabor das influências da família, da educação, da cultura, da sociedade".[76] Segundo ela, se as mulheres e os homens adotam comportamentos estereotipados de gênero, "isso se deve a uma marca cultural possibilitada pelas propriedades de plasticidade do cérebro humano". Assim, Catherine Vidal refuta a ideia de "determinismo biológico" e avalia que a diferença entre o cérebro dos dois sexos é insignificante comparada às diferenças individuais.[77] Ainda que meninos e meninas sejam influenciados no útero por diferentes genes e hormônios, que lhes são próprios, não existe diferença entre os cérebros feminino e masculino.[78] As diferenças comportamentais entre os dois se explicariam pela educação parental e pelo reconhecimento de si como pertencente a determinado sexo. Para outros neurobiólogos, existem várias diferenças anatômicas e químicas entre o cérebro masculino e feminino, pois a partir da quinta semana de gestação a testosterona propiciaria a mudança de uma vez por todas nos embriões machos e no cérebro.[79] Além disso, as conexões neuronais seriam diferentes de um sexo para outro – o cérebro das mulheres parece conectado de maneira a favorecer as competências sociais e a memória e

---

75. Ela utiliza técnicas de imagiologia cerebral, como a ressonância magnética (IRM).

76. Catherine Vidal, *Nos cerveaux, tous pareils, tous différents!* [Nossos cérebros, todos iguais, todos diferentes!]. Paris: Belin, 2015, coleção Égale à Égal.

77. Catherine Vidal, *Hommes, femmes: avons-nous le même cerveau?* [Homens, mulheres: temos o mesmo cérebro?]. Paris: Le Pommier, 2007; *Le cerveau évolue-t-il au cours de la vie?* [O cérebro muda ao longo da vida?]. Paris: Le Pommier, 2009.

78. A estadunidense Lise Eliot, professora de neurociências, afirma que o único estudo que demonstrou uma diferença entre o cérebro direito e o cérebro esquerdo de mulheres e homens foi contradito por mais de cinquenta outros estudos (Lise Eliot, *Cerveau rose, cerveau bleu*. Paris: Robert Laffont, 2011) [Ed. bras.: *Cérebro azul ou rosa: impacto das diferenças de gênero na educação*. Tradução de Maria Adriana Veríssimo Veronese. Porto Alegre: Penso Editora, 2013].

79. Sandra F. Witelson, I. Glezer, Debra L. Kigar, "Women have greater density of neurons in posterior temporal cortex" [Mulheres têm grande densidade de neurônios no córtex temporal posterior], *Journal of Neuroscience*, 1995, n. 15, p. 3418-3428.

CONTEXTO HISTÓRICO E INTELECTUAL DO SURGIMENTO..

o dos homens, a percepção e a coordenação das ações[80] – e ambos os cérebros, feminino e masculino, não tratariam as informações da mesma maneira.[81] Em 2017, o maior estudo sobre o assunto, realizado com 2.750 mulheres e 2.466 homens, mostrou que embora o cérebro masculino e feminino sejam em sua maior parte idênticos, existem diferenças.[82] Para todos os autores, porém, esses resultados não implicam discrepância alguma de capacidades cognitivas, intelectuais ou comportamentais entre os dois sexos.

Governadas por seu sexo

Outro princípio: as mulheres são avaliadas pelo termômetro de seus "humores"! Os cientistas do fim do século XVIII e do século XIX afirmam que esses humores, produzidos pelos órgãos genitais, exercem influência direta sobre o comportamento das mulheres. O termo vem diretamente da Antiguidade, época em que médicos e filósofos acreditavam que os humores, corrompendo o esperma, geravam filhas![83] Por vários séculos, mais que o homem, a mulher foi

---

80. Esses resultados foram retirados de um estudo feito com os cérebros de 521 mulheres e 428 homens com idade entre 8 e 22 anos (Madhura Ingalhalikar *et al.* "Sex differences in the structural connectome of the human brain" [Diferenças sexuais na estrutura do conectoma do cérebro humano], *PNAS*, vol. 111 [2], 2014, p. 823-828).

81. Para o neurobiologista estadunidense Apostolos Georgopoulos, o cérebro das mulheres é definitivamente diferente do cérebro dos homens (suas ideias são relatadas no artigo "Male and female brains are different, but researchers still exploring what that means" [Cérebros masculino e feminino são diferentes, mas pesquisadores ainda estão investigando o que isso quer dizer], *CBC News*, 3 mar. 2016).

82. O córtex do cérebro feminino, por exemplo, é mais espesso e o volume do cérebro masculino, maior (Michael Price, "Study finds some significant differences in brains of men and women" [Estudo descobre algumas diferenças significativas no cérebro de homens e de mulheres], *AAAS, Science*, 2017).

83. Jacques Jouanna, "La Naissance de l'art médical occidental" [O nascimento da arte médica ocidental]. In: Mirko D. Grmek (org.), *Histoire de la pensée médicale en Occident, tome I: Antiquié et Moyen Âge* [História do pensamento médico no Ocidente, tomo I: Antiguidade e Idade Média]. Paris: Seuil, 1995, p. 54-56.

O HOMEM PRÉ-HISTÓRICO TAMBÉM É MULHER

considerada um ser sexuado, porque governado por seus órgãos reprodutores. O verbete "Sexo" da *Encyclopédie*[84] só se refere à mulher.[85] O sexo feminino se caracteriza por sua pregnância: "A essência do sexo não se limita a um único órgão, mas se estende, através de nuanças mais ou menos sensíveis, a todas as partes; de modo que a mulher não é mulher apenas por uma coisa, mas por todas as faces pelas quais ela pode ser considerada."[86]

Para os pensadores gregos, o útero, comparado a uma ventosa, seria dotado de vida própria e poderia, ressecado ou aquecido, viajar por todo o corpo e chegar a órgãos mais úmidos ou mais frescos. Em *Teoria dos deslocamentos da matriz*,[87] Hipócrates dedica quase todo esse longo texto à matriz (útero) e às menorreias (menstruações). Ele aconselha o coito às jovens afetadas de *delírio* durante as primeiras regras e prescreve que "elas devem se casar o mais rápido possível".[88] Segundo o "pai da medicina", a maioria das "doenças" da mulher e os vários acidentes que ocorrem durante a concepção, a gravidez e o parto resultam de uma disfunção da matriz. Os textos de Hipócrates provavelmente inspiraram Platão, para quem "a matriz é um animal que vive dentro dela, ávido de fazer filhos". Ele acrescenta, no *Timeu*, um de seus últimos *Diálogos*: "Quando fica muito tempo estéril depois do período de puberdade, ele não o suporta, fica indignado, vaga por todo o corpo, [...] e gera doenças de todo tipo, até que o desejo e o amor unem os dois sexos e eles podem colher um fruto, como de uma árvore, e semear na matriz, como num campo lavrado, animais invisíveis por sua pequenez e ainda informes, diferenciando suas partes e alimentando-os dentro de si, fazendo-os

---

84. A *Encyclopédie ou Dictionnaire raisonné des sciences, des arts et des métiers* foi editada entre 1751 e 1772 sob a direção de Denis Diderot e Jean Le Rond d'Alembert.

85. "SEXO, O (Moral): o sexo, em termos gerais, ou melhor, o belo sexo, é o epíteto das mulheres..." (Louis de Jaucourt, *L'Encyclopédie*, tomo XV, 1ª reed., 1751, p. 138). Da mesma forma, o médico Pierre Roussel escreve a respeito do homem sem falar de seu sexo.

86. Pierre Roussel, *Système physique et moral de la femme* [Sistema físico e moral da mulher], 1775. Depois da Revolução, ao longo de todo o século XIX, essa obra será sistematicamente reeditada. Disponível em: <www.gallica.bnf.fr>.

87. Hipócrates, *Das doenças das mulheres*, Livro I.

88. Jacques Jouanna, *Hippocrate*. Paris: Fayard, 1992, p. 239-245.

CONTEXTO HISTÓRICO E INTELECTUAL DO SURGIMENTO..

crescer, depois dando-lhes à luz, concluindo a geração dos animais. Assim é a origem das mulheres e de todo o sexo feminino."[89]

No Ocidente medieval cristão, os males provocados pelos "humores" femininos eram considerados consequências do pecado original.[90] Mais tarde, os discursos médicos do fim do século XVIII e do século XIX designam a mulher como um ser com comportamentos condicionados pelos órgãos genitais. Ao contrário dela, o homem, "tendo sido criado para o exercício do pensamento e da ação", não é subjugado por seu sexo.[91] A compreensão da mulher seria alterada por sua hipersensibilidade, devida, depois da puberdade, a seu útero, que provoca "falsos encadeamentos de ideias".[92] As tendências e os hábitos das mulheres nasceriam da fraqueza muscular causada pelo útero e pelos ovários, que tornam "as fibras de carne mais fracas e o tecido celular mais abundante", afirma Pierre Cabanis.[93] Embora Diderot (1713-1784) elogie a coragem das mulheres durante o parto,[94] para Pierre Cabanis a fraqueza muscular natural e a maior sensibilidade nervosa das mulheres é que lhes permitem suportar os sofrimentos causados pelos "acidentes e incômodos"[95] aos quais elas são submetidas pela natureza.

---

89. Platão, *Timée*, 91b, c.

90. Elsa Dorlin, *La Matrice de la race. Généalogie sexuelle et coloniale de la nation française* [A matriz da raça: genealogia sexual e colonial da nação francesa]. Paris: La Découverte, 2006, p. 24.

91. Pierre Roussel, *ibid.*

92. Jean-François de Saint-Lambert, *Principes des mœurs chez toutes les nations ou Catéchisme universel* [Princípios de moral entre todas as nações ou Catequismo universal], vol. 1, 1798.

93. Pierre Cabanis, "L'influence du sexe sur le caractère des idées et des affections morales", Quinto Relatório de *Rapports du physique et du moral de l'homme*, 1798, p. 327. Disponível em Wikisource.

94. "Réflexions sur le courage des femmes" [Reflexões sobre a coragem das mulheres], artigo publicado no *Mercure de France* em março de 1745.

95. Pierre Cabanis, "L'influence du sexe sur le caractère des idées et des affections morales". Quinto relatório de *Rapports du physique et du moral de l'homme*; edição de 1844 por Louis Peisse, p. 236.

O HOMEM PRÉ-HISTÓRICO TAMBÉM É MULHER

Entre esses "incômodos", a menstruação serviu muitas vezes de justificativa para a diferença entre os sexos. O sociólogo Émile Durkheim (1858-1917) afirma que as virtudes sobrenaturais atribuídas ao sangue menstrual "determinaram os sexos a se separar e a formar, de certo modo, duas sociedades dentro da sociedade".[96] Ele teria sido a principal causa da organização social e da divisão sexual do trabalho.[97] Para os médicos gregos, a menstruação é um processo necessário de purificação, de evacuação do "sangue ruim".[98] Considerado impuro, o sangue menstrual foi objeto dos mais fortes e disseminados interditos.[99] Em muitos textos sagrados, a mulher que menstrua é chamada de "suja", "impura", "intocável", "maldita",[100] como no Levítico: "Quando uma mulher tiver um fluxo de sangue de vários dias, fora do período de suas regras, ou se tiver um fluxo que se prolongue para além do período de suas regras, ela estará impura enquanto durar esse fluxo, assim como durante suas regras. Enquanto durar esse fluxo, todo leito sobre o qual ela se deitar será impuro, como é seu leito durante suas regras, e tudo sobre o que ela se sentar será impuro, como durante suas regras. Quem os tocar ficará impuro, deverá lavar suas vestes e banhar-se em água; e ficará impuro até o anoitecer. Quando a mulher estiver livre de seu fluxo, ela contará sete dias: e então estará pura."[101] A mulher também é impura depois do parto: durante sete dias se tiver parido um menino e catorze dias se tiver parido uma menina (Lv. XV, 25-28). No Alcorão, embora a ideia de impureza do sangue menstrual esteja menos presente do que no

---

96. Émile Durkheim, "La prohibition de l'inceste et ses origines" [A proibição do incesto e suas origens], *Année sociologique*, 1897, vol. I, p. 1-70. Texto reproduzido em *Journal sociologique*. Paris: PUF, 1969, p. 37-101.

97. Laura Lévi Makarius, *Le Sacré et la violation des interdits* [O sagrado e a violação dos interditos]. Paris: Payot, 1974, p. 24.

98. O início da menopausa era entendido como uma estagnação de veneno ou putrefação no corpo da mulher.

99. Laura Lévi Makarius, *ibid.*, p. 22-23.

100. Jean-Paul Roux, *Le Sang. Mythes, symboles et réalités* [O sangue: mitos, símbolos e realidades]. Paris: Fayard, 1988, p. 61-63.

101. Levítico, XV, 25-28. Tradução francesa da Aelf, tradução livre para o português

CONTEXTO HISTÓRICO E INTELECTUAL DO SURGIMENTO.

judaísmo, esse sangue é tabu nas relações sexuais: "Interrogar-te-ão sobre a menstruação das mulheres. Responde: 'É um mal. Afastai-vos das mulheres durante a menstruação; não vos aproximeis delas enquanto não estiverem puras.'"[102] Esse verso às vezes é utilizado para legitimar a poligamia.

Vários mitos explicam a origem da menstruação como uma perfuração intencional da mulher durante a primeira relação sexual, uma mordida de animal ou uma intervenção da Lua, mas também como uma punição ou vingança.[103] Alguns dizem que os órgãos femininos não existiam originalmente, que eles precisaram ser criados com o furar ou rasgar do corpo. Esse sangrento "acontecimento primordial" permite os nascimentos e o "retorno ao útero" (*regressus ad uterum*) ou ritual de segundo nascimento.[104] Nas sociedades tradicionais, o sangue menstrual que flui periodicamente, seguindo as fases da Lua,[105] sem ferimentos, é investido de uma simbologia muito forte. Esse sangue feminino, de *status* ambivalente – maléfico e benéfico ao mesmo tempo[106] – costuma estar intimamente ligado à morte.[107] Considerado um presságio de perigos e males, ele suscita verdadeiro terror, por isso a criação de tabus e sanções em caso de transgressão.[108] Os homens se acautelam do "contágio" evitando o contato e a

---

102. Alcorão, II, 222.

103. Jean-Loïc Le Quellec e Bernard Sergent, "Menstruations (origine)" [Menstruação (origem)]. In: *Dictionnaire critique de mythologie* [Dicionário crítico de mitologia]. Paris: CNRS Éditions, 2017, p. 776-778.

104. Jean-Loïc Le Quellec e Bernard Sergent, "Vagin (origine)" [Vagina (origem)], *ibid.*, p. 1313-1317.

105. "As relações entre a cabeça de um guerreiro decapitado metamorfoseada em Lua e as menstruações são mencionadas em dois mitos indígenas do Brasil. No dos kunibas, é para se vingar da irmã, que ele havia denunciado, que o homem transformado em lua a 'afligiu com menstruações'" (Claude Lévi-Strauss, *Mythologiques III. L'origine des manières de table*. Paris: Plon, 2014, Kindle, posição 1444) [Ed. bras.: *A origem dos modos à mesa*. Tradução de Beatriz Perrone-Moisés. São Paulo: Cosac & Naify, 2006, Coleção Mitológicas 3].

106. René Girard, *La Violence et le sacré*. Paris: Grasset, 1980, p. 61 [Ed. bras.: *A violência e o sagrado*. Rio de Janeiro: Paz e Terra, 2008].

107. Jean-Paul Roux, *Le sang. Mythes, symboles et réalités*. Paris: Fayard, 1988, p. 11 e 57

108. Jean-Paul Roux, *ibid.*, p. 11; Laura Lévi Makarius, *ibid.*, p. 22

O HOMEM PRÉ-HISTÓRICO TAMBÉM É MULHER

visão desse sangue: as mulheres são reprimidas por interditos – tocar as armas dos caçadores, por exemplo – e afastadas de certas cerimônias.[109]

Embora uma crença popular, muito disseminada na Europa até o início do século XX, dissesse que o sangue menstrual tinha um cheiro que fazia a caça fugir – o que teria justificado a exclusão das mulheres da caça aos animais de grande porte e da pesca de grandes peixes, pois, segundo o antropólogo e etnólogo Bertrand Hell, especialista em cultos e rituais ligados aos espíritos, "o princípio que governa a rede de interditos cinegéticos é claro: a emanação do fluxo selvagem e o hálito da mulher devem ser mantidos afastados e, nesse ponto essencial, têm absoluta incompatibilidade"[110] –, as mulheres da aristocracia não deixavam de participar das grandes caçadas.

Segundo o antropólogo Alain Testart (1945-2013), o fato de a caça com armas perfurantes ou cortantes, portanto com derramamento de sangue, ser quase que exclusivamente praticada por homens poderia ser explicado pela proibição da "mistura dos sangues", o sangue do animal e o sangue menstrual das mulheres.[111] Eles não devem entrar em contato, sob pena de grandes infortúnios, como a esterilidade das mulheres ou da caça, talvez por ambos estarem investidos de "poderes mágicos" ou porque "durante milênios, e provavelmente desde a pré-história, a divisão sexual do trabalho decorre do fato de a mulher ter sido afastada das tarefas que lembrassem demais a ferida secreta e preocupante que ela carrega dentro de si".[112] Os homens perdem sangue por razões conhecidas, durante a caça ou a guerra, mas o sangue menstrual é incontrolável. As mulheres teriam sido afastadas de certas práticas para que a sociedade fosse protegida desse "poder incontrolável".[113] É o que afirma Françoise Héritier: "Pode ser que

---

109. As mulheres percebem sua "impureza" como uma "realidade objetiva", segundo a etnóloga Laura Lévi Makarius (*ibid.*, p. 60-61).

110. Bertrand Hell, *Le Sang noir. Chasse et mythe du Sauvage en Europe* [O sangue negro, a caça e o mito do selvagem na Europa]. Paris: Flammarion, 1994, p. 84.

111. Alain Testart, *L'Amazone et la cuisinière. Anthropologie de la division sexuelle du travail* [A amazona e a cozinheira: antropologia da divisão sexual do trabalho]. Paris: Gallimard, 2014.

112. Alain Testart, *ibid.*, p. 133.

113. Yvonne Verdier, *Façons de dire, façons de faire. La laveuse, la couturière, la cuisinière*

CONTEXTO HISTÓRICO E INTELECTUAL DO SURGIMENTO...

nessa desigualdade, controlável *versus* incontrolável, desejado *versus* suportado, esteja a matriz da valência diferencial dos sexos, que, portanto, também estaria inscrita no corpo, no funcionamento fisiológico, ou procederia, mais exatamente, da observação desse funcionamento fisiológico."[114] O tabu do sangue menstrual pode ser encontrado em vários contos de fadas. Para o psicólogo estadunidense Bruno Bettelheim, a maldição que atinge a princesa em *A bela adormecida* está ligada ao sangue que escorre (símbolo das menstruações). Esse conto, escrito em 1697 por Charles Perrault, corresponderia a um processo iniciático, de preparação das meninas às mudanças que as esperam ao longo das diferentes fases da vida.[115] No século XIX, o sangue feminino sempre é mal visto. Em 1896, o médico-legista Cesare Lombroso não hesita em ligar a criminalidade feminina à menstruação e em atribuir à mulher uma natureza essencialmente má, semente sobre a qual se desenvolveriam a prostituição nas classes populares e o adultério na burguesia.[116] Ainda hoje a menstruação é um assunto secreto, e mesmo vergonhoso.[117]

[Modos de dizer, modos de fazer: a lavadeira, a costureira e a cozinheira], cap. I. Paris: Gallimard, 1979, p. 23.

114. Françoise Héritier, *Masculin/Féminin. La pensée de la différence*. Paris: Odile Jacob, 1995, p. 26. [Ed. port.: *Masculino/feminino: o pensamento da diferença*. Tradução de Cristina Furtado Coelho. Lisboa: Instituto Piaget, 1998].

115. "Ainda bebê, a princesa é atingida por um feitiço que se concretiza na adolescência, no momento da puberdade, quando ela cai num sono profundo (= ensimesmamento) no meio de uma floresta de espinhos. Somente a coragem e o beijo de um príncipe apaixonado a tiram de seu torpor. A idade adulta, com a maternidade que a espera, é representada pela figura de sua mãe e a velhice, pela da fada malvada" (Bruno Bettelheim, *Psychanalyse des contes de fées*. Paris: Robert Laffont, 1976) [Ed. bras.: *A psicanálise dos contos de fadas*. Tradução de Arlene Caetano. Rio de Janeiro: Paz e Terra, 2021].

116. Hilde Olrik, "Le sang impur. Notes sur le concept de prostituée-née chez Lombroso" [O sangue impuro: notas sobre o conceito de prostituta surgido em Lombroso], *Romantisme*, n. 31, Sangs, 1981, p. 167-178.

117. Como atestado por algumas superstições: as mulheres menstruadas fazem desandar a maionese, dão azar no jogo, estragam a carne se participarem de caçadas e fazem as plantas murcharem. Nas propagandas de absorventes, o sangue foi por muito tempo representado como um líquido azul!

O HOMEM PRÉ-HISTÓRICO TAMBÉM É MULHER

Indiretamente, o sexo feminino, e às vezes a mulher como um todo, que não pode conter esse fluxo, se torna "impuro". Como relata o medievalista Jacques Le Goff (1924-2014), a feminização do homem judeu no século XVIII – a quem se atribuíam menstruações – atesta sua alteridade radical, mas também a condição impura da mulher na cristandade medieval.[118] Em muitas sociedades patriarcais, fortalecidas por religiões que se baseavam na repressão da sexualidade feminina, as mulheres que recusassem ser "propriedade" de um homem eram consideradas prostitutas. No texto budista *A grinalda preciosa*, do monge filósofo indiano Nagarjuna,[119] o anátema contra o corpo das mulheres surpreende pela virulência: "Luxúria por uma mulher, o mais das vezes, resulta de pensar que seu corpo é puro; mas não há nada de puro num corpo de mulher. [...] Do mesmo modo que alguns loucos desejam um enfeitado pote de sujeira, assim os ignorantes, turvados e mundanos, desejam a mulher. [...] Esta imunda cidade de um corpo, com buracos abertos para os elementos, é chamada por criaturas estultas um objeto de prazer."[120]

O sexo feminino cristaliza os temores, pois entra em contato estreito com o corpo dos homens durante a cópula. Segundo René Girard (1923-2015), ensaísta que articulou sua abordagem antropológica em torno da violência e da religião, "o fato de que os órgãos sexuais da mulher sejam o lugar de um derramamento de sangue periódico sempre impressionou prodigiosamente os homens de todos os cantos do mundo, pois ele parece confirmar a afinidade manifesta, aos olhos deles, entre a sexualidade e as formas mais variadas de violência, todas igualmente capazes de provocar derramamentos de sangue".[121] "Por meio do sangue menstrual, efetua-se uma transferência da violência,

---

118. Maurice Olender, *Race sans histoire* [Raças sem história]. Paris: Points, 2009, Coleção "Essais", p. 18.

119. Fundador, no século II, da escola Madhyamaka (budismo mahayana).

120. *La Précieuse Guirlande des avis au roi* [A preciosa guirlanda de avisos ao rei], citado por Dalai Lama em *Comme la lumière avec la flamme: Le Bouddhisme du Tibet* [A iluminação como chama: o budismo tibetano]. Mônaco: Éditions du Rocher, 1997.

121. René Girard, *La Violence et le sacré*. Paris: Grasset, 1980, p. 56-57.

CONTEXTO HISTÓRICO E INTELECTUAL DO SURGIMENTO...

estabelece-se um monopólio de fato, em detrimento do sexo feminino."[122] As mulheres também sangram ao perder a virgindade. Durante o coito, devido "à ferida física e narcísica que nasce da destruição de um órgão [...] o homem teme ser enfraquecido... contaminado por sua feminilidade e, então, se mostrar incapaz", escreve Sigmund Freud.[123]

Das três grandes religiões monoteístas e das teorias científicas do fim do século XVIII e do século XIX até a nascente psicanálise, os homens, sobre um fundo de variações em torno do puro e do impuro, sempre temendo o próprio desejo, horrorizados por sua total dependência, atacam o objeto de sua cobiça e de seus questionamentos; o corpo das mulheres se torna alvo de desvalorização e sujeição constantes. Entre a percepção de um corpo todo-poderoso, que dá à luz, e a percepção de um corpo doente e mortífero, há um abismo, que os médicos do século XIX tentam atravessar.

"Eternas doentes"

> *Suas formas são masculinas porque eles não vieram da doença, isto é, do feminino.*
> Tratado tripartite[124]

Visto que os "humores" exacerbam o temperamento indolente e os sentidos das mulheres, estas estão sujeitas a doenças, especialmente aos distúrbios nervosos. Elas compartilham quase todas as patologias dos homens, mas também

---

122. René Girard, *ibid.*, p. 58-59.

123. Sigmund Freud, "Le tabou de la virginité". In: *La Vie sexuelle*. Paris: PUF, 1912, p. 71.

124. O *Tratado tripartite*, texto da biblioteca copta de Nag Hammadi, é obra de um mestre valentiniano que expõe sua compreensão do sistema sobre o qual a Igreja valentiniana baseou sua doutrina. Tradução francesa de Louis Painchaud e Einar Thomassen. Louvain /Québec: Peeters/Presses de l'Université Laval, 1989. Disponível em: <www.naghammadi.org>.

O HOMEM PRÉ-HISTÓRICO TAMBÉM É MULHER

têm seus próprios males, majoritariamente ligados aos órgãos genitais. É o que insinua o longuíssimo artigo do *Panckoucke*, sem equivalente masculino, dedicado às "Doenças das mulheres". Por muitos séculos, as mulheres não são apenas consideradas "eternas doentes", mas também são chamadas de fleumáticas e histéricas. É a Hipócrates que devemos a invenção da palavra histeria, utilizada por ele para descrever uma doença que afetava o corpo inteiro e era causada pelo útero, a "sufocação da matriz". No Ocidente medieval, a histeria é considerada uma possessão do corpo feminino pelo diabo. No início do século XIX, a maioria dos médicos atribui a doença a uma espécie de obstrução do útero[125] ou a uma superexcitação da matriz.[126] As mulheres, com suas emoções mal controladas, estariam "mais propensas a sofrer de doenças mentais".[127] Prova é que elas são mais numerosas que os homens nos espaços reservados aos loucos nos hospitais.[128]

No século XIX, ao contrário da histeria, considerada consubstancial à natureza feminina, as doenças nervosas nos homens são consideradas o resultado de um excesso de trabalho intelectual ou criativo. Ainda que, desde o início do século XVII, alguns médicos tenham demonstrado que a fonte da histeria se encontrava exclusivamente no cérebro, e que essa doença era observada nos

---

125. Jean-Baptiste Louyer-Villermay (1775-1837), aluno de Pinel: *Traité des maladies nerveuses ou vapeurs, et particulièrement de l'hystérie et de l'hypocondrie* [Tratado das doenças nervosas ou vapores, em particular a histeria e a hipocondria], duas edições, em 1816 e 1832.

126. Frédéric Dubois d'Amiens, *Histoire philosophique de l'hypocondrie et de l'hystérie* [História da filosofia da hipocondria e da histeria], 1833.

127. No artigo "Névrose" [Neurose] do *Panckoucke*, redigido pelo alienista Philippe Pinel. Embora o alienista Jean-Étienne Esquirol, autor do artigo "Folie" [Loucura] na mesma obra, desminta essa diferença, ele ilustra seu artigo com quatro gravuras que representam as quatro figuras da loucura – melancolia, furor, idiotia e demência –, com rostos de mulheres.

128. De acordo com Julien-Joseph Virey e Louis-Jacques Moreau de la Sarthe, primeiros asilos reservados aos alienados surgem apenas em 1838.

CONTEXTO HISTÓRICO E INTELECTUAL DO SURGIMENTO..

dois sexos,[129] a crença popular em uma neurose tipicamente feminina persiste até os dias de hoje; provavelmente, porque a histeria foi um dos principais temas de estudo de Sigmund Freud.[130]

Os médicos não são os únicos a conceber as mulheres como seres patológicos. Para o historiador Jules Michelet (1798-1874), as mulheres seriam "eternas doentes" devido à menstruação: "Elevada por sua beleza, sua poesia, sua viva intuição, sua adivinhação, ela não deixa de ser mantida pela natureza numa dependência de fraqueza e sofrimento. A cada mês, nossa pobre e cara Sibila alça voo e, a cada mês, a natureza a adverte pela dor, e por uma crise dolorosa a recoloca nas mãos do amor. [...] A semana que precede a crise já é perturbada. E nos oito ou dez dias que se seguem a essa semana penosa, prolonga-se um langor e uma fraqueza que não sabíamos definir. Mas que hoje sabemos. No fundo, a cicatrização de uma ferida interna é que causa todo esse drama. De modo que, na verdade, durante quinze ou vinte dias, de vinte e oito (quase sempre, podemos dizer), a mulher não está apenas doente, como também está ferida. Ela sofre constantemente a eterna ferida do amor".[131]

Um ano depois, o ilustre historiador escreve uma verdadeira ode às mulheres, em que os padrões da época vêm à tona: "O objetivo da mulher neste mundo, sua vocação evidente, é o amor. [...] Afirmo que, como mulher, ela só constrói sua salvação ao fazer a felicidade do homem. Ela deve amar e parir,

---

129. Especialmente o médico Charles Le Pois (*Discours de la nature, causes et remèdes des maladies populaires accompagnées de dysenterie* [Discursos da natureza, causas e remédios das doenças populares acompanhadas da disenteria], 1623). O que o médico Pierre Briquet confirmará, em 1847, no livro *Traité clinique et thérapeutique de l'hystérie* [Tratado clínico e terapêutico sobre histeria].

130. Em colaboração com o fisiologista austríaco Josef Breuer (1842-1925) (*Studien über Hysterie*, 1895) [Ed. bras.: *Estudos sobre a histeria*. Tradução de Paulo César de Souza e Laura Barreto. São Paulo: Companhia das Letras, 2016].

131. Jules Michelet, *L'Amour* [O amor], 1858 (Wikisource: *Œuvres complètes de J. Michelet* [Trabalhos completos de J. Michelet], s.d. (1893-1898) *L'Amour, la Femme*, p. 39-40).

este é seu dever sagrado."[132] O destino natural das mulheres seria, então, ter filhos, a palavra latina *foemina* (mulher), aliás, não derivaria de *foetare* (feto)?

Predestinadas à maternidade

> *O destino da mulher e sua única glória é*
> *fazer bater o coração dos homens.*
>
> Balzac[133]

Na Antiguidade, as mulheres atenienses são relegadas ao gineceu. À função de procriação que lhes é atribuída, soma-se a de gerir o *oikos*.[134] A guerra era assunto dos homens e a casa, das mulheres.[135] No *Econômico*, escrito no início do século IV, o grego Xenofonte descreve a arte de "gerir" uma mulher. Durante as conversas com sua jovem esposa, o ateniense Iscômaco ensina a ela as importantes funções que lhe cabem: "A divindade, parece-me, desde o início adaptou a natureza da mulher aos trabalhos e aos cuidados do interior e a do homem aos do exterior. [...] Quanto à mulher, a divindade criou nela um corpo menos resistente, e também me parece tê-la encarregado dos trabalhos da casa. Sabendo que conferiu ao corpo da mulher a capacidade de alimentar os recém-nascidos e a encarregou disso, ela também lhe conferiu mais carinho pelos bebês recém-nascidos do que ao homem. [...] Para a mulher, é mais conveniente ficar em casa do que passar o tempo fora, e para o homem é menos conveniente permanecer em casa do que se ocupar de trabalhos externos. Se

---

132. Jules Michelet, *La Femme* [A mulher], Livro I, 1859, p. 48.

133. Honoré de Balzac, *Physiologie du mariage*, 1829 [Ed. bras.: *A fisiologia do casamento*. In: *A comédia humana*, vol. 17. São Paulo: Biblioteca Azul, 2013].

134. Casa em sentido amplo, isto é, os bens e as pessoas que moram sob o mesmo teto.

135. Aristófanes, *Lisístrata* – aquela que dissolve o exército –, comédia escrita em 411 a.C. Para forçar seus maridos a terminar uma guerra, as mulheres atenienses, comandadas por Lisístrata, decidem fazer uma greve de sexo. E enquanto os maridos esperam, elas negociam a paz com os delegados de Esparta.

CONTEXTO HISTÓRICO E INTELECTUAL DO SURGIMENTO.

alguém age contrariamente à natureza que a divindade lhe deu, deixando seu posto, por assim dizer, ele não escapa aos olhares dos deuses e é castigado por negligenciar os trabalhos que lhe cabem ou por se ocupar dos de sua mulher."[136]

No Ocidente medieval cristão, embora as mulheres devessem se dedicar principalmente à maternidade, elas podiam exercer a medicina popular ou ser artesãs. Esses ofícios lhes serão confiscados no século XV. A partir dessa época, a maioria das mulheres terá o encargo quase exclusivo do trabalho doméstico e da educação dos filhos, que elas têm em grande número. Durante o século XVIII, apesar dos progressos da medicina, a mortalidade feminina é maior que a mortalidade masculina, pois muitas mulheres perdem a vida no parto.[137] No entanto, os médicos da época são categóricos, ao dizer que a mulher está destinada à procriação: "Seus órgãos sexuais são a raiz e a base de toda sua estrutura; ela é criada unicamente para a propagação"[138] e "ela não vive para si mesma, mas para a multiplicação da espécie, junto com o homem. Esse é o único objetivo que a Natureza, a Sociedade e a Moral admitem".[139]

Essa atribuição envolve alguns deveres: de forma a levar a cabo sua missão, a mulher tem de seduzir o homem, e para isso ela necessita de qualidades específicas. Ela precisa ser, segundo Pierre Cabanis, "fraca, tímida, dissimulada", mas também "vivaz e cambiante", e deve "agir sobre o homem por suas maneiras sedutoras e pela observação contínua de tudo o que pode agradar seu coração ou cativar sua imaginação. Para isso, ela precisa saber se curvar a seus gostos, ceder sem coerção, mesmo aos caprichos do momento, pois sendo o homem forte por natureza, somente submissa ela poderá ter um apoio, um defensor".[140] Para

---

136. Xenofonte, *Econômico*, VII, 22, 24, 26, 30 [Ed. bras.: *Econômico*. Tradução de Anna Lia Amaral de Almeida Prado. São Paulo: Martins Fontes, 1999].

137. Uma a cada dez mulheres, em média, para aquelas que tiveram entre sete e dez filhos (Scarlett Beauvalet-Boutouyrie, *Les Femmes à l'époque moderne, xvi*-xviii* siècles* [A mulher da época moderna: séculos XVI-XVIII]. Paris: Belin, 2003).

138. Pierre Roussel, *Système physique et moral de la femme*, 1775. Disponível em: <www.gallica.bnf.fr>.

139. Julien-Joseph Virey, verbete "Femme" [Mulher], no *Dictionnaire des sciences médicales*.

140. Pierre Cabanis, "L'influence du sexe sur le caractère des idées et des affections morales", Quinto Relatório de *Rapports du physique et du moral de l'homme*, 1798, p. 354 e p. 358.

·O HOMEM PRÉ-HISTÓRICO TAMBÉM É MULHER

esse médico famoso, as qualidades femininas, especialmente a sensibilidade, são "necessárias ou ao menos muito úteis" para a função reprodutora e "na criação de crianças pequenas, pois o amor materno, o mais forte de todos os sentimentos da natureza, é a mais admirável de todas as inspirações do instinto".[141] Enquanto a mulher é considerada um "ser de reprodução", o homem é um "ser de cultura", "destinado pela natureza ao trabalho, ao emprego das forças físicas, ao uso do pensamento, a servir-se da razão e do engenho para sustentar a família da qual deve ser o chefe". Sua força vem de seu esperma, pois "o esperma e o ardor, a energia que ele imprime a todo o corpo viril que fortalece os músculos, retesa o sistema nervoso, engrossa a voz, produz os pelos e a barba, [...] inspira a coragem, os pensamentos elevados, torna o caráter franco, simples, magnânimo".[142]

Ao longo de todo o século XIX, as interpretações das várias descobertas médicas sempre convergem para a mesma ideia: a procriação é um destino e uma finalidade para as mulheres. "Em si mesma, a mulher não tem razão de ser; ela é um instrumento de reprodução que a natureza preferiu sobre qualquer outro meio",[143] decreta Pierre-Joseph Proudhon.

As mães devem ser honradas e celebradas, portanto. Na Grécia e na Roma antigas, as mães dos deuses e as padroeiras eram celebradas na primavera, estação da fertilidade. Embora na Inglaterra do século XV um domingo fosse dedicado a celebrá-las, somente a partir do início do século XX é que vários países instauram o "dia das mães". Na França, ao contrário do que se acredita, o marechal Pétain não está na origem desse dia de celebração. As primeiras iniciativas locais vieram do professor Prosper Roche, que organizou, em 10 de junho de 1906, uma cerimônia em homenagem às mães de famílias numerosas em Artas, no departamento de Isère, e em Lyon, cidade que, dois anos depois, dedicou um dia às mães que perderam um filho ou o marido na guerra. No âmbito nacional, uma celebração voltada às mães de famílias numerosas é instaurada em 1920 e ampliada a todas as

---

141. *Ibid.*, Quinto Relatório, p. 363.

142. Jean-Joseph Virey, verbete "Homme" [Homem], no *Dictionnaire des sciences médicales*.

143. Pierre-Joseph Proudhon, *De la justice dans la Révolution et dans l'Église*, tomo I, 1858.

CONTEXTO HISTÓRICO E INTELECTUAL DO SURGIMENTO...

mães em 1926 pelo governo republicano, que defende uma política natalista. Sob o impulso de Pétain, essa comemoração adquire uma clara dimensão política. Diante do medo do que é estrangeiro, a natalidade está no centro das preocupações das hierarquias do regime de Vichy. As mães, "inspiradoras da civilização cristã",[144] "são colocadas num pedestal".[145] Essa abordagem será retomada inúmeras vezes pelos movimentos de extrema direita e pelos nacionalistas, para quem, por falta de uma demografia satisfatória, "a civilização ocidental está fadada a desaparecer". O Dia das Mães francês será promulgado na lei de 24 de maio de 1950.

A atribuição do papel de mãe à mulher, sua redução a essa função biológica, o direito de dispor de seu corpo e controlar sua sexualidade constituem a base dos sistemas patriarcais e descrevem uma relação profundamente paradoxal e coercitiva com a mulher.

O corpo das mulheres é compreendido como um "capital" – com mais valor quando virgem – que confere aos homens "prestígio e poder".[146] A poligamia ilustraria disso e seria justificada por alguns versos de textos sagrados (Antigo Testamento, Torá, Alcorão). Da mesma forma, os homens percebem a beleza das mulheres como um perigo. Para protegê-los desse vergonhoso poder de sedução, várias passagens dos textos sagrados impõem prescrições a elas, como, vestir roupas decentes[147] ou usar o véu.[148] Embora durante os primeiros nove

---

144. Excerto de um discurso radiofônico de 1924 do marechal Pétain, citado em Henry d'Humières, *Vérités sur l'action du maréchal Pétain* [Verdades sobre a ação do marechal Pétain]. Paris: Lettres du monde, 2003.

145. Pascal Riché, "Non,Vichy n'a pas inventé la fête des Mères (mais presque)" [Não, Vichy não inventou o Dia das Mães (mas quase)], *L'Obs*, 31 maio 2015.

146. Raphaël Liogier, *Descente au cœur du mâle. De quoi #MeToo est-il le nom?* [Descendo ao coração do homem. Qual o nome do #metoo?]. Paris: Les liens qui libèrent, 2018.

147. "Quanto às mulheres: que elas usem roupas decentes, com pudor e modéstia, em vez de se enfeitarem com tranças, ouro, pérolas ou roupas suntuosas" (Primeira epístola de são Paulo a Timóteo II, 9).

148. Laetitia Ciccolini, "Devenir chrétienne à Carthage (IIe-IIIe siècle)" [Tornando-se um cristão em Cartago (séculos II-III)], *Centre interdisciplinaire d'études du religieux (Cier)*, número especial "Actes de la journée Jeunes Chercheurs sur la conversion", 2011.

O HOMEM PRÉ-HISTÓRICO TAMBÉM É MULHER

anos da era muçulmana nem Deus nem Maomé se ofendessem com as mulheres sem véu, um verso de Medina[149] parece se melindrar: "Ó Profeta! Diz a tuas esposas, a tuas filhas e às mulheres dos crentes que se cubram com véus: para elas, é a melhor maneira de serem reconhecidas e não molestadas."[150] No tratado *Do véu das virgens*, Tertuliano,[151] referindo-se a são Paulo (Co, XI, 10), justifica o uso do véu por todas as mulheres a partir da puberdade: "De fato, se é por causa dos anjos, que, como lemos, perderam Deus e o céu por ter cobiçado as mulheres, quem pensará que esses mesmos anjos se deixaram seduzir por corpos maculados, suspirando atrás das migalhas da volúpia humana, em vez de procurar as virgens cuja atração de certo modo serve de desculpa à paixão humana? [...] É preciso colocar o véu sobre uma beleza tão perigosa, que soube levar o escândalo até o céu, a fim de que ela se ruborize na presença de Deus, aos olhos de quem ela é culpada pela queda desses anjos, e também diante dos demais anjos, a fim de que ela reprima essa liberdade pérfida de se mostrar a descoberto, e inclusive se esconda ao olhar dos homens."[152] "Mas se é por causa dos anjos que é preciso colocar o véu na mulher, a obrigação do véu começará no dia em que ela puder despertar a cobiça dos homens e se tornar apta ao casamento."[153] Seus escritos em latim tiveram grande influência no Ocidente cristão. Este certamente é o principal motivo pelo qual a única representação de mulher autorizada pela Igreja católica, até a Renascença, seja a da Virgem Maria, que representa a pureza (ligada à sua suposta virgindade) e a única redenção ao pecado original das filhas de Eva.

Embora os médicos do início do século XIX considerassem o prazer feminino indispensável à procriação, em 1842, com a descoberta da ovulação

---

149. Isto é, revelado no mínimo nove anos depois do primeiro verso de Meca.

150. Alcorão, XXXIII, 59.

151. Para quem "a virgindade é um dom da graça" (*Du voile des vierges* [Do véu das virgens], capítulo X. In: *Œuvres de Tertullien*, tomo III. Tradução para o francês de Eugène-Antoine de Genoude, 2ª ed., 1852).

152. Tertuliano, *Du voile des vierges*, capítulo VII, *ibid.*

153. *Ibid.*, capítulo XI.

CONTEXTO HISTÓRICO E INTELECTUAL DO SURGIMENTO...

espontânea,[154] ele se tornou inútil, e mesmo suspeito. Por meio da análise de textos mitológicos e de contos de fadas, o sociólogo Raphaël Liogier mostra, no ensaio *Descente au cœur du mâle* (2018), como a virilidade é valorizada e o incesto e o estupro são banalizados (casamentos entre irmãos e irmãs, de reis com as próprias filha...). A negação do consentimento das mulheres no ato sexual é atestada, como na versão original de *A bela adormecida*, do poeta italiano Giambattista Basile,[155] que pode ser interpretada como uma alegoria do estupro: "Andava um rei à caça por aqueles lugares, e tendo lhe fugido um falcão, que voou para a janela daquela casa e não atendia aos chamados, fez com que ele batesse na porta, acreditando que a casa fosse habitada. Mas, após ter batido em vão por um longo tempo, o rei, tendo mandado buscar uma escada de um vinhateiro, quis subir pessoalmente e ver o que acontecia no interior da casa. Após subir e entrar, ficou pasmado ao não encontrar vivalma; e, por fim, chegou à câmara onde jazia Tália, como que encantada. O rei, acreditando que ela dormia, chamou-a. Mas, como ela não voltava a si por mais que fizesse e gritasse, e, ao mesmo tempo, tendo ficado excitado por aquela beleza, carregou-a para um leito e colheu dela os frutos do amor, e, deixando-a estendida, voltou ao seu reino, onde por um longo tempo não se recordou mais daquele assunto. Depois de nove meses, Tália deu à luz um par de crianças, um menino e uma menina, duas joias resplandecentes que, guiadas por duas fadas que apareceram no palácio, foram por elas colocadas nos seios da mãe. E uma vez que as crianças, querendo mamar, não encontravam o mamilo, puseram na boca justamente aquele dedo que tinha sido espetado pela farpa que a levara àquele sono profundo, e tanto o sugaram que acabaram por retirá-la. Subitamente pareceu a Tália ter acordado de um longo sono; e, vendo aquelas duas joias ao lado, ofereceu-lhes o seio e enterneceu-se profundamente por elas. [...] Um dia

---

154. Liberação dos ovócitos de maneira regular e independente da atividade sexual. Ela foi descoberta pelo médico Félix-Archimède Pouchet (*Théorie positive de la fécondation des mammifères* [Teoria positiva da fecundação dos mamíferos], Roret, 1842).

155. O conto de Perrault se inspira em seu *Sol, Lua e Tália* (V, 5; quinto dia, quinto divertimento), um dos contos napolitanos do *Pentamerone*, de Basile, publicado em 1634, depois de sua morte.

o rei se recordou da aventura com a bela adormecida e, aproveitando a ocasião de uma nova caçada naqueles lugares, foi vê-la. E, tendo-a encontrado desperta e com aqueles dois prodígios de beleza, sentiu um enorme contentamento. Contou então a Tália quem ele era e o que tinha acontecido; e criou-se entre eles uma grande amizade e união, e ele ficou muitos dias em sua companhia. [...] O rei [...] tomou Tália como esposa, a qual gozou uma longa vida com o marido e os filhos."[156]

A moral da história, apresentada no final do conto – "Aquele que tem sorte obtém, mesmo dormindo, o bem" – subentende que as agressões sexuais são uma "bênção" e, portanto, podem ser perpetradas impunemente. A ascendência do homem sobre o corpo da mulher, que tem seu prazer subordinado, pode ser equiparada a uma "excisão mental".[157] Essa mutilação psicológica se soma às mutilações físicas – excisão do clitóris ou parte dele, às vezes dos pequenos lábios, infibulação –, praticadas em meninas há séculos e ainda nos dias de hoje por certas comunidades em nome da tradição e dos costumes.

Caucionado pela cultura científica, o princípio de inferioridade das mulheres justificou todos os tipos de rebaixamento, como a apropriação de seu corpo pelos homens. Para que o aviltamento seja absoluto e o controle total, a suposta fraqueza da constituição física das mulheres é considerada paralela à sua inconsistência moral e intelectual. Em todo caso, é isso que os cientistas

---

156. Tradução de Karin Volobuef (disponível online). Giambattista Basile, "Sol, Lua e Tália", *Pentamerone*, quinto dia, conto 5.

157. "As mulheres são criticadas por terem tido outros parceiros, enquanto para o homem, ao contrário, ter várias parceiras é sinônimo de virilidade. Isso é universal e pressupõe o que chamo de excisão moral, negar o prazer, no sentido mais físico do termo, às mulheres. [...] Quando impedimos as mulheres de gozar, de ter um orgasmo, também as impedimos de gozar do mundo, de gozar no sentido civil, do direito de propriedade. Se elas são uma propriedade, elas não podem ser proprietárias. O que devemos exigir, hoje, é uma igualdade sobre a soberania de seus próprios corpos. Se não lhes reconhecermos isso, reconhecer o resto não serve para nada" (Raphaël Liogier, *ibid.*).

do fim do século XVIII e do século XIX tentam ardorosamente demonstrar.[158] Haveria melhor preconceito que esse para sufocar as veleidades das mulheres a um lugar na vida pública?

Moral e intelectualmente fracas

Alguns anos antes de Pierre Cabanis, e partindo do princípio de que as características físicas são portadoras de valores intrinsecamente ligados aos sexos, o médico Pierre Roussel (1742-1802) afirmava que "a mulher, avançando para a puberdade, parece se afastar menos que o homem de sua condição primitiva. Delicada e terna, ela conserva algo do temperamento próprio às crianças. A textura de seus órgãos não perde a flacidez original. [...] As partes moles que entram na constituição da mulher [...] também são marcadas por diferenças que permitem entrever as funções a que a mulher está chamada a desempenhar, e o estado passivo a que a natureza a destinou [...] Não resta dúvida de que a fraqueza que dissemos caracterizar os órgãos da mulher lhe proíbe esforços no sentido da contenção de espírito necessária ao estudo das ciências abstratas [...] sua imaginação, móvel demais, a torna pouco apta às artes que dependam dessa faculdade da alma".[159]

A diferença física e moral dos sexos se tornaria evidente no momento em que os órgãos genitais se desenvolvem, durante a puberdade. Essa "revolução", como a chama Pierre Cabanis, levaria "a uma sequência de determinações específicas" que induziriam, nos dois sexos, "as tendências e os hábitos"[160] próprios aos respectivos papéis. Enquanto para esse médico a puberdade daria origem, nas jovens, ao "pudor que podemos considerar uma expressão secreta

---

158. Segundo Pierre Cabanis: "O conhecimento da organização humana e das modificações que o temperamento, a idade, o sexo, o clima, as doenças podem ter sobre as disposições físicas esclarece de maneira singular a formação das ideias e da moral" (*ibid.*, Primeiro Relatório, p. 71).

159. Pierre Roussel, *Système physique et moral de la femme*, 1775.

160. Pierre Cabanis, *ibid.*, Quinto Relatório, edição 1844 por Louis Peisse, p. 236.

dos desejos",[161] para seu colega Julien-Joseph Virey ela teria, com o estímulo das glândulas e do cérebro, um efeito sobre a inteligência, provocando "uma explosão de talentos de vários tipos" – e ele acrescenta, ao falar de seu efeito sobre as meninas: "Vi inúmeras vezes uma grande fecundidade de ideias, a mais brilhante imaginação e uma aptidão singular para todas as artes se desenvolverem de repente nas meninas dessa idade, mas logo se apagarem e darem lugar, depois de algum tempo, à mais absoluta mediocridade de inteligência."[162] Somente depois da menopausa, "quando as forças vitais param de conspirar com o útero", a mulher poderia esperar ter inteligência e "se aproximar da constituição masculina".[163] Encontramos as mesmas palavras surpreendentes em Pierre Cabanis, que declara que "os ataques de vapores" tornam as mulheres temporariamente mais inteligentes![164]

Fica claro que, para os cientistas, a mulher seria naturalmente incapaz de razão e desprovida de potência criadora,[165] ao contrário do homem, "criado principalmente para o exercício do pensamento e da ação, pois o caráter masculino faz surgir a energia e a atividade para o corpo, a razão para o entendimento".[166] A mulher estaria, portanto, "sempre abaixo da perfeição nas ciências, nas letras e nas artes".[167] Incapaz de fixar sua atenção por muito

---

161. *Ibid.*, p. 245.

162. *Ibid.*, p. 246.

163. Julien-Joseph Virey, *ibid.*, e o verbete "Femme" em *Dictionnaire des sciences médicales.*

164. "Não há nada menos raro do que ver as mulheres (pois, por várias razões fáceis de encontrar, elas são as mais sujeitas a esses distúrbios nervosos), não há nada menos raro do que vê-las adquirir, em seus ataques de vapores, uma perspicácia, uma inteligência, uma elevação de ideias, uma eloquência que elas não tinham naturalmente: e essas vantagens, que são apenas doentias, desaparecem com o retorno da saúde" (Pierre Cabanis, *ibid.*, edição 1844 por Louis Peisse p. 248).

165. Cesare Lombroso e Guglielmo Ferrero, *La Donna delinquente, la prostituta e la donna normale* (1893). Traduzido para o francês como *La Femme criminelle et la Prostituée* (Grenoble, Jérôme Millon, 1991), p. 157.

166. Excerto do verbete "Homme", de Julien-Joseph Virey, no *Dictionnaire des sciences médicales.*

167. *Ibid.*

CONTEXTO HISTÓRICO E INTELECTUAL DO SURGIMENTO..

tempo em uma só coisa, ela ficaria "assustada com os trabalhos de inteligência que não podem ocorrer sem meditações longas e profundas".[168] Além disso, se tentasse adquirir conhecimentos, em filosofia, ciências ou artes, ela se tornaria "pedante e ridícula"[169] e criaria seu infortúnio, pois "todas essas relações muito delicadas, que fazem o encanto da mulher e garantem sua felicidade, não existiriam mais: querendo ampliar sua ascendência, ela a destrói".[170] Saindo do lar, ela fracassaria em seduzir os homens, pois eles não teriam "o menor prazer" de vê-la em um emprego público.[171] Pierre Cabanis junta-se a Jean-Jacques Rousseau, o qual duvida que as mulheres sejam "capazes de raciocínio sólido": "Toda a educação das mulheres deve ser relativa aos homens. Serem úteis, serem agradáveis a eles e honradas, educá-los jovens, cuidar deles grandes, aconselhá-los, consolá-los, tornar-lhes a vida mais aprazível e doce; eis os deveres das mulheres em todos os tempos e o que lhes devemos ensinar já na infância."[172]

Esse lugar-comum será retomado ao longo de todo o século XIX por teóricos e políticos. Pierre-Joseph Proudhon decreta que a mulher é um ser passivo incapaz de produzir ideias: "Ela não sabe abstrair. Capaz até certo ponto de apreender a verdade com que se depara, ela não é dotada de nenhuma iniciativa."[173] Para ele, isso se deve a suas maternidades: "A mulher é tão entravada pelos próprios encargos da sexualidade que não lhe resta quase nenhum tempo para o trabalho produtivo. [...] A mulher, por sua fraqueza orgânica

---

168. Pierre Cabanis, *ibid.*, edição 1844 por Louis Peisse, p. 242.

169. "Em geral, as mulheres sábias no fundo não sabem nada: elas misturam e confundem todos os objetos, todas as ideias" (Pierre Cabanis, *ibid.*, edição 1844 por Louis Peisse, p. 243).

170. Pierre Cabanis, *ibid.*, edição 1844 por Louis Peisse, p. 243.

171. "[...] pegar em armas, pregar no púlpito ou fazer um discurso na tribuna da assembleia" (*ibid.*, p. 369).

172. Jean-Jacques Rousseau, *Emílio ou Da educação*. Tradução de Roberto Leal Ferreira. São Paulo: Martins Fontes, 2018.

173. Pierre-Joseph Proudhon, *De la justice dans la Révolution et dans l'Église*, tomo I, 1858.

e pela condição interessante em que não deixará de cair, por menos que o homem se envolva, é fatal e juridicamente excluída de toda direção política, administrativa, doutrinal, industrial."[174]

Durante a segunda metade do século XIX, a inferioridade das mulheres, considerada incontestável por muitos cientistas, se tornará uma prova da teoria da seleção natural elaborada por Charles Darwin.[175] Reforçado pela teoria da evolução, o determinismo biológico se imporá e perdurará por mais de um século.

Darwin afirma, seguindo os estereótipos de sua época, que o homem difere da mulher por seu tamanho, sua força corporal e sua inteligência,[176] e que ele é mais corajoso, mais belicoso, mais enérgico e mais inventivo,[177] mas é em termos evolutivos e históricos que ele explica as razões para isso. Por um lado, as capacidades da mulher "parecem vir de sua infeliz herança natural", algumas (a intuição, a percepção rápida e talvez a imitação) "caracterizam as raças inferiores, e consequentemente existiam num estado de civilização inferior".[178] Por outro lado, a presença de características consideradas superiores apenas no homem se deveria "à herança de algum ancestral macho que, como os macacos antropomorfos de hoje, tinha essas características" e às provações que ele superou ao longo do tempo para sobreviver: "Essas características devem ter se conservado e mesmo aumentado durante os longos períodos em que o homem ainda estava mergulhado num estado de profunda barbárie; pois os indivíduos mais fortes e mais ousados devem ter triunfado, na luta geral pela vida e pela posse das fêmeas, e devem ter deixado um maior número de

---

174. *Ibid.*

175. Charles Darwin, *On the Origin of Species by Means of Natural Selection*, 1859 [Ed. bras.: *A origem das espécies por meio de seleção natural ou A preservação das raças favorecidas na luta pela vida*. Tradução de Pedro Paulo Pimenta. São Paulo: Ubu, 2018].

176. Charles Darwin, capítulo "Conformation corporelle de l'homme" [Conformação corporal do homem]. In: *La Descendance de l'homme et la sélection sexuelle*. Tradução francesa de Edmond Barbier. Paris, C. Reinwald, 1891. Disponível em: <www.gallica.bnf.fr>.

177. *Ibid.*, "Caractères sexuels secondaires chez l'homme".

178. *Ibid.*, "Différence dans les facultes des deux sexes", p. 615-618.

CONTEXTO HISTÓRICO E INTELECTUAL DO SURGIMENTO..

descendentes".[179] Ele destaca: "Mas as condições de força e tamanho corporal não teriam bastado para vencer se não estivessem aliadas à coragem, à perseverança e a uma enérgica determinação. [...] Para evitar o inimigo, para atacá-lo com vantagem, para capturar os animais selvagens, para inventar e construir armas é preciso o concurso de capacidades mentais superiores, isto é, observação, razão, invenção e imaginação. Essas várias capacidades teriam sido constantemente colocadas à prova, portanto, e sendo objeto de seleção durante a idade da virilidade, período durante o qual teriam, aliás, se fortalecido pelo uso. [...] O homem, assim, acabou se tornando superior à mulher."[180]

Chamar Charles Darwin de misógino[181] seria um mau julgamento. Ele vê na educação o potencial para a igualdade futura.[182] Para Patrick Tort, filósofo e historiador da ciência, especialista nas obras de Darwin, o naturalista tem "a convicção de que as mulheres detêm a forma originária e germinal de instinto social (base dos sentimentos morais) que é o amor materno, o [que] logicamente o leva a colocar nelas a esperança da futura evolução afetiva e ética da humanidade".[183]

---

179. *Ibid.*

180. *Ibid.*

181. Por exemplo, quando Charles Darwin escreve, baseando-se nas poucas mulheres que se destacam nas artes e nas ciências: "O que estabelece a principal distinção na potência intelectual dos dois sexos é que o homem alcança, em tudo que ele empreende, um ponto ao qual a mulher não pode chegar, seja qual for, aliás, a natureza do empreendimento, quer ele exija pensamento profundo, razão, imaginação, quer apenas o uso dos sentidos e das mãos" (*ibid.*).

182. "Para tornar a mulher igual ao homem, seria preciso que ela fosse treinada, no momento de se tornar adulta, para a energia e a perseverança, que sua razão e sua imaginação fossem exercidas no mais alto grau, ela provavelmente transmitiria essas qualidades, então, a todos os seus descendentes, principalmente a suas filhas adultas. A classe inteira das mulheres poderia melhorar seguindo esse plano com uma única condição, que durante várias gerações as mulheres que possuíssem no mais alto grau as virtudes de que acabamos de falar produzissem uma descendência maior do que as outras mulheres" (*ibid.*).

183. Palavras de Patrick Tort no site do Institut Charles Darwin International, do qual ele é diretor-científico. Ele cita o verbete "Mulheres" do *Dictionnaire du darwinisme et de l'évolution* (Paris: PUF, 1996), p. 1638-1642, e *L'Effet Darwin* (Paris· Seuil, 2008).

O HOMEM PRÉ-HISTÓRICO TAMBÉM É MULHER

A teoria da evolução influenciará toda uma geração de biólogos e antropólogos, mas também de ideólogos, que retomaram certas ideias de Charles Darwin, deturpando-as. Assim, todos os cientistas da segunda metade do século XIX, com exceção de alguns poucos, afirmarão que as mulheres e certas "raças", em especial a "raça negra", são intelectualmente inferiores.[184] Para o médico estadunidense Samuel Morton (1799-1851), não resta dúvida: a capacidade craniana das mulheres em todas as "raças" é inferior à dos homens, portanto elas são menos inteligentes![185] O problema de todos os seus estudos é que eles omitem a relação entre o tamanho do cérebro e o tamanho corporal. Cerca de vinte anos depois de Morton, o médico suíço de origem alemã Carl Vogt (1817-1895), que também defende a desigualdade das "raças" e dos sexos, afirma que as capacidades intelectuais do "negro" adulto são equivalentes às da criança (por sua inclinação aos prazeres materiais, sua inconstância e suas capacidades de imitação), da mulher (por seus instintos filiais) e do velho (por sua apatia) da "raça branca".[186]

---

184. Esse é o ponto de vista do alemão Franz Pruner-Bey, racialista contrário às teorias de Darwin e de Samuel Morton. O médico estadunidense tentou estabelecer uma dita classificação objetiva de "raças" baseada nas medidas cranianas. Pruner-Bey estava convencido de que os "brancos" (caucasianos), em especial os teutônicos e os anglo-saxões, por terem um crânio grande teriam também um cérebro grande, e, portanto, uma inteligência superior às demais "raças". Samuel G. Morton, *Crania Americana: or A Comparative View of the Skulls of Various Aboriginal Nations of North and South America. To Which is Prefixed an Essay on the Varieties of the Human Species* [*Crania Americana*: ou uma visão comparativa dos crânios de vários aborígenes oriundos do sul e do norte da América. Ao qual é prefixado um ensaio sobre a variedade das espécies humanas]. Filadélfia: J. Dobson, 1839; e Samuel G. Morton, *Crania Aegyptiaca. Observations on Egyptian Ethnography, Derived from Anatomy, History, and the Monuments* [*Crania Aegyptiaca*: observações sobre a etnografia egípcia, derivada da anatomia, da história e de monumentos]. Filadélfia: J. Penington, 1844).

185. Samuel G. Morton, *An Illustrated System of Human Anatomy. Special, General and Microscopic* [Um sistema ilustrado da anatomia humana. Especial, geral e microscópico]. Filadélfia: Grigg, Elliot and Co., 1849.

186. Carl Vogt, *Leçons sur l'homme. Sa place dans la création et dans l'histoire de la terre* [Lições sobre o homem: seu lugar na criação e na história da terra]. Paris: C. Reinwald, 1865, p. 250-252.

CONTEXTO HISTÓRICO E INTELECTUAL DO SURGIMENTO..

Ao longo da evolução, as mulheres teriam se tornado "cada vez menos cerebrais e [cada vez] mais emocionais".[187] Entre as palavras mais ultrajantes dos cientistas do século XIX, não poderíamos deixar de mencionar as de Gustave Le Bon (1841-1931).[188] Para este médico e psicólogo social, o cérebro das mulheres, mesmo nas "raças superiores", "está mais próximo em tamanho ao dos gorilas do que ao dos homens mais desenvolvidos".[189] Essa inferioridade é tão evidente que ninguém pode contestá-la, seu grau é a única coisa que vale a pena discutir; é inútil, portanto, querer instruí-las.[190] Esse evolucionista racial se autoriza a escrever: "Entre os povos inferiores ou nas camadas inferiores dos povos superiores, o homem e a mulher são intelectualmente bastante próximos. Em razão inversa, à medida que os povos se civilizam, os sexos tendem cada vez mais a se diferenciar. O volume do crânio do homem e da mulher [...] apresenta diferenças que crescem muito rapidamente com o grau de civilização. Fracas nas raças inferiores, essas diferenças se tornam imensas nas raças superiores. Nas raças superiores, os crânios femininos costumam ser pouco mais desenvolvidos do que os das mulheres muito inferiores. [...] As mulheres, com raríssimas exceções, representam, portanto, as formas mais inferiores da evolução humana e [...] estão mais perto das crianças e dos selvagens do que do homem adulto e civilizado. Elas se distinguem na inconstância,

---

187. Georges Romanes, "Mental Differences Between Men and Women", *Popular Science Monthly*, n. 31, 1887. Excerto citado in Bettyann Kevles, *Females of the Species: Sex and Survival in the Animal Kingdom*. Cambridge: Harvard University Press, 1986, p. 8-9.

188. Extremamente controverso devido a algumas ideias sobre as mulheres e sobre as "raças", permanece célebre enquanto especialista no comportamento das massas (Gustave Le Bon, *Les Lois psychologiques de l'évolution des peuples*, 1894) [Ed. bras.: *A psicologia das multidões*. Tradução de Mariana Sérvulo da Cunha. São Paulo: WMF, Martins Fontes, 2019].

189. Gustave Le Bon, *Les Lois psychologiques de l'évolution des peuples*, 1894.

190. *Idem*, "La psychologie des femmes et les effets de leur éducation actuelle" [A psicologia das mulheres e os efeitos de sua atual educação], *Revue scientifique*, n. 46 (15), 1890, p. 449-460.

na inconsistência, na ausência de pensamento e de lógica e na incapacidade de raciocinar [...] Se a mulher moderna receber a mesma instrução e obtiver os mesmos direitos que os homens, ela acabará fazendo do europeu um nômade sem lar nem família."[191]

Vários pesquisadores se insurgem contra a teoria do determinismo biológico. É o caso de Émile Durkheim: "A divisão entre homens e mulheres não é redutível a uma diferença biológica, pois nada na constituição de um e do outro sexo torna necessária uma separação como esta".[192] Cinquenta e dois anos depois, Simone de Beauvoir afirma que a mulher é alienada pela cultura masculina dominante: "Nenhum destino biológico, psíquico, econômico define a forma que a fêmea humana assume no seio da sociedade; é o conjunto da civilização que elabora esse produto intermediário entre o macho e o castrado que qualificamos de feminino".[193]

A partir dos anos 1970, antropólogos e sociólogos, notadamente anglo-saxões, opõem à tese do determinismo biológico o conceito de "gênero", termo que, ao contrário de "sexo", não tem uma conotação biológica, mas cultural.[194] Para seus defensores, a construção social é que atribui sentido às diferenças sexuais.[195] Os psicanalistas também rejeitam o princípio de uma identidade sexual bio-

---

191. Gustave Le Bon, *Les Lois psychologiques de l'évolution des peuples*, 1894; citado por Stephen Jay Gould, *La Mal-mesure de l'homme*. Paris: Odile Jacob, 1996, p. 138-140 [Ed. bras.: *A falsa medida do homem*. Tradução de Valter Lellis Siqueira. São Paulo: Martins Fontes, 1999].

192. Émile Durkheim, "La prohibition de l'inceste et ses origines", *Année sociologique*, vol. I, 1897, p. 1-70. Texto reproduzido em 1969 em *Journal sociologique*, PUF, p. 37-101.

193. Simone de Beauvoir, *O segundo sexo*, vol. I.

194. Éric Fassin, "L'empire du genre. L'histoire politique ambiguë d'un outil conceptuel" [O império do gênero: a história política ambígua de uma ferramenta conceitual], *L'Homme*, 3-4 (n. 187-188), 2008, p. 375-392.

195. Judith Butler, *Trouble dans le genre. Le féminisme et la subversion de l'identité*. Paris: La Découverte, 2006, p. 109 [Ed. bras.: *Problemas de gênero: feminismo e subversão da identidade*. Tradução de Renato Aguiar. Rio de Janeiro: Civilização Brasileira, 2003].

CONTEXTO HISTÓRICO E INTELECTUAL DO SURGIMENTO..

logicamente determinada.[196] Para Sigmund Freud[197] e seus discípulos, estando a sexualidade ligada tanto a uma representação social, mental e subjetiva quanto a uma distinção anatômica, a diferença dos sexos não existe no inconsciente e nenhuma pessoa é especificamente masculina ou feminina.[198] Nos anos 2000, muitos neurobiólogos defendem a mesma coisa. Chatherine Vidal mostrou que não existe determinismo biológico, pois 90% das conexões nervosas entre neurônios se constroem "progressivamente ao sabor das influências da família, da educação, da cultura e da sociedade graças às propriedades de plasticidade do cérebro humano".[199] Assim, as diferenças comportamentais entre meninos e meninas se explicariam pela educação sexuada dada pelos pais.[200] No entanto, ainda hoje alguns biólogos refutam essa tese e afirmam que a biologia desempenha um papel importante na determinação dos comportamentos masculino e feminino.[201] Embora o debate permaneça em aberto, fica claro que o determinismo biológico é uma teoria mais ideológica que científica, pois se baseia em alguns erros.[202] Seja como for, querer opor o inato ao adquirido não leva a nada.

---

196. Christine Guionnet e Érik Neveu, *Féminins/masculins. Sociologie du genre*. Paris: Armand Colin, 2014.

197. Ainda que de maneira significativa, Freud qualifica a sexualidade feminina de "continente negro" (*Die Frage der Laienanalyse* [A questão da análise leiga], citado por Raymond Corbey, "Freud et le Sauvage" [Freud e o selvagem]. In: *Des sciences contre l'homme* [A ciência contra o homem], vol. 2, Paris, Autrement, 1993, p. 97).

198. Élisabeth Roudinesco e Michel Plon, *Dicionário de psicanálise*. Tradução de Vera Ribeiro e Lucy Magalhães. Rio de Janeiro: Zahar, 1998.

199. Catherine Vidal, *Hommes, femmes: avons-nous le même cerveau?*. Paris: Le Pommier, 2007.

200. Lise Eliot, *Cerveau rose, cerveau bleu*. Paris, Robert Laffont, 2011.

201. Em um artigo intitulado "Gender is not a social construct" [Gênero não é uma construção social], publicado em abril de 2013 no *Irish Times*, o estadunidense William Reville menciona a influência dos hormônios pré-natais e o caso do canadense David Reimer, morto em 2004. Um homem que, embora tendo passado por uma cirurgia de redesignação sexual (seguida pelo sexólogo John Money, para quem o "gênero" era adquirido, um aprendizado, e não apenas inato), tendo sido criado como uma menina desde os 22 meses de idade, e mesmo ignorando tudo de seu sexo biológico, sempre se considerou um menino.

202. Stephen Jay Gould, *La Mal-mesure de l'homme, ibid.*

SUBORDINADAS

Na infância, a mulher deve ser dependente do pai, na juventude, do seu esposo, (e) se o marido morrer, dos filhos; ela nunca deve ser independente.

Código de Manu, Livro V, versos 147-149

Ao nos debruçarmos sobre textos antigos e sagrados, relatos míticos, obras científicas, imagens transmitidas pela arte, pela literatura e pela história das ideias... podemos ter uma ideia da amplitude e da constância do desprezo e da violência de que as mulheres são vítimas ao longo da história. Hoje, o conteúdo ultrajante desses textos poderia despertar risada se não encontrasse eco na continuação da invisibilização das figuras femininas e se o grilhão que ele forma tivesse sido aberto completamente.

Como exorta são Paulo Apóstolo, a submissão da mulher ao homem é sua maior qualidade,[203] a subjugação é um dever de ordem divina.[204] A mulher é objeto de várias proibições na esfera social, como ensinar ou falar nas assembleias,[205]

---

203. Epístola de são Paulo aos Efésios, 5: 21-24: "Por respeito ao Cristo, submetei-vos uns aos outros; as mulheres a seus maridos, como ao Senhor Jesus; pois, para a mulher, o marido é a cabeça, assim como para a Igreja o Cristo é a cabeça, ele é o Salvador de seu corpo. E como a Igreja se submete ao Cristo, que o mesmo sempre aconteça para as mulheres em relação a seus maridos." Tradução francesa da Aelf, tradução livre para o português.

204. "Que a mulher receba a instrução em silêncio, em total submissão. Não permito que a mulher ensine ou domine o marido; que ela mantenha o silêncio. De fato, Adão foi modelado primeiro e Eva, depois. E não foi Adão que foi enganado pela serpente, foi a mulher que se deixou enganar e caiu em transgressão" (Primeira Epístola de são Paulo a Timóteo, 2: 11-14. Tradução francesa da Aelf, tradução livre para o português). Segundo o historiador romano de confissão judaica Flávio Josefo: "A mulher, diz a lei, é inferior ao homem em todas as coisas. Assim, ela deve obedecer não para se humilhar, mas para ser dirigida, pois foi ao homem que Deus deu a força" (*Contra Apião* II, 201. Texto escrito por volta de 93 d.C.).

205. "Como acontece em todas as nossas igrejas, que as mulheres guardem silêncio nas assembleias, pois elas não têm permissão de falar; mas que permaneçam submissas, como diz a Lei" (Primeira Epístola de são Paulo aos Coríntios, 14: 33-34. Tradução francesa da Aelf, tradução livre para o português).

CONTEXTO HISTÓRICO E INTELECTUAL DO SURGIMENTO.

mas também na esfera doméstica – a esposa pode ser repudiada se não der satisfação de seus atos ao marido[206] e não pode herdar dele.[207] Os textos sagrados de outras religiões igualmente impõem a submissão total das mulheres. Elas devem obedecer aos homens sob pena de punições, como estipulado pelo seguinte verso do Alcorão: "Os homens têm autoridade sobre as mulheres, em razão dos favores que Alá concede a eles sobre elas, e também devido às despesas que eles fazem de seus bens. As mulheres virtuosas são obedientes [a seus maridos] e protegem o que deve ser protegido, na ausência de seus maridos, com a proteção de Alá. Aquelas de quem temeis a desobediência, exortai-as, afastai-vos delas em suas camas e batei nelas, pois Alá é Elevado e Grande!"[208]

No Mahabharata, livro sagrado hindu datado dos últimos séculos antes de Cristo, embora as mulheres sejam iguais aos homens,[209] sua condição social regride com a entrada em vigor, por volta de 500 antes de nossa era, das leis do Código de Manu.[210] Ainda que alguns versos as glorifiquem,[211] outros atacam

---

206. "Se ela não caminhar segundo tua direção, separa-a de tua carne!" (Eclesiástico, XXV, 26).

207. "E falarás aos filhos de Israel. Dirás: 'Se um homem morre sem deixar filhos, transmitirás sua herança à sua filha. Se não tiver filha, dareis a herança a seus irmãos. Se ele não tiver irmãos, dareis a herança aos irmãos de seu pai. E se seu pai não tiver irmãos, dareis a herança ao parente mais próximo de seu clã, este tomará posse.' Isso é para os filhos de Israel uma regra de direito, como o Senhor ordenou a Moisés" (Número, 27: 8-11. Tradução francesa da Aelf, tradução livre para o português).

208. Alcorão, IV, 34.

209. Algumas passagens afirmam que "os deuses só ficam felizes quando as mulheres são veneradas ou honradas, caso contrário, todas as ações espirituais se tornam fúteis".

210. Tratado em versos redigido por um ou vários brâmanes sobre as regras a serem seguidas por uma sociedade ideal.

211. "As mulheres devem ser honradas e enfeitadas por seus pais, irmãos, maridos e cunhados se eles quiserem uma grande prosperidade. Quando todas as mulheres são honradas, os deuses ficam felizes; quando elas não o são, todos os sacrifícios são estéreis. Uma família na qual as mulheres são infelizes decai rapidamente; aquela em que elas não o são sempre prospera. É por isso que os homens zelosos de sua prosperidade sempre devem honrar as mulheres nos dias de festa e nas cerimônias, (oferecendo-lhes) adornos, roupas

O HOMEM PRÉ-HISTÓRICO TAMBÉM É MULHER

sua posição e sua liberdade, e dizem que, qualquer que seja a idade, elas devem venerar o esposo e nunca ser independentes:[212] "Mesmo indigno, libertino, desprovido de qualidades, um esposo sempre deve ser reverenciado como um deus por uma mulher virtuosa."[213]

Na Antiguidade, vários autores acreditavam que as mulheres deviam ser colocadas sob tutela masculina,[214] pois, segundo Aristóteles, "a relação entre o macho e a fêmea é tal que, por natureza, o macho é superior, a fêmea, inferior, o macho dirige e a fêmea é dirigida".[215] Elas são "eternas menores", segundo a expressão do filósofo grego, expressão que será muito repetida ao longo dos séculos seguintes. Aristóteles tem uma visão hierarquizada da sociedade. Ele classifica o homem livre acima dos outros seres humanos,

---

e guloseimas" (Código de Manu, Livro III, versos 55-59, obra traduzida do sânscrito por Georges Strehly, 1893, e digitalizada por Marc Szwajcer).

212. "Uma menina, uma jovem e uma mulher madura nunca devem fazer nada por sua própria autoridade, mesmo em sua casa. Na infância, a mulher deve ser dependente do pai, na juventude, do marido, (e) se o marido morrer, dos filhos; ela nunca deve ser independente. Ela nunca deve desejar ser separada do pai, do marido e dos filhos; pois separando-se deles, ela desonraria duas famílias" (Código de Manu, Livro V, versos 147-149, *ibid.*); "Noite e dia as mulheres devem ser mantidas na dependência por seus [maridos e outros] homens [da família]; se elas são apegadas [demais] aos objetos dos sentidos, devem ser mantidas sob sua autoridade. [É] o pai [que] as protege desde a infância, o marido [que] as protege na juventude, os filhos [que] as protegem na velhice; a mulher nunca deve ser independente" (Código de Manu, Livro IX, versos 2-3, *ibid.*).

213. Código de Manu, Livro V, verso 154, *ibid.*

214. A mulher, para o filósofo e líder militar grego Xenofonte (*c.* 430-355 a.C.), deve ficar sob estreita vigilância: "O que ela poderia saber quando a tomei por esposa, Sócrates? Ela não tinha 15 anos quando veio para a minha casa, e havia passado seus anos anteriores sob estreita vigilância, de modo a ver, ouvir e falar o mínimo possível" (*Econômico*).

215. "É preferível para todos os animais domésticos ser dirigidos por seres humanos. Porque é desta maneira que eles são mantidos em vida. Da mesma forma, a relação entre o macho e a fêmea é tal que, por natureza, o macho é superior, a fêmea, inferior, o macho dirige e a fêmea é dirigida" (Aristóteles, *A política*, 10-14, 1254b, Loeb Classical Library [Ed. bras.: Tradução de Mário da Gama Kury. São Paulo: Iluminuras, 2021]).

CONTEXTO HISTÓRICO E INTELECTUAL DO SURGIMENTO...

como o escravo, a criança e, é claro, a mulher.[216] Para ele, a relação entre esposos é a do "governante" (o homem) sobre o "governado" (a mulher). A educação das crianças e das mulheres deve estar em harmonia com a organização política,[217] pois cada um dos dois sexos tem papéis bem definidos no seio do casal.[218]

Essa concepção do lugar das mulheres vem da sociedade ateniense pré-helenística. Ela difere das outras cidades gregas, sobretudo em Esparta, e em Roma, onde, a partir do século I antes de nossa era, a promulgação das leis do imperador Augusto enfraquece a noção de tutela dos homens sobre as mulheres. O que não impede que elas sejam vilipendiadas por certos filósofos e poetas romanos. Muitos versos do poeta satírico Juvenal[219] são injúrias cheias de ódio às mulheres. Ele as retrata como criaturas depravadas que, quando não traem seus maridos, envenenam-nos com sua erudição antes de envená-los de verdade e receber sua herança.[220]

---

216. "Assim, o homem livre comanda o escravo assim como o esposo a mulher e o pai a criança; e no entanto os elementos essenciais da alma existem em todos esses seres; mas em graus muito variados. O escravo está absolutamente privado de vontade; a mulher tem uma, mas subordinada; a criança tem uma incompleta" (Aristóteles, *A política*, II, 5, 1260a, Loeb Classical Library, p. 45).

217. Aristóteles, *A política*, 1337a, Loeb Classical Library.

218. "O homem, por natureza, é mais levado a viver em casal do que em sociedade política, tanto que a família é anterior à cidade e mais necessária que esta última, e que a reprodução é comum a todos os seres vivos. No entanto, para os outros seres, a união não vai além, enquanto o homem não se une apenas à mulher para a procriação, mas também para a busca daquilo que é indispensável à vida; de fato, concluída a união, os trabalhos são divididos, uns cabendo ao homem, outros à mulher." Aristóteles, *Ética a Nicômaco*, tradução francesa de Jean Voilquin. Paris: Classiques Garnier, 1961, VIII, lição 12, 7 [Ed. bras.: *Ética a Nicômano*. Tradução de Edson Bini. São Paulo: Edipro, 2018].

219. Autor de dezesseis obras poéticas compostas entre 90 e 127, reunidas nas *Sátiras*, livro que será muito lido durante a Idade Média.

220. "Nobre ou não, toda mulher se precipita à devassidão [...] O homem ao menos prevê; o homem mais sábio, enfim, imitando a formiga, teme o frio e a fome; mas a mulher nunca sente o ouro que se esgota [...] A matrona que deve repousar em tua cama. Proíbe-a de citar a história a todo momento; que ela não lance, sem trégua e sem descanso, como com uma funda, um rápido entimema; que ela leia, mas pouco, sem compreender demais inclusive. Oh! Como a odeia, aquela que um negro demônio debruça sobre os escritos do

O HOMEM PRÉ-HISTÓRICO TAMBÉM É MULHER

No Ocidente medieval, os teólogos cristãos fundamentam seus argumentos na filosofia grega (de Platão e, principalmente, de Aristóteles), no direito romano e no ensino dos Pais da Igreja,[221] que se baseiam nas Escrituras, herdando assim o preconceito da inferioridade das mulheres por ordem natural e divina. Na maior parte de seus textos, elas têm um papel menor, tanto no lar quanto na vida pública, e subalterno, submissas ao pai e ao marido. Elas devem se manter a serviço dos homens, como recomendam Irineu de Lyon[222] e santo Agostinho, que afirma seguir a ordem da natureza, pois as mulheres têm um cérebro mais fraco que o dos homens.[223] Essa concepção da relação homem-mulher perdura até o início do século XV, às vezes ao extremo, como no *Commentarius in Decretales Gregorii IX*, em que o jurista italiano Antonius de Butrio postula que a mulher deve ser escrava do homem: "Convém que a mulher não tenha a posse das chaves porque ela não é feita à imagem de Deus, pois somente o homem é a imagem e a glória de Deus. Por isso a mulher deve ser submissa ao homem e ser sua escrava, e não o contrário."[224]

---

sábio Palemon; aquela que, medindo suas frases com esquadro, vasculha os velhos autores e fala em antiquário! Numa camponesa ela criticará erros que mal poderíamos criticar na boca de um homem... Tedioso aticismo! Que um marido possa ao menos fazer um solecismo!" (Juvenal, *Sátira VI, As mulheres*).

221. Como Ambrósio de Milão, Jerônimo de Estridão, Agostinho, Gregório I, Irineu de Lyon.

222. "A natureza e o direito colocam a mulher num estado de subordinação em relação ao homem" (Irineu de Lyon, *Contra as heresias*, Livro III, Fragmento 32).

223. "Tampouco pode ser posto em dúvida que está mais conforme à ordem da natureza que o homem governe a mulher, do que o inverso. Isso está de acordo com o princípio estabelecido pelo Apóstolo: 'A cabeça da mulher é o homem' e 'Mulheres, sejam submissas a vossos maridos'. O Apóstolo Pedro também escreveu: 'Mesmo Sara obedeceu a Abraão, chamando-o senhor'" (santo Agostinho, *Da concupiscência*, Livro I, capítulo 10). "Decorre da ordem natural que, entre as gentes, as mulheres servem a seus maridos e filhos, porque a pertinência disso reside no [princípio segundo o qual] o menor serve o maior... Constata-se da justiça natural que o cérebro mais fraco se coloque a serviço do mais forte. Consequentemente, isso justifica de maneira equívoca que, nas relações entre os escravos e seus senhores, aqueles que se distinguem na razão, se distinguem no poder." (santo Agostinho, *Perguntas sobre o Heptateuco*, Livro I, capítulo 153).

224. Antonius de Butrio, *Commentaria*, II, fol. 89r. Traduzido do latim por John Wijngaards, do Wijngaards Institute for Catholic Research.

CONTEXTO HISTÓRICO E INTELECTUAL DO SURGIMENTO...

A subordinação das mulheres a seus maridos se reflete nos costumes da Igreja católica por meio do direito canônico,[225] redigido a partir do direito romano. O estatuto legal da mulher, que perdurou até 1916, pode ser resumido da seguinte maneira: "Segundo um princípio do direito civil, nenhuma mulher pode exercer um serviço público. Para o direito canônico é igualmente proibido às mulheres exercer qualquer função ou ofício de ordem espiritual. Consequentemente, nenhuma mulher pode receber a ordenação. Se ela a recebesse, essa ordenação não teria nenhum caráter sacramental. [...] Nenhuma mulher, por mais santa que seja, pode pregar ou ensinar. [...] Uma mulher está sob a autoridade do marido; o marido não está sob a autoridade da mulher. O marido pode puni-la. Uma mulher é obrigada a seguir o marido, qualquer que seja o lugar onde ele decida fixar sua residência. Uma mulher deve fazer prova de mais modéstia que um homem".[226]

No século XX, a religião católica reconhece a igualdade entre o homem e a mulher e preconiza sua igual responsabilidade cultural e social, mas continua a justificar, com frequência invocando são Paulo, a preeminência do homem sobre a mulher, como atesta o seguinte trecho do pronunciamento do papa Pio XII aos jovens casados, feito em 1941: "A família que vocês fundaram também tem seu chefe, um chefe que Deus investiu de autoridade sobre aquela que se entregou a ele para ser sua companheira, e sobre os filhos".[227] Somente o homem pode ser ordenado diácono, como lembrou o Concílio Vaticano II, que ocorreu entre 11 de outubro de 1962 e 8 de dezembro de 1965. A exegeta Annie Jaubert analisa com muita pertinência os meios eclesiásticos que veem certas palavras do apóstolo Paulo como regras de "ouro": "Está na hora de nos questionarmos e perguntarmos se a desconfiança muito concreta

---

225. Especialmente no decreto de Graciano, redigido entre 1140 e 1150, que se torna a lei oficial da Igreja católica em 1234 e formará a base do *Corpus Juris Canonici*, em vigor entre 1582 e 1917.

226. *Corpus Juris Canonici*. In: Abbé André, *Droit Canon*, Vol. 2, col. 75, 1859.

227. Disponível em: <www.clerus.org>.

O HOMEM PRÉ-HISTÓRICO TAMBÉM É MULHER

de alguns homens da Igreja em relação às mulheres não foi antes encoberta pela égide de são Paulo."[228]

As mulheres precisam ser colocadas sob tutela masculina porque, autônomas, elas são uma ameaça para a sociedade. Essa é a ideia que começa a se propagar no século XV. Os homens e, principalmente, as mulheres, em particular as viúvas, que exercem o ofício de curandeiros nos campos são considerados "feiticeiros" e perseguidos. Essa perseguição, que surge timidamente por volta de 1430, torna-se frequente no século XVI e perdura até meados do século XVII. A justiça secular se baseia no *Malleus Maleficarum* ou *O martelo das feiticeiras*[229], escrito em 1486 por dois inquisidores dominicanos, o alsaciano Heinrich Kramer e o suíço Jakob Sprenger. Encomendado pela Inquisição, o livro descreve as práticas dos feiticeiros e os métodos a serem seguidos para reconhecê-los. Nele descobrimos que as "feiticeiras" têm a "vagina insaciável", que durante os sabás elas fazem orgias e copulam com o diabo, mas também que tornam a terra e os animais estéreis e os homens impotentes (como na expressão "*nouer l'aiguillette*"[230]). Essas descrições sem dúvida refletem as fantasias sexuais de alguns inquisidores. Na Europa, a "caça às bruxas" fez dezenas de milhares de mortos, majoritariamente mulheres. Até o século XX, com pouquíssimas exceções,[231] os historiadores, predominantemente homens,

---

228. Annie Jaubert, *Les Femmes dans l'écriture* [As mulheres nas escrituras]. Paris: Cerf, 1992.

229. A primeira edição será seguida de outras trinta em latim, entre 1486 e 1669.

230. Fazer um suposto malefício, ao qual se atribuía o poder de impedir a consumação do casamento (*Dictionnaire de l'Académie française*, 1935). Fazer um sortilégio ao qual se atribuía o poder de tornar um homem impotente (*Dictionnaire de l'Académie française*, 9. ed.). Em português, literalmente "amarrar o cordão", que originalmente talvez fosse o cordão que prendia os calções ao gibão. [*N. da T.*]

231. O britânico Alan Macfarlane (*Witchcraft in Tudor and Stuart England* [Bruxaria na Inglaterra dos Tudors e Stuarts], 1970), o estadunidense Edward William Monter (*Witchcraft in France and Switzerland: The Borderlands During the Reformation* [Bruxaria na França e na Suíça: as fronteiras durante a Reforma], 1976), o francês Robert Descimon (*Qui étaient les Seize? Mythes et réalités de la Ligue parisienne, 1585-1594* [Quem são os dezesseis? Mito e verdade sobre a Liga Parisiense, 1538-1594], Librairie Klincksieck, 1983).

CONTEXTO HISTÓRICO E INTELECTUAL DO SURGIMENTO...

tomaram o ponto de vista dos perseguidores, inocentando-os e desacreditando as vítimas, consideradas loucas ou tomadas por alucinações.[232] A indiferença com os martírios se explica, em parte, pelo fato de as vítimas serem principalmente camponesas: "Uma indiferença que beira a cumplicidade, já que a eliminação das bruxas das páginas da história contribuiu para banalizar sua eliminação física na fogueira, sugerindo que foi um fenômeno com um significado menor, quando não uma questão de folclore."[233]

Em *A feiticeira*, Jules Michelet apresenta uma interpretação bem diferente da de seus colegas do século XIX. Para ele, a "caça às bruxas" serviu para a erradicação dos antigos ritos pagãos, mas também das rebeliões femininas diante das violências sofridas.[234] Um século depois, os movimentos feministas seguirão seus passos, falando em "caça às bruxas" para se referir àquelas que ousaram ameaçar a estrutura social e "a visão patriarcal da mulher ideal".[235] Ainda que a historiadora britânica Alison Rowlands nos previna contra as análises feministas demasiado radicais, que, segundo ela, dissuadiriam os historiadores homens "a trabalhar a partir das úteis luzes que o feminismo lança sobre o caráter sexista das acusações de bruxaria, sobretudo na análise do patriarcado",[236] era de fato a vontade de independência das mulheres que se queria esmagar.

Os tratados médicos também contribuíram fortemente para excluir as mulheres do campo político, científico, literário e artístico. Devido a uma suposta fra-

---

232. Mary Daly, *Gyn/Ecology: The Metaethics of Radical Feminism* [Gine/Ecologia: A metaética do feminismo radical]. Boston: Beacon Press, 1978.

233. Silvia Federici, *Calibã e a bruxa: mulheres, corpo e acumulação primitiva*. Tradução de Coletivo Sycorax. São Paulo: Elefante, 2017, p. 290.

234. Jules Michelet, *La Sorcière*, 1862 [Ed. bras.: *A feiticeira*. Tradução de Maria Luiza X. de A. Borges. Rio de Janeiro: Nova Fronteira, 1992.]

235. Christina Larner, *Witchcraft and Religion: The Politics of Popular Belief* [Bruxaria e religião: a política da crença popular]. Nova York, Blackwell, 1984.

236. Alison Rowlands, "Witchcraft and Gender in Early Modern Europe" [Bruxaria e gênero no alvorecer da Europa moderna]. In: *The Oxford Handbook of Witchcraft in Early Modern Europe and Colonial America* [O manual Oxford de bruxaria no alvorecer da Europa moderna e na América colonial]. Oxford: Oxford University Press, 2013, p. 449-467.

queza natural, elas precisariam de um "apoio" e de uma proteção que somente os homens poderiam fornecer.[237] Para justificar essa alegação, alguns médicos chegam inclusive a afirmar que, não podendo efetuar grandes deslocamentos, as mulheres foram feitas para a vida sedentária[238] e, sendo menores que os homens, elas precisam de menos comida que eles.[239] Para esses eminentes cientistas, no entanto, não se trata de dominação, pois as próprias mulheres, conscientes de sua "natureza", "deixaram aos homens os cuidados externos e os empregos políticos ou civis e se reservaram os cuidados internos da família e o doce império doméstico pelo qual elas se tornam respeitáveis e comoventes".[240] Julien-Joseph Virey, no entanto, ousa confessar que "a situação das mulheres, mantidas na impossibilidade de ter acesso à liberdade, garantiu aos homens livres um potencial poder de representação".[241]

As mulheres são, portanto, restritas à esfera doméstica, como atestam vários livros de sucesso. *Le Ménagier de Paris*, escrito por volta de 1393[242] por um burguês parisiense de idade madura para sua esposa de 15 anos, detalha, referindo-se com frequência a passagens da Bíblia,[243] os trabalhos domésti-

---

237. Pierre Cabanis, *ibid.*, edição 1844 por Louis Peisse, p. 235.

238. *Ibid.*, p. 222.

239. Julien-Joseph Virey, *De la femme sous ses rapports physiologique, moral et littéraire*, 1823.

240. Pierre Cabanis, *ibid.*, edição 1844 por Louis Peisse, p. 237.

241. Julien-Joseph Virey, *ibid.*

242. *Le Ménagier de Paris* [A dona de casa de Paris] foi publicado pela primeira vez em 1846 pelo barão Jérôme Pichon, bibliógrafo do Estado. Originalmente, *Le Ménagier de Paris* é um tratado de moral e economia doméstica composto por volta de 1393 por um parisiense para a educação de sua esposa.

243. "O mandamento de Deus é que as mulheres sejam submissas ao marido como ao Senhor, pois o marido é tanto o chefe da mulher como Nosso Senhor Jesus Cristo é o chefe da Igreja... Como lemos na Bíblia sobre Eva, por desobediência e orgulho ela e todas as que vieram depois dela foram e terão sido pela boca de Deus malditas. [...] A história diz que antes de seu pecado ela não era nem um pouco submissa ao homem, pois havia sido feita do homem e da costela deste, mas essa submissão era suave e temperada; no entanto, depois dessa maldição, ela foi em tudo submissa por necessidade, querendo ou não, e todas as outras que delas vieram e virão tiveram e terão de sofrer e obedecer ao que seus maridos

CONTEXTO HISTÓRICO E INTELECTUAL DO SURGIMENTO...

cos, os deveres sociais e conjugais que as meninas e recém-casadas devem realizar:[244] "Uma esposa deve ser humilde e obediente a seu marido; ser curiosa e cuidadosa com a pessoa de seu marido";[245] "cuidar de seu lar com diligência e perseverança".[246]

Na *Encyclopédie*, embora os "saberes" sejam apresentados na forma de alegorias exclusivamente femininas, os diferentes verbetes intitulados "MULHER" apresentam passagens contraditórias. Em alguns, as mulheres são reduzidas às supostas qualidades de seu sexo,[247] e suas capacidades em política e ciências, bem como sua educação, são discutidas:

MULHER (Moral): "Para as mulheres, a educação é tanto pior quanto mais geral ela for, e tanto mais negligente quanto mais útil. Devemos ficar surpresos que almas tão incultas possam produzir tantas virtudes, e que nelas não germinem mais vícios. [...] A natureza parece ter conferido aos homens o direito de governar. As mulheres recorreram à arte para se emancipar."[248]

Em dois outros artigos, a subordinação das mulheres aos maridos e o confinamento ao lar, geralmente aceitos,[249] são contestados:

---

quiserem fazer e serão esperadas a aceitar suas ordens" (Jérôme Pichon, *Le Ménagier de Paris*, tomo I, primeira parte – distinção –, artigo 6, 1846).

244. Ele também apresenta receitas de cozinha, que serão revisitadas nos séculos XX e XXI.

245. Jérôme Pichon, *ibid.*, tomo I, primeira parte, artigo 7.

246. *Ibid.*, tomo III, segunda parte, artigo 1.

247. No verbete "Mulher (antropologia)" do *Dictionnaire raisonné des sciences, des arts et des métiers*, o autor, o médico Paul-Joseph Barthez, menciona que os anatomistas não são os únicos a ter "olhado a mulher" como um homem incompleto, mas que, citando Marsílio Ficino, filósofo italiano do século XV, "os filósofos platônicos tiveram uma ideia semelhante" (especialmente o filósofo greco-romano Plotino, 205-270, no segundo livro da terceira *Enéada*), *L'Encyclopédie*, 1. ed., 1751, tomo VI, p. 469. Disponível em Wikisource.

248. Redigido pelo dramaturgo Joseph-François-Édouard de Corsembleu, senhor de Desmahis, *L'Encyclopédie*, 1. ed., 1751, tomo VI, p. 472.

249. Como sugerido no verbete "Mulher (jurisp.)": "A condição das mulheres em geral é, contudo, diferente em vários aspectos da dos homens propriamente ditos. [...] Os homens, pela prerrogativa de seu sexo e pela força de seu temperamento, são naturalmente capazes de todos os tipos de ofício e compromisso; ao passo que as *mulheres*, seja por causa da fragilidade de seu sexo e de sua delicadeza natural, são excluídas de várias funções, e

O HOMEM PRÉ-HISTÓRICO TAMBÉM É MULHER

MULHER (Direito natural): "Mas ainda que marido e mulher tenham no fundo os mesmos interesses em sua sociedade, é no entanto essencial que a autoridade do governo pertença a um ou ao outro: ora, o direito positivo das nações civilizadas, as leis e os costumes da Europa dão essa autoridade unanimemente e definitivamente ao homem, como aquele que, sendo dotado de maior força de espírito e de corpo, contribui mais para o bem comum em matéria de coisas humanas e sagradas; de modo que a mulher deve necessariamente ser subordinada ao marido e obedecer a suas ordens em todos os assuntos domésticos. Essa é a opinião dos jurisconsultos antigos e modernos e a decisão formal dos legisladores. [...] Por fim, a Escritura prescreve à mulher ser-lhe submissa como a seu mestre. No entanto, as razões que acabamos de alegar para o poder marital não deixam de ter uma réplica, humanamente falando; e o caráter desta obra nos permite dizê-lo ousadamente. Parece à primeira vista: 1º) que seria difícil demonstrar que a autoridade do marido vem da natureza; porque esse princípio é contrário à igualdade natural dos homens; pelo sim-

---

incapazes de certos compromissos. [...] elas não podem possuir nem episcopados, nem outros benefícios, nem ser admitidas nas ordens eclesiásticas, sejam maiores, sejam menores. [...] Em certos Estados monárquicos, como a França, as *mulheres*, sejam solteiras, casadas ou viúvas, não herdam a coroa. As *mulheres* tampouco são admitidas nos ofícios militares ou nas ordens de cavalaria, com exceção de algumas, por motivos específicos. Segundo o direito romano, que nesse ponto é seguido em todo o reino, as *mulheres* não são admitidas nos cargos públicos; assim, elas não podem desempenhar o papel de juiz, nem exercer qualquer magistratura, nem fazer ofício de advogado ou procurador. [...] Dizemos correntemente que é preciso duas *mulheres* para fazer uma testemunha: não que os depoimentos das *mulheres* sejam contados nessa proporção aritmética, em relação aos depoimentos dos homens, mas apenas porque o testemunho das *mulheres* em geral é leviano e sujeito a variação. [...] MULHER CASADA é aquela que está unida a um homem pelos laços sagrados do casamento. Para conhecer de que maneira a *mulher* deve ser considerada na instituição do casamento, não recorreremos ao que certos críticos escreveram contra as *mulheres*; consultaremos uma fonte mais pura, que é a própria Escritura. [...] Assim, segundo as leis antigas e novas, a *mulher casada* é submissa a seu marido; ela é *in sacris mariti*, isto é, em seu poder, de modo que *ela* deve lhe obedecer; e se ela faltar aos deveres de sua condição, ele pode corrigi-la moderadamente. [...] O principal efeito do poder que o marido tem sobre sua *mulher* é que ela não pode se comprometer, nem a seus bens, sem o consentimento e a autorização do marido, exceto seus bens parafernais, dos quais é senhora" (Chevalier de Jaucourt, *L'Encyclopédie*, 1. ed., 1751, tomo VI, p. 471).

CONTEXTO HISTÓRICO E INTELECTUAL DO SURGIMENTO...

ples fato de que sabemos comandar não decorre que na verdade tenhamos o direito de fazê-lo; 2º) o homem nem sempre tem mais força física, sabedoria, espírito e conduta que a mulher; 3º) o preceito da Escritura, estabelecido na forma de pena, indica que é apenas um direito positivo. Podemos, portanto, afirmar que não há outra subordinação na sociedade conjugal além daquela da lei civil e, consequentemente, nada impede que convenções específicas não possam mudar a lei civil, desde que a lei natural e a religião não determinem nada em contrário. O autor afirma, porém, que uma mulher que conhece o preceito da lei civil e contraiu casamento, tacitamente se submeteu a essa lei civil, pura e simplesmente."[250]

Na aurora do século XIX, a síntese entre as concepções dos médicos e dos filósofos e políticos prenuncia a instauração da "ideologia sexista". Pierre Cabanis se pergunta: a *natureza* das mulheres as torna pouco aptas ao estudo das ciências e da arte, então será necessário que recebam a mesma educação que os homens?[251] "Não", responde Cesare Lombroso, que, como muitos homens de sua época, se opõe a essa educação, que poderia arrancá-las do lar e da maternidade.[252]

DEVEMOS EDUCAR AS MULHERES?

A questão da educação das mulheres, surgida no Ocidente ao longo do século XVI, será muito debatida durante os quatro séculos seguintes. O ensino sistemático e equivalente ao dos meninos para todas as meninas, pobres ou ricas, plebeias ou aristocratas, é muito recente; por muitos séculos, a educação das meninas consistiu no aprendizado da virtude e das tarefas domésticas.

---

250. "MULHER (Direito natural)", Chevalier de Jaucourt, *ibid.*, p. 475-477.

251. Pierre Cabanis, *ibid.*, edição 1844 por Louis Peisse, p. 242-243.

252. Para Cesare Lombroso, ela favoreceria a "criminalidade latente" nessa "natureza inferior" (citado em Dvora Groman e Claude Faugeron, "La criminalité féminine libérée: de quoi?" [A criminalidade feminina liberta: de quê?], *Déviance et société*, 3-4, 1979, p. 363-376).

No Ocidente, na época galo-romana, quando o ensino era reservado às classes abastadas, como na escola helenística, as meninas eram aceitas no *Primus Magister* (primário) e no *Grammaticus* (secundário), mas não no ensino superior, reservado exclusivamente aos meninos. A partir do século VI, essas escolas "antigas" se transformam em escolas católicas, conferindo à Igreja o monopólio quase total do ensino. Na Idade Média, a educação das meninas consiste essencialmente no aprendizado dos princípios de virtude, piedade e boas maneiras.[253] Nos primeiros anos do século XV, algumas vozes se elevam para exigir a igualdade de direitos no ensino. Em seu famoso livro *A cidade das mulheres*, Cristina de Pisano se interroga: "O espírito das mulheres é capaz? Desejo vivamente conhecer essa resposta, pois os homens afirmam que as mulheres têm fracas capacidades intelectuais. Ela [Razão] me respondeu: '...se fosse costume enviar as meninas à escola e ensinar-lhes metodicamente as ciências, elas aprenderiam e compreenderiam as dificuldades de todas as artes e de todas as ciências tão bem quanto eles.' [...] Tendo ouvido o discurso da Razão sobre esses assuntos, eu, Cristina, respondi-lhe nos seguintes termos: 'Minha senhora, vejo bem que podemos encontrar muitas mulheres instruídas em ciências ou artes, mas pergunto-lhe se conhece algumas que, por intuição, saber, inteligência ou habilidade tenham criado por si mesmas técnicas novas ou ciências necessárias, boas e úteis, que nunca tenham sido inventadas ou conhecidas antes.' Ela me respondeu: 'É certamente evidente que a inteligência e a habilidade femininas descobriram um número considerável de ciências e técnicas importantes, tanto nas ciências puras, como atestam seus escritos, quanto no campo das técnicas, como demonstram os trabalhos manuais e os ofícios.'"[254]

---

253. Ver o famoso *Livre pour l'enseignement de ses filles* [Livro para ensinar suas filhas], do cavaleiro Geoffroi de La Tour Landry, escrito para suas filhas entre 1371 e 1373.

254. Cristina de Pisano, *La Cité des dames*, I, XXXIII, 1405. Tradução francesa de Thérèse Moreau e Éric Hicks. Paris: Stock, 1986 [Ed. port.: *A cidade das mulheres*. Lisboa: Coisas de Ler, 2007].

CONTEXTO HISTÓRICO E INTELECTUAL DO SURGIMENTO...

A educação religiosa das meninas continua no Renascimento. Em 1523, em *De institutione feminae christianae*, o teólogo espanhol Juan Luis Vivès recomenda o ensino da leitura e da escrita às mulheres nobres, exclusivamente a partir de obras de moral, e preconiza que sejam mantidas o máximo possível dentro de casa a fim de evitar as tentações e as calúnias que poderiam arruinar a reputação da família. Seu livro circula bastante e alcança grande sucesso nos meios humanistas europeus. Ao longo dos séculos XVI e XVII, somente as meninas bem-nascidas podem receber uma educação, principalmente nos conventos, onde elas aprendem a leitura, a escrita, o catecismo e, mais raramente, o latim. Elas aprendem sobretudo os trabalhos domésticos e o catecismo, a fim de se tornarem boas esposas e boas mães, que transmitirão, por sua vez, os valores cristãos a suas filhas. Algumas escolas elementares, especialmente no norte da França, abrem suas portas às meninas da nobreza empobrecida e da pequena burguesia provinciana, mas o fato de serem mistas choca a Igreja, que as condena, levando a seu progressivo fechamento durante o século XVII. Na contramão das ideias em vigor à época, Fénelon defende que a educação das meninas é tão necessária e importante para o bem público quanto a dos meninos. Em seu *Tratado da educação das meninas* (1687), esse teólogo afirma que a educação, os conhecimentos, as artes de entretenimento são necessários às mulheres para preencher com sucesso todos os deveres que a natureza e a sociedade lhes impõem, em especial a educação dos filhos. A seus olhos, as mulheres desempenham um papel civilizador.

Durante o Século das Luzes, as meninas de "boa família" têm acesso à escola primária, mais raramente à escola secundária (ou *collège*), mas nunca ao liceu. Em 1762, em *Emílio ou Da educação*, Jean-Jacques Rousseau descreve os deveres esperados das mulheres: "A mulher e o homem são feitos um para o outro, mas sua dependência natural não é igual: os homens dependem das mulheres por seus desejos; as mulheres dependem dos homens por seus desejos e suas necessidades; nós subsistiríamos mais sem elas do que elas sem nós. [...] Pela própria lei da natureza, as mulheres, tanto por elas como por seus filhos, estão à mercê do julgamento dos homens. [...] Segue-se daí que o sistema de sua educação deve ser, a esse respeito, contrário ao da nossa; a opinião é o túmulo da virtude para os homens, o trono entre as mulheres. [...] Assim, toda a educação das mulheres deve ser relativa aos homens. Serem úteis, serem agradáveis a eles e honradas, educá-los jovens, cuidar deles grandes, aconselhá--los, consolá-los, tornar-lhes a vida mais agradável e doce; eis os deveres das mulheres em todos os tempos e o que lhes devemos ensinar já na infância."

Apesar do combate travado por alguns deputados pela igualdade entre os sexos, o período revolucionário traz poucas mudanças no tocante ao direito à mesma educação para meninas e meninos. Promulgado em 1804, o Código Civil napoleônico faz as mulheres perderem os raros benefícios obtidos durante a Revolução. As meninas são excluídas da educação secundária, com exceção das jovens pobres ou órfãs de guerra cujos pais, avós ou bisavós tenham recebido a Legião de Honra.[255] Germaine de Staël denuncia essa injustiça em vários romances.[256] Para essa filósofa, as "mulheres de espírito" também são vítimas das coerções sociais e do sistema patriarcal: "O homem de gênio pode se tornar um homem poderoso, e sob essa relação, os invejosos e os tolos o tratam com deferência; mas uma mulher espiritual só é chamada a oferecer-lhes o que menos lhes interessa, ideias novas ou sentimentos elevados: sua celebridade é apenas um fruto cansativo para eles. A própria glória pode ser criticada a uma mulher, porque há contraste entre a glória e seu destino natural. [...] Os homens de espírito, surpresos em encontrar rivais entre as mulheres, não sabem julgá-las, nem com a generosidade de um adversário nem com a indulgência de um protetor; e nesse novo combate, eles não seguem nem as leis da honra nem as da bondade. [...] Não é tudo: a opinião pública parece isentar os homens de todos os deveres para com uma mulher à qual um espírito superior foi reconhecido: é possível ser ingrato, pérfido, mau com ela, sem que a opinião pública se encarregue de vingá-la. Ela não é uma mulher extraordinária? Então pronto; é abandonada às próprias forças, deixada a se debater com sua dor."[257]

---

255. Elas são acolhidas nas casas de educação da Legião de Honra, criadas por Napoleão I (decreto de 15 de dezembro de 1805).

256. Germaine de Staël, *Delphine*, 1802; *Corinne ou l'Italie*, 1807.

257. *Idem, De la littérature considérée dans ses rapports avec les institutions sociales* [Sobre

CONTEXTO HISTÓRICO E INTELECTUAL DO SURGIMENTO...

Suas palavras não encontram eco algum. Um ano depois da publicação desse ensaio, o jornalista revolucionário Sylvain Maréchal, apesar de defensor das ideias progressivas, não hesita em propor um projeto de lei que especifique, "os graves inconvenientes que resultam para os dois sexos do fato de as mulheres saberem ler": em nome da Razão elas não devem "nunca colocar nem o nariz num livro nem a mão numa pluma" (art. 1º) mas "segurar a agulha, o fuso e a roca" (art. 2º). A Razão quer: "que cada sexo fique em seu lugar e nele se mantenha" (art. 3º), "que os maridos sejam os únicos livros de suas mulheres, livros vivos, em que noite e dia elas devem aprender a ler seus destinos" (art. 12), "que seja permitido apenas às cortesãs serem mulheres de letras, inteligentes e talentosas" (art. 47), "que as mulheres que se obstinarem a escrever livros não sejam autorizadas a ter filhos" (art. 66) e "que uma mãe de família não precisa saber ler para criar bem suas filhas" (art. 22). "As mulheres nasceram para ser amáveis e virtuosas, e não para se tornarem virtuosas e sábias" (art. 11).[258]

A maioria dos homens teme, de fato, que a educação leve as meninas a perder as virtudes que fazem delas esposas e mães amantes e devotadas, e a se rebelar contra suas famílias. Como escreverá Jules Michelet, para quem "a mulher cultivada e desejada infalivelmente pertence ao homem",[259] "sempre falamos do bem que os salões fizeram, mas nunca daquilo que impediram, dos espíritos que eles sufocaram".[260] Ao longo de todo o século XIX, diante

---

a literatura considerada em suas relações com as instituições sociais][1800]. In: *Œuvres complètes de madame la baronne de Staël-Holstein* [Trabalhos completos da senhora baronesa de Staël Holstein], vol. 1, 1844, p. 305. Disponível em: <www.gallica.bnf.fr>.

258. Sylvain Maréchal, *Projet de loi portant défense d'apprendre à lire aux femmes* [Projeto de lei que proíbe ensinar mulheres a ler], 1801. Disponível em Wikisource. Autor citado pela filósofa Geneviève Fraisse em *Muse de la raison. Démocratie et exclusion des femmes en France* [Musa da razão: democracia e exclusão das mulheres na França]. Paris: Gallimard, 1995, coleção Folio.

259. Jules Michelet, "Pourquoi l'on ne se marie pas" [Por que nós não nos casamos], *La Femme*, 1860. Disponível em Wikisource.

260. *Ibid.*, nota 4, "la femme dans la société".

das disparidades ligadas ao sexo na educação, algumas mulheres, apoiadas por alguns homens, lutaram pelo acesso à mesma educação. Os maiores avanços ocorrerão sob a Segunda República[261] e, principalmente, durante o Segundo Império.[262] No entanto, embora as leis de Duruy (de 10 de abril e 30 de outubro de 1867) obriguem as comunas com mais de quinhentos habitantes a criar escolas primárias e secundárias de meninas, os programas escolares continuam definidos pelos papéis sociais designados às mulheres: tarefas domésticas e puericultura.[263] Para remediar a diferença de ensino entre os sexos, Victoire Béra, vulgo "André Léo", cria a Associação para Melhorar o Ensino das Mulheres, em 1866. Essa romancista é autora da seguinte frase, que se tornou célebre: "Não, a mulher não é uma coisa, um puro receptáculo. Ela molda seus filhos com seus sentimentos e suas ideias, e também com sua carne; escrava, ela só pode criar escravos."[264] Para Clémence Royer,[265] a diferença radical entre a educação dos dois sexos impede as mulheres "de participar de todas as conversas e de abordar todas as leituras",[266] devido a

---

261. Embora desde 23 de junho de 1836 a ordenação real do ministro da Educação Pública, Joseph Pelet de la Lozère, incitasse cada comuna a ter ao menos uma escola primária para meninas, foi a lei Falloux, de 15 de março de 1850, que fixou o objetivo de uma escola primária para meninas em cada comuna com mais de oitocentos habitantes.

262. Em 1861, graças a vários apoios, como os dos saint-simonianos, a jornalista Julie--Victoire Daubié (1824-1874) é a primeira mulher a obter o *diploma de ensino secundário* (como candidata livre, em Lyon).

263. Em 1º de outubro de 1862, Élisa Lemonnier (1805-1865) abriu a primeira escola profissional para moças, uma escola de costura.

264. André Léo, *La Femme et les mœurs: monarchie ou liberté* [A mulher e os costumes: Monarquia ou liberdade], 1869. Disponível em: <www.gallica.bnf.fr>. Ainda hoje, quando uma criança quer saber como nasceu, é comum ouvirmos a seguinte frase: "papai colocou uma sementinha na barriga da mamãe", como se a mulher fosse de fato um mero receptáculo.

265. Primeira mulher admitida na Sociedade de Antropologia de Paris (em 1870), também se tornou conhecida por ter introduzido na França as ideias de Charles Darwin, ao traduzir *A origem das espécies*.

266. Clémence Royer, *Introduction à la philosophie des femmes: cours donné à Lausanne: leçon d'ouverture* [Introdução à filosofia das mulheres: curso ministrado em Lausanne: lição de abertura], 1859.

CONTEXTO HISTÓRICO E INTELECTUAL DO SURGIMENTO...

um vocabulário restrito demais. Elas encontram um defensor na pessoa de Jules Ferry. Em 1870, ele exige a igualdade de educação para os dois sexos,[267] mas os programas escolares para meninas sempre diferem dos programas para meninos e as preparam não para ingressar no ensino superior, mas para um diploma de fim de estudos (*brevet supérieur*[268]). O deputado Camille Sée afirma, em 24 de janeiro de 1880, perante a Câmara dos Deputados: "As escolas que queremos criar não têm o objetivo de arrancar as mulheres de sua vocação natural, mas de torná-las mais capazes de preencher os deveres de esposa, mãe e dona de casa. Não é um preconceito, é a própria natureza que encerra a mulher no círculo familiar."[269]

O decreto de 1924[270] finalmente permite que as meninas recebam o mesmo ensino secundário que os meninos, mas elas precisam cursar, entre as matérias obrigatórias, "economia doméstica" e "trabalhos de agulha"! Embora a partir desse momento elas possam se candidatar ao ensino superior, os meios burgueses dos anos 1920 veem com maus olhos os estudos avançados que levem ao exercício de uma profissão. Simone de Beauvoir fala sobre isso em

---

267. Durante um discurso na Sala Molière: "Exigir a igualdade de educação para todas as classes é fazer apenas metade do trabalho; reivindico essa igualdade para os dois sexos." In: Jules Ferry, *Discours et opinion* [Discurso e opinião]. Paris: Armand Colin, 1893. Disponível em: <www.gallica.bnf.fr>. Desde sua entrada no Ministério da Educação Pública e das Belas-Artes, ele cria a Escola Normal Feminina, em Sèvres, e uma *agrégation* feminina (restabelecendo a lei Paul Vert, de 9 de agosto de 1879, que obriga todos os departamentos a criar uma Escola Normal para meninos, mas também para meninas, com o propósito de formar professores – "os hussardos negros"). Um ano depois, cria os liceus públicos para meninas (lei do deputado Camille Sée, de 21 de dezembro de 1880), projeto amplamente apoiado pelo pedagogo Octave Gréard, autor de *L'Enseignement secondaire des filles*, publicado em 1882 por Delalain Frères.

268. Sempre sob sua impulsão, as leis de 1881-1882 instituem uma escola elementar gratuita, obrigatória (de 6 a 13 anos) e laica, sem estabelecer diferença entre meninas e meninos.

269. Discurso de Camille Sée, Câmara dos Deputados, 24 de janeiro de 1880. In: *Lycées et collèges de jeunes filles* [Liceu e colégio para as meninas]. Versalhes: Cerf et Fils, 1888, p. 191-192.

270. De Léon Bérard (1876-1960), então ministro da Educação Pública e das Belas-Artes.

Memórias de uma moça bem-comportada: o lugar das mulheres é no lar e seu papel é brilhar nos salões.

NASCIMENTO DA IDEOLOGIA SEXISTA

Embora a filosofia das Luzes reivindique para si certa concepção de "natureza humana", que deixa de ser divina, o lugar reservado às mulheres na sociedade não muda muito durante o século XVIII. É durante esse período, inclusive, que se desenvolve a "ideologia sexista", que tomará impulso no século seguinte. Encontramos na maioria dos textos filosóficos os mesmos estereótipos sobre as supostas qualidades naturais do sexo feminino, qualidades que constituem sua fraqueza:[271] "As mulheres em geral não gostam de nenhuma arte, nem sequer conhecem alguma e não têm nenhuma inteligência."[272] Como diz o verbete "Sexo" da *Encyclopédie*, "o belo sexo" não é o epíteto dado às mulheres?[273]

A construção da masculinidade viril também se consolida ao longo do século XIX, sustentada e fundamentada pelos discursos médicos. Um homem

---

271. Para Jean-Jacques Rousseau, a primeira e mais importante qualidade de uma mulher é a ternura: "As mulheres carecem de força moral, energia, coragem, abnegação. Mas elas são devotadas e sensíveis, pois são mães" (*Emílio ou Da educação*, 1762).

272. Jean-Jacques Rousseau, *Lettre à d'Alembert*, nota XX [Ed. bras.: *Carta a D'Alembert*. Tradução de Roberto Leal Ferreira. Campinas: Editora da Unicamp, 2015].

273. "SEXO, O (moral): O *sexo*, em termos gerais, ou melhor, o *belo sexo*, é o epíteto que damos às mulheres, e que podemos lhes retirar, visto que elas são o principal ornamento do mundo. Que elas juntam a esse título merecido tudo o que é próprio à sua condição, o pudor, a contenção, a ternura, a compaixão e as virtudes das almas doces: a música, a dança e a arte de matizar as cores sobre a tela são divertimentos que lhes convêm; mas o cultivo de seu espírito é ainda mais importante e essencial. Que, por outro lado, sua feliz fecundidade perpetua os amores e as graças; que a sociedade lhes deva sua cortesia e seus gostos mais delicados; que elas fazem as mais caras delícias do cidadão pacífico; que por uma prudência submissa e uma habilidade modesta, reta e sem arte, elas excitam a virtude, reavivam o sentimento de felicidade e suavizam todos os trabalhos da vida humana: esta é a glória, este é o poder do *belo sexo*" (Louis de Jaucourt, *L'Encyclopédie*, 1. reed., 1751, tomo XV, p. 138. Disponível em Wikisource).

deve ser ativo, vigoroso, forte, resistente ao cansaço e ao sofrimento e corajoso.[274] Essa diferença de natureza entre os sexos justifica o discurso sobre a divisão do trabalho doméstico, do ensino, do trabalho no campo, no ateliê ou na fábrica.

A ciência positivista do século XIX desempenha um papel importante na reunião dos indivíduos em categorias sociais diferentes "por natureza" e em sua hierarquização. Na "escala dos seres humanos" construída pelos antropólogos evolucionistas, os "inferiores" devem tentar se aproximar da norma "civilizada", que é o homem branco ocidental, adulto e burguês, situado no topo da "escala". Para os defensores dessa teoria, a dominação de todos esses "inferiores" nunca é injusta, pois ela é "natural". Assim, para se aproximar da norma, os outros, como as mulheres, precisam ser "civilizados",[275] mas para a maioria dos teóricos seria inútil "tentar remediar com transformações ou políticas educativas"[276] esse estado de inferioridade, considerado definitivo e irreversível. Muitos políticos se baseiam nesses escritos para legitimar sua recusa a direitos iguais. A fim de manter o poder sobre as mulheres, eles se apressam em proibir-lhes a participação nos assuntos públicos, sob o pretexto, entre outros, de que elas seriam, como disse o deputado André Amar, "pouco capazes de meditações elevadas e formulações sérias".[277] Na verdade, sobretudo porque elas "abandonariam os cuidados de seus lares".[278]

---

274. Odile Roynette, "La construction du masculin. De la fin du XIXe siècle aux années 1930" [A construção da masculinidade: do fim do século XIX aos anos 1930], *Vingtième Siècle. Revue d'histoire*, n. 75, 2002-2003, p. 85-96.

275. Sandra Puccini, "La femme ou l'humanité inachevée" [A mulher ou a humanidade inacabada]. In: Claude Blanckaert, *Des sciences contre l'Homme*, vol. 1. Paris: Autrement, 1993, coleção Série Science et société, 8, p. 50-63.

276. Colette Guillaumin, *L'Idéologie raciste, genèse et langage actuel* [A ideologia racista, origem e linguagem atual]. Paris: Gallimard, 2002, coleção Folio essais.

277. *Archives numériques de la Révolution française-Archives parlementaires*, tomo 78, sessão de 30 de outubro de 1793, p. 50.

278. Como proclama o procurador da Comuna de Paris, Pierre-Gaspard Chaumette, citado em Olivier Blanc, *Marie-Olympe de Gouges. Une humaniste à la fin du XVIIIe siècle* [Marie-Olympie de Gouges: uma humanista no fim do século XVIII]. Belaye: Éditions René Viénet, 2003.

No século XIX, ainda que as mulheres acompanhem o crescimento dos movimentos socialistas, a maioria dos líderes masculinos rejeita as reivindicações de igualdade entre os sexos. É o caso de Pierre-Joseph Proudhon, que citamos várias vezes, tanto suas ideias sobre as mulheres são reacionárias, principalmente as mulheres livres.[279] Ardente adversário da emancipação feminina, ele incita os outros homens a manterem-nas em casa, pois "a mulher, por natureza e destino, não é nem associada, nem cidadã, nem funcionária pública".[280] Proudhon chega a propor a "reclusão" delas.[281] Os preconceitos com as mulheres foram perenizados nos escritos de muitos intelectuais, como o filósofo alemão Arthur Schopenhauer (1788-1860), que consta entre os mais antifeministas de sua época: "A simples aparência da mulher revela que ela não foi destinada nem às grandes obras de inteligência nem às grandes obras materiais. [...] O que torna as mulheres particularmente aptas a cuidar, a educar nossa primeira infância, é que elas mesmas são mais pueris, fúteis e limitadas; permanecem crianças grandes a vida inteira, uma espécie intermediária entre a criança e o homem. [...] A razão débil da mulher não participa dessas vantagens nem desses inconvenientes; ela é afetada por uma miopia intelectual que lhe permite, por uma espécie de intuição, ver de maneira penetrante as coisas próximas; mas seu horizonte é limitado, o que está distante lhe escapa."[282]

---

279. Por exemplo George Sand, em *De la justice dans la Révolution et dans l'Église*, tomo 1.

280. Pierre-Joseph Proudhon, *Avertissement aux propriétaires ou lettre à M. Considerant, rédacteur de la Phalange sur une défense de la propriété* [Aviso aos proprietários ou carta ao sr. Considerant, editor da Phalange, acerca da defesa da propriedade], terceiro relatório sobre a propriedade, 1841, p. 80. Disponível em: <www.gallica.bnf.fr>.

281. "Assim, muito longe de aplaudir o que hoje se chama de emancipação da mulher, eu antes me inclinaria, se fosse preciso chegar a esse extremo, a colocar a mulher em reclusão" (Pierre-Joseph Proudhon, *ibid.*, p. 79).

282. Arthur Schopenhauer, *Essai sur les femmes* [Ensaio acerca das mulheres] (1851). Tradução francesa de J. Bourdeau. Paris: Félix Alcan, 1900, p. 130.

CONTEXTO HISTÓRICO E INTELECTUAL DO SURGIMENTO...

Invocando Jean-Jacques Rousseau e o poeta inglês Lord Byron[283] (1788-1824), Arthur Schopenhauer escreve: "No fundo, esse sexo feio não tem o sentimento do belo. Se elas afetam amar as artes, é somente por desejo de agradar." Vários autores, dentre os quais o dramaturgo sueco Johan August Strindberg (1849-1912)[284] e Octave Mirbeau (1848-1917), embora defensores dos oprimidos, justificam a dominação masculina. A misoginia de Octave Mirbeau,[285] que beira a ginecofobia, segundo a expressão de Léon Daudet, transparece em uma crônica dedicada à jornalista libertária Séverine,[286] um texto que se quer elogioso mas está repleto de preconceitos sexistas: "Séverine terá sido, talvez, a única mulher de letras que, rompendo os grilhões que a natureza colocou no espírito da mulher, se elevou acima da ideia geral. A mulher, ser de sensação nervosa e de piedade inconsciente, geralmente encerrada numa espécie de particularismo intelectual e moral, encontra no fato particular um elemento suficiente às necessidades de

---

283. "Pensa na situação das mulheres entre os gregos antigos. – Bastante conveniente. Estado presente, um resquício da barbárie feudal da Idade Média. Artificial e anti-natural. Elas deveriam se ocupar do próprio lar; deveríamos alimentá-las bem e vesti-las bem, mas não as envolver na sociedade. Elas também deveriam ser instruídas em religião, mas ignorar a poesia e a política, só ler livros de piedade e de cozinha. Música, desenho, dança e um pouco de jardinagem e plantio de tempos em tempos. Vi-as, no Epiro, trabalhar na manutenção de estradas com sucesso. por que não? Elas não murcham? Não são leiteiras?" (Thomas Moore, *Letters and Journals of Lord Byron* [Cartas e diários de Lord Byron], vol. II, 1830, p. 399).

284. Esse grande admirador de Jean-Jacques Rousseau e antifeminista notório escreveu, em 1895, *Da inferioridade da mulher*, panfleto cheio de ódio e inverdades. Ele se baseia em dados pseudocientíficos, especialmente dos médicos Cesare Lombroso e Franz Pruner-Bey, racialistas e antievolucionistas.

285. Ele proclama por três vezes "o gênio" de Camille Claudel, "revolta da natureza", combate as teses antifeministas de Johan Strindberg e escreve sobre a prostituição um ensaio em forma de reabilitação das "pobres prostitutas", suas irmãs de miséria (Octave Mirbeau, *L'Amour de la femme vénale* [O amor da mulher venal], 1922). (Pierre Michel, *Le Cas Octave Mirbeau: entre "gynécophobie" et féminisme* [O caso Octave Mirbeau: entre ginecofobia e feminismo).

286. Pseudônimo de Caroline Rémy. Octave Mirbeau escreveu esse texto em agradecimento a um artigo dela elogioso publicado no *Le Gaulois* de 12 de maio de 1890.

O HOMEM PRÉ-HISTÓRICO TAMBÉM É MULHER

seu espírito, um campo vasto o suficiente para as expansões de seu coração."[287]

Em 1879, a peça *Casa de bonecas,* do dramaturgo norueguês Henrik Ibsen, choca os costumes e inflama grande parte da Europa. Sensibilizado por *A sujeição das mulheres* (1869), do filósofo e economista britânico John Stuart Mill, Ibsen toma a defesa das mulheres que querem se libertar do jugo familiar: "Uma mulher não pode ser ela mesma na sociedade contemporânea, esta é uma sociedade exclusivamente de homens com leis escritas por homens, cujos conselheiros e juízes avaliam o comportamento feminino a partir do ponto de vista masculino".[288] Diante do conformismo social da Noruega e da austeridade moral de seus contemporâneos, Henrik Ibsen, por meio da personagem de Nora,[289] esposa que deixa o domicílio conjugal, denuncia a dependência do outro, a sujeição de ordem financeira, moral e afetiva que leva à submissão.

Em antropologia, a ideologia sexista perdura até meados do século XX. Ela é denunciada nos anos 1980 por várias antropólogas estadunidense,[290] que questionam o androcentrismo do pensamento antropológico[291] e contestam a legitimidade da dominação masculina baseada numa concepção naturalista das mulheres. Seus trabalhos se debruçam principalmente sobre as condições de surgimento da desigualdade entre os sexos segundo o contexto sócio-his-

---

287 Excerto do artigo de 9 de dezembro de 1894, publicado no *Le Journal.*

288. "A woman cannot be herself in contemporary society, it is an exclusively male society with laws drafted by men, and with counsel and judges who judge feminine conduct from the male point of view" Notas para uma tragédia contemporânea, escritas em Roma em 1º de outubro de 1878.

289. Inspirada na romancista Laura Kieler, sua amiga.

290. Joan Wallach Scott, *Gender and the Politics of History.* Nova York: Columbia University Press, 1988; Danielle Léveillé, *L'Androcentrisme en anthropologie, un exemple: les femmes inuit.* Cahiers de recherche du Groupe de recherche multidisciplinaire féministe (Gremf), Université Laval, 1989.

291. Kate Millett, *La Politique du mâle.* Paris: Seuil, 1983 [1969]; Christine Delphy, *L'Ennemi principal, tome 1: Économie politique du patriarcat.* Paris: Éditions Syllepse, 1998, coleção Nouvelles questions féministes.

CONTEXTO HISTÓRICO E INTELECTUAL DO SURGIMENTO...

tórico – mudanças de modos de produção, surgimento das elites e das classes sociais... Cerca de cem anos depois dos trabalhos de Friedrich Engels,[292] que considerava a sujeição das mulheres do ângulo das relações sociais de cada época, variáveis ao longo da história, esses trabalhos consolidam a ideia da existência de uma igualdade entre mulheres e homens em certas sociedades, sobretudo nas de caçadores-coletores.[293]

---

292. Nas sociedades primitivas, a mulher tem uma condição não apenas livre, como também muito valorizada (Friedrich Engels, *A origem da família, da propriedade privada e do Estado*, 1884).

293. Eleanor Leacock, "Women's Status in Egalitarian Society: Implications for Social Evolution" [O status da mulher em sociedades igualitárias: Implicações para a evolução social], *Current Anthropology*, vol. 19, 1978, p. 247-275.

3

AS MULHERES PRÉ-HISTÓRICAS À LUZ DAS NOVAS DESCOBERTAS E DA ARQUEOLOGIA DE GÊNERO

Não existem pré-historiadoras antes da Primeira Guerra Mundial.[1] Até os anos 1950, a arqueologia, como várias outras disciplinas de pesquisa, contou com pouquíssimas mulheres,[2] e raras foram as que se tornaram professoras em universidades de prestígio.[3] Da mesma forma que na antro-

---

1. Entre as pioneiras, encontramos: as pré-historiadoras francesas Marthe Péquart, Suzanne de Saint-Mathurin, Annette Laming-Emperaire, Arlette Leroi-Gourhan, Denise de Sonneville--Bordes (especialista nas indústrias líticas do Paleolítico Superior); as arqueólogas britânicas Mary Leakey, Margaret Murray (que trabalhou no Egito nos anos 1890) e Maud Cunnington; as gregas Anna Apostolaki e Semni Papaspyridi-Karouzou; as norueguesas Eva Fett e Wencke Slomann, as estadunidenses Harriet Boyd-Hawes e Blanche Williams, a alemã Johanna Mestorf, sem esquecer a arqueóloga estadunidense de origem lituana Marija Gimbutas.

2. Margarita Díaz-Andreu e Marie-Louise Sørensen, *Excavating Women. A History of Women in European Archaeology* [Escavando mulheres: uma história das mulheres na arqueologia europeia]. Londres: Routledge, 1998.

3. Entre elas, as britânicas Dorothy Bate e Dorothy Garrod. A paleontóloga Dorothy Bate, pioneira na reconstrução de climas a partir do estudo dos fósseis de mamíferos, foi a primeira mulher a ser nomeada professora na Universidade de Cambridge em 1937. Dorothy Garrod foi nomeada professora em 1939 para a cadeira de arqueologia na Universidade de Cambridge, especialmente em razão de seu trabalho sobre o Paleolítico no Oriente Próximo. As duas realizavam escavações na Palestina na década de 1920. Em 1937, publicaram em um conjunto um trabalho marcante: *The Stone Age of Mount Carmel* [A Idade da Pedra no monte Carmel], vol. I, parte 2: *Paleontology, the Fossil Fauna of the Wady el-Mughara Cave* [Paleontologia, a fauna fóssil da caverna de Wady el-Mughara].

O HOMEM PRÉ-HISTÓRICO TAMBÉM É MULHER

pologia, algumas vozes, sobretudo femininas, se erguem para denunciar o androcentrismo da arqueologia.[4] Esse movimento, conhecido como "arqueologia de gênero" e "arqueologia feminista", analisa as relações humanas nas sociedades do passado, sobretudo as relações de poder entre os sexos. Os estudos que surgem permitem identificar os mecanismos que prevaleceram na interpretação dos dados arqueológicos: o papel da mulher, sua condição e seus comportamentos, bem como o mobiliário arqueológico e a arte pré-histórica eram analisados recorrendo-se de forma sistemática ao essencialismo, especialmente através do prisma do olhar masculino. A arqueologia de gênero questiona essas convenções.

É com os trabalhos da arqueóloga Liv Dommasnes[5] que surge o conceito de arqueologia de gênero, em meados dos anos 1970,[6] na Noruega. A arqueologia de gênero se desenvolve na década seguinte sob a liderança das arqueólogas estadunidenses Margaret Conkey, Janet Spector e Joan Gero.[7] Essas pesquisadoras denunciam tanto um estado de coisas – a escassez de mulheres arqueólogas

---

4. William A. Haviland, Dana Walrath, Harald E. L. Prins e Bunny McBride, *Evolution and Prehistory. The Human Challenge* [Evolução e pré-história: o desafio humano]. Belmont: Wadsworth, 2007.

5. As pesquisas dessa professora no University Museum de Bergen se voltam para a divisão sexual das tarefas e das posições sociais durante a Idade do Ferro na Noruega.

6. Em 1979, a associação Norwegian Archaeological organiza um colóquio intitulado *Were they all men?* [Todos eles eram homens?] (Marie-Louise Sørensen, *Gender Archaeology* [Arqueologia de gênero]. Cambridge: Polity Press, 2000).

7. Em um artigo famoso, Margaret Conkey e Janet Spector resumem a crítica feminista de sua disciplina (Margaret Conkey e Janet Spector, "Archaeology and the Study of Gender" [Arqueologia e o estudo de gênero. In: *Advances in Archaeological Method and Theory* [Avanços no método e teoria arqueológica], vol. 7, 1984, p. 1-38) e, sete anos depois, Joan Gero e Margaret Conkey publicam uma obra coletiva que consagra essa arqueologia chamada "feminista" (Joan Gero e Margaret Conkey [orgs.], *Engendering Archaeology. Women and Prehistory* [Engendrando a arqueologia: mulheres e a pré-história]. Oxford: Wiley-Blackwell, 1991, coleção Social Archaeology, 1991). Elas publicam, seis anos depois: "Programme to Practice. Gender and Feminism" [Programa para a prática: gênero e feminismo], *Archaeology. Annual Review of Anthropology*, vol. 26, 1997, p. 411-437.

AS MULHERES PRÉ-HISTÓRICAS À LUZ DAS NOVAS DESCOBERTAS...

em campo ou encorajadas a trabalhar em laboratório[8] – quanto um sistema de representação – a imagem viril do arqueólogo, "caubói da ciência"[9] e a orientação das pesquisas – voltadas prioritariamente para a divisão sexual do trabalho, em que as supostas atividades de valor (produção de ferramentas e de armas, caça e guerra) são atribuídas aos homens.

Os defensores dessa corrente, para quem o gênero é uma construção social que varia segundo as épocas e as culturas,[10] criticam, por um lado, a aplicação a sociedades passadas das normas ocidentais modernas construídas em torno dos valores masculinos e, por outro, as interpretações feitas através do prisma do determinismo biológico,[11] especialmente sobre a divisão do trabalho.[12] Para seus adversários, o sexo é biologicamente determinado,[13] e esse movimento é considerado uma ideologia que visa à "desconstrução" das bases da sociedade tradicional. "Parte necessária e integrante de todas as outras arqueologias",[14] segundo o arqueólogo canadense Bruce Trigger, "a arqueologia de gênero" traz

---

8. Kelley Hays-Gilpin, "Feminist Scholarship in Archaeology" [Bolsa acadêmica feminista em arqueologia], *Annals of the American Academy of Political and Social Science*, 92 (571), 2000, p. 89-106.

9. Joan Gero, "Sociopolitics and the Woman-at-Home Ideology" [Sociopolítica e a ideologia da mulher "do lar"], *American Antiquity*, vol. 50, 1985, p. 342-350.

10. O "sexo" não é um conceito intercultural. Aquele definido pelos arqueólogos ocidentais não se aplica a todas as culturas, portanto. Alguns trabalhos de campo questionaram a dicotomia masculino-feminino, ampliando as categorias para incluir um terceiro ou quarto gênero em certas sociedades não ocidentais.

11. Além disso, a determinação do sexo de um esqueleto fóssil nem sempre é possível; atribuída arbitrariamente, *a posteriori*, como em certas publicações, ela influencia as interpretações.

12. Cheryl Claassen, "Questioning Gender: An Introduction" [Questionando o gênero: uma introdução]. In: *Exploring Gender Through Archaeology. Selected Papers from the 1991 Boone Conference* [Explorando o gênero por meio da arqueologia: artigos selecionados da Conferência Boone de 1991]. Madison: Prehistory Press, 1-32 (p. 4).

13. Roberta Gilchrist, *Gender and archaeology. Contesting the Past* [Gênero e arqueologia: contestando o passado]. Londres: Routledge, 1999.

14. Bruce C. Trigger, *A History of Archaeological Thought* [Uma história do pensamento arqueológico]. Cambridge University Press, 2006.

uma contribuição importante para a disciplina, pois estabelece a possibilidade de conhecermos, ao menos em parte, o papel e a condição das mulheres nas sociedades antigas. Esse é objeto dos trabalhos mais recentes das arqueólogas Anne Augereau,[15] Chloé Belard[16] e Caroline Trémeaud.[17]

AS MULHERES NO PALEOLÍTICO

Com raríssimas exceções, as mulheres pré-históricas permanecem ausentes dos debates acadêmicos até a descoberta, em 1974, de Lucy,[18] a "avó" da humanidade, como a apelidou o paleoantropólogo Yves Coppens, e até o nascimento, nos anos 1980, da hipótese da "Eva africana", proposta por geneticistas estadunidenses.

Até o fim do século XVIII, a maioria dos cientistas afirmava que todos os tipos humanos tinham a mesma origem, e que, portanto, existiria um único berço da humanidade, localizado em uma região delimitada, na África ou na Ásia. Essa tese, o monogenismo, vai ao encontro das Escrituras, pois segundo a Bíblia os seres humanos são todos descendentes de um único homem (Adão) e de uma única mulher (Eva), criados por Deus. Nos anos 2000, pesquisadores tentaram identificar os ancestrais comuns de toda a humanidade analisando o DNA mito-

---

15. Anne Augereau, "La Condition des femmes au Néolithique. Pour une approche du genre dans le néolithique européen" [A condição das mulheres no Neolítico: por uma abordagem de gênero sobre o Neolítico europeu], tese de habilitação para orientar pesquisas, Université Paris-I-Sorbonne, 2018.

16. Chloé Belard, *Pour une archéologie du genre. Les femmes en Champagne à l'âge du Fer* [Por uma arqueologia de gênero: as mulheres da Champagne na Idade do Ferro]. Paris: Hermann, 2017, p. 269-270.

17. Caroline Trémeaud, *Genre et hiérarchisation dans le monde nord-alpin, aux âges du Bronze et du Fer* [Gênero e a hierarquização do mundo norte-alpino, durante as Idades do Bronze e do Ferro]. Oxford: BAR Publishing, 2018.

18. Um esqueleto quase completo de *Australopithecus afarensis* foi descoberto no sítio arqueológico de Hadar, na Etiópia, por uma equipe internacional. O esqueleto tem 3,18 milhões de anos.

AS MULHERES PRÉ-HISTÓRICAS À LUZ DAS NOVAS DESCOBERTAS...

condrial (DNAmt),[19] transmitido exclusivamente pela mãe. Eles constataram que, nos humanos atuais, todos os DNAmt parecem ter uma origem comum.[20] Nascia a teoria da "Eva mitocondrial". Ela teria vivido há cerca de 150 mil anos,[21] na África Subsaariana, por isso o apelido "Eva africana", e teria tido sete "filhas", das quais todas as mulheres atuais descenderiam.[22] Essa teoria, que lembra a visão "adâmica" da evolução – um retorno da Eva bíblica – foi abandonada nos dias de hoje.[23]

Para tentar encontrar o lugar real, e não imaginário ou pressuposto, das mulheres nas sociedades pré-históricas, os arqueólogos só devem se basear nos vestígios encontrados durante escavações, sobretudo por meio dos esqueletos exumados e das "imagens" que esses humanos nos deixaram, em especial as representações femininas realizadas pelos "artistas" (termo demasiado moderno, pois essas figurações provavelmente indicam uma ação sociocultural ou simbólica) do Paleolítico Superior[24] (que eram *Homo sapiens*).

---

19. Em especial o etologista britânico Richard Dawkins (*A grande história da evolução*. Tradução de Laura Teixeira Motta. São Paulo: Companhia das Letras, 2009) e, principalmente, o bioquímico estadunidense Allan Wilson (*et al.*, "Mitochondrial DNA and two perspectives on evolutionary genetics" [DNA mitocondrial e duas perspectivas sobre a genética evolucionária], *Biological Journal of the Linnean Society*, 26 [4], 1985, p. 375-400) e o geneticista inglês Bryan Sykes (*The Seven Daughters of Eve. The Science that Reveals our Genetic Ancestry* [As sete filhas de Eva. A ciência que revela nossa herança ancestral]. Nova York: W. W. Norton and Co., 2001).

20. De acordo com a filogenia, estudo da relação de parentesco entre populações ou espécies.

21. Segundo os cálculos da velocidade de mutação no DNAmt. De acordo com a hipótese do relógio molecular, as mutações se acumulariam em um genoma a uma velocidade globalmente proporcional ao tempo geológico.

22. Além disso, pesquisas sobre o cromossomo Y (DNA nuclear) teriam permitido identificar um ancestral masculino comum a todos os homens modernos. Esse "Adão", como ele é chamado, também teria vivido na África, mas há cerca de meros 39 mil anos.

23. Hoje, o mais antigo fóssil de *Homo sapiens* tem cerca de 300 mil anos e foi descoberto em Marrocos. A grande diversidade de DNAmt observada nos genomas africanos atuais sustentaria a hipótese de uma origem única e africana do *Homo sapiens* (Andrea Manica *et al.*, "The effect of ancient population bottlenecks on human phenotypic variation" [O efeito dos gargalos populacionais sobre as variações fenotípicas humanas], *Nature*, vol. 448, 2007, p. 346-348).

24. Na Europa, o Paleolítico Superior, que começa *c.* -43.000 anos e termina *c.* -10.000 anos, é caracterizado pela substituição dos neandertais pelos homens anatomicamente modernos

O CORPO FEMININO DESNUDADO

Os seres humanos e seus sexos (vulvas e falos) foram pintados, gravados e esculpidos em paredes de cavernas, blocos rochosos e suportes móveis – ossos, galhadas de cervídeos e pedras.[25] As representações femininas são as mais numerosas, entre 80% e 90%, dependendo do suporte (parietal ou móvel). Elas foram descobertas em mais de noventa sítios arqueológicos da Europa e da Sibéria.[26] Essas imagens pintadas e gravadas, essas vulvas e estatuetas, deram livre curso à fértil imaginação dos pesquisadores. As estatuetas, por exemplo, costumam ser chamadas de "Vênus", nome da deusa do amor, da sedução e da beleza feminina na mitologia romana.[27]

(*Homo sapiens*) vindos da África, pela diversificação das culturas (dentre as quais, na Europa Ocidental: chatelperroniana, uluzziana, aurignaciana, solutreana, gravetiana, magdaleniana), pelo desenvolvimento de ferramentas, armas – em ossos, galhadas de cervídeos e marfins de mamute –, de vestimentas e pelo surgimento da arte figurativa mobiliar e parietal.

25. A arte paleolítica representa sobretudo animais, os seres humanos são apenas 6% das figurações (Patrick Paillet, *Qu'est-ce que l'art préhistorique? L'Homme et l'image au Paléolithique* [O que é a arte pré-histórica? O homem e a imagem no Paleolítico]. CNRS Éditions, 2018). Mais de quinhentas representações antropomorfas foram registradas (Raphaëlle Bourrillon, "Les Représentations humaines sexuées dans l'art du Paléolithique supérieur européen: diversité, réminiscences et permanence" [As representações humanas sexuais na arte Paleolítica Superior europeia: Diversidade, reminiscências e permanência], tese da Universidade de Toulouse-II-Le Mirail, 2009).

26. Para mais detalhes, recomendamos a leitura do artigo de Raphaëlle Bourrillon, Carole Fritz e Georges Sauvet: "La thématique féminine au cours du Paléolithique supérieur européen: permanences et variations formelles" [A temática feminina no curso do Paleolítico Superior europeu: permanências e variações formais], publicado em 2012 no *Bulletin de la Société préhistorique française*, 109 (1), p. 85-103.

27. O nome "vênus" foi dado pelo pré-historiador austríaco Josef Szombathy à estatueta feminina de Willendorf, esculpida a partir de um bloco de calcário e parcialmente recoberta por ocre vermelho, descoberta na Áustria em 1908. Contudo, esse é um nome inapropriado.

AS MULHERES PRÉ-HISTÓRICAS À LUZ DAS NOVAS DESCOBERTAS...

Desde que a arte paleolítica foi descoberta (primeiro a móvel, depois a parietal), respectivamente no fim do século XIX e no início do século XX, as obras pré-históricas foram interpretadas à luz de nosso olhar humano moderno e ocidental. Muitos autores se interrogaram sobre sua natureza e seu sentido, e atribuíram-lhes interpretações culturais ou cultuais. Na virada dos anos 1960, os pré-historiadores Annette Laming-Emperaire[28] e André Leroi-Gourhan voltaram o olhar estruturalista de ambos para a arte parietal. A observação de associações entre animais e símbolos na caverna de Lascaux (Dordonha) levou-os a desenvolver uma tese sobre a existência de uma organização do espaço gráfico[29] baseada na dualidade masculino-feminino, representada por um casal central, com frequência "bisão ou auroque-cavalo",[30] associado a signos abstratos, que simbolizariam o feminino (os signos cheios)[31] e o masculino (os signos finos).[32] Se para Annette Laming-Emperaire o bisão é um princípio masculino e o cavalo um princípio feminino, para André Leroi-Gourhan é o inverso. Segundo esse grande especialista em arte paleolítica, o fato de o auroque, ancestral do touro de potência reprodutiva, ser associado ao símbolo feminino, portanto a valores maternos, poderia sugerir que aqueles humanos não haviam descoberto o papel e a função do homem na reprodução. Essa

---

28. Seu livro *Lascaux, peintures et gravures* [Lascaux, pinturas e gravuras], escrito em 1959, foi publicado em 1962, depois da versão inglesa, com o título *La Signification de l'art rupestre paléolithique* [A significação da arte rupestre no Paleolítico]. Paris: Éditions Picard.

29. Com figuras de entrada e de fundo, centrais e periféricas.

30. Esse grupo central é cercado por cervídeos que formam figuras de contorno. Outros pares de opostos aparecem, como o cervo e o javali nos mitos celtas, o cervo e o urso, por um lado, e o cavalo e o javali, por outro, nos relatos medievais (em *Tristão e Isolda*, por exemplo), e o javali e o urso nas lendas indo-europeias. Nesses pares de opostos, alguns animais sempre têm o mesmo simbolismo sexual, o cavalo e o leão são masculinos e o bisão é feminino, mas há mudanças de acordo com cada cultura.

31. Vulva esquematizada (André Leroi-Gourhan, "Le symbolisme des grands signes dans l'art pariétal paléolithique" [O simbolismo dos principais signos na arte parietal paleolítica], *Bulletin de la Société préhistorique française*, 55 [7-8], 1958, p. 384-398).

32. Falo esquematizado (André Leroi-Gourhan, *ibid.*).

O HOMEM PRÉ-HISTÓRICO TAMBÉM É MULHER

hipótese explicaria a relativa escassez de representações masculinas (silhuetas e falos) antes do Magdaleniano Médio.[33] No entanto, embora o animal mais frequentemente associado à imagem vulvar seja o cavalo,[34] várias silhuetas femininas também são associadas ao bisão,[35] como ocorre também a maioria das silhuetas masculinas. Essa divergência pode refletir a diversidade de cosmogonias nas sociedades do Paleolítico Superior. No fim dos anos 1980, os trabalhos do ginecologista e antropólogo Jean-Pierre Duhard oferecem uma interpretação mais realista das representações antropomorfas, baseada na anatomia e na fisiologia.[36]

A primeira estatueta feminina conhecida, a *Vênus impudica*, foi descoberta em 1864 pelo marquês de Vibraye no sítio arqueológico de Laugerie-Basse (Dordonha). Várias outras descobertas se seguiram,[37] como a famosa *Dama de capuz*, encontrada por Édouard Piette em 1894, em Brassempouy (Landes), e a *Vênus de Lespugue* (Haute-Garonne), descoberta em 1922 por René de Saint-Périer. Datada entre -31.000 e -35.000, a *Vênus* em marfim de mamute de Hohle Fels (Alemanha) é hoje a mais antiga.[38] Essas mais de 250 estatuetas foram esculpidas

---

33. Cultura do Paleolítico Superior na Europa, datado de 13.000 a 11.500 anos antes de nossa era.

34. Raphaëlle Bourrillon, *Les représentations humaines sexuées dans l'art du Paléolithique supérieur européen: diversité, réminiscences et permanence, ibid*. É preciso acrescentar o busto feminino esculpido em um incisivo de cavalo, encontrado na caverna de Mas-d'Azil.

35. Em Laussel (Dordonhae), Pech Merle (Lot), Chauvet (Ardèche) e La Magdeleine des Albis (Tarn).

36. Ele distingue, no realismo fisiológico, os realismos sexual, cinestésico, biológico, sociológico e patológico (Jean-Pierre Duhard, *Réalisme de l'image féminine paléolithique* [Realismo da imagem feminina no Paleolítico], CNRS Éditions, coleção Cahiers du Quaternaire, n. 19, 1993). Ele também é autor de *Réalisme de l'image masculine paléolithique* [Realismo da imagem masculina no Paleolítico], publicado em 1996 pela editora Jérôme Millon.

37. Entre as mais antigas, encontro o "minúsculo busto de mulher" (esculpido em um dente incisivo de cavalo) de Mas-d'Azil (Ariège) e as estatuetas de pedra-sabão das cavernas de Grimaldi (Itália), publicadas pelo arqueólogo Salomon Reinach em 1898 após a descoberta por Louis Jullien, entre 1883 e 1895.

38. Descoberta em 2008 nos Alpes suábios, ela é atribuída à cultura aurignaciana.

AS MULHERES PRÉ-HISTÓRICAS À LUZ DAS NOVAS DESCOBERTAS...

em diferentes tipos de material – osso, marfim de mamute, pedra (pedra-sabão, calcita, calcário) ou terracota. Embora elas tenham muitos traços em comum,[39] dimensões modestas entre 4 e 25 centímetros, notamos uma grande diversidade de detalhes, dependendo da cultura à qual elas pertencem.[40] Embora algumas sejam esbeltas e não tenham seios caídos,[41] a maioria tem atributos sexuais marcados (seios quase sempre pendentes, nádegas proeminentes, vulva), quadris e ventre "adiposos", e o restante do corpo inacabado (pernas em menor grau). Os traços do rosto raramente são representados, com algumas exceções, como a *Dama de Brassempouy* ou a "cabeça" de *Dolní Věstonice* (República Tcheca). Pelo número de estatuetas femininas descobertas, em marfim de mamute ou calcário, o sítio gravetiano de Kostenki 1-I, na Rússia, é excepcional.[42] Essas estatuetas representam mulheres nuas, às vezes enfeitadas – faixas na altura da cintura, sobre os seios, nos punhos, nos tornozelos –, de pé ou, mais frequentemente, ajoelhadas e de corpo inteiro ou parcial.[43] A originalidade desse sítio reside na abundância de pedaços de corpos – cabeças, troncos, ventres, às vezes junto com coxas ou pernas, quadris, pernas – que não correspondem a fragmentos

---

39. Segundo André Leroi-Gourhan, haveria uma relação cultural entre todos os níveis arqueológicos que revelaram "vênus" e alguns detalhes anatômicos sugeririam uma origem comum à Europa Oriental, seguida de uma difusão para oeste. Essa hipótese foi criticada primeiro por Léon Pales e Marie Tassin de Saint-Péreuse (*Les Gravures de la Marche: II. Les humains* [As gravuras da Marcha: II. Os humanos], Ophrys, 1976), depois por Jean-Pierre Duhard, para quem as semelhanças se devem a razões fisiológicas, pois o corpo feminino sofreria modificações idênticas sob a influência da idade (Jean-Pierre Duhard, *Réalisme de l'image féminine paléolithique, ibid.*). Isso significaria que os autores das obras não tinham um estilo próprio?

40. Mais realistas na cultura gravetiana, elas se tornam menos figurativas na magdaleniana.

41. A de Grimaldi, na Itália, e a de Mal'ta, na Sibéria.

42. Segundo o estudo de Delphine Dupuy, esse sítio revelou estatuetas femininas, essencialmente em estilo realista, de marfim (7) e sobretudo de calcário (159, das quais 105 estavam inacabadas) ("Fragments d'images, images de fragments. La statuaire gravettienne, du geste au symbole" [Fragmentos de imagens, imagens de fragmentos: a estatura gravetiana, do gesto ao símbolo], tese de doutorado, arqueologia e pré-história, Université de Provence – Université de Aix-Marseille I, 2007).

43. Acéfala, ápode ou acéfala e ápode (Delphine Dupur, *ibid.*).

O HOMEM PRÉ-HISTÓRICO TAMBÉM É MULHER

de estatuetas quebradas, mas a uma realização voluntária do escultor.[44] Embora seja difícil afirmar que todas tinham um caráter religioso,[45] podemos considerar a hipótese de que os pedaços de corpos eram utilizados em rituais destinados a reunir o que está disperso a fim de "reconstituir" um corpo inteiro.

A interpretação dessas estatuetas, esculpidas ao longo de mais de 25 mil anos[46] por diversas sociedades do Paleolítico Superior e espalhadas por um vasto território, da Inglaterra à Sibéria,[47] não pode ser global. Sua função e seu significado provavelmente variaram ao longo do tempo e do espaço. Algumas são corpulentas, outras são longilíneas e não têm atributos femininos exagerados. Embora a maioria seja representada nua, várias usam roupas, como uma espécie de casaco, no caso das estatuetas descobertas em Mal'ta (Sibéria), ou ornamentos corporais, nas estatuetas de Kostenki. Associadas a outros vestígios arqueológicos desses hábitats,[48] às vezes enterradas no solo,[49] e com menos frequência em sepulturas, essas estatuetas estavam mais expostas do que escondidas. Algumas apresentam um buraco na altura do pescoço[50] ou

---

44. Delphine Dupuy, "L'incomplétude et le morcellement du corps féminin dans l'imaginaire paléolithique: les sculptures gravettiennes de Kostenki 1-I (Plaine russe -22000, -23000 ans BP)" [A incompletude e a fragmentação dos corpos femininos no imaginário paleolítico: as esculturas gravetianas de Kostenki 1-I (Planície russa 22.000, 23.000 anos antes de nossa era]. In: Jean Clottes (org.), "L'art pléistocène dans le monde" [A arte do Pleistoceno ao redor do mundo], *Préhistoire, Arts et Sociétés*, número especial 65-66, 2010-2011, p. 1471-1491.

45. Delphine Dupuy, *Fragments d'images, images de fragments. La statuaire gravettienne, du geste au symbole, ibid.*, p. 247.

46. E aparentemente de maneira descontínua, pois percebe-se a existência de um hiato de cerca de 5 mil anos entre as culturas aurignaciana e gravetiana, e entre a gravetiana e a magdaleniana superior.

47. Principalmente na França e na Rússia, mas também na Itália, na Alemanha, na Áustria, na República Tcheca e na Eslováquia.

48. Em Gagarino (Rússia), sete vênus foram descobertas dentro de uma cabana oval de mais de cinco metros de largura e em Mal'ta todas estavam dispostas em um mesmo lado da cabana.

49. Várias têm a parte distal talhada em ponta.

50. Como a *Mulher de pescoço perfurado*, em Grimaldi.

AS MULHERES PRÉ-HISTÓRICAS À LUZ DAS NOVAS DESCOBERTAS...

na extremidade dos membros inferiores, ou um anel de suspensão.[51] Segundo os vestígios de uso, elas podem ser equiparadas a pingentes ou amuletos protetores.[52] Muito esquemáticas e de sexo de difícil identificação, estatuetas supostamente femininas foram interpretadas como "brinquedos".[53]

As formas generosas e a suposta esteatopigia[54] de certas vênus levaram os pré--historiadores e antropólogos, como o especialista em arte móvel paleolítica Édouard Piette, a aproximá-las das mulheres sãs (*bushmen*) e hotentotes da África Austral.[55] A *Mulher com corno*, encontrada em Laussel no início do

---

51. Como a *Vênus de Hohle Fels*.

52. Hipóstese sugerida para algumas estatuetas femininas de Gagarino e de Grimaldi.

53. A *Boneca articulada* de Dolní Věstonice (Peter Ucko, *Anthropomorphic Figurines of Predynastic Egypt and Neolithic Crete* [Figuras antropomórficas pré-dinásticas do Egito e Creta neolítica], Éditions A. Szmidla, 1968), o "estilete" de Fontalès (Tarn-et-Garonne) e várias peças de Brassempouy (chamadas *Donzela, Esboço de boneca, Comboio, Pingente e Estilete*). Neste último sítio arqueológico, o escavador Henri Delporte também descobriu dois objetos em estreita associação – um fragmento de osso longo com a forma de uma silhueta humana na concavidade de uma epífise de bovídeo fendida em dois – que ele interpreta como a evocação a um berço e uma boneca (Henri Delporte, "Fouilles de Brassempouy en 1982, 1983 et 1984" [Escavações de Brassempouy em 1982, 1983 e 1984], *Bulletin de la Société de Borda*, 399, 1985, p. 475-489).

54. Caracterizada por depósitos de gordura na região das nádegas e do quadril. Jean--Pierre Duhard rejeita o termo, pois a adiposidade varia segundo a idade e o número de maternidades (Jean-Pierre Duhard, "Le Réalisme physiologique des figurations féminines du paléolithique supérieur en France" [O realismo físico das figurações femininas no Paleolítico Superior na França], tese de doutorado em antropologia e pré-história, Université de Bordeaux I, 1989).

55. Édouard Piette, "La station de Brassempouy et les statuettes humaines de la période glyptique" [A estação de Brassempouy e as estátuas humanas no período glíptico], *L'Anthropologie*, VI, 1895, p. 129-151; Paul Broca, "Sur le volume et la forme du cerveau, suivant les individus et suivant les races", *Bulletins de la Société d'anthropologie*, tome 2, 1861, p. 97. Na mesma obra, ele escreve, p. 15: "[...] a relativa pequenez do cérebro da mulher [dependia] tanto de sua inferioridade física quanto de sua inferioridade intelectual"; Marcellin Boule, *Hommes fossiles, éléments de paléontologie humaine* [Fósseis humanos, elementos paleontológicos humanos], Masson, 1921; René Verneau, *Les Races humaines* [As raças humanas], Baillière, 1890.

O HOMEM PRÉ-HISTÓRICO TAMBÉM É MULHER

século XX, apresenta, aos olhos de muitos pesquisadores, todas as características físicas de uma "negroide" hotentote, etnia então considerada pertencente a
uma "raça inferior". A vida da infeliz Saartjie Baartman, a tristemente célebre
"Vênus Hotentote",[56] ilustra essa concepção da mulher negra. Os cientistas
dos anos 1810 a comparam a um macaco com rosto de orangotango e nádegas
de mandril! Nascida escrava, coissã originária da colônia holandesa do Cabo
Boa Esperança, na África Meridional, Saartjie chega a Londres em 1810, na
companhia de seu senhor, Hendrick Cezar. Porque ela tem um corpo original para os ocidentais – um acúmulo de gordura nas nádegas e nos quadris
–, esse fazendeiro bôer, depois de tentar vendê-la ao Liverpool Museum, a
exibe numa jaula em Piccadilly Street, então bairro dos espetáculos e das
exposições de "curiosidades". Transformada em aberração de circo, ela atrai
multidões, que se amontoam para vê-la e tocá-la. Em 1814, depois de exibi-la
em várias cidades do norte da Inglaterra e da Irlanda, Caezar decide levá-la
a Paris. Saartjie "frequenta" os salões da alta sociedade, ávida de exotismos.
Ela também desperta o interesse dos cientistas do Museu de História Natural. Em março de 1815, vários deles, como o célebre anatomista Georges
Cuvier, examinam-na de todos os ângulos, desenham-na e escrevem vários
artigos sobre ela. Durante esses estudos, eles descobrem que ela apresenta,
no sexo, um alongamento dos pequenos lábios, o famoso "avental hotentote"
mencionado por vários naturalistas viajantes. Depois de sua morte, em 29
de dezembro de 1815, o corpo da pobre Saartjie é moldado e dissecado por
Georges Cuvier, que reconstitui seu esqueleto osso por osso. Seu cérebro e
seus órgãos genitais são colocados em vidros cheios de formol. Seu esqueleto
e o molde de seu corpo são expostos no Museu do Homem até 1974, quando
são levados para sua reserva técnica.[57] Segundo vários autores, a principal

---

56. A partir de 1949 (data de publicação do artigo de Percival Kirby "The Hottentot Venus" [A Vênus Hotentote], *Africana Notes and News*, 6 [3], p. 55-62), várias obras lhe foram
dedicadas. Leia também os artigos do especialista em literatura africana Bernth Lindfors
(1983-1985, 1996), nos quais ele analisa as reações da imprensa britânica da época (1810-1815).

57. Em 1994, a África do Sul solicita a restituição dos restos mortais de Saartjie Baartman.
Será preciso esperar a promulgação da lei de restituição de 6 de março de 2002 para que

razão do entusiasmo por essa hotentote seria o hiperdesenvolvimento de seus atributos sexuais (então relacionado à bestialidade), combinado a seu pertencimento à "raça" considerada "inferior das inferiores" à época. O interesse por povos da África Meridional precede o caso Baartman. Entre 1800 e 1804, o marinheiro naturalista Nicolas Baudin organiza uma expedição às terras meridionais, da qual participa o zoologista François Péron, que busca, entre outras coisas, estabelecer a veracidade da existência do "avental hotentote". Durante sua temporada na África do Sul, Péron consegue observá-lo e faz dele uma descrição detalhada e ilustrada, além de atribuí-lo exclusivamente às mulheres sãs e não às hotentotes.[58] Georges Cuvier confirma suas palavras depois da dissecação do corpo de Saartjie, classificando-a definitivamente entre as "raças inferiores".[59] Ao longo de todo o século XIX, na França, mas também na Inglaterra e na Alemanha, esse atributo sexual feminino fará correr muita tinta e será um dos critérios utilizados nos debates que surgem na segunda metade desse século sobre as "raças" e sua hierarquização.

o pedido finalmente seja atendido. Os restos chegam à Cidade do Cabo no dia 3 de maio de 2002, e no dia 9, dia da mulher na África do Sul, a cerimônia fúnebre ocorre perto de sua aldeia natal, Hankey. De acordo com os ritos de sua comunidade e da igreja do Cristo de Manchester, seus restos mortais são parcialmente incinerados, depois sepultados na presença de representantes da comunidade coissã, de ministros e do presidente da República da África do Sul, Thabo Mbeki.

58. Nicolas Baudin, *Voyage de découvertes aux terres australes, exécuté par ordre de Sa Majesté, l'empereur et roi, sur les corvettes le Géographe, le Naturaliste et la goëlette le Casuarina, pendant les années 1800, 1801, 1802, 1803 et 1804* [Viagem de descoberta às terras do sul, executada por ordem de Sua Majestade, imperador e rei, nas corvetas o Geógrafo, Naturalista e na escuna *Casuarina*, durante os anos de 1800, 1801, 1803 e 1804], l'Imprimerie impériale, "Historique", vol. I, 1807.

59. Georges Cuvier, *Extrait d'observations faites sur le cadavre d'une femme connue à Paris et à Londres sous le nom de Vénus hotentote* [Extrato de observações feitas sobre o cadáver de uma mulher conhecida em Paris e Londres com o nome de Vênus Hotentote], Mémoires du Muséum, III, 1817, p. 259-274.

O HOMEM PRÉ-HISTÓRICO TAMBÉM É MULHER

Não é apenas na estatuária que as representações femininas são frequentes. Inúmeras silhuetas de mulheres foram esculpidas em baixo-relevo sobre blocos rochosos e, sobretudo, gravadas em paredes de cavernas ou abrigos. Elas apresentam grande variedade gráfica, dependendo das regiões e das culturas: aparecem de frente ou de perfil, de pé ou sentadas (mais raras), com o corpo esquematizado[60] ou mais completo.[61] Por exemplo: as silhuetas esculpidas nos cinco blocos descobertos na entrada da caverna de La Roche, em Lalinde (Dordonha), têm o peito reto e as nádegas amplas e fendidas por um traço vertical.[62] Predominantemente, das figurações femininas gravadas nas paredes

---

60. Sobretudo as da cultura magdaleniana. Na Dordonha, elas foram descobertas nas cavernas de Villars (Brigitte e Gilles Delluc, "La grotte ornée de Villars. Révision de la décoration et apports nouveaux" [A caverna decorada de Villars. Revisão da decoração e novas adições], *Préhistoire du Sud-Ouest*, 2017), Saint-Cirq (Brigitte e Gilles Delluc, "La grotte ornée de Saint-Cirq [Dordogne]" [A caverna decorada de Saint-Cirq], *Bulletin de la Société préhistorique française*, n. 84, 1987, p. 364-393), Comarque (Brigitte e Gilles Delluc, "La grotte ornée de Comarque à Sireuil [Dordogne]" [A caverna decorada de Comarque a Sireuil], *Gallia Préhistoire*, 24, 1981, p. 1-97; Jean-Pierre Duhard, Brigitte e Gilles Delluc, "Une femme sculptée dans la grotte ornée magdalénienne de Comarque à Sireuil [Dordogne]" [Uma mulher esculpida na caverna decorada magdaleniana de Comarque a Sireuil], *Bulletin de la Société historique et archéologique du Périgord*, CXX, 1993, p. 843--850) e Fronsac (Jean-Pierre Duhard, Brigitte e Gilles Delluc, "La grotte ornée de Fronsac [Vieux-Mareuil, Dordogne]" [A caverna decorada de Fronsac]. In: Société préhistorique française, *La Vie préhistorique*, Éditions Faton, 1996, p. 416-421).

61. Como as da cultura gravetiana. No Périgord e no Lot, elas foram descobertas na caverna de Cussac (Jacques Jaubert *et al.*, "Le projet collectif de recherche 'grotte de Cussac' [Dordogne, France]: étude d'une cavité ornée à vestiges humains du Gravettien" [O projeto coletivo de pesquisa "caverna de Cussac" (Dordonha, França): estudo de uma caverna decorada com vestígios humanos dos gravetianos]. In: Jean Clottes (org.), "L'art pléistocène dans le monde", *Préhistoire, Art et Société*, n. spécial, tome LXV-LXVI, 2010-2011, p. 325-342; Marc Delluc, "Grotte de Cussac. Commune Le Buisson-de-Cadouin [Dordogne]" [Caverna de Cussac, Comuna de Le Buisson-de-Cadouin], *Spelunca mémoires*, n. 34, 2009, p. 167-172) e no teto da caverna de Pech Merle, no Lot (Michel Lorblanchet, *Art pariétal. Grottes ornées du Quercy* [Arte parietal: cavernas decoradas de Quercy], Éditions du Rouergue, 2018).

62. Elas são atribuídas à cultura magdaleniana (Brigitte e Gilles Delluc, "Les fouilles de la grotte de La Roche à Lalinde [Dordogne]" [As escavações da caverna de La Roche a Lalinde]. In: *La Préhistoire du canton de Lalinde* [A pré-história do cantão de Lalinde],

AS MULHERES PRÉ-HISTÓRICAS À LUZ DAS NOVAS DESCOBERTAS...

das cavernas e dos abrigos do Périgord está de perfil e não tem cabeça, braços ou seios, mas tem os quadris e o ventre bem marcados.[63] Embora a maioria represente mulheres nuas, há exceções: a da caverna de Gabillou (Dordonha) está vestida com uma espécie de casaco com capuz. Essas silhuetas femininas estão associadas a figuras animais, sinais geométricos e, na maior parte das vezes, a outras representações humanas inteiras ou fragmentárias[64] ou a imagens vulvares.[65]

Ainda que em muitas culturas do passado e do presente o sexo das mulheres tenha sido – e ainda seja – considerado vergonhoso, um atributo a ser escondido,[66] ele foi abundantemente representado pelos humanos pré-históricos. Embora esteja presente em várias religiões enquanto objeto de veneração,[67] por meio de imagens ou símbolos, ao longo de todo o Paleolítico

---

Les Pesqueyroux, 2008, p. 123-156; Brigitte e Gilles Delluc e Francis Guichard, "Les fouilles de la grotte de La Roche à Lalinde [Dordogne]", *Préhistoire du Sud-Ouest*, n. 16, 2008, p. 185-205).

63. Brigitte e Gilles Delluc, "Les figures féminines schématiques du Périgord" [As figuras femininas esquematizadas em Périgord], *L'Anthropologie*, n. 99, 1995, p. 236-257.

64. Nas cavernas perigourdinas de Saint-Cirq, Fronsac, Les Combarelles (Monique e Claude Archambeau, "Les figurations humaines pariétales de la grotte des Combarelles" [As figuras humanas parietais nas cavernas de Combarelles], *Gallia Préhistoire*, n. 33, 1991, p. 53-81). Na estreita "galeria das mulheres" de Fronsac (Dordonha), quatro silhuetas femininas alinhadas ocupam o centro da parede principal e, no fundo dessa caverna, duas outras encaixadas estão diante de um cavalo, um bisão, uma cabeça humana e duas mãos (Jean-Pierre Duhard, Brigitte e Gilles Delluc, "La grotte ornée de Fronsac [Vieux-Mareuil, Dordogne]", *ibid*).

65. Em Comarque, e as dez figuras alinhadas no centro da parede da pequena caverna de La Font-Bargeix, na Dordonha (Brigitte e Gilles Delluc, "La grotte ornée de La Font-Bargeix [Champeaux-et-la-Chapelle-Pommier, Dordogne]" [A caverna decorada de La Font-Bargeix], trabalhos do l'Institut d'Art Préhistorique da Université de Toulouse-Le Mirail, XXXII, 1990, p. 9-47).

66. *Pudendum* (*pudenda*, no plural) era o termo latino utilizado em medicina e literatura para designar as partes genitais dos dois sexos (*Pudendum virile*, sinônimo de pênis, e *Pudendum muliere*, sinônimo de *cunnus*, ou sexo da mulher). O termo é o gerúndio de *pudere*, que significa "causar vergonha" ou "ter vergonha".

67. Como nas religiões do Oriente Próximo antigo ou no hinduísmo – chamada *Yoni*.

O HOMEM PRÉ-HISTÓRICO TAMBÉM É MULHER

Superior ele costuma aparecer em representações, com frequência isoladas, da vulva[68] que, segundo o pré-historiador Henri Delporte é a "sinédoque da mulher". Essas imagens vulvares, espalhadas por todo o território europeu (do noroeste da Espanha à Rússia), são muito abundantes na França.[69] A forma das vulvas, oval ou triangular, e o estilo gráfico,[70] dos mais realistas aos mais esquemáticos (um círculo, ou uma forma oval, dividido por um traço), também variam segundo as culturas.[71] Elas são gravadas ou esculpidas em vulto[72] em suportes móveis de diferentes materiais, mas também gravadas, tracejadas ou pintadas[73] nas paredes de cavernas e blocos de calcário,[74] e mais raramente modeladas em argila.[75] Em algumas representações particularmente realistas, podemos reconhecer a silhueta de jovens, de grávidas ou de mulheres que

---

68. Foram contadas 259, sendo 115 em arte portátil e 144 em arte parietal (Raphaëlle Bourrillon, Carole Fritz e Georges Sauvet, "La thématique féminine au cours du paléolithique supérieur européen: permanences et variations formelles", publicado em 2012 no *BSPF*, n. 109 [1], p. 85-103).

69. Sobretudo na Dordonha, em Poitou-Charentes e nos Pirineus (Raphaëlle Bourrillon, "Les Représentations humaines sexuées dans l'art du Paléolithique supérieur européen: diversité, réminiscences et permanence", tese definida na Université de Toulouse II-Le Mirail, 2009).

70. Dependendo do contorno da imagem vulvar, duas outras formas foram reconhecidas, a piriforme e a fusiforme. Na cultura magdaleniana, subsistem apenas as formas triangular e fusiforme, mas somente no Périgord e nos Pirineus (Raphaëlle Bourrillon, Carole Fritz e Georges Sauvet, *ibid.*).

71. Das 168 imagens vulvares catalogadas por Raphaëlle Bourrillon, 58 têm forma ovalar e 110, triangular. Além disso, as ovalares pertencem majoritariamente às culturas aurignaciana e gravetiana (40/58) e as triangulares à cultura magdaleniana (Raphaëlle Bourrillon, *Les représentations humaines sexuées dans l'art du Paléolithique supérieur européen: diversité, réminiscences et permanence, ibid.*).

72. Sobre osso, marfim e mesmo pedra, como as dos sítios arqueológicos de Brno, na República Tcheca, e de Kostenki I.

73. Como na caverna de Covalanas, na Espanha, ou na Grande Grotte de Arcy-sur-Cure, em Yonne.

74. Proveniente do desabamento das paredes sob ação do congelamento. É o caso dos blocos aurignacianos de La Ferrassie, dos abrigos Blanchard, Castanet, Laussel, Poisson e Cellier, na Dordonha.

75. Caverna de Bédeilhac, em Ariège.

122

AS MULHERES PRÉ-HISTÓRICAS À LUZ DAS NOVAS DESCOBERTAS...

tiveram várias gestações.[76] Caso excepcional, em Tito Bustillo (Espanha), os pelos parecem ter sido representados em uma das cinco vulvas pintados em ocre vermelho na parede de uma reentrância do fundo da caverna. As imagens vulvares sobre blocos às vezes aparecem várias vezes em uma mesma face ou em faces contíguas, e às vezes estão em proximidade imediata de representações animais[77] ou fálicas.[78] As imagens parietais, tanto visíveis quanto escondidas no fundo de reentrâncias,[79] aparecem sozinhas (uma ou várias)[80] e, mais raramente, no centro de um painel com animais[81] ou perto de símbolos (pontos, por exemplo) ou outros temas antropomorfos.[82]

A nudez, na maioria dos casos, é o ponto comum das representações femininas paleolíticas. Na imagética sagrada ocidental, associada ao tema do pecado, a nudez total não é permitida e a da mulher, que encarna a "Queda", o "Mal", a "Natureza", é proibida nos locais de culto.[83] Não alcançados por esse tabu, os

---

76. Jean-Pierre Duhard, *Réalisme de l'image féminine paléolithique* (Paris, CNRS Éditions, 1993, coleção Cahiers du Quaternaire, n. 19).

77. Abrigos Cellier e La Ferrassie, na Dordonha (Brigitte e Gilles Delluc, "Les figures féminines schématiques du Périgord", *L'Anthropologie*, n. 99, 1995, p. 236-257).

78. Abrigos Blanchard, Castanet e La Ferrassie, na Dordonha (*ibid.*).

79. Como naquelas atribuídas ao magdaleniano, com frequência localizadas, segundo André Leroi-Gourhan, perto de reentrâncias, como em Comarque, Saint-Cirq e Fronsac, na Dordonha (*ibid.*).

80. Como o friso de La Font-Bargeix, na Dordonha, por exemplo (Brigitte e Gilles Delluc, "La grotte ornée de La Font-Bargeix [Champeaux-et-la-Chapelle-Pommier, Dordogne]", *ibid*).

81. Por exemplo na caverna de La Cavaille ou no abrigo Fourbeau du Diable, na Dordonha (Brigitte e Gilles Delluc, "Les figures féminines schématiques du Périgord", *L'Anthropologie*, n. 99, 1995, p. 236-257).

82. Com frequência silhuetas femininas, como em Comarque e Combarelles I, onde uma vulva triangular está gravada no centro de um painel com um homem, um ser antropomorfo e figuras femininas esquemáticas (*ibid.*).

83. Claude Leibenson, *Le Féminin dans l'art occidental? Histoire d'une disparition* [O feminino na arte ocidental? História de um desaparecimento]. Paris: Éditions de la Différence, 2007, coleção Les Essais, p. 17.

O HOMEM PRÉ-HISTÓRICO TAMBÉM É MULHER

"artistas" do Paleolítico Superior representaram não apenas o corpo nu (feminino e masculino), como também o órgão sexual visível, a vulva e o falo. O sexo assim revelado tinha provavelmente um forte valor social ou simbólico. Quanto à ausência de rosto e de cabeça em grande número de representações, pode se tratar de uma convenção estilística, de um interdito, ou significar que a identidade da pessoa não tinha importância alguma (espécie de arquétipo em que todos podiam se reconhecer) ou era desconhecida (divindade). Observa-se uma mudança importante por volta do ano 15 mil antes de nossa era (Magdaleniano Médio): as silhuetas femininas são mais estilizadas e têm uma atitude mais dinâmica, surgem figuras masculinas e a associação vulva-falo se torna um pouco mais frequente.[84] Isso poderia revelar uma modificação profunda na visão de mundo desses grupos humanos:[85] "A socialização da sexualidade é manifesta para os magdalenianos, o eu primordial se apaga diante do corpo social",[86] escreve Denis Vialou, especialista em arte paleolítica. Jean-Pierre Duhard, por sua vez, sugere que a mulher passa a representar a parceira sexual do homem, e se pergunta: "No Magdaleniano o tema da feminilidade substitui o da fecundidade?"[87]

Nossa vez de perguntar: O que devemos entender com a expressão "o tema da feminilidade"? Ela subentende a existência de qualidades e defeitos

---

84. Segundo Raphaëlle Bourrillon, de oito para uma antes do Magdaleniano Médio, mas, com exceção da placa de Gönnersdorf (Alemanha), a associação vulva-falo está presente apenas nos sítios do Périgord (Raphaëlle Bourrillon, "Les Représentations humaines sexuées dans l'art du Paléolithique supérieur européen: diversité, réminiscences et permanence", tese defendida na Université de Toulouse II-Le Mirail, 2009).

85. Raphaëlle Bourrillon, Carole Fritz e Georges Sauvet, "La thématique féminine au cours du Paléolithique supérieur européen: permanences et variations formelles", *BSPF*, n. 109 (1), 2012, p. 85-103; Jean-Pierre Duhard, *Réalisme de l'image masculine paléolithique*. Grenoble: Jérôme Millon, 1996.

86. Denis Vialou, "Sexualité et art préhistorique" [Sexualidade e pré-história]. In: François Sacco e Georges Sauvet, *Le Propre de l'homme* [O próprio do homem]. Lonay: Delachaux et Niestlé, 1998, p. 151-171.

87. Jean-Pierre Duhard, *Réalisme de l'image féminine paléolithique*. Paris: CNRS Éditions, 1993, coleção Cahiers du Quaternaire, n. 19, p. 189.

AS MULHERES PRÉ-HISTÓRICAS À LUZ DAS NOVAS DESCOBERTAS...

de gênero? Ela não seria indicativa de um preconceito, como escreve a filósofa estadunidense Sandra Harding, para quem os julgamentos sobre os comportamentos femininos, mesmo laudatórios, quase sempre revelam um sexismo ambivalente, ao mesmo tempo hostil e benevolente?[88] Henri Delporte, por sua vez, afirma que o homem paleolítico tinha consciência da dualidade mulher-mãe/mulher-prazer e a expressava nessas figurações.[89] Mas isso significaria que seus autores teriam sido exclusivamente homens, algo de que não temos prova alguma.

A "glorificação do corpo feminino", tantas vezes sugerida, seria o principal objetivo dos "artistas" paleolíticos? Os humanos desse período não necessariamente conferiam às vênus, às silhuetas femininas e às imagens vulvares o sentido que os pré-historiadores lhes atribuem desde o fim do século XIX.

Diante da variedade de formas e estilos, tanto no tempo quanto no espaço, as motivações para suas realizações só podem ser variadas. Dependendo das culturas e das regiões, sobre paredes ou suportes móveis, as múltiplas representações femininas podem pertencer ao mundo profano ou ao sagrado: elas podem ser talismãs ou amuletos protetores, figuras de ancestrais, reais ou míticos, ex-votos e oferendas (sobretudo as encontradas em sepulturas), "brinquedos", "retratos" mais ou menos realistas de mulheres feitos por mulheres, "retratos" de mulheres cobiçadas (uma espécie de ideal feminino) ou sexualmente desejadas feitos por homens, imagens simbólicas da sexualidade, da fecundidade (a mãe) ou da fertilidade (a terra nutridora), ou ainda, não podemos excluir isso, divindades, cujos atributos sexuais seriam sua linguagem simbólica. Além disso, certas estatuetas podem ter sido dadas ou trocadas, utilizadas durante eventos específicos ou rituais. Seja como for, as imagens femininas são de longe as mais numerosas[90] entre as representações antropomorfas. Essa constatação

---

88. Sandra G. Harding, *The Science Question in Feminism* [A questão da ciência no feminismo]. Ithaca: Cornell University Press, 1986.

89. Henri Delporte, *L'Image de la femme dans l'art préhistorique* [A imagem da mulher na arte pré-histórica]. Paris: Éditions Picard, 1993, p. 45.

90. As masculinas são mais recentes, parecem surgir apenas ao longo do magdaleniano, entre -15.000 e -13.500 anos, e são indiscutivelmente mais raras.

O HOMEM PRÉ-HISTÓRICO TAMBÉM É MULHER

levanta a questão do lugar, real e simbólico, das mulheres na arte paleolítica, mas também nas tradições socioculturais dessas sociedades.[91] Alguns pesquisadores viram nela a prova de que as mulheres tinham um *status* equivalente, ou superior, ao dos homens, outros viram a prova da existência de divindades femininas ou de uma deusa primordial.

As figurações de vulvas, de silhuetas masculinas, frequentemente itifálicas,[92] de falos,[93] também em ereção, e de cenas de cópula despertaram várias interpretações. Para alguns, elas seriam a expressão de desejos e de práticas sexuais, ou corresponderiam a imagens eróticas direcionadas aos homens,[94] e expressariam a sexualidade desenfreada de nossos ancestrais.[95] Por falta de dados arqueológicos diretos, esse aspecto da vida dos humanos

---

91. Raphaëlle Bourrillon, "Les figures humaines sexuées segmentées et isolées: pérennité et ruptures" [As figuras humanas sexuais fragmentadas e isoladas: perenidade e ruptura]. In: Dario Seglie, Marcel Otte, Luis Oosterbeek, Laurence Remacle, *Prehistoric Art-Signs, Symbols, Mith, Ideology* [Arte-sinais, símbolos, mito e ideologia pré-históricos]. Oxford: BAR Publishing, 2009, p. 21-28.

92. Ver Jean-Pierre Duhard, *Réalisme de l'image masculine paléolithique, ibid.*

93. Raphaëlle Bourrillon contou 33 falos na arte móvel e dez na arte parietal. Eles foram identificados sobretudo em sítios franceses (especialmente na Dordonha e nos Pirineus) do Paleolítico Superior (sobretudo o magdaleniano). Insculpidos ou feitos a mão nas paredes, os falos são em vulto ou gravados em suportes móveis (sobretudo galhadas de rena ou cervo). Sua representação é esquemática ou detalhada, e às vezes ornada com traçados geométricos (Raphaëlle Bourrillon, *Les Représentations humaines sexuées dans l'art du Paléolithique supérieur européen: diversité, réminiscences et permanence, ibid.*). Na arte móvel, o falo mais antigo foi esculpido em suporte ósseo, provavelmente de bisão, foi descoberto no abrigo Blanchard (Sergeac, Dordonha) à beira de um fogo e é datado do Aurignaciano. O falo gravado em uma parede da caverna Cosquer (Bouches-du-Rhône) é particularmente realista – a glande e os dois testículos são marcados por traços. Esse é o único caso, ao lado do falo em vulto de Isturitz, em que o escroto aparece.

94. Dale Guthrie, *The Nature of Paleolithic Art* [A natureza da arte paleolítica]. Chicago: University of Chicago Press, 2006.

95. George Henri Luquet, *L'Art primitif* [A arte primitiva]. Paris: G. Doin et Cie., 1930; Timothy L. Taylor, *The Prehistory of Sex. Four Million Years of Human Sexual Culture* [A pré-história do sexo: 4 milhões de anos de cultura sexual humana]. Nova York: Bantam, 1996.

pré-históricos permanece muito pouco conhecido. No entanto, ele pode ser em parte deduzido a partir das análises morfológicas e genéticas dos fósseis e, principalmente, do estudo das representações antropomorfas na arte paleolítica.

Falos e vulvas da arte parietal, uma erotização deturpada?

Ao contrário das outras espécies, a nossa não tem um período de cio ou sinais visíveis[96] do estro,[97] o que muda radicalmente nossa relação com o sexo, que não é centrado unicamente na reprodução, mas também no desejo e no prazer. Cada sociedade tem seu rito próprio. Entre os inuítes da Groenlândia, emprestar a mulher a um hóspede de passagem era visto com bons olhos. Os na, povo agricultor dos contrafortes do Himalaia (China), viviam até pouco tempo sob o regime do *nana sésé* ou "visita furtiva": à noite, os homens iam para a cama das mulheres das casas dos arredores.[98] Eles não têm nenhum termo para designar o pai, pois, segundo seus ditados, "a parte do homem na reprodução é como a ação da chuva na grama das pradarias: fazer crescer, nada mais".[99]

No filme *A guerra do fogo* (1981), de Jean-Jacques Annaud, a heroína, de um clã evoluído, convida seu parceiro, mais "primitivo", a copular de quatro, uma mudança de posição. Até meados do século XX, de fato, os humanos pré-históricos eram considerados pouco civilizados, imaginava-se que a posição

---

96. Vestígios olfativos, curvatura acentuada do dorso, vulva saliente (as partes genitais femininas, escondidas por pelos, são invisíveis).

97. Na fêmea mamífera, o estro é o período durante o qual ela pode ser fecundada e busca a cópula para a reprodução. A perda dos sinais visíveis do estro ao longo da evolução humana não foi datada.

98. Os homens não têm relações com as mulheres do mesmo clã materno, respeitando, assim, o tabu do incesto (Cai Hua, *Une société sans père ni mari. Les Na de Chine* [Uma sociedade sem pai e sem marido: os na na China]. Presses Universitaires de France, 1997.

99. Cai Hua, *ibid.*

O HOMEM PRÉ-HISTÓRICO TAMBÉM É MULHER

do coito era como a da maioria dos animais (*coitus more ferarum*). Na arte parietal, as cenas de cópula são extremamente raras e sua interpretação não é consensual. Podemos citar como exemplo, com alguma reserva, a cena narrativa da caverna de Addaura II (Sicília)[100] e aquela gravada em placas de calcário descobertas na caverna de La Marche (Vienne).[101] A gravura na grande placa de grés de Enlène (Ariège)[102] parece mais convincente: vemos um homem colado a outra personagem (uma mulher?) dobrada para a frente – eles estariam na posição de cachorrinho.[103] As silhuetas femininas esquemáticas – de perfil, sem cabeça e com o corpo inclinado para a frente (nádegas muito marcadas e pronunciadas), gravadas em blocos de pedra[104] ou em paredes de cavernas[105] – seriam, segundo alguns pré-historiadores, a representação de mulheres que se oferecem a seus parceiros.[106] A conotação sexual de certas obras parietais

---

100. Patrick Paillet, *Qu'est-ce que l'art préhistorique? L'homme et l'image au Paléolithique*, CNRS Éditions, 2018.

101. O sítio de La Marche revelou mais de 3 mil placas gravadas de calcário, a maioria magdalenianas, grande parte representando corpos humanos ou rostos às vezes semelhantes a caricaturas (Léon Pales e Marie Tassin de Saint-Péreuse, *Les Gravures de la Marche: II. Les humains*. Paris: Ophrys, 1976).

102. Robert Bégouën *et al.*, "Plaquette gravée d'Enlène, Montesquieu-Avantès" [A placa gravada de Enlène, Montesquieu-Avantès], *BSPF*, n. 79 (4), 1982, p. 103-109.

103. Jean-Pierre Duhard, *Réalisme de l'image féminine paléolithique, ibid.*

104. Essas silhuetas femininas foram descobertas na caverna de Courbet (Tarn), no abrigo de Fontalès (Tarn-et-Garonne) e La Roche de Birol, em Lalinde (Dordonha), em três níveis magdalenianos (Jean-François Alaux, "Gravure féminine sur plaquette de calcaire, du Magdalénien supérieur de la grotte du Courbet (commune de Penne, Tarn)" [Gravura feminina em placa de calcário, do Magdaleniano Superior, na caverna de Courbet (comuna de Penne, Tarn], *BSPF*, n. 69 (4), 1972, p. 109-112), mas também na Alemanha, as "Damas de Gönnersdorf" (Gerhard Bosinski, Francesco D'Errico, Petra Schiller, *Die Gravierten Frauendarstellungen Von Gönnersdorf* [As representações gravadas de mulheres Gönnersdorf], Franz Steiner Verlag, 2001).

105. Como em Combarelles, onde há uma dúzia delas (Monique e Claude Archambeau, "Les figurations humaines pariétales de la grotte des Combarelles", *Gallia Préhistoire*, n. 33, 1991, p. 53-81).

106. Por isso chamadas de "mulheres curvadas" nos anos 1950-1960.

AS MULHERES PRÉ-HISTÓRICAS À LUZ DAS NOVAS DESCOBERTAS...

estaria na associação de silhuetas femininas esquemáticas e imagens vulvares a silhuetas masculinas,[107] muitas vezes itifálicas, ou a falos.[108]

No painel central da "galeria dos animais" da caverna de Fronsac (Dordonha), um grande falo de 60 centímetros de comprimento, esculpido em relevo, é cercado por representações animais (um bisão e quatro cavalos), um símbolo (uma espécie de gradeado), uma pequena silhueta feminina esquemática e duas

---

107. Majoritariamente magdalenianas, essas figuras masculinas esquemáticas são magras, mais raramente com ventre pronunciado – cavernas de Combarelles e La Font-Bargeix –, e muitas vezes têm o pênis ereto – Lascaux, Les Combarelles, Saint-Cirq, Sous-Grand--Lac – (Monique e Claude Archambeau, *ibid.*; Brigitte e Gilles Delluc, "La grotte ornée de La Font-Bargeix [Champeaux- et-la-Chapelle-Pommier, Dordogne]", Institut d'Art Préhistorique da Université de Toulouse-Le Mirail XXXII, 1990, p. 9-47; Brigitte e Gilles Delluc, "La grotte ornée de Saint-Cirq [Dordogne]", *BSPF*, n. 84, 1987, p. 364-393; Brigitte e Gilles Delluc "Quelques gravures paléolithiques de la petite Beune [grottes de Sous-Grand-Lac, de Vielmouly II et du Charretou]" [Algumas figuras paleolíticas de Petite Beune (cavernas de Sous-Grand-Lac de Vielmoyly II e de Charretou)], *Bulletin de la Société historique et archéologique du Périgord supplément*, CXIV, 1987, p. 163-184). Na "cena do poço", em Lascaux, situada diante de uma cabeça de cavalo, um homem no chão, itifálico e com cabeça de pássaro (tema que encontramos no propulsor representado ao lado dele) aparece perto de um bisão desventrado, precedido de um rinoceronte, e de vários signos (lanças e três séries de dois pontos). Algumas representações masculinas apresentam particularidades, como a que está situada no fundo da sala de pinturas da caverna de Villars. Diante de um bisão, um homem é representado de perfil, os braços estendidos para a frente e os membros inferiores em tripla flexão (Brigitte e Gilles Delluc, "La grotte ornée de Villars. Révision de la décoration et apports nouveaux", *Préhistoire du Sud-Ouest*, 2017). Na caverna de Gabillou, diante de uma figura feminina acéfala, o "feiticeiro", um homem vestido com uma pele de bisão, é representado de perfil, os braços estendidos para a frente e os membros inferiores em tripla flexão (Jean-Pierre Duhard, "Les humains gravés de Gabillou" [Os humanos gravados em Gabillou], *Bulletin de la Société historique et archéologique du Périgord*, n. 117, 1990, p. 99-111).

108. Como nos blocos rochosos do aurignaciano e nos abrigos perigourdinos de Blanchard, La Ferrassie e Castanet, nos quais o falo, contíguo a uma vulva esquemática, é prolongado por um traço que talvez evoque uma ejaculação (Brigitte e Gilles Delluc, "Les figures féminines schématiques du Périgord", *L'Anthropologie*, n. 99, 1995, p. 236-257). Na caverna de Cussac, além das quatro silhuetas femininas esquemáticas, das quais duas são de grandes proporções (situadas perto de mamutes), outros painéis são essencialmente ornados por sexos masculinos ou vulvas, às vezes associados (Marc Delluc, "Grotte de Cussac. Commune Le Buisson-de-Cadouin [Dordogne]", *Spelunca mémoires*, n. 34, 2009, p. 167-172).

129

O HOMEM PRÉ-HISTÓRICO TAMBÉM É MULHER

imagens vulvares.[109] Também foram descobertos falos esculpidos em marfim de mamute[110] na ponta de um pingente[111] ou em "bastões perfurados" de galhada de rena.[112] Embora alguns sem dúvida fossem elementos de ornamentação, outros talvez pudessem ser objetos simbólicos utilizados em rituais ligados à reprodução, como os "bastões perfurados" que, por sua forma (fálica) e sua suposta função – retificador de lanças[113] – simbolizariam a penetração. Na arte parietal haveria, para alguns especialistas, uma analogia de forma, por um lado, entre a vulva e o ferimento do animal caçado, e, por outro, entre o falo e a arma perfurante (lança). Isso estabeleceria uma relação simbólica entre o ato sexual e a caça.[114] Algumas obras mais tardias seriam um convite ao coito, como a gravura descoberta no conjunto megalítico-mesolítico[115] de Göbekli Tepe[116] (Turquia). Ela representa uma mulher nua, de seios caídos, agachada

---

109. Na parte mais exígua da galeria vizinha, chamada "das mulheres" (com a presença, no painel principal, de uma série de gravuras femininas esquemáticas e de uma vulva triangular), um falo aparece próximo a uma imagem vulvar (Brigitte e Gilles Delluc, "La grotte ornée de Fronsac [Vieux-Mareuil, Dordogne]". In: Société préhistorique française, *La Vie pré-historique* (Dijon, Faton, 1996), p. 416-421.

110. Como o falo descoberto em Mas-d'Azil (Ariège).

111. Por exemplo, o falo em galhada de rena em La Garenne, em Saint-Marcel (Indre).

112. Como o notável falo duplo de La Gorge d'Enfer (Dordonha) ou o de cabeça humana de Roc de Marcamps (Gironda).

113. A ponta da lança, em matéria óssea, muitas vezes em galhada de rena, era previamente aquecida e introduzida no buraco do bastão para ser retificada por alavanca. A hipótese do "retificador de lança" foi sugerida por André Leroi-Gourhan em 1965 em *Préhistoire de l'art occidental* [Pré-história da arte ocidental]. Paris: Mazenod, p. 73.

114. Pierre Lévêque, *Introduction aux premières religions. Bêtes, dieux et hommes.* Paris, Librairie générale française, 1997, p. 11-42 e 62-73 [Ed. port.: *Animais, deuses e homens: o imaginário das primeiras religiões.* Tradução de João Gama e Rui de Oliveira. Lisboa: Edições 70, 1996].

115. Cultura de transição entre o Paleolítico e o Neolítico, com início, na Europa, por volta do ano 9.700 antes de nossa era, período marcado por um aquecimento climático, e término, nas regiões meridionais, por volta 6.400 antes de nossa era.

116. Escavado pelo arqueólogo alemão Klaus Schmidt de 1994 a 2014, Göbekli Tepe, situado no sudeste da Anatólia, é datado do fim do Mesolítico e início do Neolítico, entre 9.600 e 7.300 anos antes de nossa era. A maioria das pedras monumentais está gravada

AS MULHERES PRÉ-HISTÓRICAS À LUZ DAS NOVAS DESCOBERTAS...

e com braços e pernas afastados e dobrados em ângulo reto. Duas faixas, em V, descendentes e situadas de parte a parte da vulva foram interpretadas como a figuração de grandes lábios hipertrofiados ou do alongamento natural dos pequenos lábios.[117]

Para muitos pré-historiadores, essas representações, as "primeiras imagens eróticas",[118] serviam para "evocar à visão e demais sentidos os prazeres proporcionados pelo corpo feminino".[119] Consideradas um "ideal cobiçado" oferecido à *avidez* dos homens,[120] as vênus seriam "a exteriorização das necessidades e dos desejos dos homens daqueles tempos".[121] Segundo esses pesquisadores, o *status* de mulher-objeto (de pulsões sexuais) teria existido desde o Paleolítico Superior, e esse olhar dos homens direcionado ao corpo das mulheres seria a transposição gráfica de uma dominação sexual masculina. Nota-se, no entanto,

---

com animais selvagens (serpentes, touros e vacas, mas também patos, grous, raposas, leões, javalis, escorpiões, formigas) e motivos geométricos e fálicos. Schmidt aproxima essas figurações das culturas suméria e mesopotâmica (Klaus Schmidt, *Le Premier Temple, Göbekli Tepe* [O primeiro templo, Göbekli Tepe]. Paris: CNRS Éditions, 2015).

117. Klaus Schmidt, *ibid.* Os grandes lábios formam duas grandes dobras cutâneas de alto a baixo da vulva, cobrindo-a completamente. Nas meninas pré-adolescentes, a vulva parece posicionada mais para a frente do que nas adultas, mostrando uma porcentagem maior dos grandes lábios e da fissura na posição em pé. Além disso, nas mulheres que tiveram vários filhos, os grandes lábios podem aumentar de duas a três vezes de volume durante a excitação, por efeito da vasocongestão. Os pequenos lábios, por sua vez, podem chegar a 20 centímetros de comprimento em algumas mulheres depois da primeira gestação (macroninfia, também chamada de "avental hotentote").

118. Dale Guthrie, *The Nature of Paleolithic Art*. Chicago: University of Chicago Press, 2006.

119. Georges-Henri Luquet, "Les Vénus paléolithiques" [As Vênus paleolíticas], *Journal de psychologie normale et pathologique*, 1937, p. 429-460.

120. Segundo o pré-historiador Henri Bégouën (1863-1956) ("À propos des vénus paléolithiques: lettre ouverte à M. G. H. Luquet" [Sobre as vênus paleolíticas: carta aberta a M. G. H. Luquet], *Journal de psychologie normale et pathologique*, 1938, p. 9-10).

121. Luce Passemard, *Les Statuettes féminines paléolithiques dites vénus stéatopyges* [As estátuas femininas paleolíticas chamadas vênus esteatopígias]. Nîmes: Librairie Tessier, 1938, p. 10.

O HOMEM PRÉ-HISTÓRICO TAMBÉM É MULHER

que a associação de figuras femininas e masculinas é rara e que a posição dos corpos nunca é a do ato sexual, a não ser que as silhuetas femininas dobradas para a frente o sejam.

Embora não possamos excluir a hipótese de que algumas dessas representações sejam a transcrição gráfica de um desejo sexual, essas interpretações devem expressar mais os esquemas mentais em vigor nas sociedades atuais do que os dos humanos pré-históricos, que, provavelmente, consideravam o coito um ato natural e não deviam conferir tanta importância à sexualidade quanto nos dias de hoje.[122] Talvez a percepção da diferença dos sexos também fosse menos dualista que a nossa. A *Vênus de Lespugue* expressaria a conjunção de duas "imagens" femininas[123] – quando invertida (de cabeça para baixo), uma segunda mulher aparece,[124] e talvez uma forma fálica quando observada de perfil.[125]

Herdada dos antropólogos evolucionistas do século XIX,[126] a ideia de relações sexuais sem entraves e proibições limitativas nos tempos antigos é muito tenaz. Na "horda primitiva", para retomar a expressão de Charles Darwin, as relações sexuais seriam praticadas entre todos os membros do clã, com exclusão apenas

---

122. Pascal Picq e Philippe Brenot, *Le Sexe, l'Homme et l'Évolution* [O sexo, o homem e a evolução]. Paris: Odile Jacob, 2009.

123. Yves Coppens, "L'ambiguïté des doubles vénus du Gravettien de France" [A ambiguidade das duas vênus gravetianas da França], *Comptes rendus des séances de l'Académie des inscriptions et belles-lettres*, 133 (3), 1989, p. 566-571.

124. De um lado, teríamos uma matrona volumosa com uma cabeleira longa, do outro, uma adolescente de torso magro e cabelos lisos e semilongos. Para Nathalie Rouquerol, essa estatueta é a própria evolução da vida da mulher em cinco estágios: nascimento, adolescência, parturiente, matrona, morte (vista de frente, ela tem as pernas rígidas) (Nathalie Rouquerol, *La Vénus de Lespugue révélée* [A Vênus de Lespugue revelada]. Châteaulin: Locus Solus, 2018).

125. Claudine Cohen, *Femmes de la préhistoire* [As mulheres da pré-história]. Paris, Belin, 2016.

126. Especialmente o antropólogo estunidense Lewis H. Morgan (*Systems of Consanguinity and Affinity of the Human Family* [Sistema de consanguinidade e afinidade da família humana], Smithsonian Institution, 1871) e Friedrich Engels (*A origem da família, da propriedade privada e do Estado*, 1884).

AS MULHERES PRÉ-HISTÓRICAS À LUZ DAS NOVAS DESCOBERTAS...

das relações entre pais e filhos. Se seguirmos o esquema evolutivo proposto por esses antropólogos, teriam surgido ao longo do tempo outras formas de união para evitar a consanguinidade, marcadas por uma exclusão gradual dos parentes, primeiro os mais próximos (irmãos e irmãs), depois os mais distantes (tios e tias) e, por fim, os parentes por aliança.[127] Assim, as sociedades teriam progressivamente instaurado regras e mesmo interditos para evitar uniões que pudessem conduzi-las ao próprio desaparecimento. Embora seja verdade que a proibição da consanguinidade seja um elemento comum a todas as sociedades humanas atuais, a hipótese de que, desde as origens, as relações sexuais estivessem codificadas[128] e o tabu do incesto estivesse em vigor não foi arqueologicamente provada.

Na verdade, havia consanguinidade no Paleolítico. Análises genéticas mostram a existência, entre as últimas populações neandertais, de relações entre tio ou tia e sobrinha ou sobrinho[129] ou entre primos-duplos de segundo grau.[130] O pequeno número de indivíduos que compunham essas comunidades, dispersas em vastos territórios, poderia explicar essa prática. Segundo trabalhos recentes,

---

127. Lewis H. Morgan, *ibid.*; Friedrich Engels, *ibid.*

128. Definindo categorias de pessoas com as quais se pode, ou não, ter relações sexuais.

129. O sequenciamento do DNA mitocondrial de doze indivíduos neandertais (seis adultos – três mulheres e três homens –, três adolescentes – dos quais uma menina –, duas crianças e um recém-nascido), descobertos na caverna de El Sidron (Espanha), mostra que quatro adultos eram aparentados, vindos de uma mesma linhagem materna – os três homens (irmãos, tios, sobrinhos) e uma das três mulheres (uma irmã ou sobrinha), mãe de uma das duas crianças (Carles Lalueza-Fox *et al.*, "Genetic Evidence for Patrilocal Mating Behavior Among Neandertal Groups" [Evidência genética para comportamento de acasalamento patrilocal entre grupos neandertais], *PNAS*, vol. 108 [1], 2011, p. 250-253). No entanto, para confirmar essas relações de parentesco, a análise do DNA nuclear, e não apenas do mitocondrial (transmitido pela mãe), seria necessária. Descoberta em 1994, essa caverna revelou uma das mais importantes coleções de ossadas neandertais, com 2.500 restos pertencentes a catorze indivíduos mortos mais ou menos ao mesmo tempo. O sítio foi datado entre os anos 48.600 e 45.300 antes de nossa era.

130. Segundo a análise de DNA de uma neandertal da caverna de Denisova, nas montanhas Altai, com cerca de 50 mil anos.

a endogamia teria conduzido ao desaparecimento dessas comunidades.[131] Mas esses estudos omitem o fato de que em certos períodos os neandertais tiveram relações com parceiros de populações muito diferentes. Eles cruzaram com os denisovanos[132] e os *Homo sapiens* (nossos ancestrais diretos).[133] Embora tenha sido geneticamente provado que mulheres neandertais tiveram relações sexuais com *Homo sapiens* e tiveram filhos mestiços (meninas e meninos), a união de mulheres *Homo sapiens* com homens neandertais só teria originado meninas (com abortos no caso dos meninos).[134] Algumas sociedades do Paleolítico Médio e do Paleolítico Superior[135] eram exógamas,[136] portanto. Esse costume tem consequências para a perpetuação dos clãs e também para as relações sociais entre as comunidades. É quase sempre pelas uniões que se forjam alianças e solidariedades, que se evitam conflitos ou permitem controlar o grau de violência.[137]

---

131. Anna Degioanni, Christophe Bonenfant, Sandrine Cabut, Silviana Condemi, "Living on the Edge: Was Demographic Weakness the Cause of Neanderthal Demise?" [Vivendo no limite: a fraqueza demográfica foi a causa do desaparecimento dos neandertais?], *Plos One*, 14 (5): e0216742.

132. Espécie humana descoberta na Sibéria, na caverna de Denisova, e no Tibete, perto de Xiahe, que teria vivido entre 160 mil e 41 mil anos antes de nossa era e cujos genes foram encontrados em várias populações atuais da Oceania e da Ásia (cruzamento com *Homo sapiens*).

133. Com exceção dos africanos, o genoma de todos os humanos modernos compreende entre 1% e 4% de genes neandertais.

134. Atestados pela ausência do cromossomo sexual Y neandertal em nosso genoma (Fernando L. Mendez *et al.*, "The Divergence of Neandertal and Modern Human Y Chromosomes" [A divergência dos neandertais e o humano moderno, cromossomo Y], *The American Journal of Human Genetics*, 98, 2016, p. 728-734).

135. Para os períodos mais antigos, não existem indícios arqueológicos.

136. Segundo o sequenciamento de DNA mitocondrial dos doze neandertais da caverna de El Sidron, enquanto os três homens e uma das três mulheres vieram de uma mesma linhagem materna, as duas outras mulheres são de linhagens maternas diferentes (Carles Lalueza-Fox *et al., ibid.*).

137. Robert Deliège, *Les Castes en Inde aujourd'hui* [As castas indianas nos dias de hoje]. Paris: PUF, 2004.

AS MULHERES PRÉ-HISTÓRICAS À LUZ DAS NOVAS DESCOBERTAS...

Ainda segundo os antropólogos evolucionistas do século XIX, a união conjugal só teria surgido ao longo do Neolítico. Ao lado da mãe verdadeira ela teria colocado o pai verdadeiro (o pai atestado), dando origem à família monogâmica. Durante esse período, para garantir a fidelidade das mulheres e, portanto, a paternidade dos filhos, os homens teriam instaurado um novo sistema, o patriarcado, que teve como principal resultado a sujeição das mulheres e sua restrição ao lar.[138] Seguindo esse esquema evolutivo, o círculo familiar, originalmente muito amplo (cada filho tinha vários pais e mães[139]), teria se restringido cada vez mais, até chegar à família nuclear que prevalece hoje. Essa hipótese evolucionista da família é contestada por muitos pesquisadores, entre os quais o demógrafo Emmanuel Todd, para quem a família nuclear seria o modelo original comum a toda a humanidade.[140] No entanto, embora a família monogâmica seja hoje quase universal, segundo Claude Lévi-Strauss ela não seria o resultado "de uma necessidade permanente e constante, expressando as exigências mais profundas da natureza humana".[141] Não há comprovação de que a família nuclear e seu suposto corolário, a dominação das mulheres, tenham existido durante o Paleolítico.

---

138. Presente entre os gregos antigos, a família patriarcal aparece em todo seu rigor entre os romanos. Originalmente, a palavra *familia* não se aplica ao casal e aos filhos de um homem, mas ao conjunto de escravos que lhe pertencem. *Famulus* significa "escravo doméstico".

139. Para Lewis H. Morgan, a família teria passado sucessivamente por quatro formas, que corresponderiam aos três estágios principais do desenvolvimento da humanidade. No "estado selvagem", a primeira etapa da família teria sido a família consanguínea, à qual teria sucedido a família de tipo punaluana, depois, no estágio da chamada "barbárie", a família sindiásmica, resultando da união por pares (um homem e uma mulher) e, por fim, a família monogâmica resultante da união conjugal, uma das marcas da civilização em seus primórdios (Lewis H. Morgan, *Ancient Society, or Researches in the Line of Human Progress from Savagery, through Barbarism to Civilization*. Basingstoke: Macmillan and Co., 1877 [Ed. bras.: *A sociedade antiga ou investigações sobre as linhas do progresso humano desde a selvageria, através da barbárie, até a civilização*. Tradução de Maria Lúcia de Oliveira. Rio de Janeiro: Zahar, 2014]; Friedrich Engels, *ibid.*).

140. Emmanuel Todd, *L'Origine des systèmes familiaux, tome I: L'Eurasie* [A origem dos sistemas familiares, tomo I: Eurásia]. Paris: Gallimard, 2011, coleção NRF Essai, p. 370-371.

141. Claude Lévi-Strauss, "Les prohibitions du mariage" [A probição do casamento], *Annuaire de l'École pratique des hautes études (sciences religieuses)*, 1956, p. 39-40.

O HOMEM PRÉ-HISTÓRICO TAMBÉM É MULHER

De fato, embora em muitas sociedades tradicionais a relação entre o ato sexual e a procriação seja reconhecida e a complementaridade do masculino e do feminino na fecundação se expresse em vários mitos sobre as origens, terá o mesmo acontecido nas sociedades do Paleolítico? É possível que os primeiros humanos, por causa dos nove meses que separam o ato sexual do nascimento de uma criança, não tivessem consciência do papel dos dois sexos na procriação.[142] A maternidade podia inclusive ser percebida como uma partenogênese (reprodução monoparental) relacionada ao sobrenatural.[143] Alguns pré-historiadores sugerem a hipótese de que as representações de vulvas e falos na arte paleolítica seriam a materialização da tomada de consciência do papel dos dois sexos na fecundação, e de que especialmente os magdalenianos[144] teriam enaltecido essa fecundação, e não a fecundidade.[145] No entanto, também podemos aceitar a hipótese de que esse reconhecimento seja mais recente e que a função do homem na reprodução tenha sido compreendida no Neolítico com a domesticação e a prática da criação de animais.[146] A tese do controle dos nascimentos por meio do consumo ou da aplicação de plantas com virtudes contraceptivas ou abortivas na vagina

---

142. Reay Tannahill, *Le Sexe dans l'histoire* [O sexo na história]. Paris: Robert Laffont, 1982, coleção Les Hommes et l'Histoire.

143. Bronislaw Malinowski, *La Paternité dans la psychologie primitive* (1927) [A paternidade na psicologia primitiva]. Paris: Allia, 2016. Para os trobriandeses, por exemplo, povo da ilha de Kiriwina (arquipélago das Trobriand, Papua-Nova Guiné), sociedade matrilinear e hierarquizada, o esperma não participa da concepção da criança. Para eles, o filho, ao ser concebido encarna num espírito chamado *waiwaia*, que entra na mulher pela cabeça e desce até o ventre, onde interrompe as menstruações a fim de se alimentar do sangue dela para se desenvolver.

144. Cultura do Paleolítico Superior desenvolvida nas Europas Ocidental e Central pelos primeiros *Homo sapiens*, entre 15.000 e 10.000 anos antes de nossa era, com variantes regionais e temporais.

145. Jean-Pierre Duhard, *Réalisme de l'image féminine paléolithique*. Paris: CNRS Éditions, 1993, coleção Cahiers du Quaternaire, n. 19.

146. Edwin O. James, *Le Culte de la déesse-mère dans l'histoire des religions* [O culto da deusa-mãe na história das religiões]. Paris: Éditions du Rocher, 1989, coleção Le Mail, p. 247.

AS MULHERES PRÉ-HISTÓRICAS À LUZ DAS NOVAS DESCOBERTAS...

parece pouco provável.[147] Por um lado, faltam provas arqueológicas desse controle e, por outro, ele não seria justificável durante o Paleolítico, período em que a mortalidade infantil e materna parece elevada. Além disso, a fisiologia da mulher permite uma regulação natural dos nascimentos, pois durante o período de aleitamento ela não pode engravidar.[148] Nas populações pré-históricas, a idade de desmame completo estaria entre 2 anos e meio e 6 anos,[149] como no caso dos dois jovens irmãos neandertais do sítio de El Sidron (Espanha), que nasceram com três anos de intervalo.[150] Sem falar nos impedimentos ligados aos deslocamentos regulares, às vezes por longas distâncias, que reduzem o número de nascimentos. Segundo estudos paleo-antropológicos, as meninas chegavam à idade de procriar por volta dos 11 anos e meio entre os neandertais (12 anos e meio para os meninos) e cerca de 13 anos e meio entre os primeiros *Homo sapiens* (14 anos e meio para os meninos). A partir dessa idade, para muitos pré-historiadores, as mulheres do Paleolítico teriam gestações muito próximas.

Devido à barriga volumosa e ao excesso de gordura na altura das nádegas e do quadril, muitas representações femininas, em especial as vênus gravetianas,[151] foram consideradas mulheres grávidas ou, quando tinham o sexo aberto, parturientes. A partir dos anos 1970, a tese das mulheres grávidas

---

147. Timothy L. Taylor, *The Prehistory of Sex: Four Million Years of Human Sexual Culture*. Nova York: Bantam, 1996.

148. O hormônio prolactina, que regula a produção de leite, bloqueia a ovulação.

149. Segundo análises isotópicas de dentes humanos do Paleolítico Médio e Superior. Para os etnólogos e antropólogos, em muitas culturas as crianças podiam continuar a ter acesso ao seio até uma idade muito mais avançada: até os 12 anos, por exemplo, entre os esquimós e nas civilizações pré-colombianas (Yvette Piovanetti, "Breastfeeding Beyond 12 Months – An Historical Perspective" [Amamentação além dos doze meses: uma perspectiva histórica], *Pediatr Clin North Am*, 48 [1], 2001, p. 199-206; Miguel Guzmán Peredo, *Prácticas médicas en la América antigua*, Ediciones Euroamericanas, 1992).

150. Carles Lalueza-Fox *et al.*, "Genetic Evidence for Patrilocal Mating Behavior Among Neandertal Groups", *PNAS*, vol. 108 (1), 2011, p. 250-253.

151. Cerca de dois terços das representações femininas gravetianas são identificados como sendo de mulheres grávidas (Jean-Pierre Duhard, *ibid.*).

ou lactantes é vivamente contestada por antropólogas e sociólogas, que a denunciam como uma mitologia patriarcal[152] e veem nessa "hiperfecundidade" não a causa, mas a consequência do patriarcado.[153]

Vênus igual à mãe: uma equação abusiva

É inegável que várias obras móveis ou parietais representam mulheres grávidas. A célebre gravura da "mulher com rena", no sítio arqueológico de Laugerie--Basse,[154] mostra uma mulher sem cabeça[155] e com a barriga muito arredondada, deitada sob uma rena, da qual vemos as patas traseiras e o abdômen.[156] As silhuetas femininas, de quadris largos, ventre arredondado e seios caídos, esculpidas em baixo-relevo sobre alguns blocos rochosos descobertos em abrigos seriam, para alguns pesquisadores, "imagens" de mulheres grávidas, primigestas ou multigestas.[157] Entre as mais conhecidas, encontramos a *Mulher com corno*,[158] de Laussel. Na arte parietal, podemos mencionar as duas silhuetas

---

152. Christine Delphy, *L'Ennemi principal, tome I: Économie politique du patriarcat*. Paris: Éditions Syllepse, 1998, coleção Nouvelles Questions Féministes.

153. Paola Tabet, *La Construction sociale de l'inégalité des sexes. Des outils et des corps, partie 1, "Les mains, les outils, les armes", partie 2, "Fertilité naturelle, reproduction forcée"* [A construção social da desigualdade de gênero. De ferramentas e corpos, parte 1, "As mãos, as ferramentas e as armas", parte 2, "Fertilidade natural, reprodução forçada]. Paris: L'Harmattan, 1998, coleção Bibliothèque du féminisme.

154. Gravada em um fragmento de omoplata, provavelmente de bisão, essa peça foi descoberta entre 1867 e 1868 pelo abade Landesque. No entanto, sua contemporaneidade é hoje discutida, pois a mulher (cabeça ausente) deitada entre as patas do animal foi gravada em *champlevé*, enquanto a rena (ventre e patas traseiras) foi esculpida em baixo-relevo.

155. Trata-se de um fragmento de placa óssea, talvez ela existisse originalmente, antes de se quebrar.

156. As relações reais ou simbólicas entre as duas figuras permanecem desconhecidas.

157. Hipótese sugerida pela silhueta feminina esculpida de Terme Pialat, na Dordonha (Jean-Pierre Duhard, *ibid.*).

158. Uma das cinco "vênus", vista de frente, esculpida em baixo-relevo sobre blocos rochosos descobertos no grande abrigo de Laussel. O baixo-relevo chamado *O caçador*

AS MULHERES PRÉ-HISTÓRICAS À LUZ DAS NOVAS DESCOBERTAS...

femininas, de atitude supostamente lasciva, com seios e triângulo pubiano muito marcados, uma de frente para a outra, nas paredes da pequena caverna de La Magdeleine des Albis (Tarn), e a silhueta acéfala, de braços afastados e abdômen inchado da caverna de Comarque (Dordonha).[159] Na estatuária, a maioria das vênus esteatopígias também é considerada representação de mulheres grávidas. Em Kostenki, embora a postura das estatuetas inteiriças seja estática – elas estão inclinadas para a frente, com os braços ao longo do corpo e as pernas fechadas –, nas fragmentadas as mãos estão juntas sobre o ventre arredondado.[160] Encontramos essas estatuetas nos sítios mais recentes do Mesolítico[161] e do Neolítico.[162]

---

seria, na verdade, a representação de uma jovem, e o chamado *A carta de jogo*, sem dúvida, representa uma parturiente (*ibid.*).

159. Jean-Pierre Duhard, Brigitte e Gilles Delluc, "Une femme sculptée dans la grotte ornée magdalénienne de Comarque, à Sireuil (Dordogne)", *Bulletin de la Société historique et archéologique du Périgord*, CXX, 1993, p. 843-850.

160. Delphine Dupuy, "Fragments d'images, images de fragments. La statuaire gravettienne, du geste au symbole", tese de doutorado, arqueologia e pré-história, Université de Provence – Université de Aix-Marseille-I, 2007, p. 266.

161. Em particular no norte da Europa. Como a de Stensby (Dinamarca), que pertence à cultura maglemosiana, datada entre 8.400 e 6.000 anos antes de nossa era, que é representada sem cabeça, sentada, com os braços e as pernas afastados. Também existem algumas silhuetas femininas gravadas nas paredes rochosas, e, ao contrário das estatuetas, elas são gráceis e quase sempre representadas praticando uma atividade. (Patrick Ettighoffer, *Le Soleil et la Lune dans le paganisme scandinave du mésolithique à l'âge du Bronze récent [de 8000 à 500 av. J.-C.]* [O sol e a lua no paganismo escandinavo do Mesolítico à Idade do Bronze (de 8.000 a 500 antes de nossa era)]. Paris, L'Harmattan, 2012).

162. Especialmente em Çatal Hüyük. Esse sítio foi escavado a partir de 1961 pelo arqueólogo britânico James Mellaart (1925-2012). As escavações do *tel* revelaram dezenas de habitações, das quais quase metade eram ornadas com decorações arquitetônicas (com destaque, nas paredes e em banquetas, para bucrânios de auroques e pares de chifres no chão e, nas paredes, relevos modelados em forma de mamilos e figuras de "quadrúpedes" com as patas afastadas), às vezes realçadas com pinturas (essencialmente geométricas [cruzes, losangos] vermelhas ou pretas, mas também mãos, corpos humanos sem cabeça cercados de figurações de aves de rapina, duas mulheres esteatopígias, grupos de homens barbudos vestidos com panos "de pele de leopardo", às vezes com arcos e flechas que parecem perseguir animais selvagens, muitas vezes em ereção – cervos, touros selvagens, auroques, javalis). Como nas decorações

O HOMEM PRÉ-HISTÓRICO TAMBÉM É MULHER

Algumas estatuetas, especialmente aquelas em forma de losango, teriam sido esculpidas por grávidas.[163] Espécies de autorretrato, as mulheres teriam representado a si mesmas da maneira que se viam ao olhar para baixo, por isso o exagero no tamanho dos seios e do ventre, o tamanho diminuto das pernas e a ausência de rosto. Outras seriam amuletos protetores usados pelas mulheres durante o parto, talvez logo depois de esculpidos. Essa é a hipótese aceita para as estatuetas femininas das cavernas de Grimaldi. Das quinze descobertas, nove representariam grávidas, sendo que oito delas prestes a parir (vulva dilatada, cabeça do bebê saindo do útero).[164] A relação com o parto apareceria em algumas estatuetas supostamente de grávidas de Kostenki. As faixas em torno do busto e a existência, numa delas, de um laço unindo os dois punhos, foram vistas não como ornamentos corporais, interpretação mais comum, mas como um procedimento para facilitar o parto.[165] Por fim, os 21 sulcos encontrados em uma das vênus de Mal'ta levaram alguns pesquisadores a considerar este pingente perfurado um lembrete para o controle da fertilidade. Essa é a mesma hipótese formulada para os traços gravados no corno que a Vênus de Laussel segura, uma espécie de

---

murais, alguns desses temas são encontrados em potes mais recentes descobertos no *tel* oeste. Segundo James Mellaart e o arqueólogo Jean-Daniel Forest, as figuras "quadrúpedes" representariam mulheres parindo (James Mellaart, *Çatal Hüyük: A Neolithic Town in Anatolia*. Nova York: McGraw-Hill, 1967). Para Jean-Daniel Forest, os losangos e as cruzes seriam símbolos masculinos e femininos (Jean-Daniel Forest, "Çatal Höyük et son décor: pour le déchiffrement d'un code symbolique" [Çatal Höyük e seu cenário: para a decifração de um código simbólico]. In: Jean Guilaine, *Arts et symboles du néolithique à la protohistoire* [Arte e símbolos do Neolítico à pré-história]. Paris: Éditions Errance, 2003, p. 41-58).

163. Le Roy McDermott, "Self-Representation in Upper Paleolithic Female Figurines" [Autorrepresentação de figuras femininas no paleolítico superior], *Current Anthropology*, 37 (2), 1996, p. 227-275.

164. Randall White e Michael Bisson, "Imagerie féminine du paléolithique: l'apport des nouvelles statuettes de Grimaldi" [Imaginário feminino do Paleolítico: um relatório das novas estátuas de Grimaldi], *Gallia préhistoire*, n. 40, 1998, p. 95-132.

165. Randall White, *Prehistoric Art: The Symbolic Journey of Humankind* [Arte pré--histórica: a jornada simbólica da humanidade]. Nova York: Harry N. Abrams, 2003, p. 138-141.

AS MULHERES PRÉ-HISTÓRICAS À LUZ DAS NOVAS DESCOBERTAS...

calendário obstétrico.[166] Embora todas essas interpretações sejam plausíveis, elas são controversas, provavelmente porque colocam as mulheres no centro da criação e da utilização dessas estatuetas...

O sexo feminino bem marcado nas estatuetas ou gravuras femininas e a relativa abundância de imagens vulvares em relação às fálicas poderiam atestar a tomada de consciência da própria origem ou simbolizar a perpetuação do parto, que em certas sociedades paleolíticas pode ter sido considerado misterioso e sobrenatural, com intervenção de espíritos.[167] O bebê parece sair da fenda vulvar, como o sangue devido à ruptura do hímen durante o primeiro coito e, todos os meses, na menstruação. Os humanos pré-históricos, em particular as mulheres, provavelmente relacionaram a interrupção do sangue menstrual com a gravidez. Embora em muitas sociedades esse sangue fosse considerado impuro e objeto de tabus, não é certo que o mesmo ocorresse naquelas épocas distantes em que o nascimento de uma criança devia estar no centro das preocupações das pequenas comunidades. Por muitos séculos, as mulheres foram as únicas a se ocupar das grávidas, da gravidez e do parto, até o homem tomar a iniciativa de se tornar parteiro. Podemos sugerir a hipótese de que algumas dessas representações de mulheres grávidas ou parturientes tenham sido realizadas por mulheres e para mulheres. Essas representações expressariam a importância conferida por aquelas sociedades à reprodução, ao nascimento de uma criança responsável pela perpetuação do clã, da aldeia... A imagem da mulher, portanto, seria a da mãe. A mulher que garante a renovação da espécie teria sido escolhida para representar a humanidade.[168] No entanto, podemos nos questionar sobre a validade dessa identificação, pois as interpretações

---

166. Jean-Pierre Duhard, *Réalisme de l'image féminine paléolithique*. Paris: CNRS Éditions, 1993, coleção Cahiers du Quaternaire, n. 19.

167. Para os pikumi (povo Blackfoot, da América do Norte), a deusa So-At-Sa-Ki, Mulher--Pluma, engravida olhando apaixonadamente para uma estrela. Indo ao rio, ela copula com um homem que lhe diz ser aquela estrela e o pai do filho que ela carrega.

168. Os animais representariam o mundo vivo e as mulheres, a humanidade (Henri Delporte, *L'Image de la femme dans l'art préhistorique*. Paris: Éditions Picard, 1993, p. 44).

das representações femininas "parecem, antes, revelar o imaginário dos pré-historiadores do que a realidade arqueológica".[169] O número de representações de mulheres grávidas deve ser relativizado, pois a morfologia das mulheres do Paleolítico Superior devia ser tão diversificada quanto hoje. É provável que algumas fossem corpulentas, pela compleição física ou por alimentação rica demais, sobretudo em gorduras. Certo número de representações femininas poderia corresponder à imagem estereotipada de um ideal feminino ou simbolizar a opulência do clã, e, assim, decorrer de convenções socioculturais ou da escolha estilística de seus autores.

A identificação da mulher com a mãe, corrente em muitas interpretações, tornou indubitável a tese da divisão do trabalho de acordo com o gênero.

O PAPEL SOCIOECONÔMICO DAS MULHERES

Embora muitos arqueólogos afirmem que no Neolítico as mulheres estiveram na origem de inúmeras inovações técnicas,[170] é raro ouvir o mesmo em relação ao Paleolítico, como se as inovações desse período viessem apenas dos homens! Até hoje, a hipótese de que um talhador de ferramentas, um caçador ou um "artista" possam ser do sexo feminino é pouco defendida. Para a maioria dos antropólogos e pré-historiadores, a divisão sexual das tarefas, considerada por muitos pesquisadores a primeira forma da divisão social do trabalho nas sociedades humanas, já estava presente nas comunidades pré-históricas. No entanto, "poucas tarefas se baseiam na força física, na verdade quase todas as

---

169. Segundo a arqueóloga neozelandesa Pamela Russell, "Forme et imagination: l'image féminine dans l'Europe paléolithique" [Forma e imaginação: a imagem feminina na Europa paleolítica], *Paléo*, 5, 1993, p. 375-388.

170. Jacques Cauvin, *Naissance des divinités, naissance de l'agriculture: la révolution des symboles au Néolithique*. Paris: Flammarion, 1998, coleção Champs [Ed. port.: *Nascimento da divindade, nascimento da agricultura: a revolução dos símbolos no Neolítico*. Lisboa: Instituto Piaget, 1999].

AS MULHERES PRÉ-HISTÓRICAS À LUZ DAS NOVAS DESCOBERTAS...

tarefas da pré-história exigem competências possuídas de maneira equivalente pelos sexos".[171]

A divisão sexual do trabalho

O conceito de "papel sexual" surge em 1935, nos escritos de Margaret Mead a respeito do lugar dos dois sexos nas ditas sociedades primitivas.[172] Se para a antropóloga estadunidense a divisão sexual do trabalho seria o resultado de complexas convenções culturais,[173] para sociólogos e antropólogos feministas ela seria o produto de uma organização social sexista. Para esses defensores da teoria de *gênero*, a divisão *sexista* do trabalho, com sua prática repetida e transmitida, é que teria moldado os comportamentos femininos e masculinos[174] – tese contestada por certo número de biólogos, para quem a biologia é determinante na diferenciação comportamental. Embora seja difícil decidir-se por uma dessas duas teses, pois cada uma tem sua parte de realidade, é forçoso constatar que as reconstituições dos modos de vida dos humanos pré-históricos estão marcadas pelo androcentrismo. As condutas pré-históricas costumam estar calcadas em comportamentos observados pelos etnólogos nos povos caçadores-coletores remanescentes. Embora seja verdade que, na maior parte desses povos, o trabalho fosse dividido sexualmente, suas tradições mudaram muito ao longo do tempo e não podem ser consideradas um reflexo fiel das tradições dos humanos pré-históricos. Além disso, a divisão sexual do trabalho

---

171. Lewis R. Binford, "Archaeology as Anthropology" [Arqueologia como antropologia], *American Antiquity*, 28 (2), 1962, p. 217-225.

172. Margaret Mead, *Sex and Temperament in Three Primitive Societies*. Nova York: William Morrow and Company, 1935. [Ed. bras.: *Sexo e temperamento*. Tradução de Rosa Krausz. São Paulo: Perspectiva, 2000].

173. Margaret Mead, *Macho e fêmea: um estudo dos sexos num mundo em transformação*. Tradução de M. Maia Moura. Petrópolis: Vozes, 1971 [1949].

174. Armand Chatard, "La construction sociale du genre" [A construção social do gênero], *VEI Diversité*, n. 138, 2004, p. 23-30.

é codificada em função de regras que variam segundo as sociedades, portanto é difícil deduzir um modelo aplicável à pré-história. Mesmo assim, embora sem provas arqueológicas diretas, muitos pesquisadores não hesitam em afirmar que ela existia nas sociedades do Paleolítico; tal certeza viria da fraqueza corporal das mulheres, de sua mobilidade restrita devido às numerosas gestações e à educação dos filhos e do uso de armas exclusivamente pelos homens. Para os períodos pré-históricos, as informações que provariam a existência da divisão sexual do trabalho viriam sobretudo do estudo dos esqueletos fósseis[175] e das representações parietais e móveis.

Na arte paleolítica, as cenas narrativas com humanos são raras e nenhuma representa um conflito entre dois grupos, ao contrário do que observamos na arte mesolítica e neolítica. Mais abundantes nesses períodos, elas permitem distinguir atividades femininas e masculinas. No Paleolítico, as cenas narrativas são essencialmente magdalenianas e gravadas em suportes móveis – placa ou bloco calcário, osso, galhada de rena.[176] Elas representam silhuetas humanas, masculinas e femininas, sozinhas,[177] diante de um animal[178] ou em torno de um espécime muito maior.[179] Três dessas cenas narrativas representariam cenas

---

175. O estudo do grau de assimetria dos membros superiores ou dos desgastes biomecânicos observados nos ossos na altura das inserções musculares (chamadas enteses) permite descobrir algumas atividades praticadas por aqueles humanos, por exemplo.

176. Jean-Pierre Duhard, "Les Groupements humains dans l'art mobilier paléolithique français" [Os grupamentos humanos na arte portátil paleolítica francesa], *BSPF*, n. 89 (6), 1992, p. 182-183.

177. Em duas placas de La Marche – em uma, quatro indivíduos masculinos; na outra, três homens e uma mulher –; em um fragmento de galhada de rena da caverna de Mas--d'Azil (Ariège) – quatro indivíduos, duas mulheres, um homem e um de sexo indeterminado (*ibid.*).

178. Em um fragmento de osso descoberto na caverna de Gourdan (Haute-Garonne) – oito homens, provavelmente vestidos com peles de animais, caminham em fila indiana, um está bem à frente dos outros (*ibid.*).

179. No bastão perfurado do abrigo Mège, em Teyjat (Dordonha) – no entorno de um grande cavalo, talvez um jumento, três pequenas silhuetas de homens com peles de animal –; em um osso de águia em La Vache (Ariège) – em torno de um cavalo, um salmão, um

AS MULHERES PRÉ-HISTÓRICAS À LUZ DAS NOVAS DESCOBERTAS...

de caça. Em um pingente de costela de bisão descoberto no abrigo Raymonden (Dordonha), as laterais de um bisão "desmembrado" estão gravadas com as silhuetas de quatro homens, de um lado, e três homens, do outro.[180] No abrigo do castelo de Tayac (Dordonha), em um fragmento de costela animal, nove personagens, entre os quais sete homens,[181] estão de frente para um bisão. No bastão perfurado da caverna de La Vache (Ariège), um cervídeo (ou auroque, dependendo dos autores) é seguido por três personagens – uma mulher cercada por dois homens. Alguns desses personagens seguram um objeto linear,[182] que, segundo alguns pré-historiadores, seria uma arma. O fato de ser segurado apenas pelos homens levou-os a considerar que somente eles estavam armados e caçavam. Algumas observações moderam essa afirmação: o pequeno número levado em conta, a atribuição de um sexo às silhuetas,[183] que são pequenas e sem atributos sexuais marcados (como o pênis), e a identificação de uma arma a partir de um simples traço linear.

Por sua vez, as figurações que representariam uma cena de caça podem ter outros significados menos realistas, como a reconstituição de um ritual. Menos de vinte figurações mostram seres "metade homem, metade animal", às vezes chamados de "feiticeiros" ou "xamãs", como o "xamã dançante", um homem com uma galhada de cervo na cabeça e vestido com uma pele de animal inteiriça (inclusive o rabo); os três "homens-bisões" das cavernas Trois-Frères (Ariège)[184] e Gabillou; e os três "diabinhos", metade homens, metade camurças, gravados num bastão perfurado em galhada de cervo descoberto no abrigo Mège, em

---

urso, um bisão e seis personagens, cinco homens e um adolescente, que caminham em fila indiana (ibid.)

180. Ibid.

181. Ibid.

182. Encontramos esse objeto nas mãos de um dos homens de Raymonden e nos oito personagens do abrigo do castelo. Em La Vache, o primeiro homem segura dois objetos.

183. Nos casos citados, as atribuições sexuais são retiradas do artigo de Jean-Pierre Duhard (ibid.).

184. Um dos dois, coberto por uma pele de bisão, com a cabeça e a cauda conservadas, parece tocar um instrumento musical; essa hipótese é discutível.

O HOMEM PRÉ-HISTÓRICO TAMBÉM É MULHER

Teyjat (Dordonha). Alguns pesquisadores veem nessas representações a prova da existência de ritos xamânicos; outros, de rituais de caça. O laço estreito entre os homens e a caça é novamente enfatizado, porém mais uma vez precisamos dizer que apenas sete dessas representações são sexuadas e no máximo cinco figuras são do sexo masculino.[185] Em conformidade com sua fisiologia, somente o homem enfrentaria o animal,[186] e a divisão sexual do trabalho seria a consequência da diferenciação hormonal dos seres humanos: "Os estrogênios destinam a mulher à reprodução e os androgênios levam o homem à ação física e à satisfação de suas pulsões combativas ou predadoras."[187] Palavras que lembram os discursos médicos do século XIX: os pressupostos têm vida longa.

Um esqueleto feminino poderia ser reconhecido pelo crânio pequeno, pela bacia larga e pelo tamanho modesto, como o que foi representado pela primeira vez em 1759.[188] Essa ilustração está longe de refletir a realidade, pois existe grande diversidade física entre homens e mulheres, em função do meio e dos recursos disponíveis, mas também das condições de vida (tarefas fisicamente mais ou menos exigentes) e das tradições culturais (diferença de regime alimentar, rico ou não em proteínas, por exemplo[189]). É mais do que provável que

---

185. Alguns sexos representados pertencem não à figura antropomórfica, mas ao animal (Sophie Tymula, "Figures composites de l'art paléolithique européen" [Figuras compostas da arte paleolítica europeia], *Paléo*, n. 7, 1995, p. 211-248).

186. Em Lascaux, a cena pintada no "poço" despertou muitas interpretações, como a de um caçador armado com um propulsor e talvez ferido pelo bisão representado com as vísceras expostas; na placa de xisto da caverna de Péchialet (Dordonha) – "caça ao urso" –; em Villars (Dordonha) – bisão atacando um homem –; num bloco de Roc-de-Sers (Charente), um humano com um bastão no ombro perseguido por um bovídeo (boi-almiscarado?); numa "arruela" de osso do Mas-d'Azil, um homem armado, diante de um urso do qual só se vê a pata; na galhada de rena de Laugerie-Basse (Dordonha), um homem rasteja na direção de um auroque.

187. Jean-Pierre Duhard, "Les groupements humains dans l'art mobilier paléolithique français", *ibid.*, p. 182-183.

188. No *Traité d'ostéologie* [Tratado de osteologia], de Marie-Geneviève-Charlotte Thiroux d'Arconville (Pamela Proffitt [org.], *Notable Women Scientists*, Gale group, 1999, p. 578-579).

189. Évelyne Peyre, "Du sexe et des os". In: Catherine Vidal (org.), *Féminin Masculin: mythes et ideologies* [Feminino, masculino: mitos e ideologias]. Paris: Belin, 2015, p. 35-45.

AS MULHERES PRÉ-HISTÓRICAS À LUZ DAS NOVAS DESCOBERTAS..

o mesmo acontecesse nos períodos pré-históricos. Vários esqueletos femininos de espécies humanas diferentes[190] foram descobertos, alguns em sepulturas. Com frequência, o estado de conservação e o fraco dimorfismo sexual tornam difícil a determinação do sexo. Para um esqueleto completo, a atribuição sexual seria possível em apenas 30% a 40% dos casos.[191] Até dez anos atrás, os métodos utilizados pelos antropólogos para determinar o sexo dos fósseis humanos se baseavam essencialmente na morfologia ou na robustez do crânio e dos ossos do esqueleto (em média, mais curtos e mais delgados nas mulheres), sobretudo os da bacia (mais larga, menos profunda e mais arredondada nos indivíduos de sexo feminino). Sabendo que esses critérios dependem em grande parte dos modos de vida, quando aplicados às populações paleolíticas eles tendem a superestimar o número de homens, pois as mulheres robustas costumam ser classificadas entre eles. A fim de remediar esse problema, novos métodos foram aperfeiçoados nos anos 1990.[192] Hoje, a determinação do sexo[193] se baseia principalmente no estudo do osso coxal (bacia) e, quando este está ausente, no estudo comparado entre os ossos estudados e uma amostra de esqueletos de

---

190. Por exemplo: *Miss Twiggy*, crânio *Homo habilis* datado de 1,8 milhão de anos descoberto em 1968 nas gargantas de Olduvai, na Tanzânia, os restos de uma jovem *Homo georgicus* exumados em Dmanisi, na Geórgia, em 1999, *Madame Arago*, uma mandíbula e um osso ilíaco de *Homo erectus* ou anteneandertal descobertos, respectivamente, em 1969 e 1974 em Tautavel, nos Pirineus orientais, pela equipe de Marie-Antoinette e Henry de Lumley, a neandertal de La Quina, na Charente, e a mulher *Homo sapiens* descoberta no sítio de Cro-Magnon, na Dordonha.

191. Évelyne Peyre, *ibid.*

192. Eles se baseiam numa vasta amostra de espécies atuais cujo sexo é conhecido e em um princípio de decisão estatística chamado "Diagnóstico Sexual Probabilístico" (DSP) (Jaroslav Bružek, Pascal Murail e Francis Houet, "Diagnose sexuelle probabilistique [DSP] à partir de données métriques de l'os coxal" [Diagnóstico sexual probabilístico (DSP) a partir dos dados métricos do osso da coxa], *Bulletins et mémoires de la Société d'anthropologie de Paris*, 11 [3-4], 1999, p. 484).

193. Em crianças, ela costuma ser impossível, pois a amplitude do dimorfismo sexual antes da puberdade é pequena demais.

147

indivíduos adultos do Paleolítico com sexo determinado.[194] Também podemos conhecer o sexo de um indivíduo fóssil a partir do DNA nuclear, quando o colágeno contido nos ossos está bem conservado (o que é raro nos fósseis muito antigos) e não poluído pelo DNA recente (dos escavadores ou dos geneticistas), mas esse procedimento é pouco utilizado, pois é oneroso e provoca a destruição de parte do osso analisado. Graças a esses novos métodos, o sexo de alguns fósseis, determinado quando de sua descoberta, foi modificado. Isso aconteceu com vários indivíduos. Esqueletos considerados femininos foram reatribuídos a homens,[195] e vice-versa.[196]

Em *A origem do homem e a seleção sexual*, Charles Darwin explica que "não é provável que a maior força do homem tenha por origem os efeitos hereditários dos trabalhos mais penosos aos quais ele precisou se dedicar para garantir sua subsistência e a de sua família, pois em todos os povos bárbaros as mulheres são forçadas a trabalhar, no mínimo, tão arduamente quanto os

---

194. Segundo a DSP e/ou a abordagem morfoscópica (Jaroslav Bružek, "A method for visual determination of sex, using the human hip bone" [Um método para a determinação visual do gênero, utilizando o osso do quadril], *American Journal of Physical Anthropology*, vol. 117, [2], 2002, p. 157-168).

195. Como o esqueleto de Red Lady e de Mrs. Ples. O de Red Lady, assim chamado porque coberto de ocre vermelho, foi descoberto em 1823 na caverna das cabras, em Paviland (País de Gales). Primeiro atribuído a uma mulher da época por causa de seu adorno, depois a uma *Homo sapiens* fóssil, ele foi reatribuído a um jovem e datado de 25 mil anos antes de nossa era. Mrs. Ples é o apelido dado ao crânio de *Australopithecus africanus*, descoberto em abril de 1947 no sítio de Sterkfontein, na África do Sul, pelos paleoantropólogos Robert Broom e John T. Robinson, e poderia pertencer a um jovem adulto do sexo masculino de acordo com o esqueleto parcial encontrado nas proximidades. Ele é datado de cerca de 2,05 milhões de anos. Embora o esqueleto da famosa Lucy tenha sido atribuído por seus descobridores a uma mulher, para alguns paleoantropólogos ela seria um homem ("Lúcio"!). Da mesma forma, o sexo da neandertal Pierrette, nome dado ao esqueleto encontrado em 1979 no grande abrigo de La Roche, em Pierrot (Saint-Césaire, Charente-Maritime), e datado de cerca de 39.500 anos, não é mais unanimidade entre os pesquisadores.

196. Como os esqueletos de La Quina, na Charente (uma neandertal), e da Dama de Cavillon. Esse esqueleto, de crânio coberto de conchas e ocre, foi descoberto em 1872 na caverna de Cavillon (Balzi Rossi, Itália). Primeiro atribuído a um homem (o Homem de Menton) pela riqueza do mobiliário funerário descoberto em sua sepultura, ele se revelou uma *Homo sapiens* de 24 mil anos.

homens".[197] Os novos métodos de análise das ossadas viriam confirmar as deduções do teórico da evolução; em todo caso, elas relativizam as afirmações de alguns autores, os quais atestavam que as mulheres, por serem menos robustas e menos musculosas que os homens, não poderiam realizar todas as tarefas necessárias à sua subsistência.

Caminhantes infatigáveis, musculosas e hábeis

Vários trabalhos paleoantropológicos mostram que as mulheres do Paleolítico tinham grande robustez, ainda que, em média, elas tivessem alguns centímetros e quilos a menos que os homens. A tese segundo a qual as mulheres eram menos vigorosas, porque sistematicamente privadas de alimentos à base de carne,[198] é refutada pelas análises de seu esqueleto, que não apresenta mais patologias relativas a carências alimentares do que os homens.

A gravidez, o parto e o aleitamento, que poderiam expor as mulheres pré-históricas a acidentes e doenças infecciosas eventualmente mortais, bem como as carências alimentares, teriam sido prejudiciais à sua longevidade e à sobrevivência dos recém-nascidos. O surgimento da menopausa ao longo da evolução humana teria aumentado seu tempo médio de vida e diminuído a mortalidade infantil. Partindo dessa premissa, a "hipótese das avós" afirma que as mulheres na menopausa cuidavam de seus netos, o que, por um lado, permitiria que eles chegassem mais facilmente à idade de procriar, favorecendo assim a sobrevivência dos clãs, e, por outro, permitiria que as mães voltassem mais rapidamente a suas atividades.[199] Não podemos subscrever

---

197. Charles Darwin, "Différence dans les facultés des deux sexes" [Diferença entre as faculdades dos dois gêneros]. In: *La descendance de l'homme et la sélection sexuelle*. Tradução francesa de Edmond Barbier, C. Reinwald, 1891, p. 615.

198. Raphaël Liogier, *Descente au coeur du mâle. De quoi #MeToo est-il le nom?*. Paris: Les liens qui libèrent, 2018.

199. Kristen Hawkes *et al.*, "Grandmothering, Menopause, and the Evolution of Human Life Histories" [Avó, menopausa e a evolução da vida humana], *PNAS*, 95 (3), 1998, p. 1336-1339.

O HOMEM PRÉ-HISTÓRICO TAMBÉM É MULHER

essa hipótese, pois segundo o estudo de seus esqueletos, as mulheres do Paleolítico morriam relativamente jovens (antes dos 40 anos) e, ainda que a idade de sua menopausa permaneça ignorada, é provável que a maioria morresse antes de alcançá-la.[200]

O papel das mulheres na reprodução foi sistematicamente sugerido como argumento para justificar a tese segundo a qual elas seriam menos móveis que os homens. A criança não desmamada, pendurada à mãe, teria limitado suas possibilidades de deslocamento e, portanto, o campo de suas atividades.[201] A colheita, no entanto, atividade supostamente feminina, envolvia deslocamentos quase diários e por longas distâncias.[202] Entre os povos caçadores-coletores nômades de hoje, as mulheres, mesmo grávidas ou acompanhadas de crianças bem jovens (no colo ou nas costas), percorrem as mesmas distâncias que os homens. Se a divisão sexual do trabalho existiu nas sociedades paleolíticas, ela não pode ser justificada por um suposto sedentarismo obrigatório das mulheres.[203] Sobretudo porque elas também precisavam efetuar longos deslocamentos durante as migrações sazonais da comunidade e ao deixar seu clã de nascença para

---

200. Segundo a antropóloga estadunidense Jocelyn Peccei, a idade da menopausa teria recuado ao longo do tempo com o aumento do tempo médio de vida (Jocelyn Peccei, "A Critique of the Grandmother Hypotheses: Old and New" [Uma crítica à Hipótese da Avó: velho e novo], *American Journal of Human Biology*, 13 [4], 2001, p. 434-452).

201. Elizabeth Barber, *The Mummies of Ürümchi* [As múmias de Ürümchi]. Nova York: W. W. Norton and Company, 2000.

202. Segundo as análises das lesões das regiões articulares (entesopatias) de esqueletos do fim do Paleolítico Superior, não há diferença entre os sexos, os homens não parecem ter efetuado deslocamentos por distâncias maiores do que as mulheres (Sébastien Villotte, "Enthésopathies et activités des hommes préhistoriques. Recherche méthodologique et application aux fossiles européens du Paléolithique supérieur et du Mésolithique" [Entesopatias e atividades do homem pré-histórico: investigação metodológica e aplicação a fósseis europeus do Paleolítico Superior e do Mesolítico], tese da Université Sciences et Technologies – Bordeaux I, 2008; Brigitte Holt, "Mobility in Upper Paleolithic and Mesolithic Europe: evidence from the lower limb" [Mobilidade no Paleolítico Superior e no Mesolítico europeu: evidência do membro inferior], *American Journal of Physical Anthropology*, 122 [3], 2003, p. 200-215).

203. Claudine Cohen, *Femmes de la Préhistoire*. Paris: Belin, p. 130, 2016.

se juntar a outro. É certo que análises genéticas colocaram em evidência o fato de que certas comunidades pré-históricas eram patrilocais.[204] As variações das condições de vida produziriam, automaticamente, mudanças de residência.[205] Assim, tornando-se agricultores, os povos caçadores-coletores teriam adotado a residência matrilocal, pois as atividades agrícolas seriam majoritariamente femininas.[206] Se seguirmos esse raciocínio, as sociedades paleolíticas, baseadas em uma economia de predação, teriam sido patrilocais. O que parece ter sido o caso de algumas sociedades neandertais, como a de El Sidron, em que duas das três mulheres do grupo (formado por doze indivíduos, com três homens, três mulheres e seis crianças) vieram de um clã materno diferente do clã dos quatro outros adultos.[207] Algumas mulheres pré-históricas deixavam sua comunidade de nascença para se unir a outra, notadamente com o objetivo de acasalar (isso também prova a existência da exogamia desde esse período). Poderíamos ver nessa escolha de tipo de residência uma imposição às mulheres, pois elas precisam deixar a mãe e os vínculos afetivos, mas ao fazer isso tornam-se interlocutoras de outras tradições culturais. A patrilocalidade não surgiu ao longo do Neolítico, com o desenvolvimento da agricultura e da criação de animais, como alguns arqueólogos sugeriram, mas há no mínimo 50 mil anos.

---

204. Conforme o homem ou a mulher deixam a residência de origem, fala-se em sociedades ou residências "patrilocais" (ou virilocais) ou "matrilocais" (ou uxorilocais), respectivamente.

205. Robert Deliège, *Les Castes en Inde aujourd'hui*. Paris: PUF, 2004.

206. O desenvolvimento da criação de animais e do pastoralismo, atividades que teriam reforçado a influência dos homens na sociedade, teria conduzido à patrilocalidade, tipo de residência hoje majoritária (Robert Deliège, *Anthropologie de la famille et de la parenté*. Paris: Armand Colin, 2011, coleção Cursus).

207. Onze dos doze neandertais descobertos nesse sítio vieram de três linhagens maternas distintas. Duas das três mulheres, uma delas mãe de duas das crianças, pertencem a duas linhagens maternas distintas e diferentes da dos três homens (Carles Lalueza-Fox *et al.*, "Genetic Evidence for Patrilocal Mating Behavior Among Neandertal Groups", *PNAS*, vol. 108 (1), 2011, p. 250-253). Ver também as notas 129 e 136 deste capítulo.

O HOMEM PRÉ-HISTÓRICO TAMBÉM É MULHER

Em relação ao uso de certos tipos de material, as fontes etnográficas afirmam haver "constantes históricas e geográficas"[208] no trabalho dos dois sexos: os homens moldariam os materiais duros – pedra, osso, madeira, metal etc. – e as mulheres, os materiais macios, tenros e flexíveis – alimentos, terra, fibras vegetais, couro, lã etc.[209] A partir disso, rapidamente se atribui aos homens do Paleolítico a invenção e o domínio das técnicas de talha de ferramentas e de armas de pedra, osso ou madeira. Seguindo esse raciocínio, poderíamos acrescentar o domínio do fogo, que, tanto nos mitos quanto entre os povos tradicionais, costuma ser associado ao masculino. Essa concepção transparece na reconstituição dos modos de vida dos tempos antigos, em que os locais de trabalho (corte de carne, talha de sílex, preparação de peles, cozinha etc.) são atribuídos segundo o gênero: os homens talham ferramentas e as mulheres preparam as refeições, por exemplo. Da mesma forma que a colheita e a coleta, as práticas culinárias teriam cabido às mulheres.[210] Essa visão do papel das mulheres pré-históricas, que se enraíza no imaginário popular, é defendida por muitos pesquisadores. Para a historiadora da ciência Claudine Cohen, esse papel teria inclusive sido civilizador: "As mulheres participaram de uma parte essencial da subsistência e da preparação das refeições, do desenvolvimento do gosto, dos condimentos e das preparações, contribuindo assim, por milênios, não apenas para a sobrevivência do grupo, como também para o desenvol-

---

208. Alain Testart, *L'Amazone et la Cuisinière. Anthropologie de la division sexuelle du travail*. Paris: Gallimard, 2014, coleção Bibliothèque des sciences humaines.

209. George P. Murdock e Caterina Provost, "Factors in the Division of Labor by Sex: A Cross-Cultural Analysis" [Fatores na divisão do trabalho de gênero: uma análise cultural cruzada], *Ethnology*, vol. 12 (2), 1973, p. 203-225. Esse estudo se debruça sobre 185 sociedades não industriais ou pré-industriais ditas "tradicionais": em mais de 99% dos casos, os homens são associados aos materiais duros e as mulheres aos materiais macios, moles ou flexíveis, menos diferenciados, de 46,8% a 86,4% dos casos, por exemplo em 53,2% dessas sociedades, os homens trabalham as peles. O mar seria um domínio quase exclusivamente masculino: pesca, navegação.

210. O domínio do fogo, surgido há no mínimo 500 mil anos, permitiu, entre outras coisas, o cozimento dos alimentos e a defumação das carnes.

AS MULHERES PRÉ-HISTÓRICAS À LUZ DAS NOVAS DESCOBERTAS..

vimento da civilização."[211] No entanto, observamos em certas comunidades paleolíticas[212] que os homens utilizavam os dentes para amaciar as peles dos animais ou para pré-mastigar a carne crua.[213] O trabalho com materiais macios e os preparos culinários também cabiam aos homens, portanto. Entre as atividades diferenciadas, a caça costuma ser dada como exemplo. Embora um "velho" de 50 anos, o "homem de Cro-Magnon"[214] se tornou, quando de sua descoberta, em 1868, o arquétipo do caçador pré-histórico.

O caçador e a coletora: um conto normativo?

Na pré-história, a caça era uma atividade reservada exclusivamente aos homens? A resposta a essa pergunta influencia a percepção do papel das mulheres na evolução, pois a caça teria tido um lugar essencial nela. Para alguns pesquisadores, o consumo regular de carne estaria na origem da separação entre a linhagem humana e a de nossos primos, os grandes símios. Embora

---

211. Claudine Cohen, *ibid.*, p. 130.

212. Por exemplo entre os neandertais de El Sidron, de Spy, na Bélgica, e de Hortus, no Héraut.

213. Em muitas culturas, os dentes são regularmente utilizados como uma "terceira mão", para segurar um objeto, puxar, cortar, amaciar peles ou matérias fibrosas, e essas atividades lhes deixam marcas. A análise das ranhuras na superfície dos dentes revelou que as das mulheres e dos homens eram diferentes. As ranhuras das mulheres tinham estrias longas e as dos homens, entalhes mais profundos e mais curtos, e estavam mais situadas na parte superior da dentina (Almudena Estalrrich e Antonio Rosas, "Division of labor by sex and age in Neandertals: an approach through the study of activity-related dental wear" [Divisão do trabalho por gênero e idade nos neandertais: uma abordagem a partir do estudo das atividades relativas ao uso dentário], *Journal of Human Evolution*, vol. 80, 2015, p. 51-63).

214. Descoberto por Louis Lartet no abrigo Cro-Magnon em Eyzies-de-Tayac (Dordonha). Louis Lartet também escavou ali quatro outros esqueletos: dois homens, uma mulher e um recém-nascido. Esse representante da cultura gravetiana tem cerca de 27.680 anos. Seu nome foi estendido a todos os *Homo sapiens* do Paleolítico Superior europeu.

O HOMEM PRÉ-HISTÓRICO TAMBÉM É MULHER

hominídeos muito antigos, como os parantropos[215] e os australopitecos,[216] tenham sido considerados exclusivamente vegetarianos ao longo de todo o século XX, hoje, graças a numerosas análises isotópicas[217] realizadas em seus dentes,[218] sabemos que eles já eram onívoros.[219]

Em 1871, Charles Darwin afirma que o processo de hominização se iniciou quando nossos longínquos ancestrais adotaram a bipedia, pois esse meio de locomoção, que provoca a liberação das mãos, lhes permitiu construir ferramentas e armas para caçar e explorar as carcaças de animais.[220] Cinquenta e quatro anos depois, o arqueólogo e antropólogo australiano Raymond Dart defende a ideia de que a caça e o consumo de carne foram elementos decisivos na evolução e que os australopitecos eram grandes caçadores.[221] Seríamos, para ele, descendentes de "macacos assassinos", "assassinos sanguinários"! Essa tese, que despertou importantes debates na comunidade científica, é fortemente questionada no início dos anos 1980, sobretudo pelo paleontólogo

---

215. Antigamente chamados "australopitecos robustos", nome genérico que compreende várias espécies que viveram na África entre 2,7 e 1 milhão de anos atrás.

216. Nome genérico que compreende várias espécies que viveram na África entre 4,2 e 2 milhões de anos atrás.

217. A análise da relação isotópica de certos elementos presentes nos dentes ($^{13}C/^{12}C$, por exemplo) permite conhecer a natureza dos alimentos consumidos pelo indivíduo e, assim, reconstituir seu regime alimentar. Isótopos são átomos que possuem o mesmo número de prótons mas um número diferente de nêutrons. A maioria dos elementos tem vários isótopos naturais. O carbono, por exemplo, tem três, ^{12}C, ^{13}C e ^{14}C – todos têm seis prótons, mas um número diferente de nêutrons: seis para o ^{12}C, sete para o ^{13}C e oito para o ^{14}C (radioativo).

218. Entre estrôncio/cálcio (Sr/Ca), bário/cálcio (Ba/Ca) e isótopos do carbono.

219. Eles tinham uma alimentação diversificada composta de plantas lenhosas, folhas, frutas e insetos, mas também carne e ossos.

220. Charles Darwin, *La Descendance de l'homme et la sélection sexuelle, Deuxième Partie, La Sélection sexuelle*, capítulo XIX, "Caractères sexuels secondaires chez l'homme". Tradução francesa de Edmond Barbier, 1881. Disponível em Wikisource.

221. A partir do material ósseo de animais descobertos no sítio pré-histórico de australopitecos de Makapansgat (África do Sul) (Raymond Dart, "*Australopithecus africanus*: the man-ape of South Africa" [*Australopithecus africanus*: o homem-macaco da África do Sul], *Nature*, vol. 115 [2884], 1925, p. 195-199).

154

AS MULHERES PRÉ-HISTÓRICAS À LUZ DAS NOVAS DESCOBERTAS...

sul-africano Charles Brain. Seus trabalhos mostraram que os australopitecos eram regularmente comidos por predadores (leopardos) e eram mais caçados do que caçadores.[222] Devido a ter uma pequena estatura e um pequeno cérebro, os primeiros hominídeos só conseguiam carne pelo consumo das carcaças de animais mortos, parcialmente devorados pelos grandes carnívoros, como afirmava a tese dominante nos anos 1980-1990. Alguns pré-historiadores estavam convencidos de que somente os primeiros *Homo sapiens* (nossos ancestrais diretos) seriam caçadores e todos os seus predecessores, inclusive os neandertais, seriam necrófagos.[223] Essas hipóteses perderam força no início dos anos 2000. Descobertas recentes atestam a fabricação de ferramentas de pedra há 3,3 milhões de anos.[224] Elas serviam para colher plantas, mas também para retirar a carne das carcaças, na maioria das vezes de animais já mortos,[225] porém às vezes de animais caçados. Segundo vários estudos, de fato, há 2,6 milhões de anos os primeiros representantes do gênero *Homo* já caçavam e alguns, 600 mil anos depois, consumiam carne regularmente.[226] Esses comportamentos parecem ter favorecido a emergência do gênero (*Homo*) ao qual

---

222. Charles K. Brain, *The Hunters or the Hunted? An Introduction to African Cave Taphonomy* [Os caçadores ou caçados? Uma introdução à tafonomia das cavernas africanas]. Chicago: University of Chicago Press, 1981.

223. Lewis Binford, *Bones, Ancient Men and Modern Myths* [Ossos, ancestrais e mitos modernos]. Cambridge: Academic Press Inc, 1981; *In Pursuit of the Past. Decoding the Archaeological Record* [A busca pelo passado: decodificando os registros arqueológicos]. Londres: Thames and Hudson, 1983; "Human Ancestors: Changing Views of their Behavior" [Ancestrais humanos: mudando a percepção sobre seu comportamento], *Journal of Anthropological Archaeology*, vol. 4, 1985, p. 292-327.

224. No sítio de Lomekwi 3, no Quênia. Elas são anteriores aos espécimes mais antigos atribuídos ao gênero *Homo* (a mandíbula LD 350-1 do sítio de Ledi-Geraru, na Etiópia), datado de 2,8 milhões de anos. Essa descoberta recoloca em questão o paradigma até então em vigor de que as primeiras ferramentas eram fabricadas unicamente por representantes do gênero *Homo*. Muito cedo, eles também teriam fabricado ferramentas de osso, sobretudo os parantropos.

225. Necrofagia passiva ou necrofagia ativa, com acesso primário às carcaças (antes dos animais necrófagos).

226. Os ocupantes do sítio de Gona, na Etiópia, há cerca de 2 milhões de anos.

O HOMEM PRÉ-HISTÓRICO TAMBÉM É MULHER

pertencemos.[227] Hoje, a prática concomitante da caça e da necrofagia por várias centenas de milênios é consenso. A caça[228] provoca a existência, dentro das comunidades, de relações de entreajuda (partilha, cooperação, solidariedade) e também de complementaridade entre os indivíduos.[229]

Para alguns arqueólogos e antropólogos, desde suas origens os homens saíam para caçar e as mulheres para colher; depois, de volta ao abrigo, eles compartilhavam a comida trazida por cada um.[230] O homem, enquanto provedor de comida difícil de obter e com forte valor energético, teria adquirido

---

227. Henry T. Bunn, "Archaeological Evidence for Meat-Eating by Plio-Pleistocene Hominids from Koobi Fora and Olduvai Gorge" [Evidência arqueológica de carnívoros por hominídeos do plio-pleistoceno de Koobi Fora e Olduvai Gorge], *Nature*, vol. 291, 1981, p. 574-577; Manuel Domínguez-Rodrigo, "Taphonomie des sites plio-pléistocènes d'Afrique orientale. Apport de l'expérimentation" [Tafonomia dos sítios arqueológicos plio-pleistocenos da África Oriental], *Les Nouvelles de l'archéologie*, n. 118, 2009, p. 6-11.

228. A caça envolve aptidões físicas, certo número de conhecimentos (do terreno – elaboração mental de mapas do ambiente –, da ecoetologia da caça e da anatomia das presas – o caçador precisa mirar em um órgão vital ou ocasionar uma grave hemorragia – e a avaliação das necessidades do grupo, às vezes com a antecipação de necessidades futuras, como no caso da constituição de reservas) a fim de deduzir as estratégias de caça a colocar em ação e requer capacidades cognitivas (domínio das relações de causalidade, de consequência e de condição, a tomada de decisões de escolhas operacionais e a sequencialização das ações – encadeamento organizado de ações para chegar a um objetivo).

229. A persistência da caça ao longo do tempo, nas sociedades produtivas e depois industriais, atesta sua forte impregnação em nosso inconsciente, provavelmente ligada ao que o psiquiatra suíço Carl Gustav Jung (1875-1961) chamou de "memória coletiva ancestral" (Carl Gustav Jung, *Psychologie de l'inconscient*, Librairie générale française, 1993 [Ed. bras.: *Psicologia do inconsciente*, vol 1. In: *Obras completas*, vol. 7. Tradução de Maria Luíza Appy. Petrópolis: Vozes, 2014]). A caça talvez seja uma manifestação desse inconsciente coletivo, que teria moldado a mente humana em um *continuum* espaço-tempo (Marylène Patou-Mathis, *Mangeurs de viande* [Comedores de carne]. Paris: Perrin, 2017, coleção Tempus).

230. Glynn Isaac, "The Harvey Lecture Series, 1977-1978. Food Sharing and Human Evolution: Archaeological Evidence from the Plio-Pleistocene of East Africa" [Série de palestras Harvey, 1977-1978. Compartilhamento de comida e evolução humana: evidências arqueológicas do plio-pleistoceno no leste da África], *Journal of Anthropological Research*, vol. 34 (3), 1978, p. 311-325.

AS MULHERES PRÉ-HISTÓRICAS À LUZ DAS NOVAS DESCOBERTAS...

um *status* superior ao da mulher.[231] O direito de dividir as presas caberia aos caçadores, dando-lhes uma ascendência legítima sobre suas companheiras.[232] No entanto, nenhum indício arqueológico permite saber por e entre quem a caça era dividida. As mulheres, enquanto fornecedoras de alimentos de menor valor nutritivo (sobretudo vegetais), teriam tido um papel econômico menor nas sociedades paleolíticas. O colóquio *Man the Hunter*, ocorrido em Chicago em 1966, consolidou na comunidade de pré-historiadores o modelo do "homem caçador", principal agente da evolução humana. Ele despertou vivas reações por parte de antropólogas estadunidenses,[233] que propuseram o contramodelo da "coletora" no centro da economia,[234] tese logo afastada por falta de provas arqueológicas e, sem dúvida, por preconceitos.

Nas sociedades recentes de caçadores-coletores, as mulheres participavam da caça de várias maneiras. Para capturar animais pequenos, elas utilizavam

---

231. É o que defendem Sherwood Washburn e vários outros antropólogos estadunidenses (Richard B. Lee e Irven De Vore, *Man the Hunter* [Homem, o caçador]. Londres: Aldine, 1968).

232. Sherwood Washburn, *Social Life of Early Man* [A vida social dos primeiros homens]. Viking Fund, 1961, p. 38.

233. Adrienne Zihlman, Nancy Tanner, Sally Slocum, Frances Dahlberg.

234. Adrienne Zihlman, "Women in Evolution. Part II: Subsistence and Social Organization among Early Hominids" [Mulheres na evolução. Parte II: subsistência e organização social entre os primeiros hominídeos], *Signs*, 4 (1), University of Chicago Press, 1978, p. 4-20; Nancy Tanner e Adrienne Zihlman, "Women in Evolution. Part I: Innovation and Selection in Human Origins" [Mulheres na evolução. Parte I: inovação e seleção nas origens humanas], *Signs*, 1 (3), University of Chicago Press,1976, p. 585-608; Sally Slocum, "Woman the Gatherer: Male Bias in Anthropology" [Mulher, a coletora: preconceito masculino na antropologia]. In: Rayna R. Reiter (org.), *Toward an Anthropology of Women*, Monthly Review Press, 1975; Frances Dahlberg, *Woman the Gatherer* [Mulher, a coletora]. New Haven: Yale University Press, 1981. Entre os povos caçadores-coletores tradicionais, a colheita, atividade bem menos aleatória que a caça, fornece, exceto nas regiões árticas, o essencial da alimentação. O antropólogo canadense Richard Lee, em seus trabalhos sobre os Sãs, povo caçador-coletor nômade da África Meridional, demonstrou que as mulheres forneciam mais de 70% dos recursos alimentares necessários ao grupo (Richard Lee, *The !Kung San. Men, Women and Work in a Foraging Society* [Os !Kung San: homens, mulheres e trabalho em uma sociedade de forrageamento]. Cambridge University Press, 1979).

O HOMEM PRÉ-HISTÓRICO TAMBÉM É MULHER

armas contundentes – varas de cavar, porretes e clavas[235] – ou armadilhas – fumigação de tocas, uso de laços. Durante as caçadas coletivas, elas abatiam animais grandes e, para isso, precisavam correr muito mais que os atiradores à espreita, escondidos. Como os homens, as mulheres matavam e colocavam a própria vida em perigo ao atacar animais de grande porte potencialmente perigosos. Talvez isso tenha levado os homens a afastá-las, sem dúvida progressivamente, das atividades de caça[236] e a "desarmá-las". Na maioria dos casos, as mulheres não utilizavam armas cortantes ou perfurantes que tiravam sangue do animal,[237] mas havia exceções: entre os indígenas akuntsu, da Amazônia brasileira, somente as mulheres caçavam, uma habilidade que se transmitia de mãe para filha. Em outras sociedades ameríndias, as mulheres acompanhavam os homens à caça e à guerra, como aliás acontecia na Gália com as mulheres sem filhos.[238]

Talvez isso também acontecesse na pré-história. Em um esqueleto humano, as lesões observadas nos ossos, nas inserções de um tendão ou de um ligamento (chamadas entesopatias), podem ser a expressão de atividades repetidas. As que se localizam no cotovelo, de um só lado, estão associadas à prática regular de lançar.[239] Raras nos dias de hoje, essas lesões são encontradas essencialmente

---

235. E às vezes animais grandes, como o cervo entre os ainus do Japão. Depois de capturar o animal por meio de cordas, elas o matavam com a ajuda de um porrete.

236. E provavelmente também de guerra.

237. Alain Testart, *Les Fondements de la division sexuelle du travail chez les chasseurs-cueilleurs* [Os fundamentos da divisão sexual do trabalho entre os caçadores-coletores]. Paris: Ehess, coleção Cahiers de l'Homme, n. 25, 1986, p. 31.

238. Enquanto elas não tivessem entrado para a condição normal da mulher casada (Françoise Héritier, *De la violence I, séminaire de Françoise Héritier* [A violência I, seminário de Françoise Héritier]. Paris: Odile Jacob, 1996, p. 211-212).

239. Epicondilite medial ou "cotovelo do lançador" (Olivier Dutour, "Enthesopathies [lesions of muscular insertions] as indicators of the activities of Neolithic Saharan populations" [Entesopatias (lesões de inserções musculares) como indicadores das atividades das populações neolíticas do Saara], *American Journal of Physical Anthropology*, 71 (2), 1986, p. 221-224; "Chasse et activités physiques dans la préhistoire: les marqueurs osseux d'activités chez l'homme fossile" [Caça e atividades físicas na pré-história: Marcadores ósseos de atividades nos fósseis humanos], *Anthropologie et Préhistoire*, n. 111, 2000, p. 156-165).

AS MULHERES PRÉ-HISTÓRICAS À LUZ DAS NOVAS DESCOBERTAS...

nos lançadores de dardos e nas mulheres em perimenopausa. Presentes nos homens e nas mulheres neandertais, elas podem sugerir que os dois sexos regularmente lançavam projéteis (lanças) e, portanto, que as neandertais participavam ativamente da caça. Existem poucos dados desse tipo para as mulheres do Paleolítico Superior, então é difícil saber se elas lançavam regularmente ou não armas de arremesso.[240] Em contrapartida, a morfologia dos ossos longos do membro superior e a análise das entesopatias de 37 fósseis europeus do fim do Paleolítico (Tardiglaciário) e do Mesolítico indicam, por um lado, um grande aumento da intensidade da atividade do braço, que pode estar relacionada à utilização regular de armas de arremesso[241] e, por outro, visto que as lesões específicas do lançamento de projéteis só foram observadas em esqueletos masculinos, que as mulheres não caçavam com esse tipo de arma.[242]

---

240. Em sua tese, o paleoantropólogo Sébastien Villotte estudou 74 indivíduos – 39 homens e 35 mulheres – do Gravetiano, do Tardiglaciário e do Mesolítico. Os quatro homens do Gravetiano apresentam lesões que podem ser associadas a atividades de lançar, enquanto os quatro indivíduos do sexo feminino (esqueletos de Barma Grande, Kostenki, Cussac e Vilhonneur) têm poucas lesões no cotovelo e nenhuma no epicôndilo medial (sinal de lançamentos repetitivos) (Sébastien Villotte, "Enthésopathies et activités des hommes préhistoriques – Recherche méthodologique et application aux fossiles européens du Paléolithique supérieur et du Mésolithique" [Entesopatias e atividades dos homens pré--históricos: pesquisa metodológica e aplicação aos fósseis europeus do Paleolítico Superior e do Mesolítico], tese defendida na Université Sciences et Technologies – Bordeaux-I, 2008).

241. Esses dois períodos não se distinguem nem pela frequência global das lesões (que são similares) nem pela relação entre as lesões observadas nos ossos do membro superior e do membro inferior (Sébastien Villotte e Christopher J. Knüsel, "I Sing of Arms and of a Man: Medial Epicondylosis and the Sexual Division of Labour in Prehistoric Europe" [Eu canto sobre armas e homens: epicondilose medial e divisão sexual do trabalho na pré--história europeia], *Journal of Archaeological Science*, vol. 43, 2014, p. 168-174; Sébastien Villotte, Steven E. Churchill, Olivier Dutour e Dominique Henry-Gambier, "Subsistence Activities and the Sexual Division of Labor in the European Upper Paleolithic and Mesolithic: Evidence from Upper Limb Enthesopathies" [Atividades de subsistência e divisão sexual do trabalho na Europa no Paleolítico Superior e no Mesolítico], *Journal of Human Evolution*, vol. 59, 2010, p. 35-43).

242. Ademais, essa atividade se iniciaria durante a infância ou a adolescência (Sébastien Villotte, Steven E. Churchill, Olivier Dutour, Dominique Henry-Gambier, "Subsistence Activities and the Sexual Division of Labor in the European Upper Paleolithic and Me-

O HOMEM PRÉ-HISTÓRICO TAMBÉM É MULHER

Com base nesse conjunto de dados, não podemos negar que, em certas sociedades do Paleolítico europeu, as mulheres participavam de todas as etapas da caça: reconhecimento e decifração dos vestígios do animal, elaboração de estratégias de caça e participação enquanto atiradoras.[243] Uma mudança parece surgir bem no fim desse período, com uma utilização de armas de arremesso que parece exclusivamente reservada aos homens.

No catálogo dos estereótipos da pré-história, um campo tão bem protegido quanto o da caça é o da criação e da expressão simbólica. Segundo vários autores da Antiguidade, ao homem, enquanto criador, caberia o "sagrado" e à mulher, enquanto "modelo", o profano. As mulheres pré-históricas seriam apenas modelos, reais e imaginados?

Mulheres artistas, mulheres "xamã": uma interpretação plausível

Para a maioria dos antropólogos do século XIX,[244] as mulheres seriam naturalmente desprovidas de poder criativo. Será por isso que, por mais de um século e meio, a interpretação das obras móveis e parietais paleolíticas se basearam no pressuposto de que elas foram exclusivamente realizadas por homens? Essa tese goza de prestígio no meio científico. Uma obra recente afirma que "as difíceis condições de acesso aos sítios escolhidos para sua execução [das obras parietais] e essa execução propriamente dita foram realizadas, ao me-

---

solithic: Evidence from Upper Limb Enthesopathies", *Journal of Human Evolution*, vol. 59, 2010, p. 35-43.

243. Como sugere o antropólogo estadunidense Steven Churchill, "The Upper Palaeolithic Population of Europe in an Evolutionary Perspective" [A população do Paleolítico Superior na Europa em uma perspectiva evolucionária]. In: Wil Roebroeks, Margherita Mussi, Jirí Svoboda e Kelly Fennema, *Hunters of the Golden Age: The Mid Upper Palaeolithic of Eurasia (30,000-20,000 BP)* [Caçadores da Era de Ouro: o Paleolítico Médio Superior da Eurásia (30.000-20.000 antes de nossa era), Leiden University, 2010, p. 31-57.

244. Cesare Lombroso e Guglielmo Ferrero, *La Donna delinquente, la prostituta e la donna normale* (1893). Traduzido para o francês como *La Femme criminelle et la Prostituée* (Grenoble, Jérôme Millon, 1991), p. 157.

AS MULHERES PRÉ-HISTÓRICAS À LUZ DAS NOVAS DESCOBERTAS...

nos majoritariamente, por homens jovens".[245] É espantoso que essa dedução se baseie em capacidades físicas. A espeleologia é hoje praticada pelos dois sexos de todas as idades e as mulheres do Paleolítico eram tão aptas quanto muitos de nós, se não mais. Outro argumento apresentado: a arte paleolítica seria uma "arte da caça", portanto necessariamente realizada por homens. A hipótese é muito questionada nos dias de hoje, pois, como vimos, as cenas de caça são raras e discutíveis; além disso, os animais representados nas paredes e os animais caçados e consumidos, cujos ossos às vezes são encontrados perto das obras, com frequência pertencem a espécies diferentes. Nas cavernas ornadas do sudoeste da França, por exemplo, atribuídas aos magdalenianos, deveríamos encontrar apenas representações de renas, sua caça preferida, mas não é o que acontece.[246] As pinturas e gravuras, criadas ao longo de um período de mais de 25 mil anos, provavelmente têm um sentido mais sociocultural ou simbólico do que estritamente ligado às práticas de subsistência.[247] Enraizada em meados do século XIX,[248] a ideia de que as obras parietais teriam sido realizadas por homens para homens levou, mais uma vez, a uma visão dualista da sociedade pré-histórica.[249] Por que as mulheres pré-históricas não teriam

---

245. Jean-Pierre Duhard, Brigitte e Gilles Delluc, *Représentation de l'intimité féminine dans l'art paléolithique en France*. Liège: Presses Universitaires de Liège, 2017. Esse livro fornece um inventário exaustivo das representações humanas sexuadas, femininas e fálicas no Paleolítico Superior na França.

246. O que constatamos em Lascaux, onde os "artistas" haviam consumido essencialmente carne de rena, animal quase ausente das representações.

247. Margaret W. Conkey, Olga Soffer, Déborah Stratmann, Nina G. Jablonski (orgs.), *Beyond Art. Pleistocene Image and Symbol* [Além da arte: imagem e símbolo no Pleistoceno]. Berkeley, University of California Press, 1997.

248. Louis Figuier, *L'Homme primitive* [O homem primitivo]. Paris: Librairie Hachette et Cie., 1870, legenda da figura 67, p. 131 (gravura de Delahaye). Disponível em: <www.gallica.bnf.fr>.

249. Dualismo que encontramos, como vimos, na interpretação que sugere uma construção gráfica baseada em pares de opostos/complementares com dupla conotação, sexual e simbólica (Annette Laming-Emperaire, *La Signification de l'art rupestre paléolithique*. Paris: Éditions Picard, 1962; André Leroi-Gourhan, *Préhistoire de l'art occidental*. Éditions Mazenod, 1965, p. 73).

O HOMEM PRÉ-HISTÓRICO TAMBÉM É MULHER

sido pintoras, gravadoras ou escultoras, como aconteceu, e ainda acontece, em várias sociedades tradicionais?[250]

Embora seja particularmente difícil conhecer o sexo dos autores das obras, tanto parietais quanto móveis, pesquisas recentes atestam a presença de mulheres nas cavernas decoradas. A maioria das 32 mãos em negativo[251] pintadas há cerca de 25 mil anos em oito cavernas francesas e espanholas[252] é de mulheres.[253] A mesma observação foi feita na caverna Cosquer (Bouches-du-Rhône), onde as mãos femininas são mais numerosas que as mãos masculinas.[254] Essa constatação[255] é ainda mais importante porque alguns pré-historiadores veem as marcas de mãos de pequena dimensão encontradas ao lado de certas obras

---

250. Entre alguns grupos aborígenes da Austrália, por exemplo, essas atividades eram reservadas às mulheres.

251. As mãos em negativo são realizadas segundo a técnica de estêncil, colocando a própria mão na parede rochosa e salpicando sobre ela, com a boca, uma mistura à base de pigmentos naturais.

252. Dezesseis mãos na caverna de El Castillo, na Cantábria, Espanha, seis na caverna de Gargas, nos Altos Pirineus, e cinco na caverna de Pech Merle, em Lot (Dean Snow, "Sexual dimorphism in Upper Palaeolithic hand stencils" [Dimorfismo sexual em estênceis de mão no Paleolítico Superior], *American Antiquity*, vol. 80 (308), 2006, p. 390-404). Elas são atribuídas à cultura gravetiana.

253. A estimativa de 75% repousa sobre quatro medidas morfométricas e num algoritmo baseado no índice de Manning, segundo o qual o anular masculino é mais longo que o indicador, enquanto esses dois dedos são mais ou menos do mesmo tamanho na mulher, sobre a relação do comprimento das mãos e dos dedos, mas também sobre as razões entre os comprimentos do indicador, do anular e do mínimo. Três mãos pertenciam a homens adultos e cinco a adolescentes (Dean Snow, *ibid.*).

254. A caverna, datada de cerca de 27 mil anos, conta com 65 mãos em negativo (44 sobre fundo preto e 21 sobre fundo vermelho), majoritariamente esquerdas, e 70% estão incompletas (Jean Clottes, Jean Courtin e Luc Vanrell, "La grotte Cosquer à Marseille" [A caverna Cosquer em Marselha]. In: "Grottes ornées en France" [Cavernas ornadas na França], *Les Dossiers d'archéologie*, n. 324, 2007, p. 38-45).

255. É preciso manter-se prudente, é claro, dado o número relativamente pequeno de mãos estudadas. Segundo o pré-historiador Jean-Michel Geneste, na caverna de Chavet, em Ardèche, as mãos seriam de homens.

como assinaturas dos artistas. Universais, as mãos em negativo são encontradas em todos os continentes e em épocas diferentes. Na caverna de Gua Masri II (Bornéu, Indonésia), por exemplo, o painel de mãos em negativo foi realizado por homens e mulheres, mas os dois sexos trabalharam em zonas diferentes da parede.[256] Para o etnoarqueólogo Jean-Michel Chazine, "esse estudo mostra que as mulheres puderam ser artistas pré-históricas, e que arte não era apanágio dos homens. Dado que ainda precisa ser confirmado, mas coerente com o simbolismo xamânico e os usos da terapia mágica dos curandeiros com base na imposição das mãos, na mastigação de substâncias e no sopro projetado. Práticas que, em muitas sociedades primitivas, eram realizadas por uma mulher xamã".[257] De fato, na hipótese de certas obras parietais terem sido realizadas por motivações ligadas a crenças, nenhum argumento arqueológico permite excluir o envolvimento das mulheres na condução de cerimônias.[258] Embora a presença feminina no mundo subterrâneo tenha, de maneira geral, deixado de ser questionada pelos pré-historiadores, não há consenso em relação a ver as mulheres como autoras de certas obras parietais. Muitos nem sequer aceitam considerar essa hipótese, porque, segundo eles, não há provas para firmá-la. Mas tampouco há indícios que atribuam as obras aos homens! As pinturas e esculturas mais conhecidas da arte paleolítica podem ter sido realizadas por mulheres...

---

256. O etnoarqueólogo Jean-Michel Chazine e o engenheiro da computação Arnaud Noury desenvolveram um software que permite determinar o sexo do artista com base no índice de Manning, como fez Dean Snow (Jean-Michel Chazine, "Grottes ornées: le sexe des mains négatives" [Cavernas ornadas: o gênero das mãos em negativo], *Archeologia*, vol. 429, 2006, p. 8-11).

257. Jean-Michel Chazine, "Mixité dans les grottes de Bornéo: Découvertes et résultats récents" [Miscigenação nas cavernas de Bornéu: descobertas e resultados recentes], congresso de espeleologia, Périgueux, maio. 2006. In: T. Barritaud, "Mémoire Paléolithique" [Memórias paleolíticas], *Spelunca*, n. 34, 2010, p. 103-110.

258. Segundo a arqueóloga estadunidense Jeannine Davis-Kimball, sacerdotisas ou mulheres xamãs oficiavam nas civilizações mediterrâneas chamadas "hipogeus", há cerca de 4 mil anos (*Warrior Women. An Archaeologist's Search for History's Hidden Heroines* [Mulheres guerreiras: uma pesquisa arqueológica pela história das heroínas esquecidas]. Nova York: Warner Book, 2002).

O HOMEM PRÉ-HISTÓRICO TAMBÉM É MULHER

Além de conduzir a uma leitura parcial da arte parietal e favorecer a atribuição de um valor de gênero a certos objetos e a certas práticas, os vieses teóricos e metodológicos que levaram a identificar a reprodução como a principal função das mulheres também estão na origem da visão de um papel econômico das mulheres baseado na divisão sexual do trabalho. Hoje, o estudo das sepulturas,[259] em especial dos objetos funerários,[260] dos ornamentos corporais e do vestuário dos sepultados[261] trazem possíveis respostas às relações sociais entre os dois sexos durante esse longo e longínquo período.

A CONDIÇÃO SOCIAL DAS MULHERES

Na Europa e no Oriente Próximo, há no mínimo 140 mil anos[262] os seres humanos enterram seus mortos. Esqueletos femininos foram descobertos em várias sepulturas do Paleolítico. No Paleolítico Médio,[263] cerca de quarenta

---

259. A reconstituição das práticas funerárias é limitada pelo número relativamente pequeno de corpos desenterrados e de sepulturas não danificadas, únicos testemunhos fiáveis, e pela dificuldade, em muitos casos, de afirmar o vínculo entre o morto e os vestígios arqueológicos que o cercam. De fato, um dispositivo (disposição da sepultura) ou um objeto funerário (oferenda) podem corresponder a vestígios naturais (desabamento do teto da caverna, por exemplo) ou provir das atividades dos ocupantes do sítio ou de seus sucessores.

260. Eles podem nos informar sobre as atividades praticadas em vida pelo morto, como as ligadas ao sexo, mas também corresponder a objetos estereotipados ligados a tradições culturais ou cultuais.

261. Vários critérios são utilizados: idade, sexo, patologia, traumatismo e posição do corpo, disposição da sepultura, adornos, mobiliário associado. Eles permitem determinar o *status* e/ou as causas da morte da pessoa sepultada. A arqueologia funerária também permite documentar a organização e o funcionamento, e mesmo as crenças, dessas sociedades paleolíticas.

262. A neandertal de Tabun, em Israel, é atualmente a mais antiga.

263. Na Europa, o Paleolítico Médio, que começa por volta de 350 mil anos atrás, vê o desenvolvimento da caça aos grandes mamíferos e a diversificação das indústrias líticas, o surgimento de uma nova técnica de talha de ferramentas (chamada "Levallois") e de

AS MULHERES PRÉ-HISTÓRICAS À LUZ DAS NOVAS DESCOBERTAS...

esqueletos de neandertais – homens, mulheres, crianças, recém-nascidos e até fetos[264] – foram descobertos[265] em quinze sítios arqueológicos.[266] A essas sepulturas se somam as de Qafzeh e Skhūl (Israel), que continham esqueletos de *Homo sapiens*. As sepulturas guardam um único corpo, com exceção das de La Ferrassie (Dordonha[267]) e Qafzeh, onde os corpos de uma jovem adulta, de uma criança de 6 anos e de um homem adulto (colocado ao lado do corpo da mulher) foram provavelmente sepultados juntos. Os corpos costumam ser enterrados deitados de lado, mais raramente de costas, com os braços majoritariamente em posição dobrada e as pernas contraídas, ou seja, a maioria estava em posição fetal.[268] Embora as sepulturas masculinas sejam um pouco mais numerosas que as femininas, sobretudo

---

sepulturas. Os neandertais são os únicos presentes nesse continente até o surgimento dos denisovanos (em Altai) e a chegada dos *Homo sapiens*, há cerca de 45 mil anos atrás, marcando o fim desse período.

264. Em La Ferrassie (4 e 5), na Dordonha, por exemplo.

265. Eles jaziam em fossas escavadas no solo ou em cavidades naturais transformadas em sepulturas.

266. Com exceção das sepulturas da Hungria (criança de Subaluyk), da Crimeia (Kiik--Koba e Zaskalnaya VI) e do Uzbequistão (Teshik-Tash), as sepulturas neandertais têm uma distribuição geográfica limitada à Europa Ocidental (França, especialmente no sudoeste, Bélgica) e no Oriente Próximo. Na Europa, ao menos trinta sepulturas foram descobertas em dez sítios arqueológicos. Elas são mais recentes que no Oriente Próximo, entre 65 mil (La Ferrassie 8, Roc de Marsal, na Dordonha) e 39 mil anos atrás (do recém--nascido de Moustier, na Dordonha, e Zaskalnaya VI). No Oriente Próximo, ao menos treze sepulturas, datadas de *c.* 141 mil (Tabun) e 43 mil anos atrás (Shanidar I e Dederiyeh II), foram descobertas em cinco sítios arqueológicos: Amud, Tabun, Kebara, Shanidar e Dederiyeh. As ferramentas de pedra descobertas na mesma camada arqueológica dessas sepulturas pertencem ao musteriano do Levante.

267. Em uma fossa jaziam os corpos de um recém-nascido de cerca de um mês e de um feto. Eles tinham sido cobertos de cascalho, terra e cinzas, provavelmente retirados de uma fogueira colocada sobre ou nas proximidades da sepultura, e, acima dessa mistura, parecem ter sido depositadas belíssimas ferramentas de sílex (pontas e raspadores).

268. Somente a posição da cabeça parece variar em função do sexo: a dos indivíduos femininos está quase sempre virada para o lado e a dos homens jaz reta no solo.

no Oriente Próximo, o sexo de vários esqueletos não pôde ser determinado, por isso não podemos afirmar que tenha havido um sepultamento seletivo em função do gênero. Algumas sepulturas foram arrumadas: os corpos foram recobertos de ocre vermelho, sedimentos ricos em cinzas ou carvão de madeira (proveniente de uma fogueira), placas e blocos de pedra. Durante esse período, embora alguns vestígios tenham sido encontrados sobre ou perto do corpo – pedaços de carcaças de animais (atestadas pela presença de ossos), galhadas de cervídeos, chifres de bovídeos, fragmentos de marfim de mamute ou ferramentas de pedra e ossos, muitas vezes sem uso –, esse mobiliário funerário é raro, qualquer que seja o sexo do sepultado. Do conjunto das sepulturas, dez contêm um esqueleto feminino: sete neandertais,[269] com idade entre 16 e 30 anos, e três *Homo sapiens*.[270] Somente a neandertal de La Quina (Charente) parece ter sido enterrada com mobiliário funerário, uma esfera calcária piquetada, colocada na altura de sua bacia, e talvez um raspador de sílex.

No Paleolítico Superior, o número de sepulturas é relativamente maior e mais de vinte contêm um esqueleto feminino.[271] As sepulturas duplas, muitas vezes com

---

269. Em La Ferrassie (Dordonha), La Quina (Charente), Saint-Césaire (Charente-Maritime), Spy (Bélgica), Kiik-Koba (Crimeia), Tabun (Israel), Shanidar VI (Iraque).

270. Skhūl VII e Qafzeh 3 e 9, sepulturas datadas, respectivamente, entre 135 mil e 100 mil anos e *c.* 94 mil anos antes de nossa era.

271. Como a magdaleniana do abrigo Lafaye, em Bruniquel, no departamento de Tarn-et--Garonne, a magdaleniana do abrigo de Cap-Blanc e a gravetiana do abrigo Cro-Magnon, na Dordonha, uma ou duas aurignacianas do abrigo Duruthy, no departamento de Landes, e a magdaleniana de Saint-Germain-la-Rivière, na Gironda. Na Itália, as gravetianas de Barma Grande, da caverna de Cavillon e da caverna das Crianças, em Balzi Rossi, de Ostuni e Paglicci. Na República Tcheca, as gravetianas de Brno III, Dolní Věstonice e as duas de Predmost 1. O esqueleto feminino identificado em Sungir, na Rússia, é hoje atribuído a um homem.

AS MULHERES PRÉ-HISTÓRICAS À LUZ DAS NOVAS DESCOBERTAS...

uma mulher e uma criança,[272] triplas,[273] e mesmo múltiplas,[274] são mais frequentes do que no Paleolítico Médio. A sepultura tripla de Dolní Věstonice II (República Tcheca), por exemplo, contém os esqueletos de um adulto jovem, provavelmente do sexo feminino (ainda em discussão), jazendo de costas em posição dobrada, com um fragmento calcinado de costela de cavalo[275] na altura da boca, e dois jovens adultos do sexo masculino, provavelmente enterrados depois dela. O braço direito do homem à esquerda repousava sobre o braço esquerdo dela e as mãos do outro indivíduo masculino, à direita, sobre o púbis.

Algumas sepulturas nos fornecem informações preciosas sobre os comportamentos nessas sociedades. A sepultura gravetiana da caverna de Santa Maria d'Agnano (perto de Ostuni, Itália) é única no gênero. Ela guardava o esqueleto de uma jovem de 20 anos e, na altura da bacia, o de seu feto (que chegou a termo) e algumas ferramentas de sílex. O corpo da mãe repousava

---

272. O abrigo Lafaye, em Bruniquel, revelou uma sepultura magdaleniana que continha o corpo de uma mulher jazendo de costas, pernas sobre a cabeça, e o de uma criança de 7 anos. Na sepultura II, chamada caverna das Crianças, em Balzi Rossi, na Itália, o corpo de uma mulher idosa repousava acima do corpo de um jovem adolescente, provavelmente do sexo masculino, deitado de costas e com uma ponta de sílex enfiada na coluna vertebral. A mulher estava em posição muito dobrada, o rosto contra o chão, usando uma touca de conchas.

273. Na sepultura de Barma Grande, em Balzi Rossi, na Itália, estava o corpo de um adulto, talvez uma mulher, deitada de costas, e à sua direita, dois adolescentes, provavelmente homens, jaziam sobre o lado esquerdo. Eles poderiam ter um laço de parentesco (Dominique Henry-Gambier, *La Sépulture des enfants de Grimaldi (Baoussé-Roussé, Italie). Anthropologie et Paletonthologie funéraire* [A sepultura das crianças de Grimaldi (Baoussé-Roussé, Itália). Antropologia e paleontologia funerária]. Paris: CTHS/RMN, 2001).

274. Entre os cinco esqueletos gravetianos descobertos no abrigo Cro-Magnon, na Dordonha, contam-se uma mulher de mais de 50 anos, três homens adultos, um deles com 50 anos, e um recém-nascido. Predmost I, na Morávia (República Tcheca), é notável pelo número de indivíduos que foram descobertos: no mínimo três ou quatro mulheres, quatro homens, dois adolescentes masculinos e dez crianças de todas as idades. Eles foram sepultados, provavelmente de maneira sucessiva, em uma fossa pouco profunda coberta por pedras. Eles estavam associados a omoplatas e crânios de mamutes. Fato raro, a maioria dos corpos está em posição agachada (talvez pela falta de espaço) e com orientação norte-sul.

275. Julien Riel-Salvatore e Geoffrey Clark, "Grave Markers" [Marcadores de túmulos], *Current Anthropology*, vol. 42 (4), 2001, p. 449-479.

O HOMEM PRÉ-HISTÓRICO TAMBÉM É MULHER

em uma grande fossa, deitada sobre o lado esquerdo em posição levemente dobrada, com a mão direita sobre o ventre e a esquerda sob a cabeça. Ricamente ornamentada, ela usava uma touca composta por uma centena de conchas,[276] um pingente (um canino residual de cervo), um bracelete em cada punho e um colar, também de conchas (columelas, búzios, caracóis[277]). Outras mulheres sepultadas usavam touca, diadema, bracelete, tornozeleira, colar, pingente composto sobretudo de conchas,[278] de dentes de animais[279] e, mais raramente, de ossos de animais,[280] além de fragmentos de rocha.[281] Objetos[282] foram depositados perto de alguns corpos: ossos e dentes de animais,[283] ferramentas talhadas em pedra[284] ou osso[285] e ossos ou pedras gravadas com riscos.[286] Os

---

276. Conchas sobretudo de um molusco gastrópode marinho do gênero *Cyclope*. Todas estão furadas e provavelmente estavam ligadas umas às outras para formar uma espécie de touca.

277. O canino foi encontrado perto do crânio e as conchas perto dos antebraços, sobre o peito e sobre o ventre. Também podemos imaginar que essas conchas tenham sido costuradas sobre a roupa.

278. Sobre os esqueletos de Saint-Germain-la-Rivière, da caverna de Cavillon e na caverna das Crianças (touca) em Balzi Rossi, Ostuni 1.

279. Sobre os esqueletos do abrigo Lafaye, em Bruniquel, e do abrigo Duruthy, em Landes (colares), de Saint-Germain-la-Rivière, de Cavillon, de Paglicci e de Ostuni 1.

280. Como nos esqueletos de Cavillon e de Paglicci, na Itália.

281. Como no esqueleto de Saint-Germain-la-Rivière.

282. Às vezes é difícil, devido às condições de descobertas (escavações antigas) e/ou modificações pós-deposicionais, saber se o mobiliário funerário descoberto de fato tem relação com o corpo sepultado (como em Cro-Magnon ou Predmost I, onde se descobriu a presença de uma cabeça de raposa-polar, omoplatas e crânios de mamute), assim como alguns elementos de vestimenta (como em Barma Grande 2, 3).

283. Um fêmur de auroque sob a cabeça da mulher de Barma Grande 2, ossos e dez caninos de raposa-polar nas mãos da mulher de Dolní Věstonice II e um fragmento queimado de costela de cavalo na altura da boca da mulher de Dolní Věstonice III.

284. Em Bruniquel, Saint-Germain-la-Rivière, Duruthy, Barma Grande 2, Ostuni 1, caverna das Crianças III, Cavillon, Paglicci, Dolní Věstonice II.

285. Buril em metapodial vestigial (osso da pata) de cavalo, em Cavillon.

286. Uma omoplata e uma bacia de mamute em Dolní Věstonice II e uma placa de xisto no abrigo de Lafaye, em Bruniquel.

168

AS MULHERES PRÉ-HISTÓRICAS À LUZ DAS NOVAS DESCOBERTAS...

ritos de sepultamento às vezes eram acompanhados por um recobrimento do corpo da morta ou da sepultura[287] com ocre, muitas vezes vermelho, e talvez por uma refeição funerária[288] ou uma fogueira.[289]

Nas cavernas ornadas, a descoberta de sepulturas sob ou na proximidade de paredes pintadas ou gravadas levanta a questão das relações existentes entre os sepultados e as figurações. É o caso do esqueleto de uma magdaleniana de 25-35 anos descoberto na base da parede esculpida do abrigo Cap-Blanc (Dordonha). Ela jazia sobre o lado esquerdo, em posição fetal e com uma das mãos sobre o rosto, ao lado de um mobiliário funerário. Seu corpo ornado estava embaixo de três lajes de pedra. Alguns pesquisadores sugeriram que a sepultura seria contemporânea do friso parietal esculpido com cavalos, e que se trataria do corpo do ou de um dos escultores, hipótese não comprovada. A "dama de Cavillon", uma gravetiana de 37 anos, foi sepultada perto de dois cavalos gravados na parede da caverna de Cavillon. Ela usava uma touca ornada com conchas marinhas e caninos residuais de cervo e, na perna esquerda, uma tornozeleira também feita de conchas. Perto do corpo havia um furador, na altura da cabeça, e um pingente, ambos moldados em um osso de cavalo. Também encontramos essa associação mulher-cavalo na caverna ornamentada de Paglicci, na Itália, onde, perto de dois cavalos pintados, foram descobertas duas sepulturas gravetianas, de um menino e de uma jovem de 18-20 anos.[290]

No Paleolítico Médio e no Paleolítico Superior, embora os homens sejam mais numerosos que as mulheres nas sepulturas, nada permite concluir que houvesse uma escolha em função do sexo, pois a proporção de indivíduos

---

287. Em Cavillon, Paglicci, Ostuni, Dolní Věstonice III, Brno III.

288. Ossos de rena, uma mandíbula e cavilhas ósseas (chifres) de íbex e dentes de cavalo foram encontrados em Bruniquel e um frontal com chifres de bisão foi descoberto em Saint-Germain-la-Rivière.

289. Presença de pedras queimadas em Bruniquel e na caverna das Crianças III, fogueiras sobre a laje de Saint-Germain-la-Rivière, nos arredores e sobre as sepulturas de Barma Grande 2 e de Cavillon, e presença de uma fogueira sob o corpo na caverna das Crianças III.

290. Os dois usavam ornamentos de osso ou de dente de cervo (como um diadema composto por sete caninos residuais).

que não tiveram o sexo definido é elevada. Da mesma forma, não há relação evidente entre o sexo e a abundância de vestuário (usados pelos dois sexos e pelas crianças), ocre ou mobiliário funerário. Também se constata que a natureza dos elementos de vestuário e de mobiliário funerário varia pouco em função dos sexos, com exceção, talvez, do marfim de mamute, que parece estar presente apenas nas sepulturas masculinas.[291] Embora a relação direta entre as obras parietais e as sepulturas femininas não tenha sido provada, constata-se nas três cavernas citadas a representação do cavalo, animal equiparado ao princípio masculino por André Leroi-Gourhan.

Havia uma forma de desigualdade na divisão do trabalho ou na detenção do poder em certas comunidades de caçadores-coletores, segundo os estudos etnográficos, mas ela existiria durante a pré-história? Para alguns pesquisadores, a escassez de sepulturas seria uma prova disso. Para eles, somente os indivíduos pertencentes à "elite" teriam sido enterrados. É verdade que pouquíssimas sepulturas foram descobertas, apesar do grande número de sítios pré-históricos. No entanto, vários fatores podem explicar essa falta. A conservação dos esqueletos varia em função da natureza do solo que os contém – quanto mais ácido ele for, mais eles se degradam, por isso a ausência de ossos em certas regiões. Algumas cavernas foram esvaziadas de seus preenchimentos sedimentares durante fases muito temperadas e úmidas, e outras foram ocupadas repetidas vezes e de maneira intensiva por humanos e carnívoros, muito abundantes no Paleolítico; esses fenômenos levaram à destruição total ou parcial dos vestígios arqueológicos, sobretudo das ossadas. Além disso, indivíduos podiam morrer durante deslocamentos e ser enterrados na hora. Essas sepulturas são mais difíceis de encontrar devido à ausência de indícios arqueológicos na superfície e, ao contrário daquelas em cavernas ou abrigos, são mais sensíveis à destruição, pois o desaparecimento do corpo é mais rápido

---

291. Uma "boneca" articulada de marfim foi encontrada na sepultura de um homem em Brno (Brno II), por exemplo. Na África, o marfim de elefante, por sua cor branca que evoca os ossos dos antepassados que fecundam o solo, simboliza o vínculo com o mundo dos mortos.

AS MULHERES PRÉ-HISTÓRICAS À LUZ DAS NOVAS DESCOBERTAS...

devido aos animais carniceiros, como as hienas das cavernas, numerosas nesses períodos, e às intempéries. No entanto, não é certo que todos esses fatores possam, sozinhos, explicar a pequena quantidade de sepulturas descobertas. É possível que grupos humanos não tenham praticado o sepultamento. O que não quer dizer que não tivessem ritos funerários, pois alguns deixam pouquíssimos vestígios arqueológicos. Por todas essas razões, não podemos relacionar a falta de sepulturas à existência de uma hierarquia nas sociedades pré-históricas. Ademais, o trato dos mortos parece pouco diferenciado.[292] Por exemplo: nenhuma das sepulturas múltiplas pode ser vinculada de maneira convincente a práticas desigualitárias, como o acompanhamento ou o sacrifício[293] que ocorrem durante o sepultamento de um personagem importante. As mortes seriam resultado de fome, epidemia ou acidente.[294]

Embora a existência de hierarquização nas sociedades paleolíticas ainda não possa ser claramente demonstrada,[295] não podemos dispensar de todo o fato de que os indivíduos presentes nas sepulturas, de diferentes idades e dos dois sexos, se diferenciam dos outros membros do grupo por terem sido sepultados. Embora o motivo para isso permaneça desconhecido, é possível invocar a posição social, sobretudo nas sociedades magdalenianas,

---

292. Com exceção, talvez, das sepulturas de Dolní Věstonice, Barma Grande e Sungir (Dominique Henry-Gambier, "Comportement des populations d'Europe au Gravettien: pratiques funéraires et interprétations" [Comportamento das populações europeias no Gravetiano, *Paléo*, n. 20, 2008, p. 399-438).

293. Em várias sociedades históricas, quando da morte de um personagem importante, parentes são sacrificados e sepultados junto com ele. Chamada de "acompanhamento", essa prática pode ser evidenciada pelas diferenças de tratamento do defunto principal e do ou dos acompanhantes (disposição dos corpos e da sepultura, postura de um ou dos outros, natureza e abundância de ornamentos e mobiliário funerário associado). Nas sepulturas múltiplas descobertas em alguns sítios, constata-se uma "disposição simétrica dos corpos" (Alain Testart, *Les Morts d'accompagnement. La servitude volontaire (I)* [A morte acompanhada: a servidão voluntária]. Paris: Éditions Errance, 2004, p. 183).

294. Não cito as que resultariam de conflitos, pois esses não foram arqueologicamente provados durante o Paleolítico.

295. Sobretudo gravetianas (Dominique Henry-Gambier, *ibid.*).

O HOMEM PRÉ-HISTÓRICO TAMBÉM É MULHER

como atestado pela sepultura de Saint-Germain-la-Rivière (Gironda[296]). O corpo da jovem sepultada estava ornado com um rico colar composto de 72 caninos residuais de cervo.[297] Esse colar, particularmente notável, e mesmo prestigioso, dada a extrema escassez desse cervídeo no ambiente do sítio durante esse período particularmente frio,[298] poderia refletir seu pertencimento a um grupo de *status* social elevado ou sua posição eminente no seio da comunidade.[299]

Hoje em dia, nenhum argumento arqueológico confirma a hipótese de que no Paleolítico as mulheres tinham um *status* social inferior ao dos homens. Alguns arqueólogos, baseados na abundância das representações femininas, sugerem que, estando no centro das crenças, elas tinham uma posição elevada naquelas sociedades,[300] o que parece ser verificado ao menos em algumas delas. Esse seria o único motivo para isso? Outros pesquisadores afirmam que, naqueles tempos remotos, as sociedades eram matrilineares, e mesmo matriarcais. O que isso quer dizer?

---

296. Seus descobridores descreveram essa sepultura como um "pequeno dólmen", com quatro blocos de pedra dispostos sobre cada uma das paredes da fossa e duas lajes chatas como cobertura, hipótese hoje em discussão.

297. Três conchas de moluscos gastrópodes marinhos (do gênero *Trivia*) e uma pérola alongada de esteatito (pedra muito macia) foram encontradas perto do esqueleto. Perfuradas, essas quatro peças estavam provavelmente costuradas na roupa (Marian Vanhaeren, Francesco d'Errico, "Le mobilier funéraire de la Dame de Saint-Germain-la-Rivière et l'origine paléolithique des inégalités" [A mobília funerária da senhora de Saint-Germain- -la-Rivière e a origem paleolítica das desigualdades], *Paléo*, n. 15, 2003, p. 195-238).

298. Esses dentes provêm das regiões cantábrica ou mediterrânea, onde o cervo estava presente mesmo durante a fase mais fria da última glaciação (Marian Vanhaeren, Francesco d'Errico, "Le mobilier funéraire de la Dame de Saint-Germain-la-Rivière et l'origine paléolithique des inégalités", *Paléo*, n. 15, 2003, p. 195-238).

299. Marian Vanhaeren, Francesco d'Errico, *ibid*.

300. Piotr Efimenko, *La société primitive* [A sociedade primitiva] (1953). In: Claudine Cohen, "La moitié 'invisible' de l'humanité préhistorique" [A metade "invisível" da humanidade pré-histórica], colóquio Mnemosyne, Lyon, IUFM, 2005.

AS MULHERES PRÉ-HISTÓRICAS À LUZ DAS NOVAS DESCOBERTAS...

Sociedades matriarcais?

Costuma haver confusão entre as sociedades matriarcais[301] e as sociedades matrilineares.[302] O termo "matriarcado",[303] diferentemente do termo "matrilinear", subentende uma dominação feminina, como indicado por sua etimologia (do grego "ἄρχειν", "dirigir", "comandar"). Embora uma hierarquia baseada na fêmea dominante e em sua descendência tenha sido observada em diversas espécies animais, em particular entre os bonobos, nossos primos próximos, e embora os na[304] ainda fossem uma sociedade matriarcal nos anos 1990,[305] hoje o matriarcado desapareceu.[306] Muitas sociedades, em contrapartida, foram matrilineares e algumas ainda o são.[307] Ao constatar que desde a Antiguidade

---

301. Cuja organização social e jurídica se baseia na detenção da autoridade pelas mulheres (Pierre Bonte e Michel Izard, *Dictionnaire de l'ethnologie et de l'anthropologie*. Paris: PUF, 1991, p. 455).

302. Modo de filiação e de organização social em que a transmissão do nome, do pertencimento a um clã ou a uma classe, dos bens e das funções ou dos privilégios ocorre por intermédio da mãe. Hoje, a filiação patrilinear (transmissão pelo pai) é a mais comum (Robert Deliège, *Anthropologie de la famille et de la parenté*. Paris: Armand Colin, 2011, coleção Cursus).

303. Utilizado pela filósofa alemã Heide Göttner-Abendroth (Heide Göttner-Abendroth, *Das Matriarchat, vol. I, History of Research on Matriarchy* [O matriarcado, vol. I: história da pesquisa sobre o matriarcado]. Stuttgart: Verlag Kohlhammer, 1988-1995; *Das Matriarchat, vol. II, 1: Contemporary Matriarchal Societies in East Asia, na Indonesia, na Oceania* [O matriarcado, vol. II, 1: sociedades matriarcais contemporâneas no leste da Ásia, na Indonésia, na Oceania]. Stuttgart: Verlag Kohlhammer, 1991 e 1999; *Das Matriarchat, vol. II, 2: Contemporary Matriarchal Societies in America, India, Africa* [O matriarcado, vol. II, 2: sociedades matriarcais contemporâneas na América, na Índia, na África]. Stuttgart, Verlag Kohlhammer, 2000).

304. Povo de origem tibetana que vive nos vales recuados de Yunnan, na China.

305. Cai Hua, *Une société sans père ni mari. Les Na de Chine*. Paris: Presses Universitaires de France, 1997.

306. Laurent S. Barry *et al.*, "Glossaire de la parenté" [Glossário do parentesco], *L'Homme*, n. 154-155, 2000, p. 728.

307. O direito matrilinear existia (existe) em muitos povos africanos, indianos (Khashi), indonésios (Minangkabau, Ngada), ameríndios (entre os iroqueses, as mulheres detinham a posse da terra, organizavam o trabalho agrícola e faziam parte dos conselhos, onde dispunham de direito de veto sobre todas as decisões).

O HOMEM PRÉ-HISTÓRICO TAMBÉM É MULHER

os homens têm um poder econômico e social superior ao das mulheres na maioria das civilizações, muitos autores afirmam que o mesmo aconteceu nos primórdios da humanidade. Eles refutam a tese, defendida por muitos cientistas do século XIX, da existência de um matriarcado anterior ao patriarcado. Sua presença nas sociedades pré-históricas, em debate há mais de um século e meio, ainda desperta acirradas discussões. Para muitos autores, "o matriarcado original" não passaria de um mito; para outros, ele teria existido até o surgimento do patriarcado, durante o Neolítico.[308]

Na promiscuidade do clã, onde não havia certeza sobre quem era o pai de uma criança, a transmissão do parentesco só podia ocorrer através da mãe. Para o antropólogo polonês Bronisław Malinowski[309] (1884-1942) e para o jurista suíço Johann Bachofen (1815-1887), essa filiação matrilinear estava presente nas primeiras sociedades humanas. Em 1861, Johann Bachofen, baseando-se em mitos antigos[310] e relatos de viagem,[311] sugeriu que a "época primitiva" seria a era da "ginecocracia", do direito materno – em que a hereditariedade do poder se transmite de mãe para

---

308. Ernest Borneman, *Le Patriarcat (Perspectives critiques)* [O patriarcado (perspectivas críticas)]. Paris: PUF, 1979).

309. Especialmente nas sociedades agropastoris que reverenciavam a "deusa-mãe" (Bronisław Malinowski, *La Paternité dans la psychologie primitive*. Paris: Allia, 2016 [1927]).

310. Embora a hipótese de Johann Bachofen de uma sociedade matriarcal na Grécia Antiga de antes da época clássica seja aceita pelo romancista britânico Robert Graves (1895-1985) (*The Greek Myths*, 1955 [Ed. bras.: *Os mitos gregos* vols. I e II. Tradução de Fernando Klabin. Rio de Janeiro: Nova Fronteira, 2017]), ela é rejeitada por Simon Pembroke ("Women in Charge: The Function of Alternatives in Early Greek Tradition and the Ancient Idea of Matriarchy" [Mulheres no comando: a função das alternativas na tradição grega primitiva e a ideia ancestral do matriarcado], *Journal of the Warburg and Courtauld Institutes*, vol. 30, 1967, p. 1-35). Para Robert Graves, vários elementos da mitologia tradicional e do folclore protoeuropeu só podem ser compreendidos como vestígios de um matriarcado original, predominante na Europa e na Ásia na época pré-histórica (*The White Goddes*, 1948; publicado em francês em 1979 como *La Déesse blanche*, reeditado em 1989 como *Les Mythes celtes. La Déesse blanche* [Ed. bras.: *A deusa branca: uma gramática histórica do mito poético*. Rio de Janeiro: Bertrand, 2004]).

311. Johann Bachofen se baseia em relatos de viagem, em especial sobre os do padre jesuíta Joseph François Lafitau (1681-1746), missionário na Nova França (atual Canadá).

AS MULHERES PRÉ-HISTÓRICAS À LUZ DAS NOVAS DESCOBERTAS...

filha.[312] A existência de um matriarcado primitivo, ou ao menos de uma igualdade social entre homens e mulheres, foi defendida por vários antropólogos[313] e filósofos[314] do fim do século XIX. Para eles, durante a passagem da economia de predação (caça-coleta) para a de produção (agropastoril)[315] é que os homens teriam tomado o poder e instaurado a patrilinearidade e, depois, o patriarcado. Essa tese, que perdura no início do século XX entre alguns antropólogos,[316] é retomada nos anos 1930. As estruturas sociais das sociedades pré-históricas teriam se modificado ao longo do tempo. Elas primeiro teriam sido clânicas,[317] depois matriarcais e sedentárias[318] e,

---

312. Johann Bachofen afirma que as mulheres teriam utilizado o "mistério" da maternidade para organizar a tribo em torno do culto da "Grande Deusa".

313. O estadunidense Lewis Morgan se baseia em suas pesquisas sobre os sistemas de parentesco iroquês, entre os quais viveu (*Systems of Consanguinity and Affinity of the Human Family*, Smithsonian Institution, 1871). Para ele, os iroqueses representavam um estágio pelo qual todas as sociedades haviam passado (*Ancient Society, or Research in the Line of Human Progress from Savagery, through Barbarism to Civilization* [Sociedades ancestrais, ou pesquisa na linha do progresso humano, da selvageria ao barbarismo e à civilização]. Basingstoke: Macmillan, and Co., 1877).

314. No livro *A origem da família, da propriedade privada e do Estado* (1884), Friedrich Engels se baseia nos trabalhos de Lewis Morgan e nas anotações de seu amigo Karl Marx.

315. Depois do estágio de "selvageria" (dos caçadores-coletores) e antes do de "civilização" (surgimento das classes sociais e das instituições estatais). Esses termos foram definidos por Lewis Morgan para diferenciar os vários estágios de desenvolvimento das sociedades ao longo do tempo (Lewis H. Morgan, *Systems of Consanguinity and Affinity of the Human Family, ibid.*).

316. Dentre os quais o francês Robert Briffault (*The Mothers. A Study of the Origins of Sentiments and Institutions* [As mães: um estudo das origens dos sentimentos e instituições], 1927) e o escocês James Frazer (*The Golden Bough*, 1906-1915) [Ed. bras.: *O ramo de ouro*. Tradução de Waltensir Dutra. Rio de Janeiro: Zahar, 1982].

317. No Musteriano, uma das culturas neandertais (Piotr Efimenko, *La société primitive* [1953]. In: Claudine Cohen, "La moitié 'invisible' de l'humanité préhistorique", colóquio Mnemosyne, Lyon, IUFM, 2005, p. 402).

318. No Gravetiano, Piotr Efimenko se baseia nas descobertas de séries de estatuetas femininas nos hábitats gravetianos (Kostenki, Gagarino, Avdeevo, Brassempouy, Menton, Willendorf). Realistas, elas representariam, segundo ele, as mulheres da época. Suas formas corporais atestariam a abundância de alimento (rico em carne e gordura) e, portanto, de um modo de vida sedentário durante esse período (*ibid.*).

O HOMEM PRÉ-HISTÓRICO TAMBÉM É MULHER

por fim, familiares (em casal) e nômades.[319] Baseado em várias inexatidões, esse esquema evolutivo proposto pelo arqueólogo russo Piotr Efimenko foi totalmente abandonado nos dias de hoje.[320] Ele também afirmava que as mulheres tinham papel central nas sociedades gravetianas, enquanto reprodutoras e guardiãs do lar e senhoras dos animais.[321] Cerca de trinta anos depois, Marija Gimbutas, especialista na Idade do Bronze, descreveu as sociedades pré-indo-europeias como "matrísticas"[322] (matrilineares). Elas teriam perdurado por dezenas de milênios[323] antes de serem progressivamente suplantadas pela chegada, a partir de 3 mil anos antes de nossa era, de tribos nômades vindas das estepes da Ásia Central (ligadas à cultura curgã[324]). As civilizações mediterrâneas dos "hipogeus",[325] que também dependem desse tipo de organização matrilinear,[326] teriam sofrido o mes-

---

319. No Magdaleniano (Piotr Efimenko, *ibid.*).

320. As sociedades gravetianas não eram sedentárias, mas nômades, por exemplo.

321. *Ibid.* Piotr Efimenko também é autor de um artigo sobre a mulher na época aurignaciana (*Signification de la femme à l'époque aurignacienne* [Significação da mulher à época do Aurignaciano] [em russo], Izviestia, T. XI, Leningrado, 1931).

322. Ela utiliza esse termo, que considera menos discriminatório do que "matriarcais" (Marija Gimbutas, *Bronze Age Cultures of Central and Eastern Europe* [Culturas da Idade do Bronze das Europas Central e Ocidental]. Mouton & Co., 1965).

323. Segundo ela, do Aurignaciano até o início da Idade do Bronze, ou seja, por cerca de 27 mil anos.

324. É em 1956 que Marija Gimbutas propõe a "hipótese curgã", a partir de uma síntese dos dados arqueológicos de escavações de túmulos da cultura curgã dos povos das estepes da Ásia Central e de uma análise linguística comparativa. Ela constata uma progressiva expansão dessa cultura, percebida especialmente por meio da difusão da metalurgia do bronze, desde sua bacia original nas regiões dos rios Dnieper, Don e Volga, até abarcar a totalidade da estepe pôntica durante a Idade do Bronze (Marija Gimbutas, *The Prehistory of Eastern Europe. Part I: Mesolithic, Neolithic and Copper Age Cultures in Russia and the Baltic Area* [A pré-história da Europa Ocidental, parte I: culturas do Mesolítico, Neolítico e Idade do Cobre na Rússia e na região báltica]. Cambridge: Peabody Museum, 1956).

325. Caracterizadas pelo sepultamento dos mortos em cavernas artificiais escavadas na rocha. A mais antiga, de Hal Saflieni, em Malta, data de 4.100 a 3.800 anos antes de nossa era.

326. Segundo os trabalhos de Jeannine Davis-Kimball, que escavou entre 1992 e 1995 vários curgãs (nome russo para túmulo) situados na fronteira entre a Rússia e o Cazaquistão

AS MULHERES PRÉ-HISTÓRICAS À LUZ DAS NOVAS DESCOBERTAS...

mo destino por volta de 3.500 anos antes de nossa era.[327] Essas tribos de cavaleiros teriam imposto às populações indígenas matrilineares um sistema patriarcal e guerreiro. Essa tese é contestada,[328] sobretudo porque armas e vestígios de fortificações muito anteriores à chegada dessas tribos foram descobertos e sua expansão teria sido quase sempre pacífica.[329]

Nos anos 1980-1990, várias historiadoras estadunidenses afirmam que as culturas pré-históricas eram matrilineares e mais igualitárias, mais pacíficas[330] e menos hierarquizadas do que as sociedades patriarcais.[331] Essa teoria

---

(Jeannine Davis-Kimball, *Warrior Women: An Archaeologist's Search for History's Hidden Heroines*. Nova York: Warner Book, 2002).

327. Os vestígios de incêndios, saques e violências variadas observadas nos hipogeus seriam a prova (*ibid.*).

328. Jean-Paul Demoule, arqueólogo, especialista no Neolítico, questiona essa hipótese "curgã", que considera "redutora e simplista": "Os europeus precisam de um mito sobre suas origens e os indo-europeus são esse mito." Os estudos genéticos dos últimos anos sobre ossadas fósseis europeias (datadas entre 1.800 a.C. e o início de nossa era) e as populações atuais mostram que uma migração muito importante ocorreu desde as estepes pônticas em direção ao centro da Europa (cultura yamna, da cerâmica cordada), depois para as outras partes da Europa há cerca de 3 mil anos (*Mais où sont passés les Indo-Européens? Le mythe d'origine de l'Occident* [Mas para onde foram os indo-europeus? O mito da origem do Ocidente]. Paris: Seuil, 2014). Ele cita Wolfgang Haak *et al.* ("Massive Migration from the Steppe is a Source for Indo-European Languages in Europe" [Migração maciça das estepes é uma fonte das línguas indo-europeias da Europa], *Nature*, vol. 522, 2015, p. 207-211) e Ewen Callaway ("DNA Data Explosion Lights Up the Bronze Age. Population-scale Studies Suggest that Migrants Spread Steppe Language and Technology" [Explosão de dados sobre DNA ilumina Idade do Bronze. Estudos de escala populacional sugerem que migrações espalharam a linguagem e a tecnologia da estepe], *Nature*, vol. 522, 2015, p. 40-141).

329. James P. Mallory e Douglas Q. Adams, *The Oxford Introduction to Proto-Indo-European and the Proto-Indo-European World* [A introdução de Oxford para o proto-indo-europeu e o mundo proto-indo-europeu] (2006). In: Jean-Pierre Demoule, *Mais où sont passés les Indo-Européens? Le mythe d'origine de l'Occident, ibid.*, p. 423.

330. Elas se baseiam na constatação de que, ao longo da história, a guerra foi raramente praticada pelas mulheres, com poucas exceções, como as amazonas do Daomé e alguns grupos de Bornéu.

331. Gerda Lerner, *The Creation of Patriarchy*. Oxford: Oxford University Press, 1986 [Ed. bras.: *A criação do patriarcado: história da opressão das mulheres pelos homens*. Tradução

O HOMEM PRÉ-HISTÓRICO TAMBÉM É MULHER

é refutada por inúmeros pesquisadores.[332] Para vários deles, as descrições das sociedades matriarcais não passariam de "construções mitológicas eruditas", fruto do romantismo em torno de uma "idade de ouro" desaparecida em que a dominação de um sexo pelo outro não existiria.[333] A "ginecocracia" de Johann Bachofen seria uma "fantasia", segundo Emmanuel Todd, para quem "o *status* da mulher é na verdade mais elevado nos sistemas de parentesco indiferenciado do que nas sociedades matrilineares".[334] O matriarcado original, portanto, seria apenas um mito! Seus defensores se baseiam em argumentos etnográficos, da mesma forma que seus oponentes, que citam vários exemplos de sociedades tradicionais, igualitárias de um ponto de vista econômico e social, mas não nas relações entre homens e mulheres. No entanto, ainda que elas tenham sido menos numerosas, não podemos negar a evidência de que existiam sociedades em que as relações entre os sexos eram equilibradas (como entre os sãs da África do Sul).

O que transparece claramente das análises etnológicas é a dificuldade de associar a presença do patriarcado, ou da dominação masculina, de forma exclusiva às sociedades tecnicamente desenvolvidas. Os mitos são utilizados

---

de Lisa Sellera. São Paulo: Cultrix, 2020]; Riane Eisler, *The Chalice and The Blade. Our History, Our Future* [O cálice e a lâmina: nossa história, nosso futuro]. Nova York, Harper & Row, 1989; Carol P. Christ, *Rebirth of the Goddess Finding Meaning in Feminist Spirituality* [Renascimento da deusa: buscando o sentido na espiritualidade feminista]. Londres: Routledge, 1997; Max Dashù, "Knocking Down Straw Dolls: A Critique of Cynthia Eller's The Myth of Matriarchal Prehistory" [Derrubando bonecas de palha: uma crítica de Cynthia Eller ao mito do matriarcado pré-histórico], *Feminist Theology*, vol. 13, 2005, p. 185-216.

332. Como Ian Hodder, escavador do sítio de Çatal Hüyük, que reinterpretou os trabalhos de Marija Gimbutas (Ian Hodder, *Religion in the Emergence of Civilization. Çatalhöyük as a Case Study* [Religião no surgimento da civilização: Çatalhöyük como um caso de estudo]. Stanford University, 2010).

333. Roberta Gilchrist, *Gender and Archaeology. Contesting the Past.* Psychology Press, 1999; Cynthia Eller, *The Myth of Matriarchal Prehistory. Why an Invented Past Will Not Give Women a Future* [O mito do matriarcado pré-histórico: por que uma invenção do passado não dará um futuro às mulheres]. Boston: Beacon Press, 2000.

334. Emmanuel Todd, *L'Origine des systèmes familiaux, tome I: L'Eurasie.* Paris: Gallimard, 2011, p. 370-371.

AS MULHERES PRÉ-HISTÓRICAS À LUZ DAS NOVAS DESCOBERTAS...

tanto pelos defensores quanto pelos detratores do matriarcado original. A hipótese de sua existência não levaria em conta sua natureza e o papel que eles tiveram nas sociedades tradicionais. Em grande número de mitos africanos, oceânicos e ameríndios, as mulheres aparecem originalmente como senhoras dos bens[335] e dos rituais, mas são despossuídas pelos homens,[336] porque esse governo feminino leva ao desastre. A referência a um matriarcado original serviria apenas para justificar a dominação masculina.[337] Os mitos, porém, se baseiam em parte na realidade; transmitidos oralmente, eles se transformam. Os que chegaram até nós com certeza não são os mitos originais. Assim, a alegação de que o domínio das mulheres teria conduzido ao desastre talvez não existisse na origem, ao menos não em todos os mitos, como alguns pesquisadores afirmam. A ideia da incapacidade das mulheres de garantir convenientemente o poder estava enraizada na sociedade ocidental do século XIX. Nas palavras de Johann Bachofen, as sociedades matrilineares são consubstanciais às sociedades "imaturas" (primitivas e fruto da natureza) e as patriarcais às sociedades "maduras" (civilizadas e fruto da cultura).[338] A passagem da filiação materna à filiação paterna teria sido um "progresso do espírito humano".[339] Essa tese é retomada no século XX por vários psicanalistas,[340] como Sigmund

---

335. Fogo, objetos sagrados, ferramentas, armas, grãos, plantas, técnicas agrícolas...

336. Jean-Loïc Le Quellec e Bernard Sergent, "Femmes maîtresses de la culture" [Mulheres mestres da cultura]. In: *Dictionnaire critique de mythologie*. Paris: CNRS Éditions, 2017, p. 481-483.

337. Alain Testart, *La Déesse et le grain. Trois essais sur les religions néolithiques*. Paris: Éditions Errance, 2010.

338. Para Johann Bachofen, inspirado por *Lisístrata* e *A assembleia das mulheres*, de Aristófanes (*Le Droit maternel, recherche sur la gynécocratie de l'Antiquité dans sa nature religieuse et juridique* [O direito maternal, pesquisa sobre a ginecocracia da Antiguidade e sua natureza religiosa e jurídica], L'Âge d'Homme, I-LVI, 1996).

339. Alexis Giraud-Teulon fils, *Les Origines du mariage et de la famille* [A origem do casamento e da família]. Paris: A. Cherbuliez, 1884, 1. reed. 1874.

340. Especialmente por Jacques Lacan ("La signification du phallus". In: *Écrits*. Paris: Seuil, 1966, p. 685-695 [Ed. bras.: *Escritos*. Tradução de Vera Ribeiro. Rio de Janeiro: Jorge Zahar Editor, 1998]).

Freud, que não hesita em escrever: "Sob influência de condições externas que não nos cabe estudar aqui, e que aliás não são totalmente conhecidas, uma organização patriarcal da sociedade sucedeu à organização matriarcal, o que naturalmente provocou uma grande transformação das leis em vigor [...] Mas essa transformação, essa passagem da mãe ao pai, tem outro sentido ainda: ela marca uma vitória da espiritualidade sobre a sensualidade e, dessa forma, um progresso da civilização. De fato, a maternidade é revelada pelos sentidos, enquanto a paternidade é uma conjectura baseada em deduções e hipóteses."[341] A *contrario*, o surgimento do matriarcado ao longo da evolução humana é que teria tido uma função civilizatória.[342]

"O matriarcado nunca existiu!" Essa fórmula lapidar, publicada no número de novembro de 1992 da revista *L'Histoire*,[343] nos leva a pensar sobre o motivo da recusa de muitos pesquisadores a considerar a hipótese de que a dominação masculina, o sistema patriarcal, não seja original e tenha se instaurado progressivamente como resultado de mudanças, quiçá de ordem econômica, que subverteram a estrutura social das comunidades caçadoras-coletoras nômades. O acúmulo de bens, quase inexistente nas sociedades paleolíticas, favorecido pelo sedentarismo e pela domesticação das plantas e dos animais, teria provocado o surgimento de uma nova atividade, a de protegê-los, função que teria cabido aos homens, supostamente mais fortes.[344] Os homens, tornando-se progressivamente detentores das colheitas e dos rebanhos, teriam instituído

---

341. Sigmund Freud, *L'Homme Moïse et la Religion monothéiste* [1939]. Paris: Gallimard, 1986, p. 106 [Ed. bras.: *Moisés e o monoteísmo: Compêndio de psicanálise e outros textos (1937-1939)*. Tradução de Paulo César de Souza. São Paulo: Companhia das Letras, 2018].

342. Evelyn Reed, *Woman's Evolution from Matriarchal Clan to Patriarchal Family* [A evolução das mulheres do clã matriarcal à família patriarcal]. Nova York: Pathfinder Books Ltd., 1975.

343. Stella Georgoudi, "Le Matriarcat n'a jamais existé" [O matriarcado nunca existiu], *L'Histoire*, n. 160, 1992, p. 40-48.

344. Colin Spencer, *Histoire de l'homosexualité. De l'Antiquité à nos jours*. Paris, Pocket, 1999, p. 30 [Ed. bras.: *Homossexualidade: uma história*. Rio de Janeiro: Record, 1996].

AS MULHERES PRÉ-HISTÓRICAS À LUZ DAS NOVAS DESCOBERTAS...

a filiação patrilinear a fim de garantir a transmissão dos bens a seus filhos. A apropriação e o controle dos filhos, indicados pela generalização do direito paterno, teriam surgido em sociedades socialmente organizadas, segundo Claude Lévi-Strauss.[345] A substituição de filiação teria conduzido, em um prazo mais ou menos longo, ao surgimento do sistema patriarcal. Portanto, é muito provável que as mudanças econômicas e sociais observadas no Neolítico tenham modificado profundamente as relações entre os homens e as mulheres. Elas teriam marcado o início da era patriarcal: "O primeiro a derrubar a ordem sexual não foi a mulher, mas o homem, quando, entre o terceiro e o primeiro milênio antes de Cristo, ele pôs um fim ao mundo misto – no qual os direitos e as liberdades das mulheres eram muito mais extensos e onde o feminino era respeitado e divinizado – para construir um novo mundo, o mundo viriarcal, no qual a mulher seria inferiorizada, enclausurada, e perderia todos os seus poderes. Na aurora dessa nova civilização começa o grande relato da superioridade virial, que seria consolidada, século após século, pela mitologia (imagem e símbolo), pela metafísica (conceito), pela religião (lei divina) e a ciência (a fisiologia)."[346]

Em 1884, Friedrich Engels identificava a progressiva substituição da filiação materna pela filiação paterna como uma das causas da sujeição das mulheres; para ele, a derrubada do direito materno foi "a grande derrota histórica do sexo feminino".[347] Mais de 120 anos depois, Emmanuel Todd destaca que, embora o princípio de patrilinearidade tenha favorecido o desenvolvimento de formas familiares complexas que teriam se propagado em seguida por quase toda a Eurásia (o que pressupõe a existência de um princípio anterior), ele teve como contraparte um rebaixamento do *status* da mulher e, consequentemente, um papel menor das mães na transmissão cultural.[348] Assim, a escassez de regimes

---

345. Claude Lévi-Strauss, *Les Structures élémentaires de la parenté*, 1949, p. 136.

346. Olivia Gazalé, *Le Mythe de la virilité* [O mito da virilidade]. Paris: Robert Laffont, 2017, Kindle, posição 111-118.

347. Friedrich Engels, *A origem da família, da propriedade privada e do Estado*, 1884.

348. Emmanuel Todd, *L'Origine des systèmes familiaux, tome I: L'Eurasie*. Paris: Gallimard, 2011, p. 370-371.

matriarcais (ao mesmo tempo matrilineares e matrilocais[349]) se explicaria pela dominação masculina universal. A subordinação das mulheres, que constitui uma forma de violência, seria a consequência da divisão sexual do trabalho.[350]

Constata-se, com raras exceções, que as tarefas que envolvem a utilização de armas, como a caça e a guerra, são reservadas aos homens e valorizadas em todas as sociedades históricas, tradicionais ou modernas. A valorização dessas atividades masculinas teria conduzido a relações de dominação entre os sexos em detrimento das mulheres. "Não é dando a vida, é arriscando-a que o homem se ergue acima do animal; eis por que, na humanidade, a superioridade é outorgada não ao sexo que engendra e sim ao que mata."[351] Ao escrever isso, Simone de Beauvoir associa a criação (de ferramentas e armas) ao risco de uma forma de "transcendência", colocando o homem ao lado da cultura e a mulher do lado da natureza – ele ultrapassa sua condição e ela "permanece" em uma espécie de relação orgânica com o mundo. Outras interpretações tendem a uma forma de "compensação": não podendo dar a vida (parir), nem alimentar um recém-nascido (amamentar), os homens teriam, desde as origens, atribuído a si mesmos o monopólio das armas. Para outros autores, a explicação é biológica: eles seriam naturalmente mais violentos – por causa da testosterona, o hormônio masculino, de taxa mais elevada nos homens.[352] No entanto, embora a testosterona possa provocar certa agressividade, necessária à sobrevivência e à afirmação de si, tal comportamento pode ser controlado pelo cérebro, influenciado pela educação. Assim, o fato de os homens serem majoritariamente mais violentos que as mulheres se deveria mais "à educação diferencial entre os sexos do que à quantidade de testoste-

---

349. Em antropologia, em sua acepção atual, uma sociedade ao mesmo tempo matrilinear e matrilocal (em que o "marido" vai morar com a família da "esposa") é uma sociedade matriarcal.

350. Olivia Gazalé, *ibid.*, Kindle, posição 242 e 619-620.

351. Simone de Beauvoir, *Le Deuxième Sexe, tome I: Les faits et les mythes*. Paris: Folio Gallimard, 1976, p. 114-115.

352. Ainda que, entre as mulheres, a testosterona aumente em períodos de estresse ou de pulsão sexual.

AS MULHERES PRÉ-HISTÓRICAS À LUZ DAS NOVAS DESCOBERTAS...

rona que eles produzem", afirma Françoise Héritier.[353] Embora o patriarcado seja um sistema social que oprime as mulheres, ele também aliena os homens, colocando sobre eles "a obrigação da força, do combate, da potência".[354]

Nas sociedades paleolíticas, as mulheres tinham, com a procriação e a criação das crianças pequenas, uma função primordial para a perenidade do clã. Visto que era impossível saber com certeza quem era o verdadeiro pai do recém-nascido, a filiação matrilinear parece mais do que provável. Participando de inúmeras atividades, elas tinham um papel econômico real e gozavam de um *status* social provavelmente equivalente ao dos homens, ou mesmo, quem sabe, mais elevado na esfera doméstica[355] e simbólica, tendo em vista o lugar central ocupado pelas representações femininas na arte paleolítica. Portanto, é sensato pensar que essas sociedades tenham sido matrilineares, ou que as relações entre os sexos tenham sido equilibradas. Não temos nenhum indício que permita determinar a existência de sociedades matriarcais, dominadas pelas mulheres, ou patriarcais. É possível que a progressiva substituição da filiação materna pela filiação paterna tenha de fato ocorrido ao longo do Neolítico, mas não em todos os lugares, pois sociedades matrilineares ainda existem em algumas regiões do mundo.

Constatamos mutações econômicas e sociais importantes no fim do Paleolítico e sobretudo durante o Neolítico[356] e nas Idades dos Metais.[357] A partir do VII

---

353. Françoise Héritier, *Masculin/Féminin. La pensée de la différence*, 1995, p. 26.

354. Olivia Gazalé, *ibid.*, Kindle, posição 133-134.

355. Segundo Friedrich Engels, que se baseia nas observações de Arthur Wright, missionário junto aos iroqueses sênecas, no estado de Nova York, cujos escritos ele cita: "[...] Habitualmente, a parte feminina mandava na casa. [...] As mulheres detinham o maior poder nos clãs (nas *gentes*) e também em toda parte. Eventualmente, elas não se importavam de destituir um chefe e rebaixá-lo à condição de simples guerreiro." (Friedrich Engels, *ibid.*)

356. Esse período é particularmente bem conhecido graças ao número importante de moradias e necrópoles descobertas.

357. Na Europa, esse período proto-histórico, que reúne todos os povos sem escrita, mas é contemporâneo das primeiras civilizações históricas, se caracteriza pelo surgimento da

O HOMEM PRÉ-HISTÓRICO TAMBÉM É MULHER

milênio antes de nossa era, pequenos grupos de indivíduos do Oriente Próximo, principalmente no Crescente Fértil (atuais Irã, Iraque, Líbano, Israel-Palestina, Síria e Turquia), migram para a Europa e disseminam um novo modo de vida. Esses sedentários (há aproximadamente 12.500 anos antes de nossa era) levam consigo grãos de plantas domésticas (por volta de 9.000 antes de nossa era) – farro, cevada, lentilhas – e animais – cabras, ovelhas, bovinos. Quando da primeira onda de povoamento, os migrantes, portadores da cultura da cerâmica cardial, chegam por via marítima, nas regiões do centro e do oeste da bacia mediterrânea, nos Bálcãs e no sul da Ucrânia. Algumas estatuetas femininas bastante esquemáticas esculpidas em terracota foram descobertas em vários sítios arqueológicos do sul da Itália. A segunda onda, ao longo do VI milênio, corresponde à migração de populações de agricultores e criadores de animais, que sobem o Danúbio a partir do mar Negro. Essa cultura, chamada danubiana, se desenvolve primeiro na Europa Central, espalhando-se pelo restante da Europa temperada, até a bacia parisiense (*c.* 5.200 antes de nossa era). Essas mudanças modificaram o *status* das mulheres nas novas sociedades e as relações entre os dois sexos?

AS MULHERES NO NEOLÍTICO E NAS IDADES DOS METAIS

A situação das mulheres teria se degradado ao longo do Neolítico? As opiniões divergem. Se para alguns arqueólogos a resposta é afirmativa, outros dizem que ela melhorou devido ao papel central desempenhado pelas mulheres no surgimento da agricultura. Não podemos generalizar, pois suas funções e seu

---

metalurgia. A economia se baseia essencialmente na agricultura e na criação de animais, completados pelos aportes da coleta e da caça. Distinguem-se três grandes períodos: o Calcolítico, ou Idade do Cobre (que começa *c.* 3.200 antes de nossa era), a Idade do Bronze e a Idade do Ferro. Hoje, o Calcolítico costuma ser incluído no Neolítico.

AS MULHERES PRÉ-HISTÓRICAS À LUZ DAS NOVAS DESCOBERTAS...

prestígio parecem ter variado em função do período[358] e das regiões,[359] como mostram os estudos da arte – rupestre e móvel – dos túmulos e dos esqueletos humanos descobertos em necrópoles.

Na arte rupestre da Espanha mediterrânea,[360] centenas de personagens em ação foram pintados e gravados em paredes de abrigos rochosos. Ao contrário do Paleolítico, as representações de mulheres são mais raras (uma centena, no máximo) que as dos homens. Elas costumam ser representadas menores que as figuras masculinas, com um cesto ou recipiente suspenso em um dos braços esticado para a frente, às vezes dançando e, mais raramente, montadas a cavalo. Com frequência representadas sozinhas ou em pequenos grupos exclusivamente femininos, elas são exceção nas cenas narrativas, nas quais vemos homens praticando diferentes atividades agrícolas ou pastoris (rebanho de bovinos), coletando mel, dançando e, quase sempre armados de arco e flechas, caçando ou guerreando. No entanto, como na caverna do Neolítico tardio de Porto Badisco (Puglia, Itália) e numa das cavernas pintadas de El Civil (Valltorta), algumas mulheres, no mínimo quatro, estão presentes na cena que representa um confronto entre dois grupos armados.[361] A divisão sexual das tarefas aparece com bastante clareza na arte do início do Neolítico.

---

358. O Neolítico perdura por cerca de 5.500 anos no Oriente Próximo e cerca de 3.500 anos na Europa.

359. Andrew Sherratt, *Economy and Society in Prehistoric Europe: Changing Perspectives* [Economia e sociedade na Europa: mudando perspectivas]. Edimburgo: Edinburgh University Press, 1997.

360. Arte do Levante, ou levantina, datada entre os anos 10.000 e 6.500 antes de nossa era.

361. Esther López Montalvo, "Violence et mort dans l'art rupestre du Levant: groupes humains et territoires" [Violência e morte na arte rupestre do Levante: grupos humanos e territórios]. In: Luc Baray, Matthieu Honegger e Marie-Hélène Dias-Meirinho (orgs.), *L'Armement et l'image du guerrier dans les sociétés anciennes: de l'objet à la tombe* [O armamento e a imagem do guerreiro nas sociedades ancestrais: do objeto ao túmulo]. Dijon: Éditions universitaires de Dijon, 2011, coleção Art, Archéologie & Patrimoine, p. 19-42.

O HOMEM PRÉ-HISTÓRICO TAMBÉM É MULHER

Embora nessas pinturas as mulheres pareçam se dedicar exclusivamente à colheita e à coleta, estudos realizados em seus esqueletos provam que elas praticavam outras atividades; na Europa Central, algumas tinham braços mais fortes do que as atletas de hoje.[362] Essa incrível força física dos membros superiores decorreria de atividades ligadas à agricultura: lavragem da terra, colheita de cereais, moagem de grãos com pesadas mós de pedra... As mulheres também trabalhavam as peles, dedicavam-se à cestaria, à fiação, à tecelagem[363] e à cerâmica. A descoberta de sua robustez e de sua força muscular, ainda mais marcadas do que entre as mulheres da Idade do Bronze e do Ferro,[364] obriga a uma reconsideração de suas tarefas durante esses períodos. Algumas realizavam trabalhos pesados e não apenas atividades domésticas que necessitavam de menos força. A caça parece ter sido praticada pelos homens; alguns esque-

---

362. Alison Macintosh, Ron Pinhasi e Jay Stock compararam o úmero e a tíbia de 45 mulheres contemporâneas na casa dos 20 anos que jogavam futebol, corriam e remavam (escaneando esses ossos) com o úmero e a tíbia de um grupo de mulheres que viviam no Neolítico e nas Idades dos Metais. Embora a força óssea das tíbias dessas mulheres seja similar (e mesmo inferior nos esqueletos mais recentes), a de seus úmeros, em contrapartida, é claramente superior. Para caracterizar a importância do desenvolvimento muscular e as patologias ligadas a atividades repetidas, alguns antropólogos estudaram suas marcas nos ossos. "O impacto físico e a atividade muscular exercem uma pressão sobre o osso, chamada carga, que reage mudando de forma, curvatura, espessura e densidade ao longo do tempo para se adaptar aos esforços repetidos" ("Prehistoric Women's Manual Labor Exceeded that of Athletes Through the First 5.500 years of Farming in Central Europe" [O trabalho manual de mulheres pré-históricas excedeu o de atletas nos primeiros 5.500 anos de agricultura na Europa Central], *Sciences Advances*, vol. 3 [11], 2017, p. eaao3893).

363. Segundo as lesões (entesopatias) consecutivas de repetição de movimentos precisos da mão observadas nos esqueletos femininos (Vered Eshed *et al.*, "Musculoskeletal Stress Markers in Natufian Hunter-Gatherers and Neolithic Farmers in the Levant: the Upper Limb" [Marcadores de estresse musculoesqueléticos em caçadores-coletores natufianos e agricultores neolíticos no Levante: o membro superior], *American Journal of Physical Anthropology*, vol. 123 [4], 2004, p. 308-315).

364. A Idade do Ferro começa por volta do ano 1.200 antes de nossa era e termina no fim do século I de nossa era. Ela está subdividida em dois grandes períodos. A primeira Idade do Ferro corresponde à cultura de Hallstatt, que se desenvolveu na Europa entre aproximadamente 1.200 e o século V antes de nossa era, e a segunda corresponde à cultura de La Tène (apogeu da civilização celta), entre os anos *c.* 450 e 25 antes de nossa era.

AS MULHERES PRÉ-HISTÓRICAS À LUZ DAS NOVAS DESCOBERTAS...

letos apresentam lesões decorrentes da repetição de movimentos causados pela utilização de armas como o arco e o arpão.[365] Da mesma forma, segundo os objetos descobertos nas tumbas, embora alguns sejam encontrados tanto em sepulturas masculinas quanto em femininas, outros aparecem apenas ao lado do corpo de um dos sexos. É o caso dos enxós (ferramentas para o trabalho da madeira), dos machados, das pederneiras de sílex e das pontas de flechas, sempre associadas a um esqueleto masculino ou de sexo indeterminado. Sua utilização parece reservada aos homens, portanto, o que indicaria que somente eles trabalhavam a pedra e a madeira, acendiam o fogo, caçavam e guerreavam. Isso acontecia em todas as sociedades neolíticas?

Bem no início do Neolítico, a organização socioeconômica, e mesmo política, das primeiras sociedades agrícolas parece surgir com as mulheres.[366] O arqueólogo Jacques Cauvin (1930-2001), especialista no Neolítico do Oriente Próximo, sugere uma continuidade entre a coleta durante o Paleolítico, atividade supostamente feminina, e a domesticação das plantas.[367] Depois de coletá-las, as mulheres as levavam para sua moradia e os grãos que caíam no solo germinavam.[368] A ideia de cultivá-los teria vindo disso. Tornando-se agricultoras, elas também estariam na origem das diferentes ferramentas agrícolas, como a enxada e os moedores de grãos. Segundo alguns pesquisadores, esses saberes

---

365. Elas foram observadas especialmente em esqueletos de homens descobertos na ilha sueca de Gotland (Petra Molnar, "Tracing Prehistoric Activities: Musculoskeletal Stress Marker Analysis of a Stone-Age Population on the Island of Gotland in the Baltic Sea" [Traçando atividades pré-históricas: análise de marcas de estresse musculoesqueléticas da população da Idade da Pedra na ilha de Gotland, no mar Báltico], *American Journal of Physical Anthropology*, vol. 129 [1], 2006, p. 12-23).

366. Jacques Cauvin, *Naissance des divinités, naissance de l'agriculture: la révolution des symboles au néolithique*. Paris: Flammarion, 1998, coleção Champs.

367. *Ibid.*

368. Ainda recentemente, nas regiões do Sahel africano, as mulheres ceifavam as plantas selvagens com cestos de palha bem apertada para colher pequenos grãos como painço ou milho selvagem.

O HOMEM PRÉ-HISTÓRICO TAMBÉM É MULHER

teriam sido transmitidos de mãe para filha,[369] o que lhes teria conferido um *status* social tão elevado quanto o dos homens, se não superior.

Uma mudança na organização social surge por volta de 6.000 anos antes de nossa era, período marcado por uma explosão demográfica local ligada à abundância de alimentos (atestada pela presença de numerosos silos de grãos) e a uma expansão da sedentarização.[370] Com o desenvolvimento da criação de animais[371] e com o domínio de novas técnicas, os homens teriam progressivamente substituído as mulheres nos trabalhos ligados à agricultura. A exploração de animais para a obtenção de lã ou leite teria provocado um maior isolamento das mulheres no espaço doméstico.[372] Com o crescimento das riquezas (campos ou pastagens, rebanhos, reservas alimentares), eles teriam adquirido um lugar cada vez mais importante nas comunidades. Essas mudanças teriam remodelado as relações sociais, proporcionando ao surgimento de elites e castas, como a dos guerreiros, e levado a uma divisão sexual do trabalho mais marcada, bem como a uma generalização da residência patrilocal e da filiação patrilinear. Essas transformações, que subvertem o lugar das mulheres na sociedade, são perceptíveis a partir de 5.000 anos antes de nossa era na composição do mobiliário funerário (mais sexuado e menos diversificado nos túmulos femininos) e no estado de saúde óssea dos esqueletos femininos. Nota-se um aumento não apenas das patologias ligadas a trabalhos pesados, ao transporte de cargas pesadas e a partos repetidos, mas também de carências causadas por uma alimentação com baixo índice de proteínas (à base sobretudo

---

369. Como afirma Colin Spencer em *Histoire de l'homosexualité. De l'Antiquité à nos jours*. Paris: Pocket, 1999, p. 30.

370. As primeiras aldeias datam de *c.* 7.000 antes de nossa era no Oriente Próximo e *c.* 4.500 antes de nossa era na Europa.

371. Os primeiros animais domésticos – cabras, ovelhas e bovinos – aparecem por volta do ano 9.000 antes de nossa era, no Oriente Próximo, e chegam pela primeira vez à Europa (nos Bálcãs) há cerca de 6.800 anos.

372. Andrew Sherratt, *Economy and Society in Prehistoric Europe: Changing Perspectives*. Edimburgo: Edinburgh University Press, 1997.

AS MULHERES PRÉ-HISTÓRICAS À LUZ DAS NOVAS DESCOBERTAS...

de féculas e vegetais, atestados por um maior número de cáries[373]) e de traumatismos causados por atos de violência. Mas não em todas as mulheres. Em vários túmulos, as sepultadas foram ricamente ornamentadas e apresentam poucas patologias e poucos traumatismos.[374] A situação das mulheres parece variar em função da posição social, portanto. Em certas regiões, a morte de personagens importantes foi celebrada, como atestado pelos numerosos vasos de cerâmica encontrados no túmulo de uma mulher enterrada com grande pompa.[375] Encontramos essa diferença no tratamento dos mortos até o fim do Neolítico. Entre 2.800 e 2.100 anos antes de nossa era, o depósito megalítico de Stonehenge (Inglaterra) serviu de ponto de cremação para a elite da comunidade.[376] A presença de catorze mulheres em um dos fossos,[377] que continha os restos de 23 indivíduos adultos de todas as idades,[378] atesta seu *status* social equivalente ao dos homens.[379] Os túmulos e esqueletos masculinos também revelam grandes diferenças de tratamento entre os indivíduos. A questão que surge é saber se a divisão sexual do trabalho não seria, antes de tudo, uma divisão social do trabalho devido ao aumento das desigualdades e à hierarquização da sociedade.

---

373. Penny Bickle e Alasdair Whittle (orgs.), *The First Farmers of Central Europe: Diversity in LBK Lifeways* [Os primeiros agricultores da Europa Central: diversidade na forma de vida da cultura da cerâmica linear]. Oxford: Oxbow Books, 2013.

374. Por exemplo durante a cultura de cerâmica de bandas, na Alta Alsácia e na bacia parisiense (Anne Augereau, *La Condition des femmes aux Néolithiques. Pour une approche du genre dans le Néolithique européen*, 2018).

375. Descoberta na Alta Alsácia (em Mulhouse-Est), ela pertence ao fim da cultura de cerâmica de bandas – entre os anos 5.600 a 4.900 antes de nossa era (Anne Augereau, *ibid.*).

376. A uma pequena distância do talude do círculo de pedras, 56 covas, dispostas num amplo círculo, continham restos humanos (Mike Pitts, "Stonehenge", *British Archaeology*, vol. 102, 2008, p. 12-17; Mike P. Pearson *et al.*, "Who Was Buried at Stonehenge?" [Quem foi enterrado em Stonehenge?], *Antiquity*, vol. 83 [319], 2009, p. 23-39).

377. Chamado de "buraco de Aubrey 7", escavado em 2008.

378. Christie Willis *et al.*, "The dead of Stonehenge" [Os mortos de Stonehenge], *Antiquity*, vol. 90 (350), 2016, p. 337-356.

379. Ao contrário do que foi observado nos túmulos neolíticos mais antigos (Mike Pitts, *ibid.*).

O HOMEM PRÉ-HISTÓRICO TAMBÉM É MULHER

Em certas comunidades neolíticas, mas também das idades do Bronze e do Ferro, mulheres praticavam atividades que seriam exclusivamente masculinas,[380] como a caça e a guerra.[381] Como corretamente observou Chloé Belard a respeito do lugar das mulheres ao longo da Idade do Ferro na região da Champagne: "Se considerarmos que os homens sepultados com carruagens fúnebres[382] foram 'chefes', não há nenhum argumento arqueológico para não considerarmos as mulheres sepultadas com carruagens fúnebres da mesma forma. É possível que funções de poder, econômico e mesmo político, tenham sido atribuídas a algumas mulheres."[383]

GUERREIRAS

No século XIX, a sociedade ocidental patriarcal não consegue aceitar a existência de guerreiras: as interpretações que se seguem à descoberta, nos anos 1880, do sítio arqueológico de Birka, no norte da ilha de Björkö (Suécia), são eloquentes a esse respeito. O esqueleto sepultado com armas (uma espada, duas lanças e 25 flechas), dois cavalos e um tabuleiro de jogo com um conjunto completo de peões foi atribuído a um homem. Por mais de um século,

---

380. Marie Louise Sørensen, *Gender Archaeology.* Cambridge: Polity Press, 2000; Liv Helga Dommasnes, "Late Iron Age in western Norway: Female Roles and Ranks as Deduced from an Analysis of Burial Customs" [Alta Idade do Ferro no oeste da Noruega: Papéis e posições de mulheres como deduzidos pela análise dos costumes funerários], *Norwegian Archaeological Review*, 15 1-2, 1982, p. 70-84; Caroline Trémeaud, *Genre et hiérarchisation dans le monde nord-alpin, aux âges du Bronze et du Fer.* Oxford: BAR Publishing, 2018.

381. Azar Gat, "The Pattern of Fighting in Simple, Small-Scale, Prestate Societies" [O padrão da luta em sociedades simples de pequena escala], *Journal of Anthropological Research*, vol. 55 (4), 1999, p. 563-583; Phillip L. Walter, "A Bioarchaeological Perspective on the History of Violence" [Uma perspectiva bioarqueológica sobre a história da violência], *Annual Review of Anthropology*, 30, 2001, p. 573-596.

382. Rito funerário que consistia em sepultar, em uma mesma cova, o esqueleto ou as cinzas de um ou dois mortos com uma carruagem de guerra ou cerimonial.

383. Chloé Belard, *Pour une archéologie du genre. Les femmes em Champagne à l'âge du fer.* Paris: Hermann, 2017, p. 269-270.

AS MULHERES PRÉ-HISTÓRICAS À LUZ DAS NOVAS DESCOBERTAS...

esse túmulo serviu de referência para a identificação de chefes guerreiros vikings. Em 2014, o estudo antropológico do esqueleto[384] colocou em dúvida essa interpretação, mas foi preciso esperar novas escavações[385] e análises de DNA para que a comunidade científica finalmente admitisse que se tratava de uma mulher.[386] O suposto guerreiro viking de meados do século X era uma guerreira de 30 anos com cerca de 1,70 metro. Talvez se tratasse de uma chefe guerreira, como parece indicar o jogo, que devia servir para exercícios táticos e estratégias de combate.[387] Apesar dos novos dados indiscutíveis, alguns arqueólogos não admitem essa interpretação e sugerem que os parentes dessa mulher vestiram-na com roupas de guerreiro sem que isso refletisse seu real papel na sociedade.

Outras escavações já haviam mostrado, no entanto, que os guerreiros vikings nem sempre eram homens. Além disso, muitas sagas descrevem jovens armadas lutando ao lado dos homens, como a lendária *Völsunga saga* ou a balada irlandesa do século X que conta a história de Inghen Ruaidh, guerreira que conduziu uma frota viking até a Irlanda. No entanto, é claro que, aos olhos de alguns autores, essas heroínas guerreiras não passariam de "embelezamentos" tardios! É possível que outras sepulturas vikings tenham sido vítimas de interpretação errônea, pois nada prova que o papel atribuído às mulheres tenha sido, entre esse povo, o mesmo que nas sociedades mais recentes.[388] Muitos homens seguem julgando impensável que as mulheres pudessem, no passado, ter uma função militar, exceto algumas rainhas ou regentes. Eles também costumam contestar a ideia de que o matriarcado existiu e precedeu o patriarcado. Embora muitos autores

---

384. Realizado por Anna Kjellström.

385. Dirigidas pela arqueóloga sueca Charlotte Hedenstierna-Jonson.

386. Charlotte Hedenstierna-Jonson *et al.*, "A female Viking warrior confirmed by genomics" [Uma guerreira mulher viking confirmada pelo genoma], *American Journal of Physical Anthropology*, 164 (4), 2017, p. 853-860.

387. *Ibid.*

388. Neil Price *et al.*, "Viking warrior women? Reassessing Birka chamber grave Bj. 581" [Guerreiras vikings mulheres? Reacessando o túmulo Birka Bj. 581], *Antiquity*, vol. 93 (367), 2019, p. 181-198.

tenham chamado os exércitos de mulheres de "amazonas", para a maioria dos historiadores e antropólogos elas são um mito, ainda que muitos testemunhos históricos comprovem que as mulheres foram guerreiras.

A rejeição da ideia de que as mulheres possam montar a cavalo e guerrear data da Antiguidade.[389] Mas é nesse período que surge o mito das amazonas. Seres lendários e fantasiosos aos olhos de alguns autores,[390] para outros elas de fato existiram.[391] Heródoto e alguns autores antigos as veem como guerreiras citas.[392] Por volta do ano 2.000 antes de nossa era, todos os guerreiros teriam sido exterminados, e às mulheres restou pegar em armas contra os egípcios durante a invasão da Capadócia (Turquia), então território cita.[393] Cerca de um século depois do historiador grego Heródoto, o orador ateniense Isócrates citava entre os inimigos mais perigosos de Atenas os trácios, os persas e os citas conduzidos pelas amazonas.[394] O geógrafo romano Pompônio Mela (século I)

---

389. Ainda que as mulheres gregas tenham sido alistadas quando a pátria estava em perigo (Violaine Sebillotte Cuchet, "Les Amazones ont-elles existé?" [As amazonas existiram?], *L'Histoire*, n. 374, 2012, p. 70).

390. Como o grego Estrabão (*c.* 60 a.C.-*c.* 20 d.C.), para quem se tratava de um grupo étnico com um modo de vida pastoril e seminômade e no qual os homens e as mulheres podiam escolher caçar e guerrear juntos ou em grupos separados (*Geographica*, Livro XI, 5) (Adrienne Mayor, *Les Amazones. Quand les femmes étaient les égales des hommes [VIIIᵉ siècle av. J.-C. – Iᵉʳ siècle apr. J.-C.]* [As amazonas: quando as mulheres eram iguais aos homens (séculos VIII a.C.- I d.C.)]. Paris: La Découverte, 2017).

391. O historiador grego Diodoro da Sicília (90-30 a.C.).

392. Como Arriano (85-146 d.c.), o qual relata que "o chefe dos corasmos, um povo das margens do Aral, sugere a Alexandre uma campanha contra as amazonas" (Arriano, *Anábase* IV, 15, 1-6) e que "Atropatres, o sátrapa da Média, deu a Alexandre cem mulheres citas sobre as quais se diz que seriam amazonas" (Arriano, *Anábase* VII, 13, 2), o historiador Quinto Cúrcio (século I) (*L'Histoire d'Alexandre le Grand* [A história de Alexandre, o Grande], VIII, 1, 7-9) ou o historiador de língua latina Jordanes (século VI) (Adrienne Mayor, *ibid.*).

393. Heródoto, *Histoires*, IV, 110-117 [Ed. bras.: *Histórias*. Tradução de Maria Aparecida de Oliveira Silva. São Paulo: Edipro, 2015].

394. Adrienne Mayor, *ibid.*

AS MULHERES PRÉ-HISTÓRICAS À LUZ DAS NOVAS DESCOBERTAS...

localizava as amazonas nas estepes em torno do rio Don, do mar de Azov e do mar Cáspio.[395] Segundo algumas fontes, elas teriam participado, no ano 513 antes de nossa era, do combate que levou à fuga do rei persa Dario I da Cítia e da Sarmátia, território situado entre os rios Don e Ural.[396] A arqueóloga estadunidense Jeannine Davis-Kimball (1929-2017) vê a presença de mulheres loiras nas tribos mongóis, que costumam ter a cabeleira negra, a prova de cruzamentos entre esse povo e o de outra etnia, hoje desaparecida e de origem exata desconhecida, talvez a das amazonas cito-sármatas.[397]

Inúmeros textos gregos[398] e latinos,[399] principalmente o *Ciclo troiano*,[400] narram os feitos das amazonas. Elas copulavam uma vez por ano com os mais belos homens dos povoados vizinhos e matavam os filhos homens ou os mutilavam para utilizá-los como servos. Comandadas por uma rainha,[401] elas

---

395. *Ibid.*

396. O território dos citas e dos sármatas corresponderia à Ucrânia, à Rússia meridional, ao Cazaquistão e ao Azerbaijão de hoje (Iaroslav Lebedynsky, *Scythes, Sarmates et Slaves* [Citas, sármatas e eslavos]. Paris: L'Harmattan, 2009, coleção Présence Ukrainienne).

397. Jeannine Davis-Kimball, *Warrior Women: An Archaeologist's Search for History's Hidden Heroines*. Nova York: Warner Book, 2002.

398. No século V antes de nossa era, o poeta grego Aristófanes coloca em cena, em várias de suas peças, mulheres que se revoltam contra a dominação dos homens e tomam o poder, alusões mais ou menos explícitas às amazonas (*A assembleia das mulheres* – ou *As que cercam a assembleia* –, comédia composta por volta de 392 a.C.; *As Tesmoforiantes* – ou *As mulheres que celebram as Tesmofórias* –, comédia escrita por volta de 412 a.C.; e *Lisístrata*, peça em que as mulheres tomam a Acrópole, coisa que as amazonas tentaram fazer sem sucesso na mitologia).

399. Na *Eneida* (Canto I, 491), do poeta Virgílio, por exemplo.

400. Que relata a guerra de Troia, especialmente *A Ilíada*, de Homero (século VIII antes de nossa era), e *A Etiópida*, talvez composta no século VII antes de nossa era, mas atribuída ao poeta grego Arctino de Mileto, que viveu por volta do ano 650 antes de nossa era.

401. Hipólita, Antíopa ou Pentesileia são as mais famosas rainhas das amazonas. Na *Vulgata de Alexandre* (do historiador grego Diodoro da Sicília – século I a.C. – e dos historiadores romanos Quinto Cúrcio e Justino), livro que será muito disseminado na Europa medieval (*Romance de Alexandre*), o rei da Macedônia, Alexandre, o Grande (356-323 a.C.), teria conhecido a rainha das amazonas, Taléstris (ou Miryna). Ela teria desejado ter um filho com ele: "Por seus feitos, ele era de fato o mais corajoso de todos os

se exercitavam no manejo das armas, montavam a cavalo, caçavam e guerreavam. Para poder usar o arco com mais facilidade, queimavam o seio direito na infância.[402] Essa é uma lenda decorrente de uma falsa etimologia veiculada por Heródoto, para quem o nome "amazona" significava "aquela que não tem seio".[403] Por meio desses textos, nasceu o mito das ferozes amazonas, cavaleiras e guerreiras criadas como tais. Munidas de um escudo leve em forma de meia-lua e armadas de uma lança, de um arco e de flechas, às vezes também de um machado, elas amavam a guerra: "Heitor, semelhante aos deuses, foi vencido pelo filho de Peleu; o fogo o consumiu e a terra o cobriu. Os troianos permaneceram ao abrigo na cidade de Príamo, temendo a força terrível do corajoso Eácides. [...] Foi então que, deixando as margens profundas do Termodonte, surgiu Pentesileia,[404] semelhante às deusas; ela amava as guerras cruéis e queria, ao mesmo tempo, sob as muralhas de Troia, escapar à vergonha e às críticas de sua nação; pois havia matado sua irmã Hipólita, eterno objeto de seus lamentos! Ela a havia matado durante uma caçada com dardo, sem querer, perseguindo uma corça. A guerreira, animada pelo sopro de Ares, vinha portanto à terra de Troia para se purificar da mácula do assassinato e apaziguar as terríveis Erínias, que, em nome de sua irmã, seguiam-na sem descanso. Pois essas deusas nunca

---

homens, enquanto ela triunfava sobre o restante das mulheres por sua força e bravura. Aquele que nascesse de pais excelentes superaria o restante da humanidade" (Diodoro da Sicília, *Bibliothèque historique* [Biblioteca histórica], Livro XVII, 77, 3; trecho da tradução francesa de Paul Goukowsky. Paris: Les Belles Lettres, 1976): "treze dias foram dedicados a satisfazer a paixão da rainha" (Quinto Cúrcio, *L'Histoire d'Alexandre le Grand* [A história de Alexandre, o Grande], VI, 5, 32). Mas esse encontro nunca teria ocorrido, segundo vários filósofos antigos, como os gregos Plutarco (45-125; *Vidas paralelas, Alexandre*, 46, 1) e Arriano (85-146 d.c.; *Anábase* VII, 13, 2).

402. Segundo o historiador Justino (*Historiae Phillippicae ex Trogo Pompeio*, vol. Liber II, p. 4).

403. Adrienne Mayor, *The Amazons: Lives and Legends of Warrior Women Across the Ancient World* [As amazonas: vida e lenda das mulheres guerreiras no mundo antigo]. Princeton: Princeton University Press, 2014.

404. Rainha das amazonas, ela vai ajudar os troianos depois da morte de Heitor. Venceu muitos combates diante da cidade sitiada, depois sucumbiu nos braços de Aquiles, que se apaixonou por ela ao vê-la morrer.

AS MULHERES PRÉ-HISTÓRICAS À LUZ DAS NOVAS DESCOBERTAS...

perdem o rastro dos ímpios e o criminoso nunca consegue evitá-las. Com ela vieram doze outras guerreiras, todas nobres, todas apaixonadas pela guerra e pelos combates sem trégua; elas lhe obedeciam, apesar de nobres, e acima delas brilhava Pentesileia".[405] Nessas epopeias, as amazonas travam inúmeros combates, mas com frequência são derrotadas. Embora na *Ilíada* elas sejam "figuras heroicas positivas (fundadoras ou protetoras de cidades onde há cultos funerários)", nos relatos das façanhas de Teseu[406] elas são simples mulheres "'domadas' pelo herói e relegadas a seu papel doméstico".[407]

Todo continente tem suas amazonas. Mulheres guerreiras são descritas na Ásia, especialmente em Bornéu, na África – o Exército do Império Monomotapa (1450-
-1629), no atual Zimbábue, tinha, no século XVI, de cinco mil a seis mil mulheres-
-soldados – e na América do Sul. Em 24 de junho de 1542, o dominicano espanhol Gaspar de Carvajal, cronista da expedição dirigida pelo explorador espanhol Francisco de Orellana,[408] afirma ter sido atacado nas margens do rio Marañón (Peru) pelos indígenas comandados por mulheres brancas, altas, musculosas, quase nuas e armadas de arcos e flechas como as famosas amazonas da mitologia grega.[409] Elas são encontradas sob a pluma do explorador e geógrafo André Thevet.[410] Embora, em um primeiro momento, ele se alegre que as amazonas da

---

405. Quinto de Esmirna, *Suite d'Homère. La fin de l'Iliade* [Sequência de Homero. O fim da Ilíada], Canto I, século III ou IV. Tradução francesa de E. A. Berthault, 1884.

406. Teseu raptou Antíopa e as amazonas invadiram a Ática para salvá-la, mas foram repelidas por ele (episódio da *Teseida*, chamada Amazonomaquia, século V antes de nossa era).

407. Violaine Sebillotte Cuchet, "Les Amazones ont-elles existé?", *L'Histoire*, n. 374, 2012, p. 70.

408. Em 26 de agosto de 1542, depois de uma viagem fluvial de 4.800 quilômetros através da região equatorial da América, Francisco de Orellana chega à foz de um grande rio ao qual dá o nome de "rio das amazonas" (o atual Amazonas).

409. Gaspar de Carvajal, *Descubrimiento del río de las amazonas* [Descobrimento do rio das amazonas], 1894, p. 57-60.

410. Em *Singularités de la France antarctique* [Particularidade da França antártica] (1557), que ele escreve ao regressar de uma viagem ao Brasil (sobretudo entre os indígenas tupinambás), ele as retrata como seres cruéis e canibais (ver as duas gravuras assustadoras que acompanham seu texto): "Elas guerreiam habitualmente contra algumas outras nações,

O HOMEM PRÉ-HISTÓRICO TAMBÉM É MULHER

América se somem às amazonas descritas na Antiguidade, mais tarde, na *Cosmographie universelle*, ele se dirá "desolado de ter caído no erro de ter acreditado nisso", pois provavelmente eram apenas indígenas de cabelos compridos.[411] Mais recentemente, as ações das "amazonas do Daomé" marcaram época. Era assim que os ocidentais chamavam as mulheres-soldados do regimento militar da etnia fon no antigo Reino do Daomé, atual Benin. Surgida no século XVIII, essa tropa inteiramente feminina guerreou até o fim do século XIX.[412] Sua existência é relatada por mercadores europeus e, nos anos 1890, por legionários – que combatem ao lado do Exército francês durante a colonização do Daomé e testemunham "a incrível coragem e audácia desse regimento compostos de mulheres que não tinham medo de morrer para conservar a liberdade".[413]

---

e tratam muito desumanamente as que elas podem guerrear. Para matar, elas penduram por uma perna no galho alto de uma árvore; deixando o corpo assim por algum tempo, quando elas retornam, se ele não estiver morto, elas o atingirão com dez mil flechadas; e não o comem como os outros selvagens, assim o passarão pelo fogo, até que seja reduzido a cinzas." (Frank Lestringant, *Le Brésil d'André Thevet. Les singularités de la France antarctique (1557)* [O Brasil de André Thevet: as particularidades da França Antártica (1557)]. Paris: Chandeigne, 1997, p. 243.

411. Frank Lestringant, *ibid*.

412. Embora, durante o século XVIII, o rei leve algumas mulheres do grupo de caçadores de elefante (os "*gbeto*", criados no século XVII) para se tornarem guarda-costas, é a rainha Tasi Hangbe (ou Nan Hangbe), de 1708 a 1711, quem cria o corpo das amazonas dentro dos exércitos profissionais do Reino do Daomé. Na primeira parte do século XIX, sob o reinado do rei Guezô, elas são de quatro mil a seis mil guerreiras (cerca de um terço do Exército do Daomé). O regimento, composto por vários batalhões de funções específicas, tem um *status* semissagrado fortemente ligado à crença no vodu da etnia fon. Devendo matar sem se preocupar com a própria vida, elas se embriagam antes do combate e decapitam seus prisioneiros. O regimento das amazonas é dissolvido no fim de 1894 pelo rei Agoli-Agbo, colocado sob o protetorado francês (Stanley B. Alpern, *Amazons of Black Sparta: The Women Warriors of Dahomey* [Amazonas da Esparta negra: as mulheres guerreiras do Daomé]. Nova York: New York University Press, 1999.

413. Abel Etienne, *Le R. P. Dorgère, ancien missionnaire au Dahomey: Récit et souvenirs* [R. P. Dorgère, um ex-missionário no Daomé: relatos e memórias] (conquista do Daomé), Toulon, J. Alté, 1909.

AS MULHERES PRÉ-HISTÓRICAS À LUZ DAS NOVAS DESCOBERTAS...

No século XX, a arqueologia vem confirmar o mito. Pesquisas nas estepes da região da Europa Oriental e da Ásia Central provam que em certos povos desses locais da Idade do Ferro as mulheres eram cavaleiras e guerreiras. Túmulos descobertos na fronteira entre a Rússia e o Cazaquistão, datados de 600 a 200 anos antes de nossa era, continham corpos de mulheres ricamente paramentadas e enterradas com suas armas.[414] Para os arqueólogos, não resta dúvida de que elas foram guerreiras citas. Nos anos 2000, novas escavações e métodos modernos de análise, que permitem determinar o sexo dos esqueletos, confirmaram sua existência. Em dezembro de 2019, uma equipe russa da Academia de Ciências descobriu, dentro do monte funerário de Devitsa V (região de Voronej[415]), os esqueletos de quatro mulheres citas sepultadas separadamente há cerca de 2.500 anos.[416] Eles pertencem a uma adolescente de 12-13 anos e a três mulheres de 20-29 anos, 25-35 anos e 45-50 anos, idade respeitável entre os citas, entre os quais as mulheres tinham uma expectativa média de vida de 30-35 anos. Armas – lanças, flechas, facas de ferro – e arreios para cavalos foram encontrados perto dos corpos. Elementos que atestam que essas mulheres eram guerreiras e usavam, como as míticas amazonas, o arco e a flecha. A jovem foi enterrada numa posição "de cavaleiro",[417] com um bracelete de pérolas de vidro, um espelho de bronze, dois recipientes e duas lanças. A mais velha usava uma touca cerimonial chamada *calathos* e joias feitas de uma

---

414. Jeannine Davis-Kimball, *Warrior Women: An Archaeologist's Search for History's Hidden Heroines*. Nova York: Warner Book, 2002; Jeannine Davis-Kimball *et al.*, *Kurgans, Ritual Sites, and Settlements: Eurasian Bronze and Iron Age* [Curgãs, locais ritualísticos e assentamentos: Idades do Bronze e do Ferro na Eurásia]. Oxford: BAR Publishing, Archeopress, 2000.

415. Conhecido desde 2000, o monte funerário de Devitsa V (datado do século IV antes de nossa era) é objeto de escavações dirigidas por Valerii Guliaev a partir de 2010. Esse monte funerário, de número 9, corresponde a uma pequena elevação de um metro de altura e quarenta metros de diâmetro.

416. Um túmulo de 2.500 anos com quatro guerreiras descobertas na Rússia por Emeline Férard, publicado na revista *GEO*, 3 jan. de 2020.

417. Para ficar nessa postura, os antropólogos concluíram que, depois de morta, ela teve os tendões das pernas cortados.

O HOMEM PRÉ-HISTÓRICO TAMBÉM É MULHER

liga composta de 70% de ouro. Ela jazia ao lado de uma faca de ferro e de uma flecha. Não se trata de um caso isolado. Ao longo da última década, a mesma equipe descobriu, na região do rio Don, onze sepulturas de jovens mulheres enterradas com suas armas.[418] A presença, em um mesmo lugar de Devitsa V, de quatro sepulturas de mulheres de idades tão variadas é excepcional.

Dois anos antes dessa descoberta, arqueólogos estadunidenses encontram um túmulo com o corpo de uma mulher de cerca de 20 anos de idade, de *status* elevado, conforme atestado pelas várias joias e pelos objetos de valor encontrados com ela.[419] O estudo minucioso desse esqueleto revelou que vinha a ser uma arqueira que montava frequentemente a cavalo.[420] Ela apresentava várias fraturas, ferimentos na altura do osso pélvico (bacia) e da tíbia e uma ponta de flecha plantada em um dos fêmures. Todos esses elementos indicam claramente que a jovem era uma guerreira.[421] Esse foi o segundo esqueleto com tais características descoberto na Armênia. Essas descobertas reacendem o debate sobre a existência das amazonas, que alguns historiadores da Antiguidade localizaram no Cáucaso, a mesma região dessas sepulturas... Hoje, mais de mil túmulos citas e de tribos aparentadas (sármatas) foram descobertos da Bulgária à Mongólia e, em certas necrópoles, as mulheres armadas ocupam cerca de 37% do total de túmulos.[422] O mito parece ter se tornado realidade.

---

418. Valerii Guliaev, "Amazons in the Scythia: New Finds at the Middle Don, Southern Russia" [Amazonas na Cítia: Novos achados no Médio Don, sul da Rússia], *World Archaeology*, vol. 35 (1), p. 112-125.

419. Anahit Khudaverdyan *et al.*, "An Early Armenian Female Warrior of the 8-6 Century BC from Bover I site (Armenia)" [Uma guerreira armênia primitiva do século VIII-VI a.C. do sítio Bover I (Armênia)], *Journal of Osteoarchaeology*, vol. 30 (1), 2020, p. 119-128.

420. Os ligamentos musculares do braço e dos glúteos são muito desenvolvidos.

421. Essa jovem pertencia à sociedade do reino de Urartu, que, entre o século IX e o século VI a.C., se estendia principalmente sobre as atuais Turquia e Armênia. Durante esse período, essa sociedade devia enfrentar numerosos ataques, para os quais todos os membros – homens, meninos acima de 10 anos e mulheres – eram aparentemente mobilizados.

422. Eileen Murphy, *Iron Age Archaeology and Trauma from Aymyrlyg, South Siberia* [Arqueologia e trauma da Idade do Ferro Aymyrlyg, no sul da Sibéria]. Oxford: BAR Publishing, Archaeopress, 2003; Bryan Hanks, "Reconsidering Warfare, Status, and Gender

AS MULHERES PRÉ-HISTÓRICAS À LUZ DAS NOVAS DESCOBERTAS...

Na mesma época, na região oeste do continente europeu, as mulheres celtas caracterizavam-se também por serem temíveis guerreiras,[423] segundo vários autores antigos,[424] e talvez cavaleiras, como mostram as moedas com a efígie de uma mulher de torso nu montada a cavalo. Nas sociedades celtas, as mulheres eram independentes; elas eram consultadas sobre assuntos políticos e militares e tinham o direito de arbitrar conflitos durante as assembleias. Algumas, enquanto rainhas,[425] exerceram o poder supremo e conduziram exércitos à guerra. Como as mulheres participavam ativamente dos assuntos públicos, os autores gregos e romanos[426] classificaram os celtas na categoria dos povos não civilizados.[427] Talvez devêssemos, como sugere o historiador Jean Markale (1928-2008) em *La Femme celte: mythe et Sociologie*, encontrar fontes de inspiração nessa antiga civilização: "Numa época em que o problema da mulher se apresenta em todas as sociedades contemporâneas com uma força nunca antes alcançada, quando às vezes surgem discussões amargas sobre os respectivos papéis do homem e da mulher, ou ainda sobre a sobrevivência do casal e da legitimidade do casamento, não seria mais oportuno – e frutífero – debruçar-se sobre a antiga tradição celta, cujas especulações talvez sejam tentativas de solução? Nunca é tarde para fazer brotar do passado as fontes vivas do futuro."[428]

---

in the Eurasian Steppe Iron Age" [Reconsiderando guerra, *status* e gênero na Idade do Ferro da estepe da Eurásia]. In: Katheryn M. Linduff e Karen S. Rubinson, *Are All Warriors Male? Gender Roles on the Ancient Eurasian Steppe* [Todos os guerreiros eram homens? Papéis de gênero na antiga estepe eurasiana]. Lanham: AltaMira Press, 2008, p. 15-34.

423. Principalmente durante a cultura de La Tène, na segunda Idade do Ferro, entre *c.* 450 e 25 antes de nossa era.

424. Como os latinos Tácito e Plutarco (*Vida de Caio Mário*, XIX-10).

425. Por exemplo a rainha Boudica (ou Boadiceia), no século I, Veleda e a mítica Mebd ou Maeve, e provavelmente a "Dama de Vix".

426. Especialmente o historiador e senador romano Tácito e o filósofo Plutarco (*Vida de Caio Mário*, XIX-10).

427. O papel eminente das mulheres é encontrado no direito em vigor na sociedade pagã de tradição germano-nórdica, em que não havia nem hierarquização dos papéis segundo o sexo nem igualitarismo, mas complementaridade.

428. Jean Markale, *La Femme celte: mythe et sociologie* [A mulher celta: mito e sociedade]. Paris: Payot, 1972.

O HOMEM PRÉ-HISTÓRICO TAMBÉM É MULHER

No início dos anos 1940, as amazonas, ainda muito presentes no imaginário coletivo, inspiram o psicólogo estadunidense William Moulton Marston, roteirista de histórias em quadrinhos. Fortemente influenciado pelos movimentos feministas, em especial o movimento sufragista, e pelo envolvimento das mulheres na Segunda Guerra Mundial, em 1941 ele cria uma super-heroína, Diana, filha da rainha Hipólita, que reina sobre Themyscira, ilha onde se refugiaram as amazonas depois da derrota para Hércules.[429] Diana chega aos Estados Unidos com o aviador Steve Trevor, da Força Aérea estadunidense, que caíra na ilha, e se torna a Mulher-Maravilha, engajada na luta contra o crime. Ela representa a mulher livre, forte e corajosa, que pratica todas as atividades e ofícios então reservados aos homens. Em 1954, porém, essa figura feminina heroica causa polêmica: os meninos teriam medo dela! No fim dos anos 1960, ela se torna Diana Prince, uma secretária que nunca sai do escritório. Será preciso esperar os anos 1980 para que ela aos poucos recupere sua identidade amazona, como no filme *Mulher-Maravilha* (2017), dirigido por... uma mulher, a estadunidense Patty Jenkins.

Ao menos 600 anos antes de nossa era, na Europa, as mulheres foram rainhas, regentes, imperatrizes... Nobres ou plebeias, elas participaram de inúmeras guerras e revoluções que marcaram nossa história e, como os homens, lutaram pela liberdade. Embora algumas ainda sejam conhecidas, muitas foram esquecidas. Influenciados pelo contexto da época, a maioria dos historiadores do século XIX apagou seus nomes da história. É ao longo desse século que os discursos médicos retomam a teoria dos "humores", herdada de Aristóteles e Hipócrates, que diferenciam os temperamentos masculino (ativo) e feminino (passivo). Valorizando a capacidade supostamente própria ao homem de derramar o próprio sangue e o de outra pessoa, eles fazem da atividade guerreira o feito viril por excelência.[430] Esse período vê a retirada progressiva

---

429. Publicada pela primeira vez no número 8 da HQ *All Star Comics*.
430. Odile Roynette, "La construction du masculin. De la fin du 19ᵉ siècle aux années 1930", *Vingtième siècle. Revue d'Histoire*, n. 75, 2002, p. 85-96.

200

AS MULHERES PRÉ-HISTÓRICAS À LUZ DAS NOVAS DESCOBERTAS...

das mulheres dos campos de batalha, embora elas ainda os frequentassem na época moderna, muitas vezes travestidas.[431] Na aurora do século XX elas são afastadas dos confrontos, com exceção da guerras civis.[432] No entanto, as mulheres guerreiras provaram que a coragem, a bravura e o desdém pela morte não são apanágio do sexo masculino. "Heroínas produzem heróis."[433]

DIVINDADES FEMININAS

Afirmar que, desde tempos imemoriais, os humanos veneram espíritos, sob qualquer forma que seja, desperta relativamente poucas polêmicas. Afirmar que, muito cedo na história da humanidade, cultos foram prestados a divindades femininas, ou, mais especificamente, a uma deusa-mãe, e que esses cultos são anteriores à veneração de divindades masculinas e de um deus único (masculino, pois o homem foi feito à sua imagem), desperta uma avalanche de críticas.[434]

---

431. Sylvie Steinberg, *La Confusion des sexes. Le travestissement de la Renaissance à la Révolution* [A confusão dos sexos: o travestismo do Renascimento à Revolução]. Paris: Fayard, 2001, p. 76. Citado em Odile Roynette, *ibid.*

432. As cantineiras, tão célebres em 1870, desaparecem em 1914 (Gil Mihaely, "L'effacement de la cantinière ou la virilisation de l'armée française au XIXe siècle" [O esquecimento das cantineiras ou a virilização do Exército francês no século XIX], *Revue d'histoire du XIXe siècle*, n. 30, 2005, p. 21-43).

433. Édouard de La Barre Duparcq, *Histoire militaire des femmes* [História das mulheres militares] (1873). Paris: Hachette Livre BNF, 2012, coleção Sciences sociales.

434. Ver, entre outras, as publicações das arqueólogas estadunidenses Ruth Tringham, especialista no Neolítico europeu e no Sudoeste Asiático, e Margaret Conkey, especialista no Paleolítico Superior dos Pirineus franceses ("Rethinking figurines: a critical view from archaeology of Gimbutas, The 'Goddess' and Popular Culture" [Repensando figurinos: uma visão crítica da arqueologia de Gimbutas, a "deusa" e a cultura popular]. In: Lucy Goodison e Christine Morris (orgs.), *Ancient Goddesses: The Myths and Evidence* [Deusas ancestrais: mitos e evidências]. Londres: British Museum Press, 1998, p. 12-45) da arqueóloga inglesa Ruth Whitehouse ("Gender Archaeology in Europe" [Arqueologia de gênero na Europa]. In: Sarah Milledge Nelson, *Handbook of gender in archaeology*

O HOMEM PRÉ-HISTÓRICO TAMBÉM É MULHER

A releitura dos mitos antigos e de sua teogonia[435] levou à tese da existência de cultos primitivos prestados a deusas primordiais ou a divindades femininas da fertilidade e da fecundidade. Surgida no início do século XX,[436] essa tese é defendida por vários pesquisadores estadunidenses nos anos 1970-1980. Da pré-história aos dias de hoje, as divindades femininas inspiraram inúmeros escritores e artistas, como a estadunidense Judy Chicago. Entre 1974 e 1979, ela cria uma instalação em homenagem à história das mulheres, sobretudo as que foram excluídas da "história".[437] A obra, *The Dinner Party* [O jantar], é exposta no Brooklyn Museum. Em torno de uma mesa, sentam-se as deusas primordiais ou deusas-mães, como Gaia e Neite, que representam a maternidade, a fertilidade, a criação, a Terra, e as deusas da fertilidade associadas à gravidez, ao parto e às vezes ao sexo e ao amor.

★

[Manual de arqueologia de gênero]. Lanham: AltaMira Press, 2006, p. 733-783) e do etnólogo Alain Testart (*La Déesse et le grain: Trois essais sur les religions néolithiques*. Paris: Éditions Errance, 2010).

435. Uma teogonia designa todo relato mitológico sobre as origens e as genealogias divinas. Ela constitui uma forma de relato original, da mesma forma que uma cosmogonia (que descreve o nascimento do Universo e do mundo), da qual ela costuma ser indissociável, ou uma antropogonia (que descreve o nascimento e o destino da humanidade).

436. Em especial nos trabalhos do antropólogo escocês James Frazer. Em 1890, ele publica a primeira edição em dois volumes de sua principal obra, *O ramo de ouro*, na qual faz um inventário de mitos e ritos. O livro será reeditado várias vezes, sendo a edição francesa mais recente publicada em quatro volumes (dois em 1998 e dois em 2010), na coleção Bouquins, pela editora Robert Laffont.

437. Os nomes de 1.038 personalidades femininas, míticas ou históricas, de diversas épocas e diversos âmbitos, estão inscritos na obra (39 nomes) ou na base da obra (os 999 outros nomes). Ela é apresentada na forma de uma grande mesa triangular composta por três abas sobre as quais estão dispostos 39 lugares com pratos estilizados (13 de cada lado) sobre toalhas onde está inscrito o nome de cada mulher.

AS MULHERES PRÉ-HISTÓRICAS À LUZ DAS NOVAS DESCOBERTAS...

Em quase todas as culturas do mundo, a terra é identificada com a feminilidade[438] e a caverna, na qual se entra, costuma simbolizar a mulher. É nesse mundo subterrâneo que os humanos pré-históricos se aventuravam para pintar, esculpir, gravar ou desenhar animais, humanos e sinais geométricos. Eles tinham pensamentos simbólicos e metafísicos, como atestam suas sepulturas. Para muitos pré-historiadores,[439] as representações parietais seriam a manifestação de um sistema de crenças. O termo santuário foi inclusive utilizado para caracterizar certas cavernas ornamentadas, como a de Lascaux, batizada pelo abade Henri Breuil de "capela Sistina da pré-história". Ela seria palco de rituais, alguns ligados à fecundidade.[440] As quatro silhuetas femininas em tamanho natural esculpidas em baixo-relevo – sem cabeça nem pés, mas com sexo bem definido – no abrigo de Bourdois, em Angles-sur-l'Anglin (Vienne),[441] seriam a prova. Elas não foram as únicas.

Diante do grande número de representações femininas na arte pré-histórica, vários arqueólogos propuseram a hipótese da existência de cultos essencialmente voltados para a veneração da Terra, da fertilidade e da fecundidade por meio da imagem sacralizada da mulher. Até a Segunda Guerra Mundial, a maioria dos pesquisadores considerava as estatuetas femininas chamadas "vênus" efígies de deusas.[442] A "esteatopigia" corresponderia a uma "convenção artística primitiva: a ampliação das formas da mulher fecunda com fins

---

438. Jacques Blot, *Archéologie et montagne basque* [Arqueologia e a montanha basca]. Bayonne: Elkar, 1993.

439. Como o abade Henri Breuil, André Leroi-Gourhan, Jean Clottes, Michel Lorblanchet, Denis Vialou.

440. Suzanne de Saint-Mathurin e Dorothy Garrod, "Nouvelles découvertes dans l'abri du Roc-aux-Sorciers à Angles-sur-l'Anglin (Vienne): 'Vénus paléolithiques'" [Novas descobertas no abrigo de Roc-aux-Sociers em Angles-sur-l'Anglin (Vienne): "Vênus paleolíticas"], *Comptes rendus des séances de l'Académie des inscriptions et belles-lettres*, 95 (1), 1951, p. 52-57.

441. Esse friso, esculpido, gravado e pintado por magdalenianos, também comporta animais (bisões, cavalos, íbex, felinos...) e rostos humanos.

442. Shahrukh Husain, *La Grande Déesse-Mère. Création, fertilité et abondance, mythes et archétypes féminins* [Divindades femininas: criação, fertilidade e abundância, mitos e arquétipos sobre a supremacia da mulher]. Jalandhar: Evergreen, 2001.

propiciatórios".[443] Para Jean-Pierre Duhard, elas têm uma adiposidade normal e representam diferentes estados fisiológicos da mulher.[444] Nem todas possuem atributos considerados dependentes do arquétipo da deusa da fecundidade (seios e ventre desenvolvidos, sexo marcado).[445] Embora a hipótese de que ritos tenham sido praticados em algumas cavernas e abrigos durante o Paleolítico possa ser aceita, a existência de locais de culto prestado a uma ou várias divindades femininas não foi arqueologicamente provada.

Eles teriam surgido somente no fim desse período,[446] e mais provavelmente ao longo do Neolítico. De fato, embora a hipótese de uma continuidade simbólica entre as estatuetas femininas paleolíticas e neolíticas seja defendida por vários pesquisadores,[447] existe, no entanto, uma descontinuidade temporal de no mínimo 3.000 anos.[448] Figuras femininas foram descobertas em sítios megalíticos do Neolítico, como os de Malta,[449] ou em aldeias, como Çatal Hüyük (Turquia), que conta com inúmeras estatuetas, zoomorfas e antropomorfas[450] – entre suas

---

443. Waldemar Deonna, *Les Lois et les rythmes dans l'art* [As leis e os ritmos na arte]. Paris: Flammarion, 1914.

444. Jean-Pierre Duhard, *Le Réalisme physiologique des figurations féminines du paléolithique supérieur en France*. Grenoble: Atelier National de Reproduction des Thèses, 1989.

445. Swend Hansen, "Neolithic Sculpture. Some Remarks on an Old Problem" [Esculturas neolíticas: algumas considerações sobre um antigo problema]. In: Peter Biehl e François Bertemes, *The Archaeology of Cult and Religion* [A arqueologia do culto e da religião]. Budapeste: Archeolingua, 2001, p. 37-52.

446. Por exemplo nas camadas mais recentes de Göbekli Tepe, santuário construído, segundo o escavador Klaus Schmidt, por caçadores-coletores do Mesolítico (Klaus Schmidt, *Le Premier Temple, Göbekli Tepe*. Paris: CNRS Éditions, 2015, Kindle, posição 2718).

447. Para Klaus Schmidt, por exemplo, a "vênus" em terracota de Dolní Věstonice "antecipa, no plano não apenas formal, mas também conceitual, as esculturas do Neolítico" (*ibid.*, posição 2803).

448. As "vênus" desaparecem por volta de 12 mil anos atrás e as estatuetas femininas, chamadas "deusas-mães", surgem no Oriente Próximo há cerca de 9 mil anos.

449. O quarto do templo de Hagar Qim, situado perto da cidade de Qrendi, no sul de Malta, datado de 3.600 a 2.500 antes de nossa era, guardava mobiliário e objetos decorados, entre os quais uma estatueta feminina de terracota chamada *Vênus de Malta*, hoje sem cabeça nem pés, mas provavelmente completa quando criada.

450. Descobertas principalmente nos níveis recentes do *tel* leste.

quarenta estatuetas femininas, a mais original é a "mulher dos leopardos" (ou "senhora das feras"), em terracota, encontrada em um silo de grãos. Ela representa uma mulher sentada em uma cadeira que tem os braços na forma de leopardos. As mãos dela estão sobre a cabeça dos felinos[451] e, entre suas pernas, distinguimos uma espécie de esfera, às vezes comparada ao crânio de um recém-nascido; ela estaria dando à luz.[452] Tendo em vista a relativa escassez,[453] heterogeneidade, as dimensões modestas e os locais de descoberta das estatuetas de Çatal Hüyük, sobretudo em fossas para detritos ou em silos para grãos, elas podem ter tido funções que não estivessem ligadas unicamente a crenças ou práticas religiosas.[454] Encontradas majoritariamente fora de santuários, as estatuetas femininas neolíticas talvez fossem amuletos protetores, objetos propiciatórios ou divinatórios, ou mesmo um símbolo de riqueza.[455] No entanto, nenhum indício arqueológico permite excluir a hipótese de que algumas delas possam ser a representação de uma deusa ou uma oferenda (espécie de ex-voto) a uma divindade, pois, como no Paleolítico, as motivações para sua realização provavelmente variaram ao longo do tempo, segundo as regiões (Oriente Próximo, Eurásia) e as culturas.

---

451. Essa estatueta é a mais antiga representação conhecida de um humano dominando animais (Alain Testart, "Interprétation symbolique et interprétation religieuse en archéologie. L'exemple du taureau à Çatal Höyük" [Interpretação simbólica e interpretação religiosa em arqueologia: o exemplo do touro em Çatal Höyük], *Paléorient*, n. 32 [2], 2006, p. 23-57).

452. James Mellaart, *Çatal Hüyük: A Neolithic Town in Anatolia*. Nova York: McGraw-Hill, 1967.

453. Quarenta estatuetas femininas dentre 1.800 estatuetas antropomorfas descobertas em Çatal Höyük.

454. Ian Hodder, "Çatalhöyük in the Context of the Middle Eastern Neolithic" [Çatalhöyük no contexto do Neolítico do Oriente Médio], *Annual Revue of Anthropology*, vol. 36, 2007, p. 105-120; Lynn Meskell, "Refiguring the Corpus at Catalhöyük" [Reconfigurando os corpos de Çatalhöyük]. In: Colin Renfrew e Ian Morley, *Image and Imagination* [Imagem e imaginação]. Cambridge: McDonald Institute for Archaeological Research, XXII-346, 2007, p. 137-149.

455. Alain Testart, *La Déesse et le grain. Trois essais sur les religions néolithiques*. Paris: Éditions Errance, 2010.

O HOMEM PRÉ-HISTÓRICO TAMBÉM É MULHER

A estatuária feminina levou muitos pesquisadores a afirmar, em referência ao arquétipo da deusa-mãe[456] de vários mitos,[457] que desde o Neolítico cultos eram prestados a uma "mãe" original e universal. A mulher encarnava a reprodução da espécie e sua sobrevivência a longo prazo, e essa veneração se inscreveria em uma dimensão temporal circular e cíclica, da qual nasceria o mito do "eterno retorno".[458] Surgido no Oriente Próximo com a domesticação das plantas, o culto à deusa-mãe teria se espalhado por toda a Europa junto com a expansão dos primeiros povos agricultores[459] e teria, portanto, precedido o culto a uma divindade masculina. Muito disseminada na Antiguidade, sua prática desde o Neolítico está longe de constituir uma hipótese unânime.[460] Ela será discutida acirradamente quando da publicação dos trabalhos da arqueóloga e pré-historiadora Marija Gimbutas (1921-1994) nos anos 1970. Segundo ela, a onipresença das estatuetas femininas em vários sítios neolíticos no perímetro do mar

---

456. Também chamada de "Grande Deusa" ou "Grande Mãe". Em seu livro, o psicólogo analítico Pierre Solié (1930-1993) desenvolve o amplo conjunto de motivos tecidos em torno do arquétipo da "Grande Mãe". Ela seria o estágio derradeiro de maturidade afetiva da *anima* definida por Jung (*La Femme essentielle. Mythanalyse de la Grande Mère et de ses fils-amant* [A mulher essencial: mitanálise da Grande Mãe e seus filhos-amantes]. Paris: Robert Laffont, 1980).

457. Shahrukh Husain, *La Grande Déesse-Mère. Création, fertilité et abondance, mythes et archétypes féminins.* Jalandhar: Evergreen, 2001.

458. Marylène Patou-Mathis, *Préhistoire de la violence et de la guerre.* Paris: Odile Jacob, 2013.

459. Edwin O. James, *Le Culte de la déesse-mère dans l'histoire des religions.* Paris: Éditions du Rocher, 1989, coleção Le Mail, p. 247. Segundo Joseph Campbell (1904-1987), especialista em mitos e um dos maiores apoiadores dos trabalhos de Marija Gimbutas (pouco antes de morrer ele prefaciou a reedição de *The language of the goddess* [A linguagem das deusas]), a deusa-mãe, ligada aos símbolos de fertilidade e reprodução, está associada principalmente à agricultura e às sociedades agrícolas (*The Power of Myth*. Harmony: Reissue, 1988, p. 166-167) [Ed. bras.: *O poder do mito.* Tradução de Carlos Felipe Moisés. São Paulo: Palas Athena, 1999].

460. O arqueólogo britânico Andrew Fleming rejeita a identificação de certas estatuetas femininas e sua atribuição a representações de uma deusa ("The Myth of the Mother Goddess" [O mito da deusa-mãe], *World Archaeology*, 1 [2], 1969, p. 247-261).

AS MULHERES PRÉ-HISTÓRICAS À LUZ DAS NOVAS DESCOBERTAS...

Negro atestaria a preeminência do culto da deusa-mãe e refletiria o lugar predominante das mulheres nas sociedades pré-indo-europeias.[461] Essa "cultura pré-histórica da deusa", como ela a chama,[462] própria às sociedades matrilineares, sedentárias, agrícolas, pacíficas e igualitárias, teria desaparecido progressivamente com a expansão, a partir da segunda metade do V milênio, dos povos das estepes da Ásia Central (os curgãs). Sua tese, que suscitou vivas controvérsias,[463] se inscreve na corrente da "deusa-mãe", que se desenvolve nos Estados Unidos nos anos 1970-1980. Em muitas culturas, os deuses teriam vencido as deusas e as teriam subjugado depois da "Queda", como a filósofa alemã Heide Göttner-Abendroth[464] chamou o acontecimento que teria ocorrido em épocas diferentes, dependendo das culturas.[465] Merlin Stone, à qual nos referimos várias vezes, é uma das figuras marcantes desse debate. Em 1976, ela escreve um ensaio de título

---

461. Marija Gimbutas, *The Gods and Goddesses of Old Europe, 7000 to 3500 BC. Myths, Legends, and Cult Images* [Os deuses e a deusas da Europa antiga, 7.000 a 3.500 a.C.: mitos, lendas e imagens de culto]. Londres: Thames & Hudson, 1974; Marija Gimbutas, *The Language of the Goddess: Unearthing the Hidden Symbols of Western Civilization* [A linguagem das deusas: desenterrando os símbolos ocultos da cultura ocidental]. Nova York: Harper & Row, 1989.

462. Marija Gimbutas, *The Civilization of the Goddess. The World of Old Europe.* Nova York: Harper, 1991.

463. Note-se que, para o antropólogo inglês Ashley Montagu, autor de *A superioridade natural da mulher,* publicado em 1968 por Buchet-Chastel, Marija Gimbutas forneceu uma verdadeira "pedra de Roseta" de grande valor heurístico para os futuros trabalhos em arqueologia (Ashley Montagu, *The Natural Superiority of Women,* Basingstoke, Macmillan, 1953).

464. Fundadora, em 1986, da International Academy for Modern Matriarchal Studies and Matriarchal Spirituality.

465. A partir de *c.* 5.000 antes de nossa era, em várias regiões, os cultos às deusas-mães teriam progressivamente dado lugar aos das divindades masculinas (Heide Göttner-Abendroth, *Les Sociétés matriarcales: Recherches sur les cultures autochtones à travers le monde* [As sociedades matriarcais: pesquisas sobre as culturas autóctones ao redor do globo]. Paris: Des Femmes: Antoinette Fouque, 2019).

O HOMEM PRÉ-HISTÓRICO TAMBÉM É MULHER

provocador, *When God Was a Woman*,[466] que causa um impacto profundo no movimento internacional da "teologia feminista" nascida nos Estados Unidos no fim do século XIX.

Outra tese surge em meados dos anos 1960 para afirmar a existência, no Oriente Próximo, de um culto duplo, prestado à "deusa-mãe" e ao "deus touro".[467] Os símbolos "deusa e touro" teriam emergido pouco antes do surgimento da agricultura e da criação de animais, sinal de que as ideias precederiam as inovações técnicas, econômicas e sociais.[468] Em *La Déesse et le Grain*, que reúne três ensaios sobre as religiões neolíticas no Oriente Próximo, Alain Testart coloca em dúvida a hipótese que associa, por um lado, o nascimento da agricultura e a supremacia das divindades femininas e, por outro, a existência de um culto ao touro que anunciaria a domesticação.[469] Para ele, os chifres bovinos reais e figurados, ou modelados (bucrânios), poderiam ser troféus de caça (sinais exteriores de riqueza ou testemunhos da destreza do caçador que habitava a casa) ou recordações de atos sacrificiais.[470] Suas interpretações negam

---

466. Merlin Stone, *Quand Dieu était femme. Au-delà de la fable d'Adam et Ève: d'où provient notre mythologie intérieure?* [Quando Deus era mulher. Para além da fábula de Adão e Eva: de onde vem nossa mitologia interior?]. L'Étincelle, 1999. (Esse ensaio foi publicado pela primeira vez em 1976 com o título *The Paradise Papers: The Suppression of Women's Rites* [O artigo do paraíso: A supressão das mulheres dos ritos]. Londres: Virago Press.)

467. Pela presença, nas moradias decoradas de Çatal Höyük, consideradas locais de culto, de bucrânios bovinos simbolizando a força masculina (James Mellaart, *Çatal Hüyük. A Neolithic Town in Anatolia*. Nova York: McGraw-Hill, 1967). Em Creta, o par de chifres de touro, crescente associado à Lua, era representado nos palácios minoicos para simbolizar a deusa-mãe. A tese desse culto duplo é retomada pelo arqueólogo alemão Klaus Schmidt (*Le Premier Temple, Göbekli Tepe*. Paris: CNRS Éditions, 2015. Kindle, posição 2815).

468. É no XI milênio antes de nossa era que surgem, no Oriente Próximo, figuras femininas e chifres bovinos (Jacques Cauvin, *Naissance des divinités, naissance de l'agriculture: la révolution des symboles au Néolithique*. Paris: Flammarion, 1998, coleção Champs).

469. Alain Testart, *La Déesse et le grain: Trois essais sur les religions néolithiques*. Paris: Éditions Errance, 2010.

470. *Ibid.*

AS MULHERES PRÉ-HISTÓRICAS À LUZ DAS NOVAS DESCOBERTAS...

a vontade de abstração de seus(uas) autores(as). Não podemos excluir o fato de que, em algumas sociedades, as estatuetas femininas e os bucrânios simbolizaram esse duplo culto e que, quem sabe, "quando os fatos fisiológicos ligados à paternidade se tornaram mais bem conhecidos [...] atribuiu-se à deusa-mãe um parceiro homem que era seu filho ou seu amante, seu irmão ou seu esposo. No entanto, embora tenha sido o procriador, ele ocupou em relação à deusa uma posição subordinada, sendo apenas uma figura secundária no culto".[471]

Nos anos 1990, a hipótese da existência da deusa-mãe foi colocada em questão por várias arqueólogas feministas.[472] Embora inúmeros pesquisadores a defendam, vários a rejeitam. Estes últimos não questionam o fato de os humanos do Neolítico terem crenças, mas elas não necessariamente se voltariam para divindades femininas, e sim, talvez, para espíritos ou ancestrais.[473] Mas não temos qualquer prova disso... Hoje, a existência, no Neolítico, de um culto prestado a uma deusa-mãe única e universal não foi arqueologicamente provada. Não é porque milhares de anos separam as estatuetas femininas neolíticas dos cultos prestados às deusas antigas que devemos afastar a eventualidade de que elas tenham sido, em algumas sociedades, representações de divindades. Trata-se de uma hipótese. Reconhecer cultos às deusas-mães, diferentes de acordo com os períodos e as regiões, e por meio delas a veneração às mulheres enquanto fundadoras de linhagens, é admitir a existência da filiação matrili-

---

471. Edwin O. James, *Le Culte de la déesse-mère dans l'histoire des religions*. Paris: Éditions du Rocher, 1989, coleção Le Mail, p. 247.

472. Margaret Conkey e Ruth Tringham, "Archaeology and the Goddess: Exploring the Contours of Feminist Archaeology" [Arqueologia e a deusa: explorando os limites da arqueologia feminista]. In: Abigail Stewart e Domna Stanton, *Feminisms in the Academy* [Feminismos na Academia]. Ann Arbor: University of Michigan Press, 1995, p. 199-247; Ruth Tringham e Margaret Conkey, "Rethinking figurines: a critical view from archaeology of Gimbutas, The 'Goddess' and Popular Culture". In: Lucy Goodison e Christine Morris (orgs.), *Ancient Goddesses: The Myths and Evidence*. Londres: British Museum Press, 1998, p. 12-45.

473. Alain Testart, *ibid*.

near, e mesmo do matriarcado – por isso, sem dúvida, a reticência de muitos homens em aceitá-los.

A similaridade entre todas as estatuetas femininas pré-históricas descobertas na Europa e no Oriente Próximo levou alguns pesquisadores a sugerir um sincretismo mitológico que teria levado às antigas deusas da fertilidade ou da fecundidade presentes em muitas teogonias.[474] Algumas dessas deusas participam da criação do mundo e dos humanos,[475] como Neite, deusa primordial egípcia de origem líbia que, com a ajuda de sete tecidos, criou os limites do mundo,[476] ou Ninursague, deusa-mãe suméria da Terra, que, com argila, moldou os humanos, entre os quais Enkidu, fiel companheiro de Gilgamesh.[477] As deusas-mães ou grandes deusas, por sua vez, são encontradas em inúmeros mitos de várias civilizações.[478] Ao contrário do Deus das religiões monoteístas,

---

474. Jean-Pierre Hammel, *L'Homme et les Mythes* [O homem e os mitos]. Paris: Hatier, 1994, p. 59.

475. No Império Romano, sob o reinado de Júlio César, Vênus era considerada a mãe do povo romano (*Venus Genetrix*).

476. Nadine Guilhou e Janice Peyré, *Mythologie égyptienne*. Paris: Marabout, 2005.

477. Pierre Jovanovic, *Le Mensonge universel* [A mentira universal]. Paris: Le Jardin des Livres, 2013, Kindle, posição 750-751.

478. Como Ishtar (na Mesopotâmia), Ninursague (na Suméria), Neite e Ísis (no Egito Antigo), Deméter (na Grécia), Nerto (entre os povos germânicos), Cibele (de origem frígia, adotada pelos gregos e pelos romanos, que a chamam *Magna Mater* – deusa-mãe ou mãe dos deuses) etc. Nos cultos nórdicos, ela era conhecida sob a forma de três avatares: Freyja, Skadi e Frigg, designada como a mulher de Odin, o deus principal (Régis Boyer, *La Grande Déesse du Nord* [A grande deusa do Norte]. Paris: Berg, 1995; Régis Boyer, *Les Vikings: histoire, mythes, dictionnaire* [Os vikings: história, mitos, dicionário]. Paris: Robert Laffont, 2008, coleção Bouquins). Na poesia islandesa, a expressão "mulher de Odin" designa a Terra (Rudolf Simek, *Dictionary of Northern Mythology* [Dicionário da mitologia Nórdica]. Woodbridge: D. S. Brewer, 1996). No hinduísmo do período védico, venerava-se sobretudo a potência feminina Mahimata – "Terra-Mãe" (Rig-Veda, 1.164.33). Em alguns textos, a Grande Deusa é chamada Viraj, a mãe universal, ou Aditi, a mãe dos deuses, ou ainda Ambhrini, a que nasceu do oceano primordial. Durga representa a natureza protetora da maternidade. Yaganmatri é outro nome que significa "mãe do Universo", em sânscrito. Entre os povos mongóis, ela se chamava Umai (Ymai ou Mai), que significa "útero" ou "matriz", em mongol.

AS MULHERES PRÉ-HISTÓRICAS À LUZ DAS NOVAS DESCOBERTAS...

elas são "visíveis".[479] A mais conhecida é Gaia, da mitologia grega.[480] Deusa primordial, ela é identificada à "deusa-mãe" ou à "terra-mãe" na *Teogonia* de Hesíodo. Gerada por Caos, ela põe no mundo, sem a intervenção de uma figura masculina, três filhos[481] e as ninfas – divindades femininas da natureza. Depois, com os próprios filhos, ela gera várias divindades primordiais,[482] como a primeira geração de titãs[483] e os ciclopes. No panteão celta, a "Grande Mãe" (*mamm-goz*, ou Ana) é a mãe original de todos os deuses celtas.[484] Ela encar-

---

479. Pierre Jovanovic, *ibid*. Kindle, posição 1025-1027.

480. Chamada Tellus entre os romanos, ela é assimilada pelos antigos egípcios a Geb, deus da terra. Era uma divindade ctônica ou telúrica (da terra, do mundo subterrâneo, ou dos infernos), que era invocada ou à qual se sacrificavam vítimas. Ela podia predizer o futuro, sobretudo em Delfos, onde era consultada. Enquanto primeira divindade, Gaia é ambivalente. Ela representa os dois aspectos da natureza: capaz de criar a beleza harmoniosa, mas também capaz de fazer o caos original ressurgir (ela também cria seus filhos, os Gigantes e Tifão, contra Zeus).

481. Urano (o céu, criador do universo físico), Ponto (o mar) e Óreas (as montanhas e os montes).

482. Com Ponto, as divindades marinhas, e com Óreas, a primeira geração de titãs, mas também três Hecatônquiros (criaturas com cem braços e cinquenta cabeças) e os ciclopes.

483. Doze, seis femininas (ou titânides) e seis masculinas (ou titãs), entre os quais Cronos, que, com uma foice de bronze dada por sua mãe, Gaia, emasculou Urano, seu pai, para libertar seus irmãos e irmãs mantidos prisioneiros no Tártaro – irmão de Gaia e personificação de uma espécie de inferno ou purgatório. Depois, Cronos comeu seus cinco filhos por medo de perder o trono.

484. Ela é representada em vários objetos – como um busto no contorno exterior do caldeirão de Gundestrup (século I a.C., encontrado em 1891 em um jazigo localizado em Jutland, na Dinamarca) e de pé no centro da carruagem de culto de Strettweg (por volta de 600 a.C.) – ou monumentos – em uma das faces do Arco de Germanicus (monumento galo-romano, ano 18 ou 19, em Saintes), onde é representada abraçando uma cornucópia. Observam-se traços recorrentes: maior que as outras figuras, cabeleira marcada, mãos sobre o peito, ornada com um colar – muitas vezes de um torque (Yann Brekilien, *La Mythologie Celtique* [A mitologia céltica]. Paris: Éditions du Rocher, 1993, p. 14, 65-69, 148-149). Ela também está presente na mitologia oral e literária. No conto tradicional bretão *La Grotte des Korrigans* [A caverna dos Curgãs], a deusa-mãe, encarnada por seu avatar Katell – jovem e sedutora, ou velha e hostil –, aparece onipotente e dominante em relação a seu povo e ao próprio esposo; ela é a personagem que pronuncia o julgamento final. Em outro relato bretão, *Gwrac'h de l'île de Loch* [Fada da ilha de Loch], pode-se

nava a fecundidade e a maternidade, a feminilidade e a esposa,[485] a abundância e a fertilidade dos solos. Representada com uma cornucópia nas mãos (como a "vênus" de Laussel) ou no ombro, ela era venerada no período da semeadura e da colheita. Frequentemente associada ao machado ou a um animal com chifres (bovino), ela detinha o poder sacerdotal do sacrifício, mas também da justiça junto aos humanos. Haveria um vínculo – uma espécie de herança – entre o culto prestado à "Grande Mãe" e os monumentos megalíticos[486] erigidos no Neolítico.[487]

O cristianismo, pouco tempo depois de seu surgimento, no século I, na Judeia, rejeita o culto à deusa-mãe. Em 325, o primeiro concílio de Niceia (Iznik), na Turquia, decide que Maria, tendo dado à luz o filho de Deus por intervenção do Espírito Santo, deve ser venerada enquanto "Mãe de Deus" (*Théotokos*) e não como deusa.[488] Em *When God Was a Woman*, Merlin Stone acusa a religião judaico-cristã de tentar eliminar até mesmo a lembrança da religião ancestral em que a divindade suprema era a Grande Deusa, impondo

---

perceber a inegável autoridade matriarcal do poder quase absoluto de Gwrac'h [fada], avatar da deusa-mãe (Yann Brekilien, *ibid.*, p. 69-78). Ela encarna na forma de Epona (deusa-jumento) para os gauleses, Rigantona (ou Rhiannon) na cultura bretã insular ou Brigit (*ibid.*, p. 78-83). Essas três matronas fazem as vezes de trindade na cultura celta.

485. Ela com frequência está ao lado de Cernuno, que, à imagem do cervo, encarnaria o ciclo biológico da natureza, da vida e da morte (*ibid.*, p. 148-149).

486. O monte funerário Saint-Michel, em Carnac, e Griguen, em Plouhinec (associado a um animal com chifres), o dólmen de Luffang, em Crach, no Morbihan, estátuas-menires de Saint-Sernin (Aveyron) e da ilha de Guernesey. Em vários megálitos, gravuras de machados e esculturas de serpentes são regularmente associadas à deusa. No menir de Manio, em Carnac, exposto no Museu de Toulouse, uma serpente se introduz na vulva da deusa-mãe a fim de, ao que parece, copular (*ibid.*, p. 67-68).

487. Para Yann Brekilien, encontramos uma parte importante desse culto na era cristã, especialmente na veneração a santa Ana e a santa Brígida (*ibid.*, p. 65-67, 82-84).

488. Além disso, um dos vinte cânones proíbe todos os membros do clero de ter junto a si "uma irmã-companheira".

AS MULHERES PRÉ-HISTÓRICAS À LUZ DAS NOVAS DESCOBERTAS...

o culto de um deus masculino e, ao mesmo tempo, o patriarcado.[489] A fórmula "Assim era no princípio"[490] é comum, embora os mitos não se apresentem em sua forma primitiva. Novas versões se superpõem às antigas e as suplantam. Os mitos originais são modificados várias vezes ao longo dos séculos, remanejados pelo pensamento patriarcal em que seus tradutores estavam mergulhados, principalmente os monges.[491] Não podemos considerar "que eles revelavam um feminino divinizado, que foi minorado, ignorado e rejeitado pela ascendência do patriarcado"?[492]

Durante mais de um século e meio, as interpretações dos vestígios arqueológicos contribuíram muito para invisibilizar as mulheres, atribuindo-lhes certas funções, às vezes reunidas sob o termo "manutenção" ou "assistência" (ligadas ao *care*, para usar um termo atual), e minorando sua importância na economia (coleta/caça). As novas descobertas arqueológicas mostram que as mulheres pré-históricas são tão importantes quanto os homens no processo de humanização. Elas estão na origem de comportamentos necessários à evolução dos hominídeos,[493] especialmente enquanto mães: "O papel fundamental dos cuidados maternos no mundo animal, função herdada pela espécie humana, constituiu, desenvolvendo-se e generalizando-se, como a base do que poderíamos chamar de 'altruísmo social': o interesse mútuo

---

489. Merlin Stone, *Quand Dieu était femme. Au-delà de la fable d'Adam et Ève: d'où provient notre mythologie intérieure?*. L'Étincelle, 1999.

490. *Ibid.*, p. 15.

491. *Ibid.*, p. 15.

492. Françoise Gange, *Avant les dieux, la Mère universelle* [Diante dos deuses: a mãe universal]. Paris: Alphée, 2006, p. 15.

493. Não estamos convencidas, no entanto, da muito citada tese da "greve de sexo", do antropólogo britânico Chris Knight. As mulheres do Paleolítico teriam recusado todo tipo de contato sexual durante a menstruação e às vezes as teriam inclusive fingido, cobrindo o sexo com pigmentos vermelhos. Em contrapartida, elas teriam se mostrado muito disponíveis, durante o período fértil, aos caçadores, aos que traziam alimento, principalmente carne (Chris Knight, *Blood Relations: Menstruation and the Origins of Culture* [Relações de sangue: menstruação e as origens da cultura]. New Haven: Yale University Press, 1991.

de cada membro da horda pela segurança e pelo bem-estar do outro."[494] As mulheres, encarregadas das crianças pequenas, podem ter transmitido as primeiras formas de cultura, como a linguagem. Além disso, nas sociedades pré-históricas patrilocais, as mulheres favoreciam as trocas de saberes e de habilidades ao deixar seu grupo de nascença para se unir a outro. Também podemos imaginar que, à época, a educação e a vigilância das crianças deviam ser coletivas, sem distinção de sexo, como em certas etnias africanas, e podemos romper com "uma visão estreita dos papéis parentais"[495] e, em um mesmo impulso de mudança de ponto de vista, considerar que a situação das mulheres provavelmente foi bem melhor do que em certos períodos históricos em que os preceitos religiosos e a iniquidade das leis as mantiveram em um estado de inferioridade e subordinação.

As representações imaginárias das mulheres pré-históricas, um arquétipo modelado por preconceitos e pressupostos, não pouparam certas feministas, que as transformam em vítimas passivas subjugadas pelos homens e consideram a vida delas miserável, em um período chamado "estado de natureza". Na parte "História" de O segundo sexo (1949), Simone de Beauvoir, que não se baseia em dado arqueológico algum, se dedica a descrever a situação das mulheres durante a pré-história nas sociedades anteriores à agricultura, em que as mulheres, segundo ela, estavam alienadas por sua "natureza" e presas em um determinismo biológico.[496] As funções procriadoras e maternas as teriam tornado inaptas à produção dos saberes e das habilidades.[497] Ela minimiza as

---

494. Evelyn Reed, *Féminisme et anthropologie* [Feminismo e antropologia]. Paris: Denoël-Gonthier, 1979, p. 56.

495. Sarah Blaffer Hrdy, *Les Instincts maternels*. Paris: Payot, 2004 (publicado em 1999 como *Mother Nature: A History of Mothers, Infants and Natural Selection*) [Ed. bras.: *Mãe natureza: uma visão feminina da evolução: maternidade, filhos e seleção natural*. Tradução de Álvaro Cabral. Rio de Janeiro: Campus, 2001].

496. Simone de Beauvoir, *Le Deuxième Sexe, tome I*. Paris: Gallimard, 1976, coleção Folio.

497. *Ibid.*, p. 113.

AS MULHERES PRÉ-HISTÓRICAS À LUZ DAS NOVAS DESCOBERTAS...

tarefas femininas[498] e valoriza as dos homens.[499] Quarenta e sete anos depois, Françoise Héritier formula a mesma diferenciação entre os sexos de Simone de Beauvoir, entre aquele que dá à vida e aquele que se dá o poder de retirá-la e, assim, alcança um nível superior. No entanto, enquanto Françoise Héritier vê na atividade masculina o equivalente de um paliativo para sua impossibilidade de gerar,[500] Simone de Beauvoir parece fazer dela o único caminho para alcançar uma posição de transcendência.[501] Para ela, somente os homens, enquanto criadores e detentores do poder de matar, teriam participado da evolução da humanidade e a teriam emancipado de sua animalidade.[502] Embora baseie parte de sua reflexão na obra de Friedrich Engels, para quem a situação das mulheres começou a se *degradar* com o surgimento da agricultura e da criação de animais e a instauração do sistema patriarcal,[503] Simone de Beauvoir afirma que esta, ao contrário, melhorou.[504] Ao afirmar que a maternidade e a

---

498. "[...] engendrar, aleitar não são *atividades*, são funções naturais; nenhum projeto nelas se empenha. Eis por que nelas a mulher não encontra motivo para uma afirmação altiva de sua existência: ela suporta passivamente seu destino biológico" (*ibid.*, p. 114). Tradução de Sérgio Milliet.

499. "O caso do homem é radicalmente diferente; ele não alimenta a coletividade à maneira das abelhas operárias mediante simples processo vital, e sim com atos que transcendem sua condição animal. [...] para apossar-se das riquezas do mundo, ele anexa o próprio mundo. Nessa ação, experimenta seu poder: põe objetos, projeta caminhos em direção a eles, realiza-se como existente. Para manter, cria; supera o presente, abre o futuro. Eis por que as expedições de caça e pesca assumem um caráter sagrado. Acolhem-se os seus êxitos com festas e triunfos; o homem neles conhece sua humanidade. [...] A maior maldição que pesa sobre a mulher é estar excluída das expedições guerreiras" (*ibid.*, p. 114-115). Tradução de Sérgio Milliet.

500. Françoise Héritier, *De la violence I, séminaire de Françoise Héritier*. Paris: Odile Jacob, 1996, p. 211-212.

501. Simone de Beauvoir, *ibid.*, p. 115.

502. "[A mulher] associa-se aos homens nas festas que celebram os êxitos e as vitórias dos machos. Sua desgraça consiste em ter sido biologicamente votada a repetir a Vida, quando a seus próprios olhos a Vida não apresenta em si suas razões de ser e essas razões são mais importantes do que a própria vida" (*ibid.*, p. 116). Tradução de Sérgio Milliet.

503. Friedrich Engels, *A origem da família, da propriedade privada e do Estado*, 1884.

504. "É quando os nômades se fixam ao solo e se tornam agricultores que se vê surgirem as instituições e o direito. [...] nas comunidades agrícolas a mulher adquire muitas vezes

O HOMEM PRÉ-HISTÓRICO TAMBÉM É MULHER

menor força física são prejudiciais à realização das tarefas necessárias à vida cotidiana[505] e que os homens estão na origem das inovações e são os únicos atores econômicos e sociais, ela veicula a visão androcêntrica dos textos de pré-historiadores e antropólogos em que as mulheres pré-históricas são quase invisíveis. Embora a reflexão desenvolvida tenha sido mais do que necessária, ela enraizou no imaginário coletivo uma visão sombria da situação das mulheres durante aquele período distante. Suas suposições consolidam as teses defendidas pelos partidários do determinismo biológico – na contramão de suas intenções originais, sem dúvida – e da dominação masculina desde as primeiras sociedades humanas.

Não vejo esse passado distante como um período idílico, um éden ou uma idade de ouro, mas não posso concordar com Simone de Beauvoir quando ela postula a constância da sujeição das mulheres desde o início dos tempos. Nenhuma prova arqueológica exclui a participação das mulheres nas atividades econômicas, sociais e culturais das sociedades do Paleolítico, período que se estende por várias centenas de milênios. Ao longo do tempo e em função das tradições culturais das comunidades e de seus sistemas de valores, seus papéis variaram, mas elas, como os homens, contribuíram para a evolução da humanidade.

Alguns verão nessas palavras um engajamento partidário militante, esquecendo, por um lado, que elas se baseiam em um esforço científico de pré--historiadora e, por outro, que as interpretações dos dados arqueológicos por mais de um século e meio se basearam em uma ideologia que rebaixava as mulheres. Uma ideologia herdada do século XIX, em um contexto intelectual e social em que as mulheres não exerciam papel algum na vida econômica e

---

extraordinário prestígio. Esse prestígio explica-se essencialmente pela importância recente que assume a criança numa civilização que assenta no trabalho da terra. Instalando-se num território, os homens se apropriam dele; a propriedade aparece sob forma coletiva; exige de seus proprietários uma posteridade; a maternidade torna-se uma função sagrada" (Simone de Beauvoir, *ibid.*, p. 118-119). Tradução de Sérgio Milliet.

505. Simone de Beauvoir, *Le Deuxième Sexe*, vol. 1. Paris: Gallimard, 1949), p. 99 e 100.

216

AS MULHERES PRÉ-HISTÓRICAS À LUZ DAS NOVAS DESCOBERTAS...

política. Urge criticarmos e finalmente desconstruirmos os mitos ligados a essa suposta "natureza feminina" original. A ideia estereotipada, encontrada em muitas interpretações das representações femininas paleolíticas, de que existiria um arquétipo merece segunda análise. As culturas e as sociedades pré-históricas eram diversificadas e muito mais complexas do que se pensava até pouco tempo atrás. O conhecimento das primeiras mulheres da humanidade poderia reabrir portas fechadas por séculos de obscurantismo.

4
ETERNAS REBELDES

Dos vazios de nossa memória chegam-nos alguns nomes, ouvidos na escola mas não aprendidos, evocados aqui e ali na contramão de uma história dominada e escrita pelos homens. Eles são mencionados a título de exceção para confirmar as regras, decretadas por uma cultura ainda essencialmente patriarcal. Sim, existiram mulheres ilustres: guerreiras, sacerdotisas, poetas, cientistas, filósofas, aventureiras, que marcaram a história e a cultura. Mais do que nunca, brilhantes e intrépidas, literalmente extraordinárias, porque para conquistar seu lugar elas precisaram abrir caminho, enfrentar a sociedade, convencer os demais. Como se as mulheres sempre fossem alcançadas pela mesma necessidade de se justificar – reflexo des dominades, sintoma des oprimides. As mulheres, e os homens, precisam se desfazer dessa marca, porque a sensação de ilegitimidade é deletéria e alimenta os sistemas de opressão.

DA ANTIGUIDADE À IDADE MÉDIA

> *O que pode ser dito de ruim? Por seu*
> *mérito, elas não têm direito ao paraíso?*
> *De que crimes podem ser acusadas?*
>
> Cristina de Pisano[1]

---

1. Cristina de Pisano, *A carta ao deus do amor* (1399). Adaptado do francês médio por Bruno Rigolt.

O HOMEM PRÉ-HISTÓRICO TAMBÉM É MULHER

Embora algumas mulheres tenham sido grandes personagens, elas quase nunca são mencionadas na história das civilizações antigas. Em várias sociedades, elas são subordinadas aos homens e seu lugar na vida da cidade é minimizado, mas, em outras, seu papel e seu *status* não são contestados. Na Mesopotâmia, o código de Hamurabi[2] diz que "o marido não é senhor nem da vida de sua mulher nem de seus bens, e, se vier a repudiá-la, ele lhe deve uma parte de sua própria fortuna". Entre os hititas,[3] povo da Anatólia do II milênio a.C., a mulher pode presidir cerimônias religiosas (como sacerdotisa), julgar, combater e, como rainha, administrar o reino junto ao rei, como fez Puduhepa, esposa de Hatusil III. No Antigo Egito, as mulheres não estão submetidas nem a seus pais nem a seus maridos ou filhos. Para os egípcios, a legitimidade vem tanto da linhagem feminina quanto da linhagem masculina, por isso elas podem ser faraós (Hatshepsut) ou dividir o poder com eles (Nefertiti, Nefertari, Cleópatra). Na Pérsia, na Grécia e em Roma, em contrapartida, as mulheres parecem não ter tido função política alguma. Em Atenas, durante as épocas arcaica e clássica (de meados do século VIII ao início do século IV antes de nossa era), não podendo se tornar cidadãs, isto é, participar do poder político segundo a definição dada por Aristóteles,[4] elas são excluídas dele. Nessa sociedade patriarcal, as mulheres são consideradas inferiores aos homens e obrigadas a permanecer em casa sob a tutela masculina, nunca dispondo de seus bens. Algumas leis de Sólon[5] contribuíram para restringir sua independência. Na *República* e nas *Leis*, porém, Platão faz propostas revolucionárias para a época, a favor da educação e da igualdade das mulheres (mesma educação e divisão dos mesmos trabalhos, segundo as aptidões), sem dúvida por sua teoria meritocrática da justiça e por sua crença metafísica de que as almas humanas não

---

2. Código babilônico de leis, de cerca do ano 1750 antes de nossa era.

3. Conhecemos as leis hititas graças aos veredictos gravados em várias tabuletas de argila datadas entre 1.500 e 1.200 anos antes de nossa era. Exemplo 192 (Fr. 78): "Se o marido de uma mulher morre, sua esposa toma sua parte [...]".

4. Aristóteles, *Política*, III, 1.

5. Legislador considerado o instaurador da democracia em Atenas.

ETERNAS REBELDES

são sexuadas.[6] Ele é uma exceção, pois a maioria dos autores gregos manifesta sua falta de consideração pelas mulheres, expressa por Eurípides sem ambiguidades em *Ifigênia em Áulide*: "A vida de um só homem é mais preciosa que a de milhares de mulheres".[7]

Todas as formas de expressão — filosofia, literatura, teatro, pintura, escultura... – são masculinas, e raras são as mulheres que passaram para a posteridade, com exceção da pintora Lala de Cízico[8] e de algumas poetisas, como Safo, Praxila, Sulpícia e Cornifícia. Ou ainda a erudita companheira de Péricles, sua apoiadora ardente, Aspásia de Mileto, que atraiu o respeito da maioria dos grandes homens de sua época, como Sócrates, e teve certa influência sobre a política ateniense do século V antes de nossa era.

Ajudante do homem nos relatos épicos, a mulher se apaga diante dos feitos e das proezas, da engenhosidade e dos pensamento de seus pais, maridos, filhos e irmãos. É na *Ilíada* que acontece a invenção literária da virilidade, ideal físico e moral que dota os indivíduos do sexo masculino de incontestável superioridade, que se expressa na razão, inacessível às mulheres.[9] É essa concepção da relação entre homens e mulheres que o Ocidente conserva até o século XX. Na época helenística (do ano 323 ao ano 30 antes de nossa era), algumas mulheres exercem papéis públicos ou assumem encargos oficiais semelhantes aos ocupados pelos homens. Em Esparta, as mulheres são consideradas mais ou menos iguais aos homens, sobretudo porque elas geram soldados.

Na Roma Antiga, o direito romano é o direito do *pater familias*: o pai de família tem direito de vida e morte sobre seus escravos, seus filhos e, é claro, sobre sua mulher, muitas vezes considerada escrava. Embora o direito romano seja antifeminista, é preciso distinguir as leis dos costumes. Desde o início

---

6. Gerasimos Santas, "Légalité, justice et femmes dans la République et les Lois de Platon" [Legalidade, justiça e mulheres na *República* e nas *Leis* de Platão], *Revue française d'histoire des idées politiques*, n. 16, 2002, p. 309-330.

7. Eurípides, *Iphigénie à Aulis* [Ifigênia em Áulide]. Paris: Garnier-Flammarion, p. 89.

8. Na *História natural*, Plínio, o Velho, menciona outras cinco mulheres pintoras.

9. Olivia Gazalé, *Le Mythe de la virilité*. Paris: Robert Laffont, 2017.

do século III antes de nossa era, as romanas, principalmente as nobres, se tornam relativamente livres e com frequência instruídas,[10] participando da vida cultural e mesmo política da cidade. No ano 195 antes de nossa era, elas se opõem com vigor à Lei Oppia, votada durante a Segunda Guerra Púnica, que as impedia de usar roupas luxuosas e se deslocar em carruagens puxadas por dois cavalos. Elas enfrentam um terrível adversário na pessoa do cônsul Catão, o Velho, para quem a revogação dessa lei validaria a participação das mulheres na vida política e constituiria um carta branca a uma possível tomada de poder.[11] Elas acabam obtendo ganho de causa e sua influência nos assuntos públicos começa a crescer.

No século I antes de nossa era, o grande orador Cícero encontra em Hortênsia uma rival à altura. Filha do orador Hortênsio, essa rica letrada se opõe às taxas impostas às mais abastadas cidadãs de Roma pelo Segundo Triunvirato (Otávio Augusto, Marco Antônio e Lépido) para financiar a guerra contra os assassinos de Júlio César. Hortênsia defende a causa dessas 1.400 mulheres no Fórum de Roma: "Por que deveríamos pagar uma taxa se não temos lugar nas honrarias, no comando, na política que vocês utilizam uns contra os outros com resultados terríveis? 'Porque estamos em guerra', vocês dizem. Quando foi que não estivemos em guerra, e quando foi que as mulheres já precisaram pagar taxas, se são isentas por seu sexo?"[12] No dia seguinte a seu discurso, o Triunvirato exonerou mil dessas mulheres e exortou os proprietários homens a contribuir para o esforço de guerra.

---

10. "Ela me ama, o que é a prova de sua fidelidade. A isso se soma o gosto pela literatura, produto da afeição que sente por mim. Ela tem meus livros, não consegue parar de lê-los, chega a aprendê-los de cor. [...] Quando faço uma leitura pública, ela assiste atrás de um cortinado e ouve com muita atenção os elogios que recebo. Ela canta meus versos e os acompanha na cítara sem ter outro professor que o amor, que é o melhor mestre. Assim, tenho a firme esperança de que nosso acordo se manterá e crescerá a cada dia" (Plínio, o Jovem, *Cartas*, 4-19).

11. Trecho do discurso de Catão, o Velho, relatado por Tito Lívio, *História de Roma desde sua fundação*, XXXIV, 1, 8.

12. Apiano de Alexandria, *História romana*, século II.

ETERNAS REBELDES

A relativa liberdade das romanas, adquirida ao fim da República e sob o Império, não agrada a todos os homens. O poeta Juvenal, misógino e xenófobo, vê com inquietação as mulheres ocuparem campos até então reservados aos homens, como a literatura: "A mulher que está em teu leito, que ela acima de tudo não tenha estilo. Frases pretensiosas em figuras lógicas! Possa ela em história ignorar alguma coisa. E, ao ler, não entender tudo! Não me fale de uma mulher que tagarela sem parar. A gramática de Palemon, sem nunca morder a língua. De uma erudita que me cita versos que não conheço. E indica numa amiga pouco instruída algum erro. Que os homens deixariam passar..."[13]

O tempo e os talentos não fazem caso das injunções absurdas. Dois séculos depois, na sociedade imperial romana do século IV, algumas eruditas vivem bem integradas. A célebre Hipátia, matemática e astrônoma grega, dirigiu a escola platônica de Alexandria com arte, conforme atestado pelo historiador Sócrates de Constantinopla: "Havia em Alexandria uma mulher de nome Hipátia: era filha do filósofo Téon. Ela havia alcançado tal grau de cultura que superou nesse ponto os filósofos, tomou a sucessão da escola platônica depois de Plotina e disponibilizou todos os conhecimentos a quem quisesse. É por isso que aqueles que queriam fazer filosofia acorriam e prostravam-se a seus pés. A orgulhosa franqueza que tinha por sua educação fazia com que enfrentasse com sangue-frio até mesmo os governantes. E ela não tinha a menor vergonha de se ver em meio aos homens, pois, devido a seu conhecimento superior, eram, antes, eles que ficavam tomados de vergonha e medo diante dela."[14]

Alguns pensadores da Antiguidade se erguem contra o preconceito da inferioridade intelectual e moral das mulheres. Os estoicos romanos Sêneca e Musônio Rufo afirmam que, tendo recebido "a mesma faculdade de razão que os homens", elas são capazes de obter a mesma instrução e "deveriam também

---

13. Juvenal, *Sátira VI*. Paris: Poésie/Gallimard, 1996, p. 100-101. Escrito entre 90 e 127 d.C.

14. Sócrates Escolástico, *História eclesiástica, c.* 440 d.C. Citado por Charlotte Booth em *Hypatia: Mathematician, Philosopher, Myth* [Hipátia: matemática, filósofa, mito], Fonthill Media, 2017.

O HOMEM PRÉ-HISTÓRICO TAMBÉM É MULHER

estudar a filosofia, caminho mais seguro para a virtude".[15] Para o filósofo grego Plutarco, as mulheres são tão virtuosas quanto os homens. Em *Virtudes de mulheres*, ele cita exemplos de mulheres que, em suas vidas, deram prova de atos de bravura, coragem, resistência a tiranos...

No século IV, as patrícias romanas começam a participar do desenvolvimento do cristianismo no Ocidente. A viúva Marcella contribui de maneira determinante para a instauração da vida monástica feminina em Roma. Confidente de Jerônimo de Estridão (são Jerônimo), ela auxilia seus trabalhos de tradução para o latim da Bíblia (a Vulgata). Dentro das primeiras igrejas paleocristãs, como vemos nos afrescos das catacumbas romanas de Priscila (entre os séculos II e V), restauradas recentemente, as mulheres podiam celebrar a missa – uma interpretação contestada pelo Vaticano. Assim que o cristianismo se torna uma Igreja, com seus dogmas e suas leis, as mulheres são rapidamente excluídas das funções sacerdotais. Embora, em um primeiro momento, a Igreja pareça deter um papel protetor em relação às mulheres, à medida que seu poder se consolida "um movimento regressivo" se instaura.[16] O caso de Hipátia é exemplar. Ela é assassinada em março de 415 por um grupo de monges cristãos que não aceitavam que uma mulher fosse erudita – eles a desmembraram e queimaram. Fazem, sem perceber, um "martírio da filosofia", egéria dos opositores do cristianismo. É preciso lembrar que o papa Pio XII só declara que o homem e a mulher são iguais em direitos e em dignidade no ano de 1957.[17]

Os conventos femininos, surgidos no século VI,[18] garantem a algumas mulheres segurança material, oferecendo-lhes a possibilidade de uma vida

---

15. Mary R. Lefkowitz e Maureen B. Fant, *Women's Life in Greece and Rome* [A vida das mulheres na Grécia e em Roma]. Baltimore: Johns Hopkins University Press, 1992.

16. Segundo a teóloga Élisabeth Parmentier, com "uma primeira etapa em certas Epístolas do apóstolo Paulo e uma segunda nas ditas Epístolas 'pastorais', que instituem os fundamentos da primeira Igreja". In: Evelyne Martini, *La Femme. Ce qu'en disent les religions* [A mulher: o que as religiões dizem]. Ivry-sur-Seine: Éditions de l'Atelier, 2002, p. 59.

17. *Ibid.*, p. 58.

18. As datas variam dependendo das fontes: a de 570, em Hipona, é bastante citada, mas o século VIII também.

espiritual e às vezes intelectual. Eles são dirigidos por abadessas que exercem um poder igual ao dos abades. Algumas alcançam grande renome, como a erudita Hildegarda de Bingen, no século XII, autora de muitos livros.

Até meados do século VIII, embora as mulheres permaneçam juridicamente sob o domínio dos maridos, as aristocratas têm um *status* social relativamente elevado e podem chegar ao poder. Cultas, elas fundam igrejas (diz-se que Genoveva salvou Paris dos hunos em 451), monastérios (Radegunda de Poitiers), aconselham os soberanos (a rainha Clotilde, mulher de Clóvis, levado por ela a se converter ao cristianismo) e dirigem reinos (Fredegunda, Brunilda). Mais tarde, durante a dinastia dos carolíngios, as mulheres parecem perder toda influência política.

No Ocidente cristão, os séculos XI, XII e XIII são marcados pela multiplicação das traduções para o latim de textos antigos e cristãos, de filósofos e cientistas árabes e persas (Avicena), e pelas Cruzadas. Muitas mulheres, nobres ou plebeias, participam ativamente da Guerra Santa. Em 1097, durante a Primeira Cruzada, Florine da Borgonha, esposa de Sueno II da Dinamarca, morre combatendo os turcos. Durante a Segunda Cruzada, a "senhora das pernas de ouro" comanda um grupo de mulheres armadas, como os cavaleiros, alistadas sob a bandeira do imperador da Alemanha Conrado III de Hohenstaufen. "Os cronistas relatam que elas fizeram maravilhas sob os muros de Damasco."[19] As mulheres também participam dos movimentos nascentes, chamados de heréticos pela Igreja católica. Os valdenses – Pedro Valdo e seus discípulos, os "pobres de Lyon" – são condenados e excomungados pela Igreja em 1184 como dissidentes, principalmente porque a pregação é feita por laicos e mulheres. Da mesma forma, na religião cátara elas tinham o direito de ascender à vida "perfeita" depois de obter o *consolamentum*[20] e, embora

---

19. O apelido "senhora das pernas de ouro" se deve às esporas douradas e às douraduras que ornavam-lhe os calções. Seu verdadeiro nome é ignorado. Claude Merle, "Histoire de guerre". Disponível em: <www.histoire-de-guerre.net>.

20. Batismo espiritual por imposição das mãos em nome de Cristo.

O HOMEM PRÉ-HISTÓRICO TAMBÉM É MULHER

não fossem habitualmente encarregadas da predicação, elas podiam realizar todas as missões atribuídas aos *bons homens*. Um século depois, porém, não cai bem se afastar da ortodoxia, como mostra a história de Guglielma de Milão (ou da Boêmia), reverenciada como santa e postumamente declarada herética – como seus discípulos, os guglielmitas, que viam nela a encarnação feminina do Espírito Santo e o nascimento de uma nova igreja "de mulheres". Grande número de castelãs administra seus feudos na ausência dos maridos, que partem para a guerra, a exemplo da grande figura feminina do século XII, Leonor da Aquitânia. À época, os cavaleiros praticam a galanteria e buscam o amor cortês de suas "damas". Eles se enfrentam em torneios e os troveiros e trovadores cantam seus amores quase sempre impossíveis. No século XIII, embora nas lendas do ciclo arturiano as personagens femininas sempre sejam detentoras de força e saber (provável herança cultural celta) e os heróis Percival e Lancelote enfrentem perigos para merecer seu amor, com o renascimento do direito romano e a centralização do Estado os direitos das mulheres retrocedem em todos os âmbitos. Elas voltam a se tornar "menores" e perdem suas prerrogativas, salvo em casos raros, como o de Branca de Navarra, condessa da Champagne, ou de Branca de Castela, que se torna regente com a morte do marido, Luís VIII.

Com o início do terrível século seguinte e a aplicação da Lei Sálica, que amplia a primogenitura masculina,[21] as mulheres se veem eliminadas da sucessão ao trono, inclusive as filhas do soberano morto. Em 1374 surge um livro inteiramente dedicado às mulheres célebres, históricas e mitológicas, em que a primeira é Eva.[22] Na maior parte dessas biografias, o autor, o florentino Boccaccio, convencido da superioridade masculina, pinta um quadro pouco lisonjeiro das mulheres, acentuando os supostos defeitos femininos: futilidade, egoísmo,

---

21. Falamos em primogenitura masculina quando somente o filho mais velho do rei herda a coroa; lei em vigor desde 987, sob Hugo Capeto.

22. Boccaccio, *De mulieribus Claris*, 1374 (redigido entre 1361 e 1362). Reeditado em 1551 como *Sobre as mulheres célebres* ou *Das senhoras de renome*.

ETERNAS REBELDES

avidez...[23] A obra é utilizada para justificar a exclusão das mulheres do domínio público. Cristina de Pisano se rebela contra a misoginia de seus contemporâneos e defende a causa das mulheres. Viúva e instruída,[24] ela é uma das primeiras mulheres a viver da escrita.[25] Em *A epístola do deus do amor* (1399) e *O conto da rosa* (1402), ela ousa atacar as palavras machistas da sequência do *Romance da rosa*,[26] o que lhe vale as críticas dos acadêmicos e amigos do poeta, todos homens. Em sua obra mais famosa, *O livro da cidade das mulheres* (1404-1405), que à época é atribuída a um homem, ela toma consciência do fato de que sua visão é em si mesma determinada pelos preconceitos que circulam sobre as mulheres, especialmente sobre sua inferioridade "natural".[27] Ela descreve uma sociedade alegórica por meio de diálogos entre ela (a narradora) e as deusas da Razão, da Retidão e da Justiça. Evocando figuras femininas do passado, ela mostra a maneira como as *senhoras* podem ter uma vida cheia de espírito e contribuir para a sociedade.[28] Cristina de Pisano aborda vários temas, como

---

23. Pierre Grimal, *Rome et l'Amour. À propos des femmes*. Paris, Robert Laffont, 2007, p. 498-506 [Ed. port.: *O amor em roma*. Lisboa: Edições 70, 2005].

24. Filha do astrólogo de Carlos V, ela recebeu do pai uma instrução mais avançada do que a maioria das mulheres de seu tempo.

25. Para a maioria dos historiadores da segunda metade do século XIX, ela será considerada sobretudo por sua lealdade para com o reino. Tendo defendido a causa de Joana d'Arc, a Resistência utilizará a figura de Cristina de Pisano durante a Segunda Guerra Mundial.

26. Esse poema, composto por volta de 1270, é uma sátira das instituições da época e, sobretudo, das mulheres e do casamento. Jean de Meung nele expõe os defeitos das mulheres, suas armadilhas e os meios de evitá-las. A primeira parte do *Roman de la Rose* foi escrita por Guillaume de Lorris por volta de 1230.

27. Betsy McCormick, "Building the Ideal City: Female Memorial Praxis in Christine de Pisan's *Cité des Dames*" [Construindo a cidade ideal: a práxis memorial feminina de Cristina de Pisano em *A cidade das mulheres*], *Studies in the Literary Imagination*, 36 (1), 2003, p. 149-171.

28. A deusa da justiça pede a Cristina de Pisano (a narradora) que construa com a Razão uma cidade metafórica em que as *senhoras* pudessem residir. Para as fundações, ela precisa retirar as pedras que correspondem à opinião errada sobre as mulheres de um autor masculino, as "repulsivas pedras *broconneuses* e negras" (643) e edificar um novo paradigma com a ajuda de "belas pedras reluzentes" (787), representadas por mulheres ilustres da Antiguidade. As pedras de base e as de construção, que precisam de força,

O HOMEM PRÉ-HISTÓRICO TAMBÉM É MULHER

receber uma educação igual à dos homens e os motivos pelos quais essa ideia os desagrada.[29] Ela ousa escrever livros sobre assuntos reservados aos homens, o que lhe vale a reprovação de boa parte deles.[30] O que não a impede de gozar de grande popularidade na corte de Carlos V e Carlos VI, popularidade que persistirá nos círculos literários do Renascimento. Embora a escritora Louise-Félicité de Kéralio tente reabilitá-la,[31] os historiadores da literatura do século XIX só terão desprezo por essa *"bas-bleu"*: "Boa filha, boa esposa, boa mãe, de resto um dos mais autênticos *bas-bleus* que houve em nossa literatura, a primeira dessa insuportável linhagem de mulheres autoras."[32]

---

são montadas por mulheres fortes. Assim, Cristina de Pisano responde às críticas sobre a inferioridade física e moral das mulheres. Com a ajuda da Retidão, as construções que abrigarem as virtudes (prudência, caridade...) são edificadas. A Justiça realizará os acabamentos, especialmente o recobrimento das construções com ouro fino. As mulheres escolhidas para povoar a cidade são virtuosas (esposas exemplares, castas e constantes). A última etapa da construção da cidade é a chegada da "chefe do sexo feminino" (977), a Virgem Maria, fonte mística da qual as mulheres poderão beber todas as virtudes (a mais importante sendo a fé), que lhe entrega as chaves (Betsy McCormick, *ibid.*).

29. A fim de continuar seu trabalho pela educação das mulheres, ela escreve no mesmo ano uma continuação para esse livro, *O livro das três virtudes para o ensino das mulheres* (ou *O tesouro da cidade das mulheres*). Ela sugere as lições aprendidas dessas célebres mulheres às mulheres "de todas as condições" (Prudence Allen, *The Concept of Woman: The Early Humanist Reformation, 1250-1500* [O conceito de mulher: a reforma humanista primitiva 1250-1500], vol. 2).

30. *Le Livre des faits d'armes et de chevalerie* [O livro de armas e cavalaria], *Le Livre du corps de Policie* [O livro do corpo de polícia] (1406-1407), *Oraison à Nostre Dame* [Oração a Nossa Senhora] (1402/1403), *Les Heures de contemplation sur la Passion de Nostre Seigneur* [As horas de contemplação à paixão de Nosso Senhor], *Épître à la reine Isabeau* [Epístola à rainha Isabel], *Le Livre des fais et bonnes meurs du sage Roy Charles V* [O livro dos fatos e bons modos do sábio rei Carlos V] (1404).

31. Claire Le Brun-Gouanvic, "Mademoiselle de Kéralio, commentatrice de Christine de Pisan au XVIIIe siècle, ou la rencontre de deux femmes savants" [Senhorita de Keralio, comentarista de Cristina de Pisano no século XVIII ou o encontro de duas mulheres eruditas]. In: Juliette Dor e Marie-Elisabeth Henneau (orgs.), *Christine de Pisan. Une femme de science, une femme de lettres* [Cristina de Pisano: Uma mulher de ciência, uma mulher de letras]. Paris: Honoré Champion, 2008, p. 325-341.

32. Gustave Lanson, *Histoire de la littérature française* [História da literatura francesa], 1894. Paris: Hachette, 1920, capítulo 2, "Le Quinzième siècle" [O século XV], p. 167. Disponível em Wikisource.

ETERNAS REBELDES

É preciso esperar os anos 1980, com o desenvolvimento do feminismo, para que a obra dessa verdadeira "pessoa de letras"[33] recupere seu devido lugar no mundo literário. Embora não atribua a desigualdade intelectual entre homens e mulheres à natureza, mas à falta de educação e aos preconceitos em relação às mulheres,[34] ela não questiona a estrutura patriarcal ou os valores supostamente "femininos", como castidade e paciência.[35] Cristina de Pisano é uma mulher do fim do século XIV e do início do século XV, mas devemos destacar sua corajosa e vanguardista tomada de posição.

DO RENASCIMENTO AO SÉCULO DAS LUZES

> *O homem e a mulher estão tão unidos*
> *que se o homem é mais que a mulher,*
> *a mulher é mais que o homem?*
>
> Marie de Gournay[36]

No Ocidente, Isabel, a Católica, Joana d'Arc e Jeanne Hachette são as três grandes figuras femininas do século XV, que marcam a passagem da Idade

---

33. Marie-Joseph Pinet, *Christine de Pisan, 1364-1430, étude biographique et littéraire* [Cristina Pisano, 1364-1430, estudo biográfico e literário] [1927]. Paris: Honoré Champion, 2011.

34. Tese defendida por William Minto ("Christine de Pisan, a Medieval Champion of Her Sex" [Cristina de Pisano, uma campeã medieval de seu gênero]. Macmillan's Magazine, vol. LIII, 1886, p. 264-267) e, mais tarde, pela medievalista Régine Pernoud (*Christine de Pisan* [Cristina de Pisano]. Paris: Calmann-Lévy, 1982).

35. Por exemplo para Mathilde Laigle (1865-1950), *Le Livre des trois vertus de Christine de Pisan et son milieu historique et littéraire* [O livro de três virtudes de Cristina de Pisano e seu ambiente histórico e literário]. Paris, Honoré Champion, 1912; Juliette Dor e Marie-Elisabeth Henneau (orgs.), *Christine de Pisan. Une femme de science, une femme de lettres*. Paris: Honoré Champion, 2008.

36. Marie de Gournay, "Égalité des hommes et des femmes" [Igualdade dos homens e das mulheres]. In: Mario Schiff, *La Fille d'alliance de Montaigne, Marie de Gournay* [A filha da aliança de Montaigne, Marie de Gournay]. Paris: Honoré Champion, 1910 [1622], p. 70.

O HOMEM PRÉ-HISTÓRICO TAMBÉM É MULHER

Média para o Renascimento. No século que vê o nascimento da imprensa e o início das grandes explorações, alguns pensadores, como Erasmo (1466-1536) e Thomas Morus (1478-1535), eram da opinião de que uma mulher precisava tanto de um homem quanto de uma boa instrução, para aperfeiçoar a educação de seus filhos, mesmo que ela não pudesse colocar em prática os conhecimentos adquiridos fora do lar. Durante o Renascimento, segundo o espírito das tradições antigas, as mulheres são colocadas em uma posição subordinada aos homens, tanto no âmbito social quanto no âmbito político. Embora na arte a imagem da mulher, arquétipo da beleza,[37] se modifique, ela não deixa de ser estereotipada – a esposa costuma ser representada com um animal que simboliza a fidelidade, um pequeno cão ou um arminho.[38] No século XVI, as mulheres casadas se tornam juridicamente "incapazes", submetidas ao poder de seus maridos. Na contracorrente da misoginia ambiente, Cornelius Agrippa, intelectual humanista nascido em Colônia, faz o elogio às mulheres, em especial às dos Evangelhos: "Maria é melhor que o melhor dos homens, e a pior das mulheres triunfa sobre Judas."[39] O debate sobre a educação das mulheres iniciado no século XV continua com a publicação de várias obras,[40] como as de duas letradas venezianas. Moderata Fonte (pseudônimo de Modesta dal Pozzo) publica, em 1600, *O mérito das mulheres*, no qual coloca em cena, por dois dias, o julgamento dos homens, cujo resultado mostra "claramente como elas são dignas e mais perfeitas que os homens".[41] No mesmo ano, é publicado *A*

---

37. Ver *O nascimento de Vênus*, de Botticelli.

38. Como *Dama com arminho*, de Leonardo da Vinci.

39. *De nobilitate et præcellentia feminei sexus* [Nobreza e excelência da feminilidade], escrito em 1509, mas publicado em 1529. *Discours abrégé sur la noblesse et l'excellence du sexe féminin, de sa prééminence sur l'autre sexe, et du sacrement du mariage* [Discurso abreviado sobre a nobreza e a excelência do sexo feminino, sua preeminência sobre o outro sexo e o sacramento do casamento]. Paris, Côté-femmes, 1990. Tradução de Nicolas Gueudeville, 1. ed., 1726.

40. Como a de Vivès, já citada.

41. Christiane Klapisch-Zuber, "Moderata Fonte [Modesta Pozzo], Le Mérite des femmes" [Moderata Fonte (Modesta Pozzo), o mérito das mulheres], *Clio. Histoire, femmes et sociétés*, 18 (9), 2003, p. 286-288.

nobreza e excelência das mulheres e os defeitos e vícios dos homens, de Lucrezia Marinella.[42] Enquanto em vários países da Europa elas podem ser rainhas,[43] na França poucas mulheres chegam ao poder real – e apenas como regentes.[44]

A nascente Reforma Protestante favorece a alfabetização das mulheres. Autorizando-as a ler a Bíblia e os textos sagrados em língua vulgar, ela permite que algumas delas se dediquem à teologia. A teóloga Marie Dentière (1495--1561) preconiza a participação ativa das mulheres no ambiente religioso, pois, escreve ela, são capazes, como os homens, de compreender os textos sagrados: "Temos dois Evangelhos, um para os homens e outro para as mulheres? Um para os sábios e outro para os tolos? Não somos todos um em Nosso Senhor? Em nome do qual somos batizados, de Paulo ou Apolo, do papa ou Lutero."[45] Para Martinho Lutero (1483-1546), embora os homens e as mulheres sejam iguais perante Deus devido ao batismo, o papel dessas últimas é casar-se e assistir o esposo, como Sara, esposa de Abraão, que para ele é o modelo da "mulher". As correntes protestantes dissidentes do século XVII, anabatistas ou quacres, são as únicas que autorizam as mulheres a pregar e se tornar pastoras.

No século XVII, embora, como se queixa o cardeal Mazarino, as mulheres da corte se intrometam em todos os assuntos, entre eles a política, e algumas, como

---

42. Jean-Claude Zancarini, "Moderata Fonte, Le Mérite des femmes" [Moderata Fonte, o mérito das mulheres], *Laboratoire italien*, 4, 2003, p. 197-198.

43. Nos séculos XVI e XVII, na Inglaterra (Elizabeth I, Maria II, Ana) e na Suécia (Cristina); no século XVIII, na Rússia (imperatrizes Catarina I e Catarina II).

44. Como Luísa de Saboia (em 1515, depois em 1525-1526), Catarina de Médici (de 1560 a 1563), depois, no século XVII, Maria de Médici (de 1610 a 1614) e Ana da Áustria (de 1643 a 1651).

45. Marie Dentière, *Epistre tres utile, faicte ey composee par une femme chrestienne de Tornay, envoyee a la Royne de Navarre sœur du Roy de France, Contre les Turcz, Iuifz, Infideles, faulx chrestiens, Anabaptistes, et Lutheriens* [Epístola muito útil, escrita e composta por uma mulher cristã de Tornay, enviada à rainha de Navarra, irmã do rei da França, contra os turcos, infiéis, falsos cristãos, anabatistas e luteranos] (1539). Trecho citado por Cynthia Skenazi, "Marie Dentière et la prédication des femmes" [Marie Dentière e a predicação das mulheres], *Renaissance and Reformation*, 21 (1), 1997, p. 5-18.

a Grande Mademoiselle (a duquesa de Montpensier), ordenem tiros de canhão durante a Fronda ou recusem um casamento arranjado, em outras partes do reino a situação das mulheres não é invejável. Marie de Gournay (1565-1645), mulher de letras e filha adotiva de Montaigne, se insurge contra a situação das mulheres[46] e preconiza a igualdade entre os sexos (nem misoginia, nem filoginia[47]). Ela abre caminho para aquelas que se recusam a ser consideradas intelectualmente inferiores. O filósofo alemão Immanuel Kant (1724-1804) afirma, no entanto, que elas não saberiam abraçar as ciências, procedentes de um "entendimento sublime". Embora poucas delas sejam reconhecidas, desde a Antiguidade[48] as mulheres produzem obras, em direito ou ciências, que invalidam essa suposta incapacidade. A alemã Anna Maria van Schurman ilumina toda a Europa do século XVII com sua grande erudição. Esse também é o caso de Marie Meurdrac, autora de *Chymie charitable et facile en faveur des dames*.[49] Para ela, "os espíritos não têm sexo" – e se as mulheres recebessem a

---

46. "Bem-aventurado és, leitor, se não fores do sexo ao qual se proíbem todos os bens, privando-o da liberdade: sim, ao qual se proíbem também mais ou menos todas as virtudes, subtraindo-lhe o poder, na moderação do qual a maioria delas se forma; a fim de lhe constituir como única felicidade, como virtudes soberanas e únicas, ignorar, bancar a tola e servir" (Marie de Gournay, *Grief des dames dans l'Ombre de la demoiselle de Gournay* [Reclamação das damas sob a sombra da demoiselle de Gournay], 1626).

47. "A maioria daqueles que defendem a causa das mulheres contra essa orgulhosa preferência que os homens se atribuem responde-lhes na mesma moeda: devolvendo a preferência para elas. Eu, que fujo de todos os extremos, contento-me em igualá-las aos homens: a natureza se opõe nesse ponto tanto à superioridade quanto à inferioridade. Mas o que estou dizendo – não basta a algumas pessoas preferir-lhes o sexo masculino se ainda as confinam com um decreto irrefragável e necessário à roca de fiar. Mas o que pode consolar contra esse desprezo é o fato de que ele só vem daqueles homens com os quais elas menos gostariam de se parecer" (Marie de Gournay, "Égalité des hommes et des femmes". In: Mario Schiff, *La Fille d'alliance de Montaigne, Marie de Gournay*. Paris: Honoré Champion, 910 [1622], p. 70).

48. Como Teano, esposa de Pitágoras, a alquimista Maria, a Judia (inventora do banho--maria), a física Antióquida de Tlos e, é claro, Hipátia.

49. No prefácio, podemos ler: "Eu objetava a mim mesma que ensinar não era profissão para uma mulher, que ela deve se manter no silêncio, ouvir e aprender, sem demonstrar o que sabe: porque está acima dela dar uma Obra ao público e porque a reputação não é

ETERNAS REBELDES

mesma instrução que os homens, poderiam igualá-los.[50] Seu livro faz grande sucesso e tem doze edições entre 1666 e 1738.[51] Outras obras permanecem confidenciais e às vezes valem a suas autoras a prisão por feitiçaria; é o caso de Martine de Bertereau. Nas primeiras páginas de *Véritable déclaration de la descouverte des mines et minières de France*, publicado em 1632, ela faz valer seu direito e sua capacidade de levar a termo seu projeto científico, como os homens: "Muitos me julgarão mais capaz da economia de uma casa do que de escavar montanhas [...]. Opinião perdoável aos que não leram as histórias antigas, nos quais se vê que as mulheres foram não apenas muito guerreiras, valentes e corajosas nas armas, como também muito doutas em filosofia, e que ensinaram nas escolas públicas entre os gregos e os romanos."[52]

Quarenta anos depois, François Poulain de la Barre (1647-1723), filósofo cartesiano convertido ao protestantismo, convencido da injustiça feita às mulheres e da desigualdade de sua condição, que segundo ele se baseiam em preconceitos, escreve dois textos importantes[53] nos quais preconiza que elas

---

habitualmente vantajosa, visto que os homens sempre desprezam e blasfemam as produções que partem do espírito de uma mulher."

50. "[...] Os Espíritos não têm sexo, e se os das mulheres fossem cultivados como os dos homens, e se empregássemos tanto tempo e dedicação a instruí-los, eles poderiam igualá--los: porque nosso século viu nascer mulheres que para a Prosa, a Poesia, as Línguas, a Filosofia e o governo mesmo do Estado, não perdem em nada para a suficiência e para a capacidade dos homens" (Marie Meurdrac, *Chymie charitable et facile pour les femmes* [Química caridosa e fácil para mulheres], 1660. Disponível em Wikisource).

51. Cinco francesas, seis alemãs e uma italiana.

52. Martine de Bertereau, *Véritable déclaration de la descouverte des mines et minières de France* [Verdadeira declaração da descoberta das minas e dos minerais da França], 1632. Texto reproduzido *in-extenso* em *Anciens Minéralogistes du Royaume de France* [Antigos mineralogistas do reino da França], tomo I, p. 291.

53. Duas obras escritas sob a proteção do anonimato: *De l'égalité des deux sexes, discours physique et moral où l'on voit l'importance de se défaire des préjugez* [Da igualdade dos dois gêneros, discursos físicos e morais, em que vemos a importância de se livrar de preconceitos] (1673) e *De l'éducation des dames pour la conduite de l'esprit des sciences et dans les mœurs* [Sobre a educação das damas para a conduta do espírito da ciência e da moral] (1674).

233

O HOMEM PRÉ-HISTÓRICO TAMBÉM É MULHER

recebam uma educação de verdade e possam ter acesso a todas as carreiras, sem exceção. Não é pelo fato de o dogma da inferioridade "natural" das mulheres ser antigo e compartilhado por uma maioria de intelectuais que ele é verdade, escreve o filósofo. Para ele, é a sociedade que, conferindo às mulheres uma condição inferior, o impôs: "Visto que as mulheres têm uma condição inferior, alguns deduzem que elas sejam por natureza inferiores, e se baseiam nessa inferência errônea para mantê-las nessa situação." Ele é o autor da célebre máxima "O espírito não tem sexo".[54] Simone de Beauvoir o cita na epígrafe de *O segundo sexo* (1949): "Tudo o que foi escrito pelos homens sobre as mulheres deve ser suspeito, pois eles são ao mesmo tempo juízes e parte envolvida."[55] No entanto, a educação das mulheres permanece um assunto de zombaria, como nas peças de Molière, em que as poucas mulheres instruídas são transformadas em "preciosas ridículas". Em *As mulheres sábias* (1672), as mulheres saciam sua sede de conhecimento, saber que lhes permitiria, segundo elas, ganhar poder sobre os homens. Para o autor, é nisso que elas são ridículas, pois colocam em perigo o equilíbrio da família ao negligenciar seus deveres domésticos: "Não é muito honesto, e por muitas razões,/ Que uma mulher estude e saiba tantas coisas:/ Formar o espírito de seus filhos nos bons costumes,/ Dirigir o lar, com olho para as pessoas,/ E regular a despesa com economia,/ Deve ser seu estudo e sua filosofia."[56]

Essa ideia perdura nos séculos seguintes, como nos escritos do filósofo Joseph de Maistre, que, em 1808, escreve à sua filha Constance: "Quase não

---

54. "O espírito não tem sexo... Se o considerarmos em si mesmo, veremos que ele é igual e da mesma natureza em todos os homens, e capaz de todos os tipos de pensamento: os menores o ocupam como os maiores: não é preciso mais para conhecer um limão ou um elefante." (*De l'égalité entre les deux sexes* [Da igualdade dos sexos]. In: Maïté Albistur e Daniel Armogathe, *Histoire du féminisme français* [História do feminismo francês]. Paris: Des femmes – Antoinette Fouque, 1977, p. 158-165).

55. A frase original de Poulain de la Barre é: "Assim, tudo o que os homens disseram deve ser suspeito, porque eles são juízes e partes" (*De l'égalité des deux sexes, discours physique et moral où l'on voit l'importance de se défaire des préjugés*, 1676, p. 80).

56. Réplica de Chrysale no ato II, cena VII.

ETERNAS REBELDES

conhecemos mulheres sábias que não tenham sido infelizes ou ridículas pela ciência."[57] Opinião não compartilhada por Fénelon, para quem "não se deve condenar as mulheres a uma ignorância absoluta sob o pretexto de que algumas se tornaram ridículas pela presunção de seu saber",[58] nem por Jean de La Bruyère. Ele escreve em *Caractères* (1688): "Qualquer que seja a causa a que os homens devam essa ignorância sobre as mulheres, eles estão felizes de que as mulheres, que os dominam, aliás, em tantos outros lugares, tenham sobre eles essa vantagem de menos. Se a ciência e a sabedoria se encontram unidas em um mesmo indivíduo, não me informo do sexo, eu admiro; e se vocês me disserem que uma mulher sensata não pensa em ser sábia, ou que uma mulher sábia não é sensata, vocês já terão esquecido o que acabaram de ler, que as mulheres só são desviadas das ciências por alguns defeitos: concluam por si mesmos, portanto, que quanto menos elas tivessem esses defeitos, mais elas seriam sábias, e que assim como uma mulher sensata estaria mais propensa a se tornar sábia, uma mulher sábia, sendo assim somente por ter vencido muitos defeitos, seria ainda mais sensata."[59]

O século que se anuncia, o XVIII, não parece ser mais favorável à independência, ainda que alguns se perguntem se a sujeição das mulheres está de acordo com a razão. A teóloga inglesa Mary Astell responde, em 1700, com uma crítica às teorias que justificam essa subordinação.[60] As mulheres foram progressivamente excluídas da esfera política e social, e raros são os meios que elas têm para ganhar a vida. Um decreto do Parlamento de Paris,

---

57. Carta à filha, 24 de outubro de 1808, in *Œuvres complètes* [Trabalhos completos]. Genebra: Slatkine reprints, t. XI, 1979, p. 144.

58. Daniel Bonnefon, *Les écrivains célèbres de la France, ou Histoire de la littérature française depuis l'origine de la langue jusqu'au XIXe siècle* [Os escritos célebres da França ou História da literatura francesa desde da origem da língua até o século XIX], 7. ed. Paris: Librairie Fischbacher, 1895. A respeito do *Traité de l'éducation des filles* (1687).

59. *Caractères*, capítulo III.

60. Como aquela enunciada em *Dois tratados sobre o governo*, do filósofo inglês John Locke (*Some Reflections Upon Marriage* [Reflexões sobre o casamento], 1700).

O HOMEM PRÉ-HISTÓRICO TAMBÉM É MULHER

de 1755, por exemplo, proíbe as mulheres de praticar a medicina. A fim de denunciar sua suposta inferioridade intelectual, as mulheres de letras ou ciências da aristocracia europeia mantêm salões literários, seus únicos espaços de liberdade de expressão.[61] Nesses espaços de debates, trocas e produção de saberes, filósofos famosos convivem com essas mulheres sábias[62] e tomam sua defesa. Para Diderot, o conjunto dos valores naturais que lhes são atribuídos (delicadeza, suavidade, amor e sensibilidade) as mantém em uma inferioridade física e moral: "Pois junto com a graça que lhe conferem vem a constituição delicada, a tendência excessiva, o poder do sentimento sobre a razão que a enfraquece, nervos frágeis impróprios a conduzir um trabalho de pesquisa."[63] Não podemos deixar de mencionar um dos pioneiros da luta pelo direito das mulheres à época, o prussiano Theodor Hippel, o Velho, no entanto pouco favorável às ideias das Luzes. Os dois ensaios desse amigo de Immanuel Kant, *Do casamento*[64] e *Sobre a melhoria da situação cívica das mulheres*,[65] são verdadeiros manifestos pelos direitos das mulheres. Ele afirma que a igualdade jurídica e social entre homens e mulheres precisa de

---

61. Iniciados no século XVII – salões da marquesa de Rambouillet, de Madeleine de Scudéry, da marquesa de Sablé, da condessa de Verrue, de Ninon de Lenclos... –, menos frívolos e preciosistas, eles se tornaram no século seguinte verdadeiros espaços de debates literários, artísticos, científicos e, nos anos 1780-1790, políticos – salões da duquesa de Maine, animados por Marguerite de Launay (baronesa de Staal); da marquesa de Lambert, do palacete de Sully; da marquesa de Deffand; de Marie-Thérèse Geoffrin; de Louise d'Épinay; Anne-Catherine Helvétius; Fanny de Beauharnais.

62. É o caso dos salões de Anne-Catherine Helvétius e de Émilie du Châtelet. Esta última, muito próxima de Voltaire, contribuiu para a difusão das ideias de Newton na França. Ela publicou várias obras, entre as quais *Institutions de physique* [Princípios da física] (1740), *Dissertation sur la nature et la propagation du feu* [Dissertação sobre a natureza da propagação do fogo] (1744) e *Doutes sur la religion révélée* [Dúvidas sobre a religião revelada], publicado depois de sua morte, em 1792. No entanto, ainda que traduzidos por ela, os *Principia* de Newton são publicados sob o nome de Voltaire. O filósofo ficou surpreso que uma mulher pudesse realizar tais obras, segundo a *Epístola a Urânia*, dirigida a ela.

63. Denis Diderot, *Sur les femmes* [Sobre as mulheres], 1722.

64. *Über die Ehe*, 1774.

65. *Über die bürgerliche Verbesserung der Weiber*, 1792.

ETERNAS REBELDES

uma harmonização da educação, pois, segundo ele, as diferenças entre os sexos são mais sociais que naturais.

Enquanto a sociedade impõe às mulheres a onipotente autoridade do pai e do marido, e a instituição religiosa exige obediência e submissão, Madame Dupin (nascida Louise Marie Madeleine Guillaume de Fontaine, 1706-1799) reivindica para elas educação, acesso a empregos públicos e carreiras até então reservadas exclusivamente aos homens. Com a ajuda de Jean-Jacques Rousseau, ela empreende a redação, ao longo de vários anos, de uma enorme obra de 1.200 páginas, *Sobre a igualdade dos homens e das mulheres*, que nunca será publicada. A defesa da causa das mulheres a leva a contestar Montesquieu, que, ainda que defendesse a ideia de uma mulher poder governar, afirmava que elas não podiam estar à frente da família. O historiador Laurent Versini[66] se pergunta a respeito de Montesquieu, que se apaixonara por Madame Dupin: "Será ao rancor do apaixonado desiludido que devemos tantas declarações hostis às mulheres?" Não seria esse também o motivo oculto dos escritos misóginos de Jean-Jacques Rousseau, outro apaixonado recusado por essa dama? Durante o século XVIII, algumas mulheres ousam se tornar aventureiras, como a botânica Jeanne Barret, que, de 1766 a 1769, participa da expedição de Bougainville no *La Boudeuse* e no *Étoile*.[67] Ela dá a volta ao mundo disfarçada de homem, pois era proibido às mulheres fazer parte da tripulação de um navio.[68]

Embora vários eruditos do século XVIII apoiem a luta das mulheres por sua emancipação[69] e a filosofia das Luzes proclame a crença em valores huma-

---

66. Laurent Versini, *Baroque Montesquieu* [Barão Montesquieu]. Genebra: Droz, 2004, coleção Bibliothèque des lumières, p. 15 e 22.

67. Jacques Le Goff, *Patrimoine et passions identitaires* [Patrimônio e paixões identitárias]. Paris: Fayard, 1998, p. 82.

68. Depois de uma estada nas ilhas Maurício, ela retorna à França em 1775. Seus talentos botânicos só serão reconhecidos em 2012: o botânico estadunidense Eric Tepe nomeou em sua homenagem uma nova espécie descoberta na América do Sul, a *Solanum baretiae*.

69. Diderot, Helvétius, d'Alembert, Beaumarchais... O pensamento de Voltaire é complexo. Embora ele escreva no *Dicionário filosófico* que a mulher é geralmente inferior ao homem pelo corpo e pelo espírito, várias vezes, sem dúvida sob influência de sua amiga Émilie du Châtelet, ele se ergue contra sua sujeição (como no ensaio crítico, "Mulheres,

nos universais, na verdade muitas categorias de indivíduos são excluídas desses universais: os não brancos, os não cristãos, os não aristocratas ou burgueses e, é claro, as mulheres.

DURANTE A TORMENTA REVOLUCIONÁRIA

> *A mulher tem o direito de subir ao cadafalso; ela também deve ter o direito de subir à Tribuna.*
> Olympe de Gouges[70]

O período revolucionário aumenta as desigualdades entre os homens e as mulheres, reforçadas durante todo o século XIX. De fato, ainda que a Revolução Francesa proclame a igualdade de direitos e a liberdade individual na Declaração dos Direitos do Homem e do Cidadão, as mulheres, apesar da vontade de algumas delas de participar da vida pública,[71] são relegadas ao espaço privado. Consideradas "cidadãos passivos",[72] da mesma forma que os menores de 25

---

sejam submissas a seus maridos!") e contra as leis iníquas, e afirma que "as mulheres são capazes daquilo que nós somos capazes".

70. *Declaração dos Direitos da Mulher e da Cidadã*, trecho do artigo 10º.

71. Ver, por exemplo, o quadro de David, pintor oficial, do qual as mulheres estão excluídas.

72. Segundo o termo utilizado pelo deputado do Terceiro Estado abade Sièyes (1748-1836) durante o discurso intitulado "As preliminares da Constituição, reconhecimento e exposição argumentada dos direitos do homem e do cidadão", diante do Comitê da Constituição, reunido nos dias 20-21 de julho de 1789. Eis um trecho: "Todos os habitantes de um país devem usufruir os direitos de cidadão passivo; todos têm direito à proteção de sua pessoa, de sua propriedade, de sua liberdade etc., mas nem todos têm o direito de tomar parte ativa na formação dos poderes públicos; nem todos são cidadãos ativos. As mulheres, ao menos no estado atual, as crianças, os estrangeiros, aqueles que não contribuiriam em nada para sustentar o estabelecimento público, não devem influir ativamente na coisa pública. Todos podem usufruir as vantagens da sociedade; mas somente aqueles que contribuem para o estabelecimento público são como os verdadeiros acionários do grande empreendimento social. Somente eles são os verdadeiros cidadãos ativos, os verdadeiros membros da associação."

ETERNAS REBELDES

anos, os estrangeiros, os insolventes e os criados, elas não dispõem do direito de voto.[73] A partir de 1793, elas são proibidas de participar de manifestações e de ser membros da Guarda Nacional (milícia cidadã), direito que elas haviam exigido em 1792. O decreto de 30 de abril de 1793 exclui as poucas mulheres que serviam no exército e também, mais numerosas, aquelas que seguiam os soldados (companheiras, prostitutas, cozinheiras), com exceção das lavadeiras e cantineiras.[74] "O heroísmo só pode ser masculino", proclama o redator da gazeta revolucionária *Les Révolutions de Paris*: "Deixai-nos o ferro e os combates; vossos dedos delicados são feitos para segurar a agulha e semear flores na senda espinhosa da vida. Para vós, o heroísmo consiste em carregar o peso do lar e as penas domésticas."[75]

Desde o decreto de 21 de setembro do mesmo ano, embora as mulheres devessem, como os homens, usar a cocarda tricolor – símbolo da nação – sob pena de punição se não o fizessem, esse direito é questionado alguns anos depois, para "fazer do uso da cocarda uma instituição respeitável".[76] Alguns deputados chegam a solicitar a expulsão total das mulheres da vida política. Em seu relatório de 30 de outubro de 1793, com vistas a um projeto para proibir os clubes

---

73. As mulheres são oficialmente excluídas do direito de voto pela Assembleia Nacional em 22 de dezembro de 1789, exclusão mantida pela Constituição de 1791 e por uma votação da Convenção Nacional em 24 de julho de 1793.

74. Dominique Godineau, "De la guerrière à la citoyenne. Porter les armes pendant l'Ancien Régime et la Révolution française" [De guerreira a cidadã: portando armas do Antigo Regime à Revolução Francesa], *Clio. Femmes, Genre, Histoire*, 2004.

75. *Les Révolutions de Paris*, número de 5-12 jan. 1793.

76. "Que as mulheres, nos primeiros ímpetos da liberdade, cedendo ao impulso geral, tenham desejado se associar à revolução de maneira ruidosa, e em sinal de devotamento cívico, usar a cocarda junto a seus pais, esposos, não vejo nada de louvável nisso; mas se quisermos dar às palavras seu verdadeiro significado, às coisas seu verdadeiro valor, se quisermos fazer do uso da cocarda uma instituição respeitável, não confundamos mais o destino dos sexos..." (*Gazette nationale, ou le Moniteur universel*, n. 24, 1799, p. 886).

O HOMEM PRÉ-HISTÓRICO TAMBÉM É MULHER

de mulheres,[77] o deputado Amar afirma que, "por natureza", elas não têm as qualidades necessárias para o exercício dos direitos políticos e a participação nos assuntos do governo: "Os costumes e a própria natureza lhes atribuíram suas funções: iniciar a educação dos homens, preparar o espírito e o coração das crianças para as virtudes públicas, orientá-las no momento oportuno na direção do bem, elevar suas almas e instruí-las no culto político da liberdade – tais são suas funções depois dos cuidados da casa."[78]

Quando as mulheres não seguem as convenções, elas são vistas como espécies de *monstros*, "mulheres-homens". Segundo a análise de Jean-Jacques Rousseau, em *Emílio ou Da educação*: "Da sublime elevação de seu belo gênio, ela desdenha todos os seus deveres de mulher e começa a se fazer homem à maneira da senhorita Ninon de l'Enclos."[79] Entre 1797 e 1799, as famosas *Merveilleuses* são o exemplo do que é esperado do sexo feminino: submissão e sedução. As mulheres mais engajadas no movimento revolucionário são reprimidas, às vezes executadas. Pois muitas participam ativamente da Revolução Francesa e algumas chegam a combater em Valmy e Jemmapes, no ano de 1792, como as irmãs Fernig. Várias bradam alto e bom som suas reivindicações, como a holandesa Etta Palm d'Aelders;[80] a chocolateira Pauline Léon, autora de uma petição a favor do armamento das mulheres,[81] a revolucionária belga Anne-Josèphe Théroigne de Méricourt; a *salonnière* Madame Roland,

---

77. O decreto é promulgado em 30 de outubro de 1793. O artigo primeiro é assim redigido: "Os clubes e sociedades populares de mulheres, sob qualquer denominação, estão proibidos."

78. Excerto de ref. Juris Associations n. 277 de 15 de abril de 2003 que alude às coleções de leis de 1834 e 1843.

79. *Émile ou De l'éducation*, 1762, reeditado por Flammarion, coleção GF, 1966 – *OC*, IV, p. 768.

80. Em 1791, ela funda a Société Patriotique et de Bienfaisance des Amies de la Vérité, ligada ao clube masculino dos Amigos da Verdade, que defende os direitos das mulheres e, em 1º de abril de 1792, apresenta à Assembleia suas principais reivindicações.

81. Em maio de 1793, ela funda, com a atriz Claire Lacombe, a Société des Citoyennes Républicaines Révolutionnaires de Paris, na biblioteca dos jacobinos, na rue Saint-Honoré, em Paris. Radical, ela se opõe aos girondinos e se aproxima por um tempo dos *enragés*.

ETERNAS REBELDES

que será guilhotinada; e a letrada Olympe de Gouges. Em 1784, essa burguesa culta apaixonada por literatura e teatro, ousa escrever uma peça subversiva antiescravista, *Zamore e Mirza ou A escravidão dos negros*,[82] que quase a faz ser presa na Bastilha. Ela também milita para que as mulheres disponham dos mesmos direitos – legislativos, políticos e sociais – dos homens: "A identidade de deveres provoca a de direitos". Nos dezessete artigos[83] de sua *Declaração dos*

---

82. Em um contexto de monarquia absoluta e de colonização baseada no "Código Negro", redigido sob Luís XIV. Essa peça foi apresentada na Comédie-Française em 1785. Seu outro livro, *Reflexões sobre os homens negros* (1788), a colocou em contato com a Sociedade dos Amigos dos Negros, criada em 1788 pelo deputado girondino Jacques-Pierre Brissot (1754-1793), que tinha como objetivo a igualdade entre brancos e homens de cor livres nas colônias, a proibição imediata do tráfico de negros e a proibição progressiva da escravidão. No fim do ano de 1790, ela escreve outra peça sobre o mesmo tema, *O mercado dos negros*: "A espécie de homens negros", escrevia ela antes da Revolução, "sempre me interessou por seu deplorável destino. Os que pude interrogar nunca satisfizeram minha curiosidade e meu raciocínio. Eles chamavam essas pessoas como os brutos, os seres que o Céu havia amaldiçoado; mas, com o passar do tempo, percebi com clareza que essa era a força e o preconceito que os condenou a essa horrível escravidão, que a natureza nunca fez parte e que o injusto e poderoso interesse dos brancos foi quem fez tudo (Olympe de Gouges, *L'Esclavage des Nègres* [A escravidão dos negros], versão inédita de 28 de dezembro de 1789, seguida de *Réflexions sur les hommes nègres* [Reflexões sobre os homens negros], estudo e apresentação de Sylvie Chalaye e Jacqueline Razgonnikoff. L'Harmattan: Autrement Mêmes, 2006).

83. Alguns artigos da Declaração: "Art. 1. A Mulher nasce livre e permanece igual ao Homem em direitos. As distinções sociais só podem se basear na utilidade comum.

Art. 2. O objetivo de toda associação política é a conservação dos direitos naturais e imprescritíveis da Mulher e do Homem: esses direitos são a liberdade, a propriedade, a segurança e, acima de tudo, a resistência à opressão. [...]

Art. 4. A liberdade e a justiça consistem em restituir tudo o que pertence ao outro; assim, o exercício dos direitos naturais da mulher só tem limites na perpétua tirania que o homem lhe impõe; esses limites devem ser reformados pelas leis da natureza e da razão.

Art. 5. As leis da natureza e da razão proíbem todas as ações prejudiciais à sociedade: tudo o que não é proibido por essas leis sensatas e divinas não pode ser impedido, e ninguém pode ser obrigado a fazer o que elas não ordenam.

Art. 6. A lei deve ser a expressão da vontade geral; todas as cidadãs e todos os cidadãos devem concorrer pessoalmente, ou por seus representantes, para sua formação; ela deve ser a mesma para todos: todas as cidadãs e todos os cidadãos, sendo iguais a seus olhos, devem ser igualmente admitidos em todas as dignidades, lugares e empregos públicos, segundo suas capacidades e sem outras distinções que as de suas virtudes e seus talentos. [...]

O HOMEM PRÉ-HISTÓRICO TAMBÉM É MULHER

direitos da mulher e da cidadã,[84] ela reivindica essa igualdade, destacando que não existem direitos especiais para as mulheres (artigo VII). Redigida em 5 de setembro de 1791, Olympe de Gouges quer apresentá-la à Assembleia Legislativa em 28 de outubro, mas a Convenção rejeita seu pedido. Alguns meses depois da recusa, ela exorta as mulheres a reagir: "Mulheres, não é chegada a hora de haver uma revolução também entre nós? As mulheres estarão sempre isoladas umas das outras, e nunca formarão um só corpo com a sociedade, a não ser para maldizer seu sexo e despertar a piedade do próximo?"[85]

O feminismo de Olympe de Gouges, sua oposição à pena de morte – ela havia defendido o banimento do rei – e seu apoio aberto aos girondinos levam-na à prisão e a ser guilhotinada em 3 de novembro de 1793: "Ela quis ser homem de Estado e a lei puniu essa conspiradora por ter esquecido as virtudes que convêm a seu sexo."[86]

Em março de 1792, Anne-Josèphe Théroigne de Méricourt convidava as cidadãs a se organizar em corpo armado[87] e declarava diante da Société Frater-

---

Art. 10. Ninguém deve ser molestado por suas opiniões, mesmo fundamentais, a mulher tem o direito de subir ao cadafalso; ela também deve ter o direito de subir à Tribuna; desde que suas manifestações não perturbem a ordem pública estabelecida pela lei. [...]

Art. 14. As Cidadãs e os Cidadãos têm o direito de constatar por si mesmos, ou por seus representantes, a necessidade da contribuição pública.[...]

Art. 15. A massa das mulheres, coalizada para contribuir com a dos homens, tem o direito de pedir contas, a todo agente público, de sua administração" (Olympe de Gouges, *Déclaration des Droits de la Femme et de la Citoyenne* [Declaração dos Direitos da Mulher e da Cidadã]. Paris: 1001 Nuits, 2003; citado in Paule-Marie Duhet, *Les Femmes et la Révolution* [As mulheres e a Revolução]. Paris: Gallimard, 1973, coleção Archives).

84. Publicada em uma brochura de 24 páginas intitulada *Os direitos da mulher*, com um preâmbulo dirigido à rainha Maria Antonieta e um epílogo.

85. *Lettre au roi, lettre à la reine* [Carta ao rei, carta à rainha], 1792, p. 8.

86. "Avis aux Françaises" [Aviso às mulheres francesas], publicado no *Moniteur* de 19 de novembro de 1793.

87. Após a petição apresentada por Pauline Léon à Assembleia Legislativa e assinada por mais de 320 parisienses, que solicitavam o direito de formar uma guarda nacional feminina armada.

242

nelle des Minimes: "Francesas, repito mais uma vez, elevamo-nos à altura de nossos destinos; rompamos nossos grilhões; é chegada a hora de as mulheres finalmente saírem de sua vergonhosa nulidade, à qual a ignorância, o orgulho e a injustiça dos homens as mantêm submetidas há tanto tempo; voltemos ao tempo em que nossas mães, as gaulesas e as orgulhosas germânicas, delibera-vam nas assembleias públicas, combatiam ao lado dos respectivos maridos para repelir os inimigos da Liberdade."[88] Mas querer sair de sua condição não era algo bem visto, como podemos ler nas palavras de Pierre-Gaspard Chaumet-te, que aplaudia a execução de mulheres e ainda fustigava suas memórias: "A mulher-homem, a impudente Olympe de Gouges, que foi a primeira a instituir sociedades de mulheres, abandonou os cuidados de seu lar, quis politicar e cometeu crimes. [...] Todas essas criaturas imorais foram aniquiladas pelo ferro vingador das leis. E vocês [republicanas] querem imitá-las? Não! Vocês verão que só serão realmente interessantes e dignas de estima quando forem o que a natureza quis que vocês fossem. Queremos que as mulheres sejam respeitadas, por isso as forçaremos a respeitar a si mesmas."[89]

Além das grandes figuras femininas da Revolução, as mulheres do povo também assistiam regularmente às sessões da Convenção Nacional e do Tribunal Revolucionário. A partir de novembro de 1794, temendo o retorno à situação anterior, as jacobinas, "clientes das tribunas", como eram cha-madas, apoiam ruidosamente os deputados montanheses e o Terror. Como frequentam as sessões com seus trabalhos de costura, elas são imediatamente apelidadas de "tricoteiras". O século XIX se referirá a elas como "fúrias da guilhotina" e "raivosas", opondo-as à Revolução e transformando-as em monstros sanguinários.

---

88. Discurso pronunciado na Société Fraternelle des Minimes em 25 de março de 1792, ano quarto da Liberdade, por Anne-Josèphe Théroigne, p. 5-6. Impresso em Paris, em 1799, por ordem da Société Fraternelle des Patriotes, de l'Un et l'Autre sexe, de Tous Âges et de Tout État, sessão no clube dos jacobinos, rue Saint-Honoré. Biblioteca Nacional. Disponível em: <www.gallica.bnf.fr>.

89. Citado por Pierre Darmon, *Misogynes et féministes dans l'ancienne France. XVIe-XIXe siècles* [Misoginia e feminismos na França antiga: séculos XVI-XIX]. Paris: Librinova, 2012.

O HOMEM PRÉ-HISTÓRICO TAMBÉM É MULHER

Mas algumas vozes masculinas se elevam para denunciar o destino reservado às mulheres. Em 1789, surge *O catecismo do gênero humano*,[90] de François Boissel. O livro denuncia os "três flagelos da humanidade" – a propriedade privada, a religião e o casamento, que escraviza as mulheres –, que devem ser "eliminados para favorecer o avanço do homem no caminho do conhecimento e da autonomia", e faz de seu autor o precursor do socialismo, segundo Jean Jaurès. Esse filósofo e homem de leis, animador do Clube dos Jacobinos, também é um dos maiores defensores da causa das mulheres. Para ele, "a mulher é superior ao homem e mãe do gênero humano". Ele critica os homens por terem "se apropriado e dividido as mulheres, a fim de ter filhos que os sucedessem nessa propriedade". Nicolas de Condorcet, deputado girondino do departamento de Aisne, também toma parte ativa na causa das mulheres, pronunciando-se a favor de seu direito de voto. Em 1787, ele declara a inexistência de um Estado democrático, "pois as mulheres nunca exerceram os direitos do cidadão".[91] Três anos depois, ele denuncia a argumentação utilizada para afastar as mulheres do direito de participar da vida da cidade.[92] Para esse matemático, elas são aparentemente menos aptas que os homens porque não têm acesso à mesma educação. A exemplo de François Poulain de la Barre, ele afirma que as diferenças entre os dois sexos não são "naturais", mas resultantes de "leis iníquas": "Não é a natureza, é a educação, a vida social que causa essa diferença. [...] É portanto injusto alegar, para continuar recusando às mulheres o usufruto de seus direitos naturais, motivos que só têm alguma realidade porque elas não usufruem esses direitos."[93]

---

90. Disponível em: <www.gallica.bnf.fr>.

91. Em *Les Lettres d'un bourgeois de New Haven à un citoyen de Virginie, sur l'inutilité de partager le pouvoir législatif entre plusieurs corps* [Carta de um burguês de New Haven a um cidadão da Virgínia, sobre a inutilidade de dividir o poder legislativo entre vários corpos], 1787.

92. Em *Sur l'admission des femmes au droit de cité* [Sobre a admissão de mulheres no direito à cidadania], 1790.

93. Nicolas de Condorcet, *Sur l'admission des femmes au droit de cité*, Didot, tomo X, 1847 (1790), p. 121-130.

ETERNAS REBELDES

Em 29 de abril de 1793, Pierre Guyomar, deputado pelo departamento de Côtes-du-Nord, apresenta à Convenção Nacional uma brochura em que afirma que "a metade dos indivíduos de uma sociedade não tem o direito de privar a outra metade do direito imprescritível de emitir sua vontade. Emancipemo--nos do preconceito de sexo, assim como já nos livramos do preconceito quanto à cor dos negros".[94] Esse ardente defensor da igualdade de direitos não será ouvido, tampouco Jacques-Marie Rouzet. Em abril do mesmo ano, esse deputado pelo departamento de Haute-Garonne publica uma brochura intitulada *Projeto de Constituição francesa*, em que defende o direito de voto das mulheres e sua participação na vida política. O deputado Louis-Joseph Charlier, por sua vez, declara à Assembleia, em 30 de outubro de 1793, no momento em que a Convenção quer proibir às mulheres a possibilidade de criar clubes políticos: "Apesar dos inconvenientes que acabamos de citar, não sei sobre que princípio podemos nos basear para retirar das mulheres o direito de se reunir pacificamente. Vocês só podem retirar-lhes esse direito comum a todo ser pensante se contestarem o fato de que as mulheres fazem parte do gênero humano." Ele tampouco será ouvido, e os clubes femininos serão fechados.

Apesar da ação de muitas mulheres durante a Revolução e da oposição de alguns homens contrários à desigualdade entre os sexos, as diferenças se acentuam no século XIX com a promulgação, em 21 de março de 1804, do Código Civil, que restringe as liberdades femininas e transforma as mulheres em esposas e menores, "iguais às crianças e aos loucos" – somente a viúva é civilmente quase igual ao homem.[95]

O Código Napoleônico inscreve na lei a privação dos direitos das mulheres e institucionaliza sua inferioridade.

---

94. Intitulada *Le Partisan de l'égalité politique entre les individus* [O partidário da igualdade política entre os indivíduos]. Disponível em: <www.gallica.bnf.fr>.

95. Adotado em 20 de setembro de 1792 pela Assembleia Nacional, ele será revogado sob a Restauração (lei de 8 de maio de 1816) e restabelecido sob a III República (lei de 27 de julho de 1884).

O HOMEM PRÉ-HISTÓRICO TAMBÉM É MULHER

Art. 213 – O marido deve proteção à sua mulher, a mulher deve obediência a seu marido.

Art. 214 – A mulher é obrigada a morar com o marido, e a segui-lo aonde quer que ele julgue apropriado residir. […]

Art. 215 – A mulher não pode comparecer em juízo sem a autorização do marido. […]

Art. 217 – A mulher […] não pode dar, alienar, hipotecar, adquirir, a título gratuito ou oneroso, sem o concurso do marido na ação, ou seu consentimento por escrito. […]

Art. 229 – O marido poderá pedir o divórcio por motivo de adultério de sua mulher.

Art. 230 – A mulher poderá pedir o divórcio por motivo de adultério de seu marido, quando ele tiver levado sua concubina à casa comum. […]

Art. 372 – [A criança] permanece sob a autoridade deles até sua maioridade ou emancipação.

Art. 373 – Somente o pai exerce essa autoridade durante o casamento. […]

Art. 1.421 – O marido administra sozinho os bens da comunhão. Ele pode vender, alienar, hipotecar sem o concurso de sua mulher. […]

Art. 1.428 – O marido detém a administração de todos os bens pessoais de sua mulher. Ele pode exercer sozinho todas as ações mobiliárias e possessórias que pertencem à mulher. Ele não pode alienar os imóveis pessoais de sua mulher sem o consentimento dela. […]

Pierre-Joseph Proudhon é o grande expoente dos homens – políticos, filósofos e escritores – que lutam contra a emancipação das mulheres.[96] No início da

---

96. A virulência das palavras misóginas do deputado Pierre-Joseph Proudhon provoca indignação, "esse representante do povo é aliado dos políticos mais reacionários", como escreveu a militante feminista Henriette (Hortense Wild). Ela reescreve a célebre máxima do "grande homem": "Mau cristão, socialista odioso, o senhor persegue o monopólio sob sua forma material e particularmente apreensível, o que é bom: mas quando querem atacá-lo sob sua forma afetiva, o senhor se coloca na frente e ameaça escândalo! O senhor quer a dignidade e a igualdade dos homens e repele a dignidade e a igualdade dos sexos?

ETERNAS REBELDES

Revolução Industrial, as operárias têm muita dificuldade para encontrar trabalho. Apesar da forte oposição que encontram, as mulheres expressam sua vontade política e tomam parte ativa na construção de uma nova sociedade, na qual elas teriam lugar, ligando-se sobretudo à esquerda, republicana e utopista, depois socialista. Flora Tristan, operária e letrada, é uma das grandes figuras da militância socialista e feminista dos anos 1840,[97] época que marcou uma virada no combate das mulheres pelo reconhecimento de seus direitos. O debate em torno de seu lugar na sociedade afinal envolve a cidade, especialmente através da imprensa (*La République, La Démocratie pacifique*).

AS "MULHERES DE 1848"

> *O homem mais oprimido pode oprimir um ser,*
> *que é sua mulher. Ela é o proletário do proletário.*
>
> Flora Tristan[98]

A mulher, o senhor diz, nada tem a esperar e seu dever é permanecer no retiro para o qual a natureza a criou. Piedade de seus sofismas, vergonha de suas ideias de resignação, ora essa! [...] Nosso misticismo lhe desagrada, ó santo Proudhon! Muito bem, mais um pouco e nascerá, tenho certeza, uma santa Proudhonne. [...] Santa Proudhonne descobrirá, sem dificuldade, a outra propriedade que escapou à visão limitada de seu patrono [...] santa Proudhonne verá que o amor, regulado pelo senhor e transformado em direito do mais forte, constitui a mais iníqua das propriedades, e sob o império de suas convicções, apoderando-se de sua mais audaciosa máxima, santa Proudhonne demonstrará claramente ao mundo que a propriedade é uma violação" (*Le Dictionnaire biographique, mouvement ouvrier, mouvement social* [O dicionário biográfico, movimento operário, movimento social], nota bibliográfica).

97. Michel Winock, *Les Voix de la liberté* [As vozes da liberdade]. Paris: Seuil, 2001, p. 222-233.

98. Flora Tristan, *L'Union ouvrière* [1843], Éditions des Femmes, 1986 [Ed. bras.: *União operária*. Tradução de Miriam Nobre. São Paulo: Perseu Abramo, 2015]. Edição estabelecida e apresentada por Daniel Armogathe e Jacques Grandjonc. Flora Tristan (1803-1844), letrada socialista e feminista, também é autora de *L'Émancipation de la femme ou le Testament de la paria* [A emancipação da mulher ou o testamento do pária], publicado postumamente por seu amigo Éliphas Lévi.

O HOMEM PRÉ-HISTÓRICO TAMBÉM É MULHER

No início do século XIX, o filósofo utopista Charles Fourier (1772-1837) preconiza uma organização social baseada em pequenas unidades produtivas sociais autônomas, os falanstérios, espécies de cooperativas de produção e consumo cujos membros – homens, mulheres e crianças, de caráter e paixões opostas mas complementares – são solidários. Vanguardista, ele propõe, por exemplo, a criação de creches, dizendo que "os progressos sociais se operam na razão dos progressos das mulheres rumo à liberdade e as decadências da ordem social na razão do decréscimo da liberdade das mulheres".[99] Ele é apoiado em sua luta por escritores famosos, que defendem a emancipação das mulheres, sobretudo aqueles que frequentam os célebres salões dirigidos por eruditas aristocratas, entre eles, Honoré de Balzac. Em *Fisiologia do casamento*, publicado no fim de 1829, espécie de catálogo de situações de felicidade conjugal, composto de "Meditações", ele descreve o casamento como um combate, e toma o partido das mulheres[100] e defende o princípio da igualdade entre os sexos: "Abaixo a civilização!... Abaixo o pensamento!... eis o grito de vocês. Devem ter horror à instrução das mulheres, pela razão, tão bem provada na Espanha, que é mais fácil governar um povo de idiotas do que um povo de sábios. [...] A ignorância: é por ela unicamente que se mantém o despotismo [...] Procurem recuar o máximo possível a ocasião fatal em que sua mulher lhes pedirá um livro. Isso lhes será fácil. Primeiramente, pronunciarão com desdém o nome de *bas-bleu*; e se ela chegar a pedir-lhes o livro, explicar-lhe-eis o ridículo que se empresta entre os nossos vizinhos às mulheres pedantes. [...] As meninas educam-se como escravas e habituam-se à ideia de que estão no mundo para imitar as avós, fazer chocar canários, compor herbários, regar roseirinhas de Bengala, consertar tapeçarias ou fazer lacinhos..."[101]

---

99. *Théorie des quatre mouvements et des destinées générales. Prospectus et annonce de la découverte* [Teoria dos quatro movimentos e dos destinos gerais: prospecto e anúncio de descoberta]. Leipzig: Librairie de l'école sociétaire, 1808.

100. Ele volta à carga em *A mulher de trinta anos* (1834), livro no qual reivindica que as mulheres tenham uma vida sentimental e sexual fora das amarras do casamento.

101. Balzac, *Physiologie du mariage*, Clube francês do livro, p. 1018-1022.

ETERNAS REBELDES

Nos anos 1830, a emancipação das mulheres está no centro da doutrina saint-
-simoniana[102] e seus adeptos participam do ressurgimento das reivindicações
das "mulheres livres" expressas durante a Revolução. A jornalista Claire
Démar (1799-1833), por exemplo, publica em 1832 uma brochura[103] na qual
reivindica a aplicação à mulher da Declaração dos Direitos do Homem e do
Cidadão: "Povo, só serás verdadeiramente livre, verdadeiramente grande, no
dia em que a metade de tua vida, tua mãe, tua esposa e tua filha, também for
emancipada da exploração que pesa sobre seu sexo." Mais tarde, ela se insurge
contra o Código Civil: "Aplicam-nos os artigos do Código Civil. Mas por acaso
participamos de sua redação? O Código está mesmo de acordo com o nosso
gosto e em nossa natureza?"[104]

Catorze anos depois, em 16 de março de 1848, a escritora Jenny d'Héricourt
(1809-1875) escreve uma petição para reivindicar o restabelecimento do
divórcio. As mulheres encontram um aliado em Stendhal, que, em *O vermelho
e o negro* (1830) e *A cartuxa de Parma* (1839), formula críticas ácidas à posição subordinada da mulher. Em 1842, o médico e poeta Étienne de Neufville
também denuncia com humor a condição das mulheres na França: "Em uma
palavra, as francesas têm uma liberdade tão exorbitante que é assustador!"[105]
No capítulo seguinte, menos irônico, ele escreve: "Invejo pouco, de minha
parte, o ceticismo zombeteiro dos jovens que colocam todas as mulheres no
nível das amantes fáceis com que eles esgotaram para sempre o primor de suas
sensações. Sinto muito por eles, pois é coisa maravilhosa obter de outra pes-

---

102. O saint-simonismo foi uma corrente ideológica originalmente baseada na doutrina
socioeconômica e política de Saint-Simon, do qual tira seu nome. Ele conta, entre seus
militantes, com o fundador do positivismo, Auguste Comte, e muitas mulheres, como
Marie Talon, Claire Bazard, Cécile Fournel.

103. *Appel d'une femme au peuple sur l'affranchissement de la femme* [Apelo de uma mulher
ao povo sobre a emancipação da mulher], publicado em *La Femme libre*.

104. Claire Démar chama o casamento de prostituição segundo a lei, e afirma que somente
"a revolução dos costumes conjugais" poderá deter "a luta de uma metade da sociedade
contra a outra" (*Revue de Paris*, Bureau de la Revue de Paris, 1834, p. 7).

105. Étienne de Neufville, *Physiologie de la femme* [A fisiologia da mulher], capítulo VIII,
"La Condition de la Femme en France" [A condição da mulher na França], 1842.

249

O HOMEM PRÉ-HISTÓRICO TAMBÉM É MULHER

soa sua felicidade, seu suporte, seu consolo. Malditos aqueles que blasfemam contra a mulher!"[106]

A revolução de 1848 marca o renascimento da luta das mulheres por direitos civis e cívicos. Em fevereiro, parte da população de Paris, sob o manto dos liberais e dos republicanos, se subleva contra o rei Luís Filipe, que abdica a favor de seu neto Filipe de Orleães no dia 24 do mesmo mês. Nesse dia, a II República é proclamada, abolindo a Monarquia de Julho, e um governo provisório é instaurado. No dia 4 de março, embora *Marianne* passe a representar a República, dois dias antes o governo provisório declarara todos os homens acima de 21 anos eleitores, mas não as mulheres! Esse "sufrágio universal masculino", que se estende até 1944, leva as mulheres – jornalistas, escritoras ou simples operárias – a abraçar as ideias fourieristas, saint-simonianas ou socialistas, e a participar dos levantes.

As "mulheres de 1848", como elas chamam a si mesmas, lutam para que os direitos das mulheres – ao trabalho, ao voto, à mesma instrução que os homens – sejam reconhecidos. Elas acreditam no papel das associações (criação de sociedades e clubes femininos) e da imprensa (criação de jornais femininos). Em março, a jornalista Eugénie Niboyet (1796-1883) funda e administra o jornal *La Voix des femmes*[107] e, três meses depois, a socialista Jeanne Deroin (1805-1894), autora de um libelo contra "a submissão das mulheres",[108] lança,

---

106. Étienne de Neufville, *ibid.*, capítulo IX. In: Philippe Perrot, *Le Corps féminin* [O corpo feminino]. Paris: Points, 1984, coleção Histoire.

107. O subtítulo "Jornal socialista e político, órgão de interesse para todas as mulheres".

108. "Um dia abri o livro da lei e li as seguintes palavras: 'O marido deve proteção à sua mulher, a mulher deve obediência a seu marido', senti uma profunda indignação. Nunca, pensei, comprarei a felicidade ao preço da escravidão, prefiro viver e sofrer sozinha ignorante, inútil, esquecida, mas livre, nunca reconhecerei o direito do mais forte, nunca darei minha adesão a princípios que minha consciência reprova..." (Profissão de fé de Jeanne Deroin, 21 de fevereiro de 1831. In: Paulette Bascou-Bance, *La Mémoire des femmes. Anthologie* [A memória das mulheres, antologia], 2002).

250

com Désirée Gay (1810-1891), nascida, como ela, em um meio operário, *La Politique des femmes.*[109] Nesse jornal, e com o desejo de melhorar o cotidiano das operárias, cuja miséria é grande, elas se dirigem ao governo provisório e pedem trabalho e auxílios, bem como a criação de oficinas sociais industriais (as oficinas nacionais). Em abril, algumas mulheres tentam fazer com que suas vozes sejam ouvidas nos clubes mistos, mas, diante do fraco apoio dos homens e, às vezes, de sua hostilidade (alguns antifeministas perturbam os debates), elas abrem clubes próprios, como o Clube de Emancipação das Mulheres, o Clube das Mulheres e o Clube de Educação Mútua das Mulheres. Elas reivindicam, em nome de seus deveres de mães, maior autonomia, por exemplo, e o restabelecimento do divórcio, proposta de Eugénie Niboyet rejeitada em maio pela Câmara dos Representantes.

As "mulheres de 1848" se tornam membros ativos dos movimentos políticos que reivindicam a igualdade de direitos. Em 22 de março, dirigindo-se ao prefeito de Paris, Alix Bourgeois, presidente do Comitê dos Direitos da Mulher, exigem o sufrágio universal. O prefeito remete a decisão à Assembleia Constituinte, que será eleita em abril. Para essa eleição, em que as mulheres não podem votar nem se candidatar, Eugénie Niboyet propõe, apesar dessa proibição, a candidatura da escritora republicana George Sand (1804-1876), mas esta recusa o convite. Da mesma forma que sua bisavó Madame Dupin, George Sand apoia o combate das mulheres por seus direitos civis e luta contra os preconceitos de uma sociedade conservadora em que os indivíduos, sobretudo mulheres, são oprimidos e vivem na miséria (*Indiana*, 1832), mas considera essa candidatura ilegítima, julgando a obtenção dos direitos civis uma condição indispensável ao livre exercício do voto. A imprensa toma o caso para si e ridiculariza as "mulheres de 1848". O governo provisório da República se mantém surdo às reivindicações e, em junho, manda interditar o jornal *La Voix des Femmes*. O deputado Victor Considerant é o único a ousar propor o direito de voto das

---

109. De subtítulo "Jornal publicado a favor dos interesses das mulheres e de uma sociedade de operárias".

mulheres na Assembleia de 19 de junho. Durante as "jornadas de junho" (de 22 a 26 de junho), a insurreição popular em Paris contra o fechamento das Oficinas Nacionais, decidido pela Assembleia, é reprimida com sangue. Cerca de seiscentas mulheres, dentre as quais 222 feridas, são encarceradas na prisão de Saint-Lazare e mais tarde absolvidas. Ainda que todo debate público seja proibido às mulheres a partir do decreto de 26 de julho,[110] Désirée Gay e Jeanne Deroin fundam em agosto uma nova associação e um novo jornal, *L'Opinion des femmes*,[111] próximo dos socialistas.

Em 10 de dezembro, Luís Napoleão Bonaparte é eleito presidente da República. Mas as reivindicações das mulheres seguem não sendo ouvidas, em uma espécie de "conspiração do silêncio", denunciada por Henriette (pseudônimo de Hortense Wild) no jornal *La Démocratie pacifique* em 5 de janeiro de 1849. Essa compositora e militante fourierista sugere o envio a cada deputado de uma medalha com a seguinte inscrição: "Os progressos sociais estão subordinados à ampliação dos direitos da mulher" – sua proposta é obviamente recusada.[112] Desafiando a proibição de candidatura, Jeanne Deroin se apresenta para as eleições legislativas de 13 de maio de 1849 invocando os princípios universais de uma "verdadeira república", pois, para ela, "a causa do povo e a causa das mulheres estão intimamente ligadas e a igualdade dos sexos é a condição para o progresso real".[113] Sua candidatura recebe pouco apoio e as aspirações de suas apoiadoras ao direito de voto e ao trabalho são ridicularizadas sob a alegação de que a

---

110. Que ordena o fechamento dos clubes. Somente os socialistas de extrema esquerda se declaram opositores a esse decreto.

111. Uma "Publicação da Sociedade Mutual das Mulheres", publicada até agosto de 1849.

112. Citado in Sylvie Chaperon e Christine Bard, *Dictionnaire des féministes. France – XVIIIᵉ-XXIᵉ siècle* [Dicionário de feministas. França – séculos XVIII-XXI]. Paris: Presses Universitaires de France, 2017.

113. Citado em Michèle Riot-Sarcey, "L'utopie de Jeanne Deroin" [A utopia de Jeanne Deroin], *Revue d'Histoire du XIXᵉ siècle – 1848*, 9, 1993, p. 29-36, p. 33.

emancipação das mulheres seria uma catástrofe para a ordem doméstica![114] Um mês antes, um artigo anônimo, atribuído a Pierre-Joseph Proudhon, publicado nas colunas do *Peuple*, ataca com violência essa candidatura: "Um fato gravíssimo e sobre o qual nos é impossível guardar silêncio ocorreu em um recente banquete socialista. Uma mulher apresentou seriamente sua candidatura para a Assembleia Nacional. [...] Não podemos deixar esse fato passar sem protestar energicamente, em nome da moral pública e da própria justiça, contra semelhantes pretensões e princípios. [...] A igualdade política dos dois sexos, isto é, a equiparação da mulher ao homem nas funções públicas, é um dos sofismas rejeitados não apenas pela lógica, como também pela consciência humana e pela natureza das coisas. [...] O lar e a família, este é o santuário da mulher." Seus argumentos serão reaproveitados em 1918. Embora as mulheres tivessem ingressado em grande número nas usinas e oficinas na Primeira Guerra Mundial, com o retorno da paz elas precisavam regressar ao lar.[115]

---

114. Ver as diferentes séries dedicadas às mulheres por Honoré Daumier (1808-1879), *Les Bas-bleus*, *Les Divorceuses* ou *Les Femmes socialistes*.

115. "Regressando vencedor, ele sofreria se encontrasse um lar desertado, onde sua autoridade tão custosamente comprada não fosse mais reconhecida? Dir-lhe-iam desde seu retorno que não há mais civicamente nem homem, nem mulher, mas dois seres iguais em direito, duas unidades sociais? Deposto de seu papel secular de protetor no momento em que ele acabava de merecer mais uma vez esse título, ele suportaria compartilhar com as mulheres as lutas civis e políticas? Encontrá-la por toda parte, sua rival, competidora no tocante a empregos que ele ambiciona, e nos quais ela já está bastante adiantada? [...] Devolver a mulher ao lar, afastá-la das lutas políticas, não seria esse o programa a seguir, se não quisermos daqui a vinte anos contar centenas de milhares de franceses a menos?" *L'Horizon*, dezembro de 1918, citado em Christine Bard, *Un siècle d'anti-féminisme* [Um século de antifeminismo]. Paris: Fayard, 1999.

O HOMEM PRÉ-HISTÓRICO TAMBÉM É MULHER

A luta das mulheres se dissemina por toda a Europa[116] e pelos Estados Unidos.[117] Na França, porém, os anos que se seguem à revolução de 1848 veem um retrocesso da condição das mulheres, causado por um reforço da dominação social masculina apoiada na política.[118] Revoltada com os posicionamentos antifeministas de Pierre-Joseph Proudhon, Jenny d'Héricout publica, em dezembro de 1856, "Sr. Proudhon e a questão das mulheres" na *Revue philosophique et religieuse*. Ele não se digna a responder aos argumentos que contradizem a suposta inferioridade natural das mulheres e se limita, em uma carta publicada em 1857 na mesma revista, a zombar de sua "espécie de cruzada", considerando as reivindicações "um sintoma exagerado da renovação geral que se opera, um enlouquecimento que se deve justamente à enfermidade do sexo e à sua incapacidade de se conhecer e governar por si mesma".[119] Apesar da intensa oposição que essas palavras despertam, ele continua a se dedicar a uma crítica virulenta das "mulheres livres".[120] Jenny d'Héricourt, muito envolvida com a independência material e moral das mulheres, responde: "Emancipar a mulher é reconhecê-la e declará-la livre, igual ao homem perante a lei social e moral e perante o trabalho."[121] À época,

---

116. Na Alemanha, com a escritora Louise Otto-Peters, na Polônia com a romancista Narcyza Żmichowska à frente das *Enthousiastes*, na Inglaterra com o filósofo John Stuart Mill e a sufragista Millicent Fawcett, na Dinamarca com a pacifista Matilde Bajer.

117. Com a quacre Lucretia Mott, a afro-americana Lucy Stanton e Fanny Wright, de origem escocesa, dentre os grandes destaques, as três também abolicionistas. Em 20 de julho de 1848, a Convenção para os Direitos das Mulheres de Seneca Falls (Nova York) se encerra com a assinatura da "declaração de sentimentos", considerada o marco fundador do movimento feminista estadunidense.

118. Isabelle Ernot, "Des femmes écrivent l'histoire des femmes au milieu du XIXᵉ siècle: représentations, interprétations" [As mulheres escrevem a história das mulheres em meados do século XIX: Representações, interpretações], *Genre et Histoire* 4, 2009. Disponível em: <www.genrehistoire.revues.org/742>.

119. Jenny d'Héricourt, "M. Proudhon et la question des femmes" [Sr. Proudhon e a questão das mulheres], *La Revue philosophique et religieuse*, vol. VI, dez. 1856, p. 5-15.

120. De George Sand, por exemplo, em *De la justice dans la Révolution et dans l'Église*, tomo I (1860), de traços paternalistas e conservadores.

121. Jenny d'Héricourt, *La Femme affranchie: réponse à MM. Michelet, Proudhon, É. de*

ETERNAS REBELDES

o trabalho das mulheres nas usinas é visto pelos homens como concorrência desleal, principalmente pelos sindicalistas proudhonianos,[122] que em 1866 votam a recusa do trabalho feminino durante o congresso em Genebra da Associação Internacional dos Trabalhadores. Elas encontram alguns apoios de peso,[123] em especial na figura de John Stuart Mill, que refuta a ideia segundo a qual existiria uma "essência feminina",[124] e do jornalista livre-pensador Léon Richer.[125] No entanto, a ideia do socialismo no masculino, que Pierre Joseph Proudhon ajuda a forjar, perdura até a Segunda Guerra Mundial.

No fim do século XIX, a luta das mulheres contra as desigualdades entre os sexos[126] resiste. Elas criam e administram diversos jornais.[127] Séverine, que

---

Girardin, Legouvé, Comte et autres novateurs modernes [A mulher livre: Resposta à MM. Michelet, Proudhon, É. de Girardin, Legouvé, Comte e outros novos modernos]. Bruxelas: A. Lacroix, Van Meenen et Cie, 2 vol. in-oitavo, 1860).

122. Joan W. Scott, "L'ouvrière, mot impie, sordide" [O trabalhador, palavra ímpia, sórdida], *Actes de la recherche en sciences sociales* n. 83, 1990, p. 2-15.

123. Como o escritor anarquista Joseph Déjacque (*De l'être humain mâle et femelle. Lettre à P. J. Proudhon. Le Libertaire* [Os seres humanos masculino e feminino. Carta a P. J. Proudhon, O libertário], 1857) e o teórico socialista Pierre Leroux, que escreve que "em razão de sua posição no que diz respeito às mulheres, Proudhon não pode mais ser considerado o ícone do *polo libertário do socialismo*" (*Lettre au docteur Deville* [Carta ao doutor Deville]. In: Miguel Abensour, *Le Procès des maîtres rêveurs* [O julgamento dos mestres sonhadores], p. 119-167, Sulliver, 2000, p. 138-139).

124. O princípio que rege as relações sociais entre os dois sexos – a subordinação legal de um sexo ao outro – é ruim em si e constitui um dos principais obstáculos à melhoria do gênero humano. John Stuart Mill, *The Subjection of Women*, 1869 (*De l'assujettissement des femmes*. Tradução francesa de Émile Cazelles. Disponível em Wikisource) [Ed. bras.: *A sujeição das mulheres*. Tradução de Paulo Geiger. São Paulo: Penguin, 2017].

125. Em abril de 1869, ele funda o hebdomadário *Le Droit des femmes* [O direito das mulheres] e, um ano depois, a Associação para o Direito das Mulheres, presidida por Maria Deraismes.

126. Elas continuam recebendo salários inferiores aos dos homens e não podem dispor deles livremente, além, é claro, de não terem direito ao voto.

127. Incluindo o jornal diário *La Fronde*, fundado em 1897 pela atriz feminista Marguerite Durand.

O HOMEM PRÉ-HISTÓRICO TAMBÉM É MULHER

dirige *Le Cri du peuple*, estigmatiza o fato de que "ignorantes que não sabem nem ler nem escrever, grosseirões que maltratam os animais, bêbados que caem pelos cantos da manhã à noite, preguiçosos, apaches [proxenetas], gagás, semiloucos ou loucos supostamente curados e imbecis são eleitores e [...] as mulheres, consideradas inferiores a eles, têm um único dever: pagar; um único direito: calar".[128]

Em 1886, é a vez da grande Louise Michel (1830-1905) pegar a pluma para defender a causa das mulheres, "rebanho humano esmagado e vendido": "Se a igualdade entre os dois sexos fosse reconhecida, haveria uma notável brecha na tolice humana. [...] Nunca entendi por que haveria um sexo do qual tentássemos atrofiar a inteligência, como se já houvesse demais na raça. [...] Escravo é o proletário, escravo entre todos é a mulher do proletário. [...] Em toda parte, o homem sofre na sociedade maldita; mas nenhuma dor se compara à da mulher."[129] Essa professora e militante anarquista exorta as mulheres a tomar, e não *mendigar*, seu lugar na sociedade, pois elas também lutam para conquistar "os direitos da humanidade".[130] Doze anos depois, Jules Guesde, jornalista e político socialista, defende com força o direito das mulheres ao trabalho:[131] "Não, por maior que seja a superioridade de força que imaginemos ao homem, e por mais remunerador que possa se tornar seu trabalho, não é possível condenar a mulher a ser mantida por ele. [...] 'Cortesã ou dona de

---

128. Séverine, citada em maio de 1910 pelo jornalista Léon Aumeran no jornal *Le Progrès de Bel-Abbès*.

129. Louise Michel, *Mémoires de Louise Michel écrits par elle-même* [Memórias de Louise Michel escritas por ela mesma], tomo I, capítulo "La cause des femmes" [A causa das mulheres]. Paris: F. Roy, 1886.

130. Louise Michel, *ibid.*

131. Para fazer valer seus direitos ao trabalho, algumas mulheres entram em greve, como na Grã-Bretanha, onde as operárias das manufaturas de fósforos provocaram, em 1888, o primeiro conflito social de peso. No mesmo período, nos Estados Unidos, operárias nova-iorquinas interromperam o trabalho para obter a redução da jornada e a proibição do trabalho infantil (Sara M. Evans, *Les Américaines. Histoire des Femmes aux États-Unis* [As americanas: História das mulheres nos Estados Unidos]. Paris: Belin, 1992, p. 269-273).

ETERNAS REBELDES

casa', não há nada menos de acordo com a verdade do que esse famoso dilema do sofisma feito homem, Pierre Joseph Proudhon... Não, o lugar da mulher não é antes no lar do que fora dele. [...] Por que, e a que título – se esposa ou mãe a quisermos, para não falar daquelas que não são nem uma nem outra –, a mulher não poderia, ela também, se manifestar socialmente, da forma que lhe convier? Garantam à mulher, como ao homem, o desenvolvimento integral e a livre aplicação de suas faculdades."[132]

NO SÉCULO XX

> *Não sei se os grandes desse mundo nos lerão, mas penso que poderia não ser inútil que o façam.*
> Léonora Miano[133]

No início do século XX, as mulheres ainda não têm direito ao trabalho[134] nem ao voto. No entanto, várias provam suas competências e permitem espetaculares avanços à sociedade em inúmeros campos, especialmente nas ciências, como Marie Curie, prêmio Nobel de Física em 1903 (com seu marido, Pierre, e Henri Becquerel) e de Química em 1911. É no contexto social da segunda metade do século XIX e do início do século XX que nasce e se desenvolve a pré-história.

Não poderíamos encerrar este capítulo sem citar a *Histoire générale du féminisme: des origines à nos jours*, de Léon Abensour. Professor de história

---

132. "La femme et son droit au travail" [A mulher e o direito ao trabalho], *Le Socialiste*, 9 out. 1898, citado in Christiane Menasseyre, *Les Françaises aujourd'hui* [As francesas hoje]. Paris: Hatier, 1978.

133. France Culture, "Le temps des écrivains" [O tempo dos escritores], convidadas Léonora Miano e Bérangère Cournut, 7 set. 2019.

134. Apenas em 1907 as mulheres casadas obtêm juridicamente a livre disposição de seu salário e, quase setenta anos depois, em 1972, o princípio da igualdade de remuneração entre mulheres e homens é inscrito na lei francesa.

e geografia no liceu de Besançon, nascido em 1889, Abensour foi um ardoroso defensor dos direitos das mulheres.[135] Escrito em 1921, seu prefácio é de surpreendente modernidade: "Uma grande revolução se concretiza. [...] Ontem considerada por todos os doutores da lei como um ser inferior, tida pela opinião pública como incapaz de viver sem ajuda masculina, excluída dos conselhos da cidade pela 'enfermidade de seu espírito', a mulher pouco a pouco se ergue do abismo em que a maldição de Jeová precipitou Eva para todo o sempre. [...] Há meio século, e principalmente a partir de 1914, a mulher se mostra, seguindo a expressão de Voltaire, 'capaz de tudo o que os homens são capazes'. Diante desse fato, todos os argumentos teóricos perdem força. Concluir que num futuro mais ou menos distante (com certeza menos do que mais) as mulheres serão, em todo o planeta, iguais aos homens, não parece nenhuma temeridade."

Ele conclui o prefácio prestando uma vibrante homenagem às mulheres que, por séculos, lutaram por seus direitos: "Para obter a revisão do processo que a injustiça da história parecia ter decidido a seu desfavor, as mulheres, por séculos a fio, lutaram, sofreram, trabalharam com o cérebro e os braços. De geração em geração, as 'rebeldes' transmitiram suas ideias umas às outras, como era passado o 'bastão' entre os corredores antigos. E quem, dispensando os disparates oficiais, se der ao trabalho de considerar a história verídica, a vida do passado, perceberá com espanto que todas as épocas tiveram mulheres que souberam, em todos os ramos da atividade humana, realizar, por prazer ou por necessidade, tarefas masculinas. Estas reivindicam a igualdade entre os sexos; aquelas a mostram já realizada. Feminismo teórico, feminismo prático, ambos explicam a evolução de nossos costumes e de nossas ideias. Ambos anunciam a grande revolução que aos poucos se concretiza."[136]

---

135. Ele foi membro da União Francesa para o Sufrágio das Mulheres, criada em 1909.

136. Léon Absensour, *Histoire générale du féminisme: des origines à nos jours* [História geral do feminismo: das origens aos nossos dias], 1921. Disponível em Wikisource.

ETERNAS REBELDES

A luta das mulheres se intensificou no fim do século XIX com a criação de vários movimentos feministas em diferentes países,[137] sendo o primeiro nos Estados Unidos, o *International Council of Women*, criado em 1888.[138] A obtenção do direito de voto, no centro das reivindicações desses movimentos feministas,[139] é uma luta de mais de 150 anos. Um percurso longo e difícil. Ainda que desde 1879 vários países concedam o direito de voto às mulheres[140]

---

137. Na Inglaterra, Millicent Fawcett (1847-1929) funda em 1897 o movimento de luta para os direitos das mulheres, dito "das sufragistas" (National Union of Women's Suffrage Societies – NUWSS), que também se dedica a promover a educação das mulheres. Seis anos depois, Emmeline Pankhurst (1858-1928) e suas duas filhas, Christabel e Sylvia, criam o movimento das sufragetes (Women's Social and Political Union – WSPU), em oposição às sufragistas, que elas consideram moderadas demais; ele será dissolvido em 1917. Em 1904, a jornalista estadunidense Carrie Chapmann Catt (1859-1947) funda a International Woman Suffrage Alliance. Na França, a Union Française pour le Suffrage des Femmes (UFSF), que visa a elegibilidade das mulheres nas eleições locais, é criada em 1909 pela parteira Jeanne Schmahl (1846-1915) com o apoio da jornalista Jane Misme (1865-1935), diretora do hebdomadário *La Française*. Ela reuniu até 75 federações departamentais e, sob a direção da presidente Marguerite de Witt (1853-1924), organizou em abril de 1914 um plebiscito feminino que reuniu 505.972 *sim* para o voto das mulheres (para a Assembleia Nacional). Cécile Brunschvicg está entre as mais ardentes militantes francesas. Ela milita em 1908 na seção Trabalho do Conseil National des Femmes Françaises (CNFF) e, um ano depois, na UFSF, da qual será secretária-geral (1910) e presidente, de 1924 a 1946 (essa associação terá mais de 100 mil membros em 1928). Em 1914, Cécile cria a Œuvre Parisienne para a realocação dos refugiados da Primeira Guerra Mundial. Também ajudou na criação de centros sociais e da École des Surintendantes d'Usine (antepassada das assistentes sociais). Em 1926, sucede a jornalista Jane Misme na direção do hebdomadário *La Française*. Ardente defensora da escola mista, Cécile se torna, em 1936, subsecretária de Estado da Educação Nacional no governo Blum.

138. O Conselho Internacional de Mulheres reúne, no momento da publicação deste livro, setenta conselhos nacionais, entre os quais o CNFF, criado em abril de 1901.

139. Em 1908 e 1914, as sufragetes fazem uma manifestação em Paris pelo direito de voto das mulheres.

140. O estado de Wyoming (Estados Unidos, em 1879), a Nova Zelândia (1893), a Austrália (1902), a Finlândia (1907), a Noruega (1913), a Islândia (1914), a Dinamarca (1915), o Canadá, a Grã-Bretanha, a Alemanha, a Rússia soviética e a Polônia (1918), o Québec, a Holanda, Luxemburgo e a Suécia (1919), os Estados Unidos, a Tchecoslováquia e a Áustria (1920), a Turquia (1934) e as Filipinas (1935). Em 1931, a República espanhola instaura o voto das mulheres, que será suprimido, junto com outros direitos civis e profissionais,

e o próprio papa Bento XV aceite o princípio do voto feminino em 1918, no ano de 1935 elas ainda não podem exercê-lo na França.[141]

Durante dezessete anos, o Senado rejeita sistematicamente os projetos de lei a favor do direito de voto das mulheres, aprovados em 1919 pela Câmara dos Deputados.[142] Advogadas se insurgem contra essa situação. Maria Vérone,[143] secretária de redação do jornal *La Fronde*, propõe aos eleitores parisienses, na primavera de 1924, uma lista feminina, composta de artistas, jornalistas, advogadas, médicas e exploradoras, com a seguinte proclamação: "Não se pode conseguir nada vivo sem que o homem e a mulher trabalhem juntos."[144] Sete

---

nos primeiros anos da ditadura do general Franco, e só será restabelecido em 1961. As mulheres espanholas só recuperarão todos os seus direitos civis em 1975 (Fonte: site da Assembleia Nacional Francesa).

141. As mulheres têm o direito de voto, à época, em todos os países da Europa, com exceção da França, da Suíça, da Itália e dos Estados dos Bálcãs.

142. A primeira proposta de lei que concede o direito de voto às mulheres ("maiores, celibatárias, viúvas ou divorciadas") é apresentada em 1901 pelo deputado Fernand Gautret (1862-1912). Ela será seguida, cinco anos depois, por uma segunda proposta, feita pelo advogado Paul Dussaussoy (1860-1909), mas esta só se refere às eleições locais (municipais, divisões administrativas e conselhos gerais). Depois de sua morte, a comissão do sufrágio universal apresenta, em 16 de julho de 1909, o relatório de Ferdinand Buisson (1841-1932) favorável à reforma do direito de voto. Em 1916, Maurice Barrès (1862-1923) propõe o "sufrágio dos mortos" a fim de permitir que as viúvas e as mães de soldados mortos na guerra possam votar. A partir de 1919, a Câmara dos Deputados aprovará várias vezes, em 20 de maio de 1919, 7 de abril de 1925, mas apenas para as eleições municipais e cantonais, uma proposta de lei que instaura o voto das mulheres. Todas essas propostas serão rejeitadas pelos senadores. A partir de 1925, chocada com essa atitude, a UFSF e outros movimentos sufragistas, como a Union Nationale pour le Vote des Femmes (UNVF), de inspiração conservadora e católica, criada em 1925, organizam manifestações. Diante da nova recusa do Senado de examinar os artigos, a Câmara dos Deputados adota, em 12 de julho de 1927, uma resolução que "convida o governo a apressar, diante do Senado, a discussão do projeto de lei votado a respeito do sufrágio das mulheres nas eleições municipais".

143. Tendo participado de várias manifestações pelo direito de voto das mulheres, essa advogada será presa pela polícia em novembro de 1928 e solta quatro horas depois.

144. "Les femmes et les élections" [As mulheres e as eleições], *Le Populaire de Paris*, 11 maio. 1924, p. 4.

ETERNAS REBELDES

anos depois, Germaine Poinso-Chapuis[145] denuncia com vigor essa injustiça: "Nosso sufrágio, supostamente universal, não conduz a nada, salvo a afastar, na verdade, mais da metade da nação adulta, e a confiscar, em proveito de uma minoria cujo único privilégio reside no sexo, todas as comendas de nossa organização política. [...] Quando se trata de submissão às leis, pagamento de impostos, formalidades administrativas a cumprir, só existe uma categoria de cidadãos, e não duas. As mulheres estão submetidas, nesses casos, às mesmas regras impostas aos homens. Elas se submetem a leis de cuja elaboração não participam. Elas pagam impostos que não consentiram pagar; pouco importa, a esse respeito, que a Declaração dos Direitos do Homem tenha inscrito em seu texto o privilégio, muito legítimo para o cidadão, de votar seus impostos."[146] Mas nada adianta, o Senado se obstina e, em 31 de março de 1932, a Câmara dos Deputados é de novo obrigada a convidar "o governo a usar de toda sua influência junto ao Senado para obter que essa Assembleia coloque em deliberação os textos votados pela Câmara dos Deputados".[147]

Diante da obstinação dos senadores, em 1934 a feminista radical Louise Weiss cria o movimento La Femme Nouvelle, que organiza atos espetaculares, como o de 2 de junho de 1936, em que militantes oferecem aos senadores meias com a inscrição: "Mesmo que vocês nos deem o direito de voto, suas meias

---

145. Ela será eleita deputada do departamentoe de Bouches-du-Rhône pelo Movimento Republicano Popular (MRP), de afinidade centrista democrata-cristã.

146. *Cahiers de la démocratie populaire*, n. 12, 1931, citado em Pierre Milza, *Sources de la France du XXᵉ siècle*. [Fontes da França no século XX]. Paris: Larousse, 1997).

147. Em 1º de março de 1935, pela quinta vez, e em 30 de julho de 1936, pela sexta e última vez, a Câmara dos Deputados se pronuncia a favor do voto das mulheres (última votação por 495 votos a 0). O governo se abstém e o Senado nunca inscreverá esse texto em sua ordem do dia. Alguns deputados, prefeitos e partidos políticos não levam isso em conta e inscrevem mulheres em suas listas eleitorais. Em maio de 1925, por exemplo, o Partido Comunista coloca as mulheres em posições elegíveis em suas listas para as eleições municipais em todas as comunas do subúrbio parisiense. As eleitas terão assento efetivo até a anulação de sua eleição pelos tribunais. Em 1934, o Congresso de Prefeitos se pronuncia a favor do voto das mulheres nas eleições municipais e, em 1935-1936, várias comunas organizam votações paralelas mistas que resultam na eleição de conselheiras municipais suplementares (Fonte: site da Assembleia Nacional Francesa).

O HOMEM PRÉ-HISTÓRICO TAMBÉM É MULHER

continuarão a ser remendadas." A última recusa do Senado, em julho de 1936, é tanto mais incompreensível porque no dia 4 de junho Léon Blum, então presidente do Conselho dos Ministros, nomeara três mulheres subsecretárias de Estado.[148] É preciso esperar a emenda de 24 de março de 1944, entregue à Assembleia Consultiva Provisória em Argel pelo dirigente do Partido Comunista Francês Fernand Grenier, para que o voto das mulheres seja finalmente autorizado na França. As intervenções do general De Gaulle[149] são decisivas, especialmente a de 18 de março de 1944, quando ele declara: "O novo regime deve comportar uma representação eleita por todos os nossos homens e por todas as nossas mulheres." Em 21 de abril do mesmo ano, elas finalmente se tornam "eleitoras e elegíveis nas mesmas condições políticas que os homens".[150] Dois anos depois, o princípio de igualdade entre mulheres e homens em todos os âmbitos é inscrito no preâmbulo da Constituição.[151] Em 1947, pela primeira vez uma mulher, Germaine Poinso-Chapuis, se torna ministra,[152] mas é preciso esperar o ano de 1974 para ver esse cargo ocupado novamente por uma

---

148. Cécile Brunschvicg na Educação Nacional, Suzanne Lacore na Saúde Pública e Irène Joliot-Curie na Pesquisa Científica.

149. Em 23 de junho de 1942, ele declara que "uma vez expulso o inimigo do território, todos os homens e todas as mulheres de nossa pátria elegerão a Assembleia Nacional". Ainda que nomeada em novembro de 1943 como membro da Assembleia Consultiva Provisória, Lucie Aubrac (1912-2007) só participará dela em novembro de 1944. Marthe Simard terá assento desde sua criação. O programa do Conselho Nacional da Resistência, de março de 1944, se mantém silencioso sobre a questão do voto das mulheres. (Fonte: site da Assembleia Nacional Francesa)

150. Artigo 17º do decreto de Argel de 21 de abril de 1944, tomado pelo general De Gaulle, sobre a organização dos poderes públicos na França depois da Libertação. Em 7 de novembro de 1944, na abertura de sua sessão de Paris, a Assembleia Consultiva Provisória comporta dez mulheres. (Fonte: site da Assembleia Nacional Francesa)

151. Um ano antes, as mulheres foram às urnas para as eleições municipais (29 de abril-13 de maio), depois para as da Assembleia Constituinte e para um referendo (21 de outubro). Trinta e três mulheres são eleitas membros da Assembleia Nacional Constituinte: dezessete comunistas, seis socialistas, nove do Movimento Republicano Popular, uma do Partido Republicano da Liberdade. (Fonte: site da Assembleia Nacional Francesa).

152. Da Saúde Pública e da População, cargo que ocupará até 1948.

ETERNAS REBELDES

mulher, Simone Veil, que também dirige a pasta do Ministério da Saúde. Em 15 de maio de 1991, Édith Cresson se torna primeira-ministra, mas o acesso às responsabilidades políticas permanece difícil e lento para as mulheres.

No Ocidente, o século XX vê o reconhecimento das mulheres como sujeitos autônomos e a obtenção de seus direitos,[153] mas sua verdadeira emancipação só acontece na virada do século seguinte, com o igual acesso de mulheres e homens aos mandatos eleitorais e às funções eletivas (em 1999), a paridade durante as votações de listas (lei de 6 de junho de 2000), a alternância estrita mulheres-homens na composição das listas eleitorais municipais e a obrigação de paridade nos Executivos regionais e municipais (lei de 31 de janeiro de 2007). Em 2008, o artigo 1º da Constituição é assim completado: "A lei favorece o igual acesso das mulheres e dos homens aos mandatos eleitorais e funções eletivas, bem como às responsabilidades profissionais e sociais."

As mulheres também travam outra luta, que está longe de concluída: a da reapropriação de seu corpo e do controle de sua sexualidade. Somente na segunda metade do século XX é que, na Europa e nos Estados Unidos, avanços notáveis, dirigidos por movimentos feministas,[154] finalmente permitem que as mulheres se libertem da ascendência masculina sobre sua sexualidade.[155] A virada ocorre nos anos 1970, depois do "Manifesto das 343", publicado no

---

153. Na França, a partir do fim dos anos 1950, as mulheres progressivamente obtêm os mesmos direitos que os homens. Elas poderão exercer uma atividade profissional sem a autorização do marido, por exemplo, e, em 1965, poderão abrir uma conta em um banco.

154. Entre eles, o "Mouvement français pour le planning familial" (MFPF), ou *planning familial*. Saído da associação "La maternité heureuse", fundada em 1956 pela ginecologista Marie-Andrée Lagroua Weill-Hallé (1916-1994) e pela socióloga Évelyne Sullerot (1924-2017), ele é criado em 1960. Esse movimento da educação popular reivindicará, entre outros, o direito à contracepção e ao aborto.

155. Embora a Lei Neuwirth, de 28 de dezembro de 1967, autorize os contraceptivos, ela só será posta em ação cinco anos depois. Em 4 de junho de 1970, a noção de "chefe de família" é substituída pela de autoridade parental. A partir de 1971, tem início a luta pelo fim das leis contra o aborto, com o seguinte *slogan*: "Uma criança, se eu quiser, quando eu quiser, como eu quiser".

O HOMEM PRÉ-HISTÓRICO TAMBÉM É MULHER

Le Nouvel Observateur em 5 de abril de 1971. Ao assinar o texto intitulado "Je me suis fait avorter" [Eu tive um aborto], redigido por Simone de Beauvoir, essas 343 mulheres reivindicam "o livre acesso aos meios anticoncepcionais e ao aborto livre". Para que elas sejam ouvidas será preciso esperar o discurso histórico de Simone Veil, então ministra da Saúde, pronunciado em 26 de novembro de 1974 na Assembleia Nacional: "A situação atual é ruim. Eu diria mesmo que é deplorável e dramática. [...] Porque diante de uma mulher decidida a interromper sua gravidez, eles [os médicos] sabem que, recusando seu conselho e apoio, a relegam à solidão e à angústia de um ato perpetrado nas piores condições, que corre o risco de deixá-la mutilada para sempre. Eles sabem que a mesma mulher, quando ela tem dinheiro, quando ela sabe se informar, irá a um país vizinho ou, mesmo na França, a algumas clínicas e poderá, sem incorrer em qualquer risco ou penalidade, dar um fim a sua gravidez. E essas mulheres não são necessariamente mais imorais ou mais levianas. Elas são 300 mil a cada ano. [...] É a essa desordem que devemos dar um fim. É essa injustiça que convém acabar."[156]

Em 1980, o estupro se torna um crime passível de quinze a vinte anos de prisão e, em 1984, uma lei pune as violências sexuais. Em 1990, a Corte de Cassação reconhece o estupro entre esposos e, dois anos depois, uma lei reprime as violências conjugais e o assédio sexual no trabalho.[157] Apesar de todas essas leis, após o "caso Weinstein", de outubro de 2017, os movimentos recentes – #BalanceTonPorc, #MeToo, #NousToutes – revelam que as violências sexuais e sexistas dirigidas à mulher persistem.[158] O terremoto "Weinstein" reacende o debate

---

156. Diário Oficial, debates parlamentares de 27 de novembro de 1974. Em 17 de janeiro de 1975, a Lei Veil institui a interrupção voluntária da gravidez sob certas condições. No mesmo ano, o presidente Valéry Giscard d'Estaing instaura o divórcio por consentimento mútuo e a escola mista se torna obrigatória. Embora a ONU adote uma convenção sobre a eliminação de todas as formas de discriminação em relação às mulheres em dezembro de 1979, ela só é assinada pela França quatro anos depois.

157. Essas leis serão modificadas várias vezes para ampliar seu campo de aplicação e as penas decorrentes.

158. Em agosto de 2018, o governo francês reage promulgando uma nova lei que reforça as sanções.

ETERNAS REBELDES

da virilidade masculina. Em *Le Mythe de la virilité*, a professora de filosofia Olivia Gazalé mostra como o mito da superioridade masculina, fundamento das sociedades, não apenas justificou e organizou a submissão das mulheres, como também condenou os homens a um "dever de virilidade", fardo bastante pesado. Embora hoje alguns apontem a "crise da virilidade", a emancipação das mulheres não é sua causa, "a virilidade é que caiu em sua própria armadilha, uma armadilha que o homem, querendo encerrar a mulher, armou para si mesmo".[159] Embora gere angústia, ela é benéfica, pois permite a reinvenção das masculinidades e a liberdade da visão arcaica da "machotitude".[160] A desconstrução do modelo da onipotência sexual do homem, iniciada há um século, está longe de concluída e precisa ser continuada. Na ONU, em 23 de abril de 2019, sob ameaça de veto, os Estados Unidos exigiram a retirada da passagem que menciona "a saúde sexual e reprodutiva", termos que subentendem um apoio ao aborto, na resolução para combater a utilização do estupro como arma de guerra. O trecho, no entanto, havia sido aceito em duas resoluções anteriores, em 2019 e 2013! Note-se que a Rússia, o Vaticano, a Arábia Saudita e o Bahrein seguiram uma linha idêntica à da administração de Donald Trump... Atitude ainda mais deplorável porque, durante os conflitos armados, as mulheres vítimas de violências sexuais costumam ser o alvo de atrozes mutilações, tantas vezes denunciadas pelo médico congolês Denis Mukwege. Em 2018, Denis Mukwege e a iazidi Nadia Murad, ex-escrava da organização Estado Islâmico, receberam o prêmio Nobel da Paz "por seus esforços para colocar um fim no uso da violência sexual como arma de guerra".

A crer nos homens, as mulheres teriam, por séculos, se beneficiado de uma espécie de privilégio: a proteção dos males da guerra, dos negócios e da po-

---

159. Olivia Gazalé, *Le Mythe de la virilité*. Paris: Robert Laffont, 2017.

160. Termo utilizado por Raphaël Liogier, uma das raras vozes masculinas a se juntar ao movimento #MeToo, no qual: "Não há desejo de vingança, mas uma vontade de mudar as coisas para o interesse coletivo" (artigo de opinião assinado pelo autor em *Le Journal du Dimanche*).

O HOMEM PRÉ-HISTÓRICO TAMBÉM É MULHER

lítica. Recusando esse privilégio, as feministas da segunda metade do século XX reivindicam a universalidade de direitos. Em 1949, Simone de Beauvoir,[161] em *O segundo sexo*, livro que modificou profundamente o olhar das mulheres sobre si mesmas e sua condição, recoloca em questão a sociedade patriarcal que as mantém em uma posição subordinada, causada por uma educação menos profunda e pela instituição do casamento. Elas não querem, como Cinderela ou a Bela Adormecida, esperar o "príncipe encantado para ter fortuna e felicidade", pois, segundo a escritora, elas "querem que lhes sejam concedidos, enfim, os direitos abstratos e as possibilidades concretas sem a conjugação dos quais a liberdade não passa de mistificação". Ela justifica os motivos para isso: "Os antifeministas extraem da história dois argumentos contraditórios: 1º, as mulheres jamais criaram algo de grande; 2º, a situação da mulher jamais impediu o aparecimento de grandes possibilidades femininas. Tais afirmações são eivadas de má-fé; os êxitos de algumas privilegiadas não compensam nem desculpam o rebaixamento sistemático do nível coletivo; e o fato de serem esses êxitos raros e limitados prova precisamente que as circunstâncias lhes são desfavoráveis. [...] O fato que determina a condição atual da mulher é a sobrevivência obstinada, na civilização nova que se vai esboçando, das tradições mais antigas. [...] Abrem-se as fábricas, os escritórios, as faculdades às mulheres, mas continua-se a considerar que o casamento é para elas uma carreira das mais honrosas e que a dispensa de qualquer outra participação na vida coletiva. [...] Os pais ainda educam suas filhas antes com vista ao casamento do que favorecendo seu desenvolvimento pessoal. E elas veem nisso tais vantagens, que o desejam elas próprias; e desse estado de espírito resulta serem elas o mais das vezes menos especializadas, menos solidamente formadas do que seus irmãos, e não se empenham integralmente em suas profissões; desse modo, destinam-se a permanecer inferiores e o círculo vicioso fecha-se, pois essa inferioridade reforça nelas o desejo de encontrar um marido. [...] Tudo impele as mulheres a desejarem ardorosamente agradar aos homens. Em

---

161. Simone de Beauvoir apoia o Mouvement de Libération des Femmes (MLF, na sigla em francês) e, junto com a advogada Gisèle Halimi, funda em 1971 o movimento feminista *Choisir*.

ETERNAS REBELDES

conjunto, elas ainda se encontram em situação de vassalas. Disso decorre que a mulher se conhece e se escolhe, não tal como existe para si, mas tal qual o homem a define."[162]

Há séculos as mulheres lutam pela igualdade de direitos, mas as dificuldades persistem, na França e na maioria dos países, tanto no acesso aos cargos de responsabilidade e na paridade salarial quanto no fim das discriminações sexistas e da violência sexual. Um Dia Internacional da Mulher, em 8 de março, instaurado em 1982, não basta para mudar esse estado de coisas. A mentalidade, tanto das mulheres quanto dos homens, é que precisa mudar. O papel de cada um na história e na pré-história precisa ser reconhecido. Tornar as mulheres visíveis, esta é a tarefa à qual a historiografia da história das mulheres se dedica há cerca de sessenta anos. E como disse a historiadora Michelle Perrot, esta deve "questionar a realidade dessa especificidade".[163]

Até os anos 1960, os tratados sobre as mulheres, escritos quase que exclusivamente por homens, parecem, para retomar a expressão da filósofa e psicanalista Monique David-Ménard, "notavelmente a-históricos".[164] Sem dúvida porque pouquíssimas mulheres tinham acesso à educação universitária que permitiria que elas se tornassem autoras de trabalhos científicos[165] ou escritoras.[166] Nascida timidamente na virada do século XX, a historiografia da história das mulheres se desenvolve primeiro nos Estados Unidos, depois

---

162. Simone de Beauvoir, *Le Deuxième Sexe*. Paris: Gallimard, 1949, p. 222, 226-228.

163. Michelle Perrot, *Une histoire des femmes est-elle possible?* [Uma história das mulheres é possível?]. Paris: Rivages, 1984.

164. No artigo "Femme" [Mulher] da *Encyclopaedia Universalis*.

165. Michelle Perrot, *Mon histoire des femmes*. Paris: Seuil, 2008, p. 22 [Ed. bras.: *Minha história das mulheres*. São Paulo: Contexto, 2007]; Fabrice Virgili, "L'histoire des femmes et l'histoire des genres aujourd'hui" [A história das mulheres e a história dos gêneros hoje], *Vingtième Siècle. Revue d'histoire*, n. 75, 2002, p. 6.

166. Virginia Woolf destacará, em *Um quarto só seu*, publicado em 1929, que uma mulher deve ao menos dispor "de algum dinheiro e de um quarto só seu" para poder criar.

O HOMEM PRÉ-HISTÓRICO TAMBÉM É MULHER

na Europa, graças aos trabalhos de historiadoras estadunidenses e britânicas e aos movimentos sociais do fim dos anos 1960.[167]

Em 1973, Antoinette Fouque, junto com as militantes do Mouvement de Libération des Femmes (MLF),[168] funda Les Éditions des Femmes, que publica autoras francesas e estrangeiras. Sua motivação é política, pois, por meio da editora, "trata-se de fazer avançar a libertação das mulheres". Dez anos depois, porém, a estadunidense Joan Scott constata que "a ambição de incorporar a história das mulheres à história sem mais e, com isso, de transformar esta a partir de dentro, não se realizou".[169] Ao longo dos anos 1980, essa historiadora e outras pesquisadoras feministas[170] introduzem a noção de *gênero* enquanto norma social na análise dos processos históricos de dominação masculina. Joan Scott se dedica à desconstrução das categorias "homem" e "mulher", que, segundo ela, organizam a sociedade em um sistema binário e desigualitário: "A historiografia das mulheres só pode ser apreendida do ponto de vista de gênero, que é um 'elemento constitutivo' de relações sociais baseadas em diferenças percebidas entre os sexos, e o gênero é uma maneira inicial de comunicar as relações de poder."[171] Assim, para compreender como se elaboram o masculino

---

167. Eliane Gubin, *Choisir l'histoire des femmes* [Escolhendo a história das mulheres]. Bruxelas: Éditions de l'Université de Bruxelles, 2007, coleção Histoire.

168. Em 1968, ela havia participado da fundação do Mouvement de Libération des Femmes na França.

169. Joan W. Scott, "Dix ans d'histoire des femmes aux États-Unis" [Dez anos de história das mulheres nos Estados Unidos], *Le Débat*, n. 17, 1981, p. 130.

170. Como Sherry Ortner (Sherry Ortner e Harriet Whitehead, *Sexual Meanings: The Cultural Construction of Gender and Sexuality* [Significados sexuais: a construção social do gênero e da sexualidade]. Cambridge: Cambridge University Press, 1981), Joan W. Scott (*La Citoyenne paradoxale: les féministes françaises et les droits de l'homme* [A cidadã paradoxal: os feminismos franceses e os direitos do homem]. Paris: Albin Michel, 1998), Christine Delphy (*L'Ennemi principal, tome I: économie politique du patriarcat*, Éditions Syllepse, 1998, coleção Nouvelles questions féministes; *L'Ennemi principal, tome II: Penser le genre*, Éditions Syllepse, 2002, coleção Nouvelles Questions Féministes) e Judith Butler (Judith Butler *et al.*, "Pour ne pas en finir avec le 'genre'... Table ronde" [Para não acabar com o "gênero"... Mesa-redonda], *Sociétés & Représentations*, n. 24, 2007, p. 285-306).

171. Joan Scott, "Le genre: une catégorie utile d'analyse historique" [O gênero: uma categoria útil de análise histórica], *Les Cahiers du GRIF*, n. 37, 1988, p. 141.

ETERNAS REBELDES

e o feminino, bem como as decorrentes relações entre os dois sexos, é preciso distinguir o sexo, que depende da biologia, e o conceito de gênero, que depende da organização social e política. Ora, a história das mulheres, e do gênero,[172] é um campo ultrassensível e polêmico, especialmente na França. Considerada não pertinente, muitos pesquisadores e políticos lhe negam verdadeiro valor científico e a consideram uma forma de ativismo feminista.[173] No entanto, trabalhos conduzidos desde os anos 1980 mostram como, além de pertinente, ela é indispensável[174] para a compreensão da condição das mulheres e de sua evolução ao longo do tempo.[175] Disseminada pelos movimentos feministas, a história das mulheres foi criticada por ser corporativista.[176] Não será por iluminar a dominação masculina e suas consequências que ela ainda hoje encontra forte

---

172. A história do gênero é menos consensual ainda, mesmo entre as feministas (Sylviane Agacinski, *Femme entre sexe et genre* [Mulher entre sexo e gênero]. Paris: Seuil, 2012), mas ela permite incluir os homens, enquanto categoria sexuada (Alain Corbin, Jean-Jacques Courtine e Georges Vigarello (orgs.), *Histoire de la virilité* [História da virilidade]. Paris: Seuil, três tomos, 2011, 2012, 2016). A teoria *queer*, da qual Judith Butler é uma das principais partidárias, postula que a sexualidade e o gênero de um indivíduo não são determinados exclusivamente por seu sexo biológico, mas também por seu ambiente sociocultural e sua história. Ela diferencia o tipo sexual (macho ou fêmea) do gênero (masculino/feminino).

173. A historiadora Cécile Beghin, membro da associação Mnémosyne, que trabalha para o desenvolvimento da história das mulheres e do gênero, constata um recuo de trinta anos nos novos programas de história no liceu (concebido pelo CSP – Conselho Superior dos Programas) dominado pelo retorno do "romance nacional" (principalmente uma história política e militar) em que as poucas mulheres são personagens "pretextos" ("Les femmes ne font-elles jamais l'histoire?" [As mulheres nunca fazem história?], *Le Monde* de 15 dez. 2018).

174. Em 1984, ocorreu em Saint-Maximin (Oise) o colóquio "Une histoire des femmes est-elle possible?", que levou à publicação, sob a direção de Georges Duby e Michelle Perrot, em cinco volumes, de *Histoire des femmes en Occident. De l'Antiquité à nos jours* [História das mulheres no Ocidente: da Antiguidade aos nossos dias] (1991-1992).

175. Michelle Perrot, "Histoire des femmes et féminisme" [História das mulheres e feminismo], *Journal français de psychiatrie*, 1 (40), 2011, p. 6-9.

176. Pierre Bourdieu, *La Domination masculine*. Paris: Seuil, 1998, coleção Liber [Ed. bras.: *A dominação masculina*. Tradução de Maria Helena Kühner. Rio de Janeiro: Bertrand Brasil, 2018].

O HOMEM PRÉ-HISTÓRICO TAMBÉM É MULHER

hostilidade? Como disse Ivan Jablonka, é preciso "desmasculinizar a história e as ciências sociais"[177] – mas sem deixar de mencionar o aporte teórico do pensamento feminista à luta pela liberdade e pela independência das mulheres. Os homens não foram pioneiros nessa luta, as mulheres é que, especialmente durante a Revolução Francesa e ao longo de todo o século XIX, disseminaram a reivindicação dos direitos civis e políticos. Algumas mulheres parecem ter se convertido à ordem patriarcal, parecem ter sido cúmplices, mas "ceder não é consentir".[178] O problema não é a escolha (pela submissão), mas a ausência de escolha à qual a dominação masculina reduz as mulheres. Se aceitarmos o consentimento das mulheres à submissão, isso significa, *in fine*, fazer com que ela persista.[179] A história das mulheres discute as relações entre os sexos no passado, mas também no presente, através das questões da virilidade e da violência, da sexualidade e do consentimento, do patriarcado, da divisão das tarefas domésticas e da maternidade.

A partir dos anos 2000, embora vários guias de fontes documentais,[180] audio--visuais e bibliográficas francófonas para a história das mulheres tenham sido publicados,[181] a historiadora Isabelle Ernot constata, cerca de trinta anos depois

---

177. Ivan Jablonka, *Des hommes justes*. Paris: Seuil, 2019 [Ed. bras.: *Homens justos: do patriarcado às novas masculinidades*. Tradução de Julia da Rosa Simões. São Paulo: Todavia, 2021].

178. Nicole-Claude Mathieu, *L'Anatomie politique. Catégorisations et idéologies du sexe* [A anatomia política. Categorias e ideologias de gênero]. V. Determinantes materiais e psicológicos da consciência dominada das mulheres e algumas de suas interpretações da etnografia Donnemarie-Dontilly, [1991], Éditions iXE, 2013.

179. Manon Garcia, *On ne naît pas soumise on le devient* [Não nascemos submissos, nos tornamos]. Paris: Climats, 2018, coleção Essais.

180. Depois do guia de Françoise Blum, Colette Chambelland e Michel Dreyfus, publicado em 1984, *Les mouvements de femmes (1919-1940): Guide des sources documentaires* [Os movimentos das mulheres (1919-1940): guia de fontes documentais]. Vie sociale, p. 11-12.

181. Como Annick Tillier (coord.), *Des sources pour l'histoire des femmes: guide* [Fontes para a história das mulheres: guia]. Paris: BNF, 2004; Florence Rochefort, Christine Bard, Annie Metz e Valérie Neveu (orgs.), *Guide des sources de l'histoire du féminisme* [Guia de fontes da história do feminismo]. Rennes: Presses Universitaires de Rennes, 2006.

de Joan Scott, que "a história das mulheres e do gênero não parece ter de fato conseguido abalar a 'história sem mais' ou fazer seus aportes serem levados em consideração".[182] Talvez porque diante das resistências que se apresentam, a tarefa seja árdua demais: "Esse projeto era uma utopia ou os elementos de resistência são tão poderosos que tornam difícil sua realização?" As interpretações da história divergem em função da perspectiva adotada, portanto é necessário, como sugere Isabelle Ernot, trabalhar na produção de um contradiscurso baseado em uma abordagem antropológica e pluridisciplinar "que seja capaz de construir um novo tipo de relato, não monolítico".[183] Só podemos aderir à sua proposta, e foi o que tentamos modestamente fazer neste livro.

---

182. Isabelle Ernot, "Des femmes écrivent l'histoire des femmes au milieu du XIXe siècle: représentations, interprétations", *Genre et Histoire*, n. 4, 2009.

183. *Ibid.*

EPÍLOGO
Mulheres e feminismo de ontem e hoje

Estamos às vésperas de uma revolução. Do líder guerreiro viking, que na verdade era uma mulher, às amazonas citas, passando pelas artistas parietais pré-históricas, cuja atividade é atestada por recentes trabalhos arqueológicos, alguns lugares-comuns sobre a divisão dos papéis entre os sexos voam pelos ares. Desconstruir os argumentos sexistas, mais ideológicos que científicos, é a tarefa que a ainda balbuciante arqueologia de gênero se atribuiu. A porta foi aberta e não se fechará antes que a mulher tenha encontrado seu lugar de direito na história.

A ciência pré-histórica desempenha um papel essencial nessa luta, pois sonda as profundezas do tempo, em que o patriarcado encontraria sua justificativa original. Justificativa que não lhe é fornecida. Quanto mais nossos conhecimentos se enriquecem, mas fica evidente, pelo contrário, que o patriarcado não tem base antropológica alguma. Ele está suficientemente enraizado em nossas sociedades para parecer "natural", mas basta mudar a escala e voltar no tempo na direção das sociedades mais antigas para compreender que a hierarquização entre os gêneros se baseia exclusivamente em preconceitos. O patriarcado é mais frágil que seus defensores querem nos fazer acreditar. Apesar de tudo, cinquenta anos depois do nascimento do movimento para a libertação das mulheres, esse sistema continua produzindo efeitos devastadores.

As violências cometidas contra as mulheres perduram. Não, não é normal bater na esposa! Na França, todos os anos, 200 mil mulheres são agredidas por seus cônjuges e muitas chegam a morrer. A França teve 146 feminicídios em 2019.[1] Como esse flagelo pode continuar ativo,[2] apesar de todos os discursos e as ações contra ele?[3] Porque suas raízes mergulham em um inconsciente coletivo modelado por séculos em que a esposa foi propriedade do marido. No século XIX, esses assassinatos eram chamados de "crimes de proprietário". Hoje eles são chamados de "crimes passionais" – o que não é muito melhor. Pois não se trata de paixão, de modo algum, mas de posse do corpo das mulheres.

Essa apropriação passa, evidentemente, pelo controle da sexualidade. No fim do século XIX, as mulheres reivindicam o controle sobre seu corpo e, nos anos 1970, o direito ao prazer.[4] No entanto, por pretextos religiosos ou costumes, muitas são vítimas de mutilações sexuais,[5] com a ablação parcial ou total do clitóris, considerado o órgão do prazer. Na França, somente no ano de 2017[6] é que uma representação completa do sexo feminino – com o clitóris – entrou nos manuais escolares de ciência natural! O sexo da mulher não é um tabu ou uma vergonha. Ignorar o clitóris é negar a existência do prazer feminino.

---

1. Em 2019, 146 mulheres foram mortas por seus companheiros ou ex-companheiros, segundo o Ministério do Interior, e 150 segundo o Collectif Féminicides.
2. Para Mona Chollet, a caça às bruxas corresponde a um feminicídio (Mona Chollet, *Sorcières. La puissance invaincue des femmes* [Bruxas: o poder invicto das mulheres]. Paris: Zones, 2018).
3. Site #NousToutes, Observatório Departamental das Violências Contra as Mulheres, realiza protestos e manifestações desde 2005, por iniciativa da infatigável Ernestine Ronai.
4. Florence Rochefort, *Histoire mondiale des féminismes* [História mundial dos feminismos]. Paris: PUF, 2018, coleção Que sais-je?.
5. Em 2004, a OMS recenseou 180 mil por ano na União Europeia e, segundo o Institut national d'études démographiques (Ined), 53 mil na França.
6. Em 2019, um único manual escolar *Sciences de la vie et de la terre*, SVT [Ciências da vida e da terra], das edições Magnard, integrou o clitóris no esquema, nos sete outros a vulva e a parte interna do clitóris não são representados (*Le Monde*, "Nous devons lutter contre l'analphabétisme sexuel" [Nós devemos lutar contra o analfabetismo sexual], 8 mar. 2019).

EPÍLOGO

O patriarcado não é "natural", ele é uma maneira de pensar e agir que instaura uma ordem de coisas baseada no binarismo dos sexos e na hierarquia entre eles. Sociedades matriarcais existiram e ainda existem. Elas não são um espelho invertido das sociedades patriarcais, reproduzindo a dominação de um sexo sobre o outro, mas sociedades de real igualdade política entre os sexos[7] em que as tarefas econômicas e religiosas são vistas como complementares. Estamos longe disso. No mundo ocidental, as desigualdades subsistem em todos os âmbitos: doméstico, político, religioso e econômico.

Segundo as estimativas do Fórum Econômico Mundial, se seguirmos no ritmo atual, a igualdade no mundo do trabalho só será alcançada dentro de... 202 anos.[8] Nas empresas, as mulheres ainda são minoria entre os altos salários. Elas estão sujeitas a trabalhos de meio período, ocupam majoritariamente os cargos pouco qualificados e enfrentam disparidades no acesso a certos empregos.[9] No âmbito da pesquisa, a situação das mulheres melhorou nos últimos anos, mas as desigualdades continuam. Na Academia de Ciências, as mulheres são claramente menos numerosas que os homens.[10] Até o fim do século XIX, elas não podiam ter ou exercer cargos científicos. No entanto, desde o século XVII, suas contribuições são notáveis. Várias publicam artigos em revistas científicas de renome, sob a cobertura do anonimato ou de um pseudônimo.[11]

---

7. Heide Goettner-Abendroth, *Les Sociétés matriarcales. Recherches sur les cultures autochtones à travers le monde* [As sociedades matriarcais: Pesquisas sobre as culturas autóctones pelo mundo]. Paris: Des Femmes-Antoinette Fouque, 2019, p. 14-15. Segundo essa antropóloga alemã, as sociedades matriarcais nunca foram estudadas em sua especificidade pelos historiadores e pelos antropólogos. Por isso, ela cria, em 1986, a Academia Internacional HAGIA para pesquisas matriarcais, ainda sob sua direção.

8. *Le Monde*, 23 mar. 2019.

9. Em 12 de outubro de 2018, em um artigo de opinião do *Le Monde*, um coletivo de 520 historiadoras lastima a falta de paridade em sua disciplina. Já em 2010, na primeira mesa-redonda dos Rendez-Vous de l'Histoire, em Blois, a associação Mnémosyne, que milita pela história das mulheres e de gênero, lamentava as poucas historiadoras premiadas.

10. Trinta e duas mulheres entre 268 membros. A primeira mulher eleita para a Academia de Ciências, criada em 1666, foi a matemática e física Yvonne Choquet-Bruhat, em 1979.

11. Como a matemática Sophie Germain, ou Antoine Auguste Leblanc (1776-1831).

O HOMEM PRÉ-HISTÓRICO TAMBÉM É MULHER

Com exceção de algumas,[12] elas permanecem à sombra dos cientistas e seus trabalhos nunca são citados; algumas são inclusive plagiadas ou despojadas de suas pesquisas – o que acontece até hoje.

As mulheres representam 3% dos laureados do prêmio Nobel,[13] uma única recebeu a medalha Fields (em 2014) e cinco a medalha de ouro do Centre national de la recherche scientifique (CNRS), entregue anualmente desde 1954. Hoje, embora essas pioneiras estejam a ponto de obter a notoriedade que merecem, não deixa de ser verdade que, no conjunto dos cientistas, as mulheres raramente ocupam cargos de direção de grandes organizações ou de laboratórios de pesquisa. Em 2019, em uma carta dirigida aos pesquisadores, o CEO do CNRS, Antoine Petit, se justifica com um toque de paternalismo, arguindo que "é difícil promover quem não se candidata". Não seria antes o microcosmo masculino das instâncias de direção e seleção que explicaria a ausência de paridade na pesquisa científica?[14] No âmbito da arqueologia, por exemplo, o exercício da profissão é misto, mas na pesquisa de campo ela só começa a se feminizar no fim do século XX.[15] Em 2016, no Institut national de recherches d'archéologie préventive (Inrap), somente um terço dos cargos de chefia de operação de campo e de direção de serviços territoriais era ocupado por mulheres, que, no entanto, representam 61% dos efetivos. Os avanços são lentos e os mecanismos de dominação, tenazes,

---

12. A matemática Émilie du Châtelet (1706-1749), a anatomista Marie-Geneviève-Charlotte Thiroux d'Arconville (1720-1805) e a botânica Jeanne Baret (1740-1807).

13. Somente 20 desde 1901 — três em física, cinco em química e doze em fisiologia ou medicina; 863 homens contra 52 mulheres, em 2020.

14. Em 15 de julho de 2019, seis pesquisadores deixam o Alto Conselho para a Igualdade entre as Mulheres e os Homens (Haut Conseil à l'Égalité entre les femmes et les hommes, HCE). Os demissionários criticam a ausência de mulheres pesquisadoras dentro do conselho no novo "colegiado de personalidades qualificadas".

15. "Antes da criação do Inrap, a Associação para as Escavações Arqueológicas Nacionais, em francês, Association pour les fouilles archéologiques national (AFAN) só empregava 40% de mulheres entre as 1.300 pessoas que ela contratava anualmente, embora elas fossem mais numerosas no estudo da arqueologia, na época da formação e na saída da universidade" (Anick Coudart, "Por um longo tempo... o gênero não era um gênero francês, exceto quando um gênero masculino... *E pur si muove*". In: *Les nouvelles de l'archéologie* [As novidades da arqueologia], 140, 2015, p. 9-15).

EPÍLOGO

como atestado por um artigo de opinião no *Le Monde* de 10 de junho de 2020, em que estudantes e pesquisadoras denunciam a divisão sexista das tarefas e o assédio de que são alvo nos sítios de escavação.

A falta de paridade é alimentada por nosso ambiente visual – revistas, fotografias, cinema, propagandas, jogos eletrônicos, histórias em quadrinhos etc. –, concebido quase que exclusivamente da perspectiva do homem heterossexual e impondo ao público uma visão de mundo puramente masculina.[16] Inconsciente, esse *male gaze* (olhar masculino) não deixa de lembrar o olhar conferido às estatuetas femininas pré-históricas.

Os preconceitos sexistas também se manifestam na alimentação. É "fato" conhecido que as mulheres adoram peixe, chá e legumes e que os homens preferem carne, cerveja e gordura![17] No entanto, os gostos alimentares não estão fixos no cérebro. As tradições culturais veiculadas desde a infância é que criam essa diferenciação.[18] O paradigma naturalista quer que o dimorfismo sexual seja exclusivamente genético, minimizando o fato de que os comportamentos culturais o influenciam fortemente. Essa segregação alimentar, presente para alguns pesquisadores desde o Neolítico, teria influenciado o tamanho e a corpulência dos homens e das mulheres. Os meninos, tendo um regime mais rico em proteínas e recebendo os melhores pedaços de carne, teriam se tornado maiores e mais fortes que as meninas.[19] Esse comportamento cultural

---

16. A diretora britânica Laura Mulvey é a inventora do conceito *"male gaze"*, criado em 1975 ("Visual Pleasure and Narrative Cinema" [Prazeres visuais e narrativa do cinema], *Oxford Journals*, 16 [3], p. 6-18). Esse artigo só foi traduzido para o francês em 2017 (*Au-delà du plaisir visuel. Féminisme, énigmes, cinéphilie. Éditions Mimésis*).

17. Esses estereótipos sexuados foram confirmados em 2017 pelo estudo individual sobre os consumos alimentares da Agência Nacional de Segurança Sanitária da Alimentação, do Meio Ambiente e do Trabalho (Agence national de sécurité sanitaire de l'alimentation, de l'enviroment et du travail, Anser, em francês).

18. A fim de desconstruir esse sexismo alimentar, a *chef* Céline de Sousa lança em 2018 o coletivo Les filles à cotelettes.

19. Priscille Touraille, *Hommes grands, femmes petites: une évolution coûteuse. Les régimes*

de gênero teria moldado corpos masculinos e femininos diferentes. Hoje, no Ocidente, essas diferenças físicas tendem, aliás, a se apagar.

Nos dias de hoje, as mulheres tomam cada vez mais o controle de seu corpo e denunciam os sistemas de dominação. A onda de choque #MeToo mostra que as coisas evoluem, às vezes mais rápido do que se pensava.

Por que, então, o patriarcado perdura há tanto tempo em nossas democracias? Talvez por repousar não apenas em uma dominação econômica e política, mas também, e mesmo principalmente, naquilo que Carol Gilligan chamou de dominação psicológica.[20] As mulheres teriam uma moral distinta, definida como uma ética do *care* (cuidado, solicitude, empatia), centrada na preocupação com os outros, não por natureza, mas por experiência.[21] No sistema patriarcal, os meninos e as meninas são criados de maneira diferente, com viés de gênero, especialmente no que diz respeito à relação com o outro. A vulnerabilidade é decretada feminina, os meninos precisam, por sua vez, mascará-la e extinguir a empatia.[22] Essa divisão permite instaurar uma ordem política com subordinações e opressões, e, assim, o patriarcado político se alimenta do patriarcado psicológico.[23] Mas a diferença entre homens e mulheres não está inscrita em nossos genes. O *care* é uma capacidade compartilhada por todos, e os meninos precisam

---

de genre comme force sélective de l'évolution biologique [Homens altos, mulheres baixas: uma evolução cara. Os regimes de gênero como força seletiva da evolução biológica]. Paris: Éditions de la Maison des Sciences de l'Homme, 2008.

20. Carol Gilligan, *Pourquoi le patriarcat?* [Por que o patriarcado?]. Paris: Flammarion, 2019, p. 22-23.

21. Essa filósofa e psicóloga estadunidense está na origem do conceito de *care* (Carol Gilligan, *In a Different Voice: Psychological Theory and Women's Development*. Cambridge: Harvard University Press, 1982) [Ed. bras.: *Uma voz diferente: teoria psicológica e o desenvolvimento feminino*. Tradução de Renan Marques Birro. Petrópolis: Vozes, 2021].

22. Judy Y. Chu, *When Boys Become Boys. Development, Relationships, and Masculinity* [Quando meninos se tornam meninos. Desenvolvimento, relações e masculinidade]. Nova York: New York University Press, 2014.

23. Carol Gilligan, *ibid.*

EPÍLOGO

aprender a se reconciliar com essa atitude. É desse patriarcado psicológico que precisamos nos livrar para a extinção do patriarcado.[24]

Ela passa pela desmasculinização da língua francesa, muito mais igualitária na Idade Média do que nos dias de hoje. É no século XVII que se decreta que o masculino prevalece sobre o feminino,[25] por ser mais "nobre", e é ao longo do século seguinte que essa regra gramatical é retomada e justificada pelo fato de o macho ser superior à fêmea.[26] Desde então, gerações de alunas e alunos repetem incansavelmente que "o masculino prevalece sobre o feminino", preparando-se, assim, para ocupar lugares diferentes e hierarquizados na sociedade.[27]

As mudanças são difíceis de aceitar – a virulência dos debates em torno da "escrita inclusiva" o mostrou.[28] Ainda que a feminização dos nomes das profissões tenha se iniciado há quarenta anos nos países francófonos, é apenas em 28 de fevereiro de 2019 que a Academia Francesa finalmente valida, graças à iniciativa da escritora Dominique Bona, a feminização das profissões, funções, dos títulos e postos. Ainda estamos no início dessa grande mudança. Amanhã, no espaço público, estátuas, ruas, praças, colégios e liceus finalmente darão visibilidade às mulheres, que também participaram da história.

---

24. Carol Gilligan, *ibid*.

25. Scipion Dupleix, *Liberté de la langue française dans sa pureté* [Liberdade da língua francesa em sua pureza], 1651.

26. Pelo gramático Nicolas Beauzée, membro da Academia Francesa, em 1767, em *Grammaire générale, ou Exposition raisonnée des éléments nécessaires du langage* [Gramática geral ou Exposição racional dos elementos necessários da linguagem], tomo I. Imprimerie J. Barbou.

27. Éliane Viennot, *Non, le masculin ne l'emporte pas sur le féminin! Petite histoire des résistances de la langue française* [Não, o masculino não prevalece sobre o feminino! Uma pequena história da resistência da língua francesa]. Donnemarie-Dontilly: Éditions iXe, 2014.

28. Entre os contrários: Danièle Manesse e Gilles Siouffi (orgs.), *Le féminin et le masculin dans la langue. L'écriture inclusive en question* [O feminino e o masculino na língua: Escrita inclusiva em questão]. Paris: ESF e Cahiers pédagogiques, 2019. Entre os favoráveis: Éliane Viennot, *Le langage inclusif: Pourquoi? Comment? Petit précis historique et pratique* [A língua inclusiva: por quê? Como? Um breve resumo histórico e prático]. Donnemarie-Dontilly: Éditions iXe, 2016.

O HOMEM PRÉ-HISTÓRICO TAMBÉM É MULHER

As mulheres não são nem inferiores nem subordinadas por "natureza", ao contrário do que por muito tempo tentaram fazer com que acreditássemos. Foi por causa dessa crença que, durante séculos, os homens se arrogaram o controle sobre nossa sexualidade e nos atribuíram um lugar na sociedade limitado à esfera doméstica. Eles justificaram seu comportamento com textos sagrados, religiosos e científicos... sempre escritos por homens. As pesquisas filosóficas, históricas, antropológicas e sociológicas das últimas décadas mostraram que as percepções biológicas do masculino e do feminino não eram nem imutáveis nem universais. A mulher não é "por natureza" esse outro que se pode possuir. Embora as sociedades e culturas tenham passado séculos forçando as mulheres a entrar no molde redutor dos papéis que lhes eram atribuídos, é tempo de considerarmos a complementaridade entre os dois sexos e não a dominação de um pelo outro. O patriarcado precisa ser substituído por outro sistema, que devemos construir juntos.

AGRADECIMENTOS

Gostaria de expressar toda minha gratidão a Guillaume Allary e a Nicole Lattès pelo apoio e pelos conselhos perspicazes.

Agradeço calorosamente a toda a equipe da editora Allary, em especial a Malcy Ozannat por nossas frutíferas e amigáveis trocas.

Um grande e afetuoso obrigada a Philippe, que me acompanhou ao longo de toda a escrita deste livro.

ANEXOS

BIBLIOGRAFIA GERAL

Abensour, Léon. *Histoire générale du féminisme: des origines à nos jours* [História geral do feminisno: das origens aos nossos dias]. Genebra: Slatkine Reprints, 1979 (1. ed. 1921).

Adler, Laure. *Dictionnaire intime des femmes* [Dicionário íntimo das mulheres]. Paris: Stock, 2017.

Bard, Christine e Chaperon, Sylvie (orgs.). *Dictionnaire des féministes. France XVIII-XXIe siècles* [Dicionário de feministas: França séculos XVIII-XXI]. Paris: PUF, 2017.

Benseddik, Nacéra. *Femmes en Afrique ancienne* [Mulheres na África antiga]. Pessac: Ausonius Éditions, 2017, coleção ScriptaAntiqua, 102.

Binant, Pascale. "Femmes de la préhistoire absentes ou mythifiées" [Mulheres da pré-história ausentes ou mitificadas], *Dossiers d'Archéologie*, n. 386, 2018, p. 74-75.

Carroy, Jacqueline; Edelman, Nicole; Ohayon, Annick e Richard, Nathalie (orgs.). *Les Femmes dans les sciences de l'Homme (XIX-XXe siècles). Inspiratrices, collaboratrices ou créatrices?* [As mulheres nas ciências humanas (séculos XIX-XX). Inspiradoras, colaboradoras ou criadoras?]. Paris: Seli Arslan, 2005.

Cauvin, Jacques. *Naissance des divinités, naissance de l'agriculture. La révolution des symboles au Néolithique*. Paris: Flammarion, 1998, coleção Champs. [Ed. port.: *Nascimento da divindade, nascimento da agricultura: a revolução dos símbolos no Neolítico*. Lisboa: Instituto Piaget, 1999].

Chollet, Mona. *Sorcières. La Puissance invaincue des femmes* [Bruxas: o poder invicto das mulheres]. Paris: Zones, 2018.

Clio. Femmes, Genre, Histoire, revista francesa semestral que publica pesquisas em história das mulheres e de gênero (todas as sociedades e todos os períodos).

Cohen, Claudine. *Femmes de la préhistoire* [As mulheres da pré-história]. Paris: Belin, 2016.

_____ *L'Homme des origines. Savoirs et fictions en préhistoire* [O homem original: conhecimento e ficção na pré-história]. Paris: Seuil, 1999.

_____ *La Femme des origines. Images de la femme dans la préhistoire occidentale* [A mulher original: imagens da mulher na pré-história ocidental]. Paris: Belin-Herscher, 2003.

Daumas, Cécile. *Qui a peur du deuxième sexe?* [Quem tem medo do segundo sexo?]. Paris: Hachette Littératures, 2007, coleção Tapage.

de Beaune, Sophie A. (org.). *Écrire le passé. La fabrique de la préhistoire et de l'histoire à travers les siècles* [Escreva o passado: a fabricação da pré-história e da história através dos séculos]. Paris: CNRS Éditions, 2010.

Duby, Georges e Perrot, Michelle (orgs.). *Histoire des femmes en Occident* [A história das mulheres no Ocidente]. Paris: Perrin, 2002, coleção Tempus. Cinco volumes (da Antiguidade ao século XX).

Fraisse, Geneviève. *Les Femmes et leur histoire* [As mulheres e sua história]. Paris: Gallimard, 1998, coleção Folio Histoire.

Gardey, Delphine e Löwy, Ilana (orgs.). *L'Invention du naturel, les sciences et la fabrication du féminin et du masculin* [A invenção do natural, as ciências e a fabricação do feminino e do masculino]. Paris: Éditions des Archives contemporaines, 2000.

Gargam, Adeline e Lançon, Bertrand. *Histoire de la misogynie. De l'Antiquité à nos jours* [História da misoginia: da Antiguidade aos nossos dias]. Paris: Les Éditions Arkhê, 2013.

Gimbutas, Marija. *Le Langage de la déesse* [A linguagem da deusa]. Paris: Des femmes – Antoinette Fouque, 2005.

Grégor, Isabelle e Larané, André. *Les Femmes à travers l'Histoire. Avancées et reculs de l'Antiquité à nos jours* [As mulheres através da história: avanços e retrocessos da Antiguidade aos nossos dias]. Paris: Herodote.net, 2019.

ANEXOS

Héritier, Françoise; Perrot, Michelle; Agacinski, Sylviane e Bacharan, Nicole. *La Plus Belle Histoire des femmes* [A mais bela história das mulheres]. Paris: Seuil, 2011.

Hrdy, Sarah Blaffer. *Comment nous sommes devenus humains. Les origines de l'empathie* [Como nos tornamos humanos: as origens da empatia]. Éditions l'Instant Présent, 2016.

_____. *La femme qui n'évoluait jamais* [A mulher que nunca evoluiu]. Paris: Petite Bibliothèque Payot, 2002.

Knibiehler, Yvonne e Fouquet, Catherine. *La Femme et les médecins* [A mulher e os médicos]. Paris: Hachette, 1983.

Leroi-Gourhan, André. *Les Religions de la préhistoire* [As religiões pré-históricas]. Paris: PUF, coleção Quadrige, 1964.

Patou-Mathis, Marylène. *Le Sauvage et le préhistorique, miroir de l'homme occidental* [O selvagem e o pré-histórico, espelho do homem ocidental]. Paris: Odile Jacob, 2011.

_____. *Préhistoire de la violence et de la guerre* [Pré-história da violência e da guerra]. Paris: Odile Jacob, 2013.

Perrot, Michelle (org.). *Une histoire des femmes est-elle possible?* [Uma história das mulheres é possível?]. Paris: Rivages, 1984.

_____. *Mon histoire des femmes.* Paris: Seuil, 2008, coleção Histoire [Ed. bras.: *Minha história das mulheres.* São Paulo: Contexto, 2007].

Riot-Sarcey, Michèle. *Histoire du féminisme* [História do feminismo]. Paris: La Découverte, 2008.

Semonsut, Pascal. *Le Passé du fantasme. La représentation de la préhistoire en France dans la seconde moitié du XXᵉ siècle (1940-2012)* [O passado da fantasia. A representação da pré-história na França na segunda metade do século XX (1940-2012)]. Paris: Éditions Errance, 2013.

Testart, Alain. *L'Amazone et la cuisinière. Anthropologie de la division sexuelle du travail* [A amazona e a cozinheira: antropologia da divisão sexual do trabalho]. Paris: Gallimard, 2014, coleção Bibliothèque des Sciences Humaines.

O HOMEM PRÉ-HISTÓRICO TAMBÉM É MULHER

_____. *La Déesse et le Grain: Trois essais sur les religions néolithiques* [A deusa e o grão: três ensaios sobre religiões neolíticas]. Paris: Éditions Errance, 2010.

Thébaud, Françoise. *Écrire l'histoire des femmes et du genre* [Escrevendo a história das mulheres e do gênero]. Lyon: ENS Éditions, 2007 (1. ed. 1998).

Tillier, Annick (org.). *Des sources pour l'histoire des femmes: guide.* [Fontes para a história das mulheres: guia]. Paris: BNF, 2004.

Tilly, Louise A. e Scott, Joan W. *Les Femmes, le travail et la famille* [As mulheres, o trabalho e a família]. Paris: Petite Bibliothèque Payot, 2002 (Tradução de *Women, work, and family,* 1978).

Vidal, Catherine (org.). *Féminin Masculin: mythes et idéologies* [Feminino, masculino: mitos e ideologias]. Paris: Belin, 2015.

Viennot, Éliane. *L'Âge d'or de l'ordre masculin. La France, les femmes et le pouvoir, 1804-1860* [A Idade do Ouro da ordem masculina: a França, as mulheres e o poder, 1804-1860]. Paris: CNRS Éditions, 2020.

Virgili, Fabrice. "L'histoire des femmes et l'histoire des genres aujourd'hui" [A história das mulheres e a história dos gêneros hoje], *Vingtième Siècle. Revue d'histoire,* n. 75, 2001, p. 5-14.

Zancarini-Fournel, Michelle. *Histoire des femmes en France XIXe-XXe siècles* [A história das mulheres na França nos séculos XIX e XX]. Rennes: Presses Universitaires de Rennes, 2005, coleção Didact Histoire.

AS GRANDES ETAPAS DA EVOLUÇÃO HUMANA

-4.000 anos: Surgimento do trabalho dos metais, cobre e ouro, Egito, Baluquistão (Paquistão).

-9.500 anos: Primeira domesticação das plantas (cevada, trigo), região do Crescente Fértil, Oriente Próximo e Médio.

-10.500-8.500 anos: Primeira domesticação de cabras e ovelhas, região do Crescente Fértil, Oriente Próximo e Médio.

ANEXOS

-12.000 anos: Primeiras aldeias sedentárias, região do Crescente Fértil, Oriente Próximo e Médio.

-20.000-15.000 anos: Primeiras cerâmicas, China, Japão.

-36.000-33.000 anos: Primeira domesticação do lobo, Bélgica, Rússia (Altai).

-40.000 anos: Mais antigas representações figurativas da arte móvel, "o homem-leão" da caverna Hohlenstein-Stadel, na Alemanha, realizadas por *Homo sapiens* aurignacianos.

-52.000-40.000 anos: Mais antigas representações figurativas de arte parietal, Bornéu, e por volta de -35.000 anos, na França (caverna Chauvet, Ardèche), realizadas por *Homo sapiens* aurignacianos.

-75.000 anos: Mais antigas vestimentas, confeccionadas por *Homo sapiens* em Blombos, África do Sul.

-140.000-100.000 anos: Mais antigas sepulturas no Oriente Próximo, neandertais e *Homo sapiens*.

-300.000 anos: O mais antigo *Homo sapiens*, descoberto em Marrocos.

-415.000 anos: Domínio do fogo na Europa, talvez desde 790.000 anos em Israel.

-430.000 anos: Mais antigas representações da linhagem neandertal, Sima de los Huesos, Espanha.

Aproximadamente -700.000 anos: Chegada à Europa de *Homo heidelbergensis* vindos da África, prováveis ancestrais da linhagem neandertal.

Aproximadamente -2 milhões de anos: Primeira saída da África rumo à Eurásia, por representantes do gênero *Homo*.

Aproximadamente -2,4 milhões de anos: Mais antigos representantes do gênero *Homo*, na África Oriental.

Aproximadamente -3,3 milhões de anos: Mais antigas ferramentas talhadas, na África Oriental.

Aproximadamente -4,2 milhões de anos: O mais antigo australopiteco, na África Oriental.

Aproximadamente -8 milhões de anos: Separação das linhagens humanas da dos chimpanzés.

NA EUROPA

Idade do Ferro: *c.* 1.200 anos antes de nossa era e o fim do século I de nossa era.

Idade do Bronze: *c.* 2.200 e 800 anos antes de nossa era.

Neolítico: *c.* 6.400 e 2.500 anos antes de nossa era.

Mesolítico: *c.* 9.700 e 6.400 anos antes de nossa era.

Paleolítico Superior: *c.* 43.000 e 10.000 anos antes de nossa era.

Paleolítico Médio: *c.* 350.000 e 35.000 anos antes de nossa era.

Paleolítico Inferior: *c.* 760.000 e 350.000 anos antes de nossa era.

POSFÁCIO

Mulheres originárias: reflexos da Mãe
Terra e seus saberes proibidos

Renata Tupinambá*

A Terra é um corpo vivo,
Ela é Nhandecy Eté, nossa mãe.
Quando caminhamos sobre a terra
Estamos pisando no corpo de uma mulher.
Sandra Ara Rete Benites, guarani Nhandeva

As mulheres indígenas são de diferentes culturas, línguas, realidades e cosmologias. Elas ocupam um espaço importante como principais responsáveis pela continuidade de seus povos e de seus saberes, ambos ainda ameaçados pela colonização em todos os continentes. Pensar sobre os universos cosmológicos dos povos originários é fundamental para compreender essas mulheres que guardam arquétipos de suas sociedades e ao mesmo tempo são uma extensão da própria Mãe Terra. Culturas indígenas trazem um entendimento da natureza como um corpo feminino, gestor de um grande útero para além da espécie humana, que se estende por todos os reinos, toda a fauna e toda a flora, todos os biomas e tudo que é gerado de vida e morte nesses múltiplos mundos visíveis e invisíveis.

---

* Conhecida também como Aratykyra, é jornalista, produtora, poeta, consultora, curadora, roteirista e artista visual. Atua há 15 anos na difusão das culturas indígenas por meio de projetos e etnocomunicação. Sua trajetória tem sido marcada por uma dedicação inspiradora pela arte e comunicação indígena também pelo envolvimento em projetos transformadores.

O HOMEM PRÉ-HISTÓRICO TAMBÉM É MULHER

Luzia é o fóssil humano de origem indígena mais antigo encontrado na América do Sul. Ele é, sem dúvida, um dos únicos fósseis femininos que obtiveram maior reconhecimento e interesse por conta da sua idade. Descoberto na década de 1970, em Minas Gerais, por uma arqueóloga francesa chamada Annette Laming, é alvo de muitas teorias e hipóteses baseadas em interesses científicos, mas também políticos.

Quando falamos em "pré-história", compreendemos a importância de renomear o período como pré-cabralino. A expressão "pré-história" tem sido abolida no Brasil por ser parte de uma visão eurocêntrica, que considera povos sem história aqueles que possuem uma comunicação oral predominante, tradicionalmente sem escrita. As narrativas orais são a forma de transmissão de saberes e histórias milenares desses povos que não estão congelados no tempo e muito menos enquadrados em um estereótipo genérico sobre o que é ser indígena, pois apresentam uma diversidade de fenótipos, saberes, expressões culturais e artísticas, não são grupos iguais em seus conhecimentos e costumes. Um dos grandes equívocos dos colonizadores foi, justamente, chamar nações diversas de "índios" indistintamente.

A mulher do período pré-cabralino também era parte desses grupos de caçadores e coletores, no entanto, apenas escutamos falar no "Homem Sambaqui" ou "Homem do sambaqui" como o responsável pelos montes fossilizados sambaquis, famosos sítios arqueológicos de povos que habitaram a costa brasileira de 7 a 8 mil anos atrás antes da presença dos tupi-guaranis – e que teriam sido dizimados pela presença dos tupinambás no litoral em outro contexto histórico. Sempre a figura do homem é exaltada na historiografia dominada pela perspectiva masculina. Em um sítio arqueológico no município de Ilhota, Santa Catarina, dois esqueletos humanos foram encontrados em junho de 2018. Um deles era de uma mulher entre 20 e 30 anos. Todavia, esqueletos femininos não são motivo de grande comoção, e isso demonstra uma grande invisibilidade das mulheres dos povos que formavam sambaquis.

POSFÁCIO

O saber feminino dos povos originários expõe que hoje a natureza é tratada com desrespeito: poluição, aquecimento global, desmatamento, ecocídio, mares de plástico e tantas outras formas de destruição da vida na Terra. Tudo isso é estrutural, sistêmico e patriarcal. É a violência presente em sociedades capitalistas, que, na globalização, esmagam outros mundos e os forçam a ser parte de sua estrutura. As mulheres sempre foram espelhos refletidos da própria Terra. Isso pode ser notado pelas que foram sequestradas, violentadas e "pegas no laço" – expressão popular, referente àquelas que eram retiradas à força de sua aldeia, casa e família, como objetos ou animais – e passaram por um intenso processo de desumanização de seu corpo. As mulheres, fonte de vida no mundo, têm na exploração de seu corpo uma relação análoga à exploração predatória dos recursos naturais.

Uma das histórias mais antigas sobre a origem do mundo por uma criadora feminina faz parte do mito tukano, povo que habita o estado do Amazonas. Eles chamam de Ye'pá Bahuári-Mahsõ, a Avó do Mundo, a responsável por gerar o Universo. Nessa história, conta-se que para criar os seres era necessário um útero, pois na escuridão e no vazio o mundo não existia. Então, uma nuvem branca cerca Ye'pá, com cantos sagrados, vento e outros elementos que penetraram seu corpo, seus ossos e até seus pensamentos. Grávida do som, a Avó do Mundo cria então a Casa da Terra e pare os primeiros seres e gentes. É a música que fecunda a Avó do Mundo. Essa história difere de muitas outras mitologias que atribuíram aos deuses masculinos essa responsabilidade.

Já na cultura guarani encontramos os primeiros pais, Nandecy eté, ou Nhandecy eté, em tupi "Mãe Terra", e Nhanderu eté, "Pai Verdadeiro". Nandecy não é só a criadora do mundo, mas também é como são conhecidas as mulheres que possuem saberes de cuidado com a terra, os seres, as pessoas, os guardiões, os animais; são também responsáveis por manter a energia de equilíbrio para ensinar seu povo. Essas mulheres são líderes espirituais de suas comunidades e enfrentam, desde o período colonial, violências físicas, psicológicas, emocionais, espirituais e ataques às suas casas de reza. O racismo e o proselitismo cristão até os dias atuais têm atravessado a vida de todas elas.

Na cultura indígena andina encontramos Pachamama, do quíchua Pacha, "universo", "mundo", "tempo", "lugar", e Mama, "mãe". É a deidade máxima, a própria Terra Mãe de todos os seres, um conceito tão forte que junto do Sumak Kawsay, ou Buen Vivir, é citada na Constituição do Equador e na da Bolívia, trazendo a visão indígena da natureza como um ser de direitos, como um sujeito e não como objeto das vontades humanas, quebrando a visão capitalista-patriarcal de um desenvolvimento econômico baseado na exploração de recursos.

Grande parte do conhecimento dessas mulheres é proibido pelo poder hegemônico, pois é baseado na harmonia com o planeta, a visão cosmológica de sua etnia. Reconhecer esses saberes é uma ameaça aos poderosos no mundo. Essas filosofias entram, então, em conflito direto e trazem choques a toda ocidentalização do pensamento. Por isso, povos autóctones foram colocados como inferiores pelas ciências quando, erroneamente, ideias racistas e preconceituosas foram propagadas, criando muros para os conhecimentos milenares e outras visões de mundo não pautadas em uma racionalidade eurocêntrica.

Essas mulheres originárias tiveram suas narrativas e perspectivas usurpadas, mas cada vez mais tomam a palavra e a fazem ecoar como uma memória antiga da própria origem da Terra.

REFERÊNCIAS

Benites, Sandra. "Nhandecy eté: Walking across the womb of the Atlantic Rainforest". In: Ventres da Mata Atlântica. Disponível em: < www.pt.wombsoftheatlanticrainforest.org/sandra-benites>. Acesso em dezembro de 2021.

Gentil, Gabriel dos Santos. *Mito Tukano: Quatro tempos de antiguidades: histórias proibidas do começo do mundo e dos primeiros seres*. Tomo 1. Frauenfeld: Waldgut, 2000.

Prous, André. *O Brasil antes dos brasileiros: a pré-história do nosso país*. Rio de Janeiro: Zahar, 2006.

A primeira edição deste livro foi publicada em abril
de 2022, ano em que se celebram 32 anos da fundação
da Rosa dos Tempos, a primeira editora feminista
brasileira.

O texto foi composto em Minion Pro, corpo 11/16.
A impressão se deu sobre papel off-white pelo Sistema
Cameron da Divisão Gráfica da Distribuidora Record.